中国信托业发展报告

（2023—2024）

中国信托业协会 编

中国财经出版传媒集团
中国财政经济出版社
·北京·

图书在版编目（CIP）数据

中国信托业发展报告.2023-2024/中国信托业协会编.--北京：中国财政经济出版社，2024.12.
ISBN 978-7-5223-3449-3

I.F832.49

中国国家版本馆CIP数据核字第2024V97H82号

责任编辑：郁东敏　　　　责任校对：胡永立
封面设计：中通世奥　　　　责任印制：党　辉

中国信托业发展报告（2023—2024）
ZHONGGUO XINTUOYE FAZHAN BAOGAO（2023—2024）

中国财政经济出版社 出版

URL：http://www.cfeph.cn
E-mail：cfeph@cfeph.cn

（版权所有　翻印必究）

社址：北京市海淀区阜成路甲28号　邮政编码：100142
营销中心电话：010-88191522
天猫网店：中国财政经济出版社旗舰店
网址：https://zgczjjcbs.tmall.com
中煤（北京）印务有限公司印刷　各地新华书店经销
成品尺寸：210mm×285mm　16开　21.75印张　342 000字
2024年12月第1版　2024年12月北京第1次印刷
定价：138.00元
ISBN 978-7-5223-3449-3
（图书出现印装问题，本社负责调换，电话：010-88190548）
本社图书质量投诉电话：010-88190744
打击盗版举报热线：010-88191661　QQ：2242791300

《中国信托业发展报告（2023—2024）》编审委员会

编委会成员：涂一锴　俞华军　苏小军　甘　煜　卫濛濛
　　　　　　陈　赤　刘孟革　张丽平　周小明　刘　峰
　　　　　　闫建东　王亚斌　陈教侠　姚　渝　蔡概还
　　　　　　郑　方

主　　编：刘　峰

编写组成员：曾　刚　王玉国　和晋予　袁　田　简永军
　　　　　　邓　婷　陈　进　陶斐斐　尹小兵　杨显峰
　　　　　　刘博研　管百海　方玉红　王和俊　张　毅
　　　　　　郑　馨　高　雅　吴祖鸿　彭　黛　倪慧琪
　　　　　　徐　因　蒋　进　杨巧伶　张艺凡　王　莹
　　　　　　陈　静　王思默　郑腾豪　贾　攀　秦振扬
　　　　　　张军令

序

我国信托业自1979年恢复发展以来，历经跌宕起伏，不断在整顿、转型中砥砺前行。截至2023年末，信托公司受托管理资产规模为23.92万亿元，同比增长10.31%，全行业实现营业收入863.61亿元，净利润329.55亿元。其中，资产服务信托规模达12.09万亿元，占行业资产规模51%；资产管理信托中属于标品投资的证券投资信托规模为7万亿元，占资产管理信托规模的68.05%；公益慈善信托累计备案规模65.20亿元，比年初增加12.77亿元，增长24.36%。

2023年3月，监管部门发布《关于规范信托公司信托业务分类的通知》（银保监规〔2023〕1号），将信托公司的信托业务分为资产服务信托、资产管理信托、公益慈善信托三大类共25个业务品种，系统梳理了信托业务分类的制度体系，进一步厘清信托业务边界和服务内涵，信托行业迎来了新的转型发展期。

信托公司按照新的业务分类要求积极转型，成效初见。具体表现在：一是资产服务信托获得快速发展。据统计，2023年6月至12月，全行业共有54家信托公司开展了2 798笔家族信托业务，成立规模为466.10亿元；共有38家信托公司开展了2 077笔家庭服务信托业务，成立规模为37.85亿元；共有39家信托公司开展了10 764笔保险金信托业务，成立规模为683.81亿元。家族信托、家庭服务信托、保险金信托等业务在风险隔离、财富传承、养老规划等方面具有独特的优势，同时也兼具普惠金融的特性，成为了行业展业的重点方向之一。二是服务实体经济的质效持续提升。截至2023年4季度末，信托业投入实体经济的资产规模为17.78万亿元，占比74.30%，为助力实体经济发展贡献了信托力量。但总体看，信托资金投放主要集中于传统制造业、基础产业等领域，对于新质生产力相关产业的服务模式还需要进一步提升。三是为受益人最大利益服务，助力增加居民财产性收入。据统计，2023年累计支付信托投资者收益7 119.57亿元。根据《中国信托业社会责任报告》披露的数据，2014年至2023年的十年间，信托业累计向投资者分配收益达8.37万亿元。此外，信托业大力拓展绿色金融，积极助力国家"双碳"战略落地。截至2023年末，绿色信托资产余额为3 597.5亿元。

信托业在转型发展取得成效的同时，仍面临一定的风险挑战。2023年，信托行业根据市场化、法制化化解金融风险的基础性逻辑，通过司法手段、与AMC合作、风险处置服务信托等多种形式积极推动风险化解和资产清收，多家高风险信托公司改革化险工作取得了明显进展。但总体上，受宏观经济下行和业务转型等因素的影响，信托业仍处于调整期，面临规模增长、盈利模式、风险管理、组织架构调整等多方面挑战。强化重点领域的风险管控、夯实资本充足率、完善风险补偿准备，仍是信托业未来一段时间的工作重点之一。

2023年底召开的中央金融工作会议强调，要做好科技金融、绿色金融、普惠金融、养老金融、数字金融"五篇大文章"。2024年5月，国家金融监督管理总局发布《关于银行业保险业做好金融"五篇大文章"的指导意见》，要求在中央金融委的统筹指导下，各金融机构围绕发展新质生产力，切实把"五篇大文章"落地落细，提高金融服务实体经济的质量和水平。对于信托业未来发展而言，如何做好"五篇大文章"，既是业务创新的重要方向，也是转型升级的重要抓手。

在科技金融方面，信托业要赋能创新驱动发展。信托公司应积极布局科技金融，服务高水平科技自立自强。通过灵活配置信托资金，综合运用股权、债权、投贷联动等方式，为科技型企业提供全生命周期的金融服务。同时，信托公司可以通过知识产权信托、数据信托等创新业务形式，促进知识成果转化，融入"科技—产业—金融"的良性循环。

在绿色金融方面，信托业要助力低碳转型。绿色信托应成为信托公司的重要展业方向，围绕"双碳"目标，加强绿色信托顶层设计和能力建设，创新绿色信托业务模式。未来，信托公司可以在清洁能源、节能环保、绿色制造等领域发挥更大作用，助力经济社会绿色低碳转型。

在普惠金融方面，信托业要更好服务小微企业和"三农"。信托公司应进一步发

序

我国信托业自1979年恢复发展以来，历经跌宕起伏，不断在整顿、转型中砥砺前行。截至2023年末，信托公司受托管理资产规模为23.92万亿元，同比增长10.31%，全行业实现营业收入863.61亿元，净利润329.55亿元。其中，资产服务信托规模达12.09万亿元，占行业资产规模51%；资产管理信托中属于标品投资的证券投资信托规模为7万亿元，占资产管理信托规模的68.05%；公益慈善信托累计备案规模65.20亿元，比年初增加12.77亿元，增长24.36%。

2023年3月，监管部门发布《关于规范信托公司信托业务分类的通知》（银保监规〔2023〕1号），将信托公司的信托业务分为资产服务信托、资产管理信托、公益慈善信托三大类共25个业务品种，系统梳理了信托业务分类的制度体系，进一步厘清信托业务边界和服务内涵，信托行业迎来了新的转型发展期。

信托公司按照新的业务分类要求积极转型，成效初见。具体表现在：一是资产服务信托获得快速发展。据统计，2023年6月至12月，全行业共有54家信托公司开展了2 798笔家族信托业务，成立规模为466.10亿元；共有38家信托公司开展了2 077笔家庭服务信托业务，成立规模为37.85亿元；共有39家信托公司开展了10 764笔保险金信托业务，成立规模为683.81亿元。家族信托、家庭服务信托、保险金信托等业务在风险隔离、财富传承、养老规划等方面具有独特的优势，同时也兼具普惠金融的特性，成为了行业展业的重点方向之一。二是服务实体经济的质效持续提升。截至2023年4季度末，信托业投入实体经济的资产规模为17.78万亿元，占比74.30%，为助力实体经济发展贡献了信托力量。但总体看，信托资金投放主要集中于传统制造业、基础产业等领域，对于新质生产力相关产业的服务模式还需要进一步提升。三是为受益人最大利益服务，助力增加居民财产性收入。据统计，2023年累计支付信托投资者收益7 119.57亿元。根据《中国信托业社会责任报告》披露的数据，2014年至2023年的十年间，信托业累计向投资者分配收益达8.37万亿元。此外，信托业大力拓展绿色金融，积极助力国家"双碳"战略落地。截至2023年末，绿色信托资产余额为3 597.5亿元。

信托业在转型发展取得成效的同时，仍面临一定的风险挑战。2023年，信托行业根据市场化、法制化化解金融风险的基础性逻辑，通过司法手段、与AMC合作、风险处置服务信托等多种形式积极推动风险化解和资产清收，多家高风险信托公司改革化险工作取得了明显进展。但总体上，受宏观经济下行和业务转型等因素的影响，信托业仍处于调整期，面临规模增长、盈利模式、风险管理、组织架构调整等多方面挑战。强化重点领域的风险管控、夯实资本充足率、完善风险补偿准备，仍是信托业未来一段时间的工作重点之一。

2023年底召开的中央金融工作会议强调，要做好科技金融、绿色金融、普惠金融、养老金融、数字金融"五篇大文章"。2024年5月，国家金融监督管理总局发布《关于银行业保险业做好金融"五篇大文章"的指导意见》，要求在中央金融委的统筹指导下，各金融机构围绕发展新质生产力，切实把"五篇大文章"落地落细，提高金融服务实体经济的质量和水平。对于信托业未来发展而言，如何做好"五篇大文章"，既是业务创新的重要方向，也是转型升级的重要抓手。

在科技金融方面，信托业要赋能创新驱动发展。信托公司应积极布局科技金融，服务高水平科技自立自强。通过灵活配置信托资金，综合运用股权、债权、投贷联动等方式，为科技型企业提供全生命周期的金融服务。同时，信托公司可以通过知识产权信托、数据信托等创新业务形式，促进知识成果转化，融入"科技—产业—金融"的良性循环。

在绿色金融方面，信托业要助力低碳转型。绿色信托应成为信托公司的重要展业方向，围绕"双碳"目标，加强绿色信托顶层设计和能力建设，创新绿色信托业务模式。未来，信托公司可以在清洁能源、节能环保、绿色制造等领域发挥更大作用，助力经济社会绿色低碳转型。

在普惠金融方面，信托业要更好服务小微企业和"三农"。信托公司应进一步发挥制度优势,深化普惠金融服务。通过产品创新和科技赋能,为小微企业、"三农"等普惠金融目标群体提供更加便捷、高效的金融服务。同时,信托公司可以加强与银行、保险等金融机构的合作,构建普惠金融生态圈。

在养老金融方面,信托业要助力应对人口老龄化挑战。面对人口老龄化趋势,养老信托应成为信托公司重要的业务发力点。信托公司可以深入养老领域的银发经济和康养场景,拓展养老金信托、企业年金信托等业务,并探索"以房养老"等创新模式。通过横向机构合作和纵向业务整合,构建具有信托特色的养老信托产品和服务。

在数字金融方面,信托业要积极推动数字化转型。数字金融应成为信托公司转型升级的重要抓手。信托公司要加大金融科技投入,推进数字化转型,提升数字化智能化水平。通过数字化赋能,优化公司业务流程、提升风控能力、改善客户体验。同时,信托公司可以积极探索数据信托等创新业务,为数据要素市场化流通提供信托解决方案。

2024年7月,中国共产党第二十届中央委员会第三次全体会议顺利召开。会议通过了《中共中央关于进一步全面深化改革、推进中国式现代化的决定》,进一步强调要积极发展科技金融、绿色金融、普惠金融、养老金融、数字金融,加强对重大战略、重点领域、薄弱环节的优质金融服务。今后,信托业要以习近平新时代中国特色社会主义思想为指导,深入学习贯彻党的二十届三中全会精神,积极落实党中央决策部署和国家金融监督管理总局党委指示精神,更加坚定回归本源,发挥信托独特的制度优势,服务实体经济和社会民生,更加注重质量与效益的平衡,坚持合规经营,防范化解重大风险隐患,全力实现更高质量、更有效率、更加公平、更可持续、更为安全的发展,为推进中国式现代化贡献信托力量。

李 强[①]

[①] 中国信托业协会会长、中国对外经济贸易信托有限公司董事长。

CONTENTS
目录

第一部分 导论

一、经济复苏与挑战并存，金融服务实体导向更加明确 …………………… 3

二、改革与转型不断推进，信托业持续探索高质量发展道路 ………………… 7

三、立足信托功能定位，制度完善与转型发展任重道远 …………………… 12

第二部分 环境篇

第一章 资管市场 …………………………………………………………… 19
一、资管市场规模情况 …………………………………………………… 19
二、资管市场资产配置与收益情况 ……………………………………… 27
三、资管市场发展展望 …………………………………………………… 36

第二章 监管环境 …………………………………………………………… 39
一、金融监管环境 ………………………………………………………… 39
二、信托监管环境 ………………………………………………………… 45
三、信托监管环境展望 …………………………………………………… 49

第三章 配套环境 …………………………………………………………… 52
一、信托业保障基金 ……………………………………………………… 52

二、信托登记 ··· 55

三、行业自律 ··· 59

第三部分　机构篇

第四章　机构发展概况 ·· 65
一、公司数量及区域分布 ··· 65

二、公司资本及其变动情况 ·· 68

三、股权结构及其变动情况 ·· 73

四、从业人员及其变动情况 ·· 80

第五章　业务发展情况 ·· 84
一、行业经营业绩概况 ·· 84

二、信托业务经营情况 ·· 89

三、固有业务经营情况 ·· 97

第六章　机构管理情况 ·· 102
一、党的建设 ··· 102

二、公司治理 ··· 105

三、战略管理 ··· 110

四、风险合规 ··· 114

五、信息科技 ··· 119

六、信托文化 ··· 123

第七章　公司社会责任 ·· 127
一、服务实体经济 ·· 127

二、服务人民美好生活 ·· 130

三、践行绿色理念 ·· 134

四、强化人本关怀 ·· 137

五、投身公益慈善 ·· 140

第四部分　信托业务篇

第八章　财富管理服务信托 ………………………………………………… 145
一、财富管理服务信托概念定义 ………………………………………… 145
二、财富管理服务信托发展情况 ………………………………………… 147
三、财富管理服务信托典型模式与创新 ………………………………… 160
四、信托公司财富管理服务信托业务展望 ……………………………… 165

第九章　行政管理服务信托 ………………………………………………… 170
一、行政管理服务信托的发展状况 ……………………………………… 170
二、行政管理服务信托的业务实践及典型模式 ………………………… 175
三、行政管理服务信托的发展展望 ……………………………………… 182

第十章　资产证券化服务信托 ……………………………………………… 187
一、资产证券化市场发展概况 …………………………………………… 187
二、信托公司资产证券化业务发展情况 ………………………………… 192
三、业务实践与典型模式 ………………………………………………… 199
四、信托公司资产证券化服务信托业务展望 …………………………… 201

第十一章　风险处置服务信托 ……………………………………………… 207
一、风险处置服务信托的发展状况 ……………………………………… 208
二、风险处置服务信托的业务模式与典型案例 ………………………… 212
三、风险处置服务信托的展业建议与发展前景 ………………………… 218

第十二章　资产服务信托特色品种 ………………………………………… 221
一、资产服务信托特色品种概述 ………………………………………… 221
二、资产服务信托特色品种的业务实践及典型案例 …………………… 222
三、资产服务信托特色品种发展展望 …………………………………… 230

第十三章　固定收益信托计划 ……………………………………………… 232
一、固定收益类信托简介 ………………………………………………… 232

二、固定收益类信托发展现状 ··· 234

三、固定收益类信托发展面临的挑战和机遇 ····························· 239

四、信托公司固定收益类信托的未来发展方向 ·························· 240

第十四章　权益类信托计划 ··· 243

一、权益类信托计划发展现状 ··· 243

二、权益类信托计划业务模式和典型案例 ································ 244

三、权益类信托计划发展展望 ··· 259

第十五章　其他资产管理信托 ·· 263

一、信托公司FOF信托业务简介 ·· 263

二、信托公司FOF模式投资管理流程 ····································· 264

三、建立大类资产配置投研体系 ·· 264

四、搭建基金投研评级体系 ··· 265

五、组合投资和动态管理 ·· 266

第十六章　公益慈善信托 ··· 267

一、公益慈善信托的发展状况 ··· 267

二、慈善信托的业务实践和典型案例 ····································· 275

三、公益慈善信托发展展望 ··· 281

第五部分　专题篇

专题一　努力做好"五篇大文章"　促进信托业高质量发展 ········ 287

一、积极布局科技金融 ·· 288

二、大力发展绿色金融 ·· 292

三、全面开拓普惠金融 ·· 300

四、纵深发力养老金融 ·· 304

五、加速推进数字金融 ·· 308

专题二 信托公司消费者权益保护工作 ……………………………………… 316

    一、信托公司消费者权益保护的制度建设 …………………………………… 316

    二、信托公司消费者权益保护的工作体系建设 ……………………………… 317

    三、信托公司消费者权益保护工作的主要进展 ……………………………… 320

    四、信托公司消费者权益保护工作展望 ……………………………………… 325

后记 ………………………………………………………………………………… 327

图目录

图1-1　银行理财、公募基金、信托、券商资管存续规模的变化情况 …… 20

图1-2　银行理财存续规模情况 …… 20

图1-3　银行理财和公募基金存续规模对比 …… 21

图1-4　各类公募基金净值变动情况 …… 22

图1-5　信托资产规模余额变动情况 …… 23

图1-6　券商资管业务存续规模 …… 24

图1-7　证券行业资管业务收入情况 …… 24

图1-8　保险行业总资产规模情况 …… 25

图1-9　保险资金运用余额情况 …… 25

图1-10　私募基金市场存量情况 …… 26

图1-11　私募证券投资基金市场存量备案情况 …… 27

图1-12　2023银行理财产品资产配置情况 …… 28

图1-13　近三年理财产品各月为投资者创造收益情况 …… 29

图1-14　不同类型开放式公募基金规模变化情况 …… 30

图1-15　2023年不同类型开放式公募基金数量占比 …… 30

图1-16　2023年开放式公募基金业绩整体统计 …… 31

图1-17　集合信托平均期限和年化收益率走势 …… 32

图1-18　券商资管不同投资类型产品规模情况 …… 33

图1-19　2023年度券商资管不同投资类型产品收益情况 …… 33

图1-20　保险资管不同投资类型规模变化情况 …… 34

图3-1　2015—2023年保障基金资产规模 …… 53

图4-1　2019—2023年信托公司增资变动情况 …… 72

图4-2　2023年信托行业人员年龄分布 …… 81

图4-3	2023年信托行业人员学历分布	82
图4-4	2023年信托行业岗位结构分析（一）	83
图4-5	2023年信托行业岗位结构分析（二）	83
图5-1	2010—2023年信托行业营业收入及同比增速情况	85
图5-2	2010—2023年信托行业利润总额及同比增速情况	86
图5-3	2010—2023年信托行业信托资产规模余额及同比增速情况	89
图5-4	2022—2023年信托公司信托资产规模区间分布	90
图5-5	2023年信托公司资产服务信托规模分布情况	92
图5-6	2023年信托公司资产管理信托规模分布情况	93
图5-7	2010—2023年信托行业资金信托中证券市场细分投向规模及占比变动情况	94
图5-8	信托公司下一步业务布局重点频次统计	95
图5-9	2010—2023年信托行业总资产及净资产情况	97
图6-1	信托公司董事会下设专业委员会主要类型	107
图6-2	信托公司独立董事从业背景	108
图8-1	家族信托受托目的情况	150
图8-2	家族信托客户年龄分布及规模	150
图8-3	家族信托合同期限分布及规模	151
图8-4	家族信托业务财产运用方式	151
图8-5	保险金信托1.0模式	155
图8-6	保险金信托2.0模式	155
图8-7	保险金信托保险类型分布	156
图9-1	资管产品服务信托交易结构图	179
图9-2	其他行政管理服务信托交易结构图	181
图10-1	2007—2023年我国资产证券化发行情况	192
图10-2	建邺滨江ABN2023第一期交易结构图	199
图10-3	"汇聚达2023年第一期绿色个人汽车抵押贷款资产支持证券"项目交易结构图	200
图10-4	"工元至诚2023年系列不良资产证券化"信托项目交易结构图	201
图11-1	信托公司开展风险处置服务信托的规模增长	208
图12-1	数据服务信托基础结构	223

图目录

图1-1　银行理财、公募基金、信托、券商资管存续规模的变化情况 …… 20
图1-2　银行理财存续规模情况 …… 20
图1-3　银行理财和公募基金存续规模对比 …… 21
图1-4　各类公募基金净值变动情况 …… 22
图1-5　信托资产规模余额变动情况 …… 23
图1-6　券商资管业务存续规模 …… 24
图1-7　证券行业资管业务收入情况 …… 24
图1-8　保险行业总资产规模情况 …… 25
图1-9　保险资金运用余额情况 …… 25
图1-10　私募基金市场存量情况 …… 26
图1-11　私募证券投资基金市场存量备案情况 …… 27
图1-12　2023银行理财产品资产配置情况 …… 28
图1-13　近三年理财产品各月为投资者创造收益情况 …… 29
图1-14　不同类型开放式公募基金规模变化情况 …… 30
图1-15　2023年不同类型开放式公募基金数量占比 …… 30
图1-16　2023年开放式公募基金业绩整体统计 …… 31
图1-17　集合信托平均期限和年化收益率走势 …… 32
图1-18　券商资管不同投资类型产品规模情况 …… 33
图1-19　2023年度券商资管不同投资类型产品收益情况 …… 33
图1-20　保险资管不同投资类型规模变化情况 …… 34
图3-1　2015—2023年保障基金资产规模 …… 53
图4-1　2019—2023年信托公司增资变动情况 …… 72
图4-2　2023年信托行业人员年龄分布 …… 81

图4-3	2023年信托行业人员学历分布	82
图4-4	2023年信托行业岗位结构分析（一）	83
图4-5	2023年信托行业岗位结构分析（二）	83
图5-1	2010—2023年信托行业营业收入及同比增速情况	85
图5-2	2010—2023年信托行业利润总额及同比增速情况	86
图5-3	2010—2023年信托行业信托资产规模余额及同比增速情况	89
图5-4	2022—2023年信托公司信托资产规模区间分布	90
图5-5	2023年信托公司资产服务信托规模分布情况	92
图5-6	2023年信托公司资产管理信托规模分布情况	93
图5-7	2010—2023年信托行业资金信托中证券市场细分投向规模及占比变动情况	94
图5-8	信托公司下一步业务布局重点频次统计	95
图5-9	2010—2023年信托行业总资产及净资产情况	97
图6-1	信托公司董事会下设专业委员会主要类型	107
图6-2	信托公司独立董事从业背景	108
图8-1	家族信托受托目的情况	150
图8-2	家族信托客户年龄分布及规模	150
图8-3	家族信托合同期限分布及规模	151
图8-4	家族信托业务财产运用方式	151
图8-5	保险金信托1.0模式	155
图8-6	保险金信托2.0模式	155
图8-7	保险金信托保险类型分布	156
图9-1	资管产品服务信托交易结构图	179
图9-2	其他行政管理服务信托交易结构图	181
图10-1	2007—2023年我国资产证券化发行情况	192
图10-2	建邺滨江ABN2023第一期交易结构图	199
图10-3	"汇聚达2023年第一期绿色个人汽车抵押贷款资产支持证券"项目交易结构图	200
图10-4	"工元至诚2023年系列不良资产证券化"信托项目交易结构图	201
图11-1	信托公司开展风险处置服务信托的规模增长	208
图12-1	数据服务信托基础结构	223

图12-2	杭工信·数金晟1号数据信托（自益信托）交易结构	224
图12-3	中航信托·电力数据服务信托交易结构	225
图12-4	北信日新天工开物知识产权服务信托交易结构	228
图12-5	碳资产服务信托交易结构	229
图12-6	中海巽飞—乡村振兴近零碳社区建设服务信托交易结构	230
图13-1	资产投向债券类信托规模变化情况	233
图13-2	融资类信托规模变化情况	234
图13-3	行业固定收益类信托规模	235
图13-4	行业固定收益类信托规模——内部结构	235
图13-5	各家信托公司固定收益类信托配置人员情况	236
图13-6	主动管理类固定收益类信托情况	236
图13-7	不同策略固定收益类信托情况	237
图13-8	三年期国债收益率和不同等级城投债收益率情况	239
图14-1	权益类信托计划规模	244
图14-2	权益类信托计划分布（除投顾管理）	244
图14-3	我国股票市场募集资金规模分布	245
图14-4	睿信TOF投资流程	249
图14-5	2013—2023年中国股权投资募资市场变动情况	250
图14-6	2013—2023年中国股权投资市场变动情况	251
图14-7	2023年中国股权投资市场LP分布结构	251
图14-8	2023年中国股权投资市场投资行业分布	252
图14-9	2010—2023年信托资金用于长期股权投资余额及占比	253
图14-10	当前信托公司私人股权投资业务投资领域示意图	258
图15-1	FOF类投资基金信托的投资管理步骤	264
图15-2	FOF类投资基金信托管理中基金产品评价体系及筛选	265
图16-1	历年年度和累计备案慈善信托数量	268
图16-2	历年年度和累计备案慈善信托规模	269
图16-3	2023年新增慈善信托委托人类型分布	270
图16-4	不同受托方式下慈善信托备案数量	271

图16-5 各年度备案慈善信托期限分布 …………………………………………273

图16-6 慈善信托信托目的分布 ……………………………………………………276

图1-1 2023年绿色信托存续发展规模和项目数量 ………………………………294

图1-2 2023年绿色信托各类业务存续规模及比例 ………………………………295

图1-3 2023年绿色信托服务绿色低碳产业的存续规模及比例 …………………296

图1-4 上海信托家庭服务信托服务养老需求 ……………………………………306

图1-5 "以房养老"信托服务模式设想 …………………………………………307

图2-1 消保工作在信托公司业务部门（包括财富、业务）的考核比重分布情况 ……319

图2-2 信托消费者投诉受理流程 …………………………………………………322

图2-3 各主要投诉类型在所有信托公司中占比 …………………………………322

图2-4 各信托公司收到的主要投诉类型分布 ……………………………………323

表目录

表1-1	2023年末各类机构理财产品存续情况	21
表1-2	各银行理财子公司不同投资类型、不同发行期限的产品平均业绩比较基准	29
表1-3	2023年保险资管另类投资产品登记情况	35
表1-4	2023年私募基金各策略年度业绩分布情况	36
表4-1	中国信托公司名录	65
表4-2	信托公司注册地一览	67
表4-3	2023年信托公司注册资本一览表	68
表4-4	2023年信托公司增资情况一览表	71
表4-5	金融机构控股信托公司一览表	74
表4-6	央企控股信托公司一览表	74
表4-7	地方政府和国企控股的信托公司一览表	75
表4-8	实际控制人为民营企业的信托公司一览表	76
表4-9	中外合资信托公司一览表	76
表4-10	2023年信托公司股权变更情况	77
表4-11	2022年信托公司净增人数前十位	81
表5-1	2023年营业收入前十位的信托公司	85
表5-2	2023年利润总额前十位的信托公司	87
表5-3	2023年信托公司净利润前十位的信托公司	87
表5-4	2023年净资产收益率前十位的信托公司	88
表5-5	2023年信托公司信托资产规模前十位	90
表5-6	2023年信托公司资产服务信托业务规模前十	91
表5-7	2023年信托公司资产管理信托业务规模前十	92
表5-8	2023年信托业务收入前十位的信托公司	96

表5-9	2023年总资产前十位的信托公司	98
表5-10	2023年净资产前十位的信托公司	98
表5-11	2023年实收资本前十位的信托公司	99
表5-12	2023年固有业务收入前十位的信托公司	100
表6-1	信托公司2023年董事、监事、高级管理层变动情况	107
表6-2	信托公司2023年战略规划主要调整变动内容	111
表6-3	信托公司2023年信托业务专项战略制定情况	111
表6-4	信托公司绩效考核与战略管理的衔接方式	113
表6-5	信托公司制定专项子战略情况	114
表6-6	信托公司业务端专项信息化系统应用情况	120
表6-7	金融科技赋能信托公司业务发展情况	121
表8-1	家族信托受托财产种类及规模占比	149
表9-1	2023年行政服务信托展业情况	171
表10-1	2023年资产证券化业务重要政策汇总	188
表10-2	我国资产证券化累计与存量情况（截至2023年12月31日）	191
表10-3	2023年开展信贷ABS的信托公司（按发行总额排序）	193
表10-4	信托公司为原始权益人参与的企业ABS基础资产分布	195
表10-5	2023年信托公司为原始权益人且基础资产为信托受益权的企业ABS项目	195
表10-6	2023年信托公司开展资产支持票据业务情况（按发行规模排序）	197
表12-1	信托公司开展新型资产服务信托情况	221
表14-1	代表性股票指数涨跌	244
表16-1	不同受托方式下慈善信托备案数量及规模	270
表16-2	累计备案数量及2023年备案数量TOP10	272
表16-3	累计备案规模及2023年备案规模TOP10	272
表16-4	信托公司慈善信托品牌建设情况（按首字母顺序排序）	278
表1-1	普惠金融信托业务服务领域情况	302
表2-1	消保监管具体评价内容	318
表2-2	消保监管评价具体评分结果	318

01 | 第一部分
导 论

2023年，中国经济在全球经济复苏乏力和国内多重挑战的背景下，展现出强劲的韧性和活力。根据国家统计局的数据，全年国内生产总值（GDP）同比增长5.2%，不仅高于全球平均水平，也显示出中国经济在全球主要经济体中的领先地位。不过，在经济恢复向好的同时，发展仍面临有效需求不足的挑战，房地产、地方政府隐性债务以及中小金融机构等重点领域的潜在风险仍有待化解和处置。面对复杂多变的外部环境和行业调整的压力，信托业积极响应国家宏观调控政策，紧密围绕服务实体经济的核心任务，不断优化资产结构，加强风险管理，推动业务转型，实现了行业的健康稳定增长。面对未来，信托业应当持续加强党建引领，聚焦"五篇大文章"，不断完善制度环境，持续推动业务转型，强化信托社会认知，在服务实体经济、促进社会和谐、推动金融创新等方面发挥更加积极的作用。

一、经济复苏与挑战并存，金融服务实体导向更加明确

（一）全球经济增速总体放缓

2023年对全球经济发展而言，无疑是充满挑战与机遇的关键年份，全球经济格局持续演变。各国经济走势呈现复杂多变的态势，既有稳步增长的力量，也有潜在的风险和不确定性。2023年全球经济增长速度明显放缓。联合国经济和社会事务部发布的《2024年世界经济形势与展望》指出，全球经济增长预计将从2023年的2.7%放缓至2024年的2.4%。

2023年全球经济面临诸多挑战，新冠疫情在全球范围内虽然得到一定程度的控制，但其对供应链的冲击、劳动力市场的扰乱以及消费者信心的打击仍在持续；地缘政治风险不断加剧，贸易保护主义抬头，全球贸易环境日趋紧张；通胀压力上升以及部分国家货币政策收紧，对全球经济增长构成制约。

2023年，全球经济正在逐步走出阴霾，并展现出一定的韧性。全球主要经济体中，美国经济增长虽然放缓，但依然保持稳健状态；欧洲经济在克服一系列内外部困难后，也维持低速增长；日本、英国等发达国家也面临着各自的经济挑战和机遇。

1. 美国通胀水平波动，虽低增速但仍具动能

美国作为全球经济的重要引擎，其经济总量依然稳居全球首位，但增长率相对较低。2023年四季度实际GDP环比折年率3.3%，高于预期值2.0%。消费和固定投资

（剔除存货变化）仅小幅回落，美国仍具备一定的经济动能。

2023年美联储连续加息11次上调利率525个基点，联邦基金利率从0~0.25%上升至5.25%~5.50%。尽管自2023年年中以来通胀水平有所放缓，但仍远高于2%的长期目标。通胀水平仍持续波动并显现出顽固性，迫使利率水平在更长时间内维持高位。美国银行体系具有一定韧性，家庭和企业信贷条件收紧或对经济活动、就业和通胀造成压力，但影响程度仍不确定。2024年，受高利率等因素影响，美国经济仍面临下行压力。

2. 欧洲经济持续疲弱，地缘政治冲突影响仍存

2023年欧洲经济持续疲弱，整体呈现出低速增长的态势。欧盟统计局数据显示，欧盟和欧元区的GDP增长率均低于前一年，欧洲经济在新冠疫情后经历了一段时间的复苏，但增速开始放缓，除受制于乌克兰危机及其引发的能源危机，欧洲经济的结构性问题依然突出。欧盟27国全年实际GDP同比增长0.4%，欧元区20国全年实际GDP同比增长0.4%，均面临增长乏力的挑战。此外，欧盟统计局数据显示，欧盟和欧元区的通胀率在2023年有所下降，但仍处于较高水平。

尽管欧洲在推动一体化进程、加强区域合作方面取得一定进展，但各国之间的经济发展水平、产业结构、劳动力市场等方面仍存在较大差异，既影响欧洲经济的整体竞争力，也加大了政策协调的难度。此外，欧洲人口老龄化、公共债务高企等长期问题仍对经济可持续发展构成严峻挑战。2024年，随着欧洲经济通胀缓和，欧洲央行已进行首次降息，欧洲经济有望复苏，但仍受乌克兰危机和上述结构性问题制约，欧洲经济仍将维持疲弱状态。

3. 日本经济实现低速增长，但面临长期挑战

2023年，日本经济整体呈现低速增长。根据日本内阁府公布的数据，2023年日本实际国内生产总值（GDP）同比增长1.9%，较上年有所回升，但仍低于全球平均水平。日本经济在第一季度和第二季度实现了较高的增长，但第三季度经济增长速度明显放缓，第四季度甚至出现了负增长。2023年，日本物价水平整体呈现出上涨趋势。全年通货膨胀率（剔除生鲜食品价格）为3.1%，达到41年来最高水平，物价面临较大的压力。同时，消费者物价指数（CPI）也呈现持续上涨趋势。

财政政策方面，日本政府继续实施积极的财政政策，通过增加公共投资、减税等措施来刺激经济增长。但受制于庞大的公共债务规模，财政政策的可持续性面临挑战。货币政策方面，日本央行在日元贬值和国内通胀的压力下，维持中性的货币政策，通过加息、购买国债等手段来支持经济增长和稳定金融市场。

2024年，日本经济发展仍面临诸多挑战和不确定性。人口老龄化、劳动力短缺等问题持续困扰日本经济，财政压力和公共债务问题也是日本经济面临的重要挑战之一。

4. 新兴市场持续增长，仍面临不同程度的通胀压力

印度作为新兴市场的重要一员，2023年GDP增速达7.7%，是当年全球大型经济体中增速最快的国家。印度经济的强劲增长得益于国内市场的蓬勃发展以及外部投资的持续涌入。此外，印度人均GDP首次突破2 500美元，总量超过3.4万亿美元，显示出其巨大的经济潜力和市场规模。越南经济在2023年保持了稳健的增长态势，2023年GDP增速达5.05%。其中，农林渔业、工业和建筑业、服务业GDP均实现了不同程度的增长，贡献了经济总增加值的不同比例。巴西2023年GDP增速达2.9%。农牧业成为经济增长的重要驱动力，尤其是大豆和玉米两种作物的丰收，使农牧业GDP全年增长显著。泰国2023年GDP增速达1.8%，较2022年的2.6%有所放缓。服务业GDP的持续增长成为支撑泰国经济的重要因素。马来西亚2023年GDP增速达3.7%，与2022年的反弹式恢复性增长（8.65%）相比，增速有所回落。国内消费与就业市场的复苏支撑了经济基本面，但外部压力如全球贸易放缓、出口低迷以及地缘政治局势紧张等因素对经济增长形成了制约。

2023年新兴市场国家仍面临不同程度的通胀压力，印度、越南、巴西、泰国、马来西亚的CPI增速分别为5.7%、3.5%、4.62%、1.23%、2.5%，各国央行根据其国内经济发展情况和国际金融市场变化，对利率水平进行了不同程度的调整。印度央行9月30日将基准利率上调了50个基点至5.9%；12月7日再次加息35个基点，将回购利率从5.9%上调至6.25%。越南国家银行6月16日宣布将银行间电子支付的隔夜贷款利率、国家银行对信贷机构清算支付资本短缺的贷款利率从每年5.5%降到5%；再融资利率从每年5.0%降至4.5%；再贴现利率由每年3.5%降至3.0%。泰国央行8月2日将政策利率从2%上调25个基点至2.25%，达到9年来的新高，是泰国央行自2022年8月以来第七次以25个基点的幅度上调政策利率，本轮加息已累计加息175个基点。马来西亚央行2023年选择维持利率稳定，将关键利率维持在2.75%不变。

（二）中国经济高质量发展扎实推进

1.宏观经济波浪式发展、曲折式前进

疫后全球经济"W"形恢复，2023年中国经济进入重启后复苏，但充满反复与波折。第一季度，消费者积压需求报复性释放，企业大幅增加生产和库存，GDP环比年化增速冲高至9.5%。第二季度，积压需求释放完毕，总需求大幅下滑，剧烈去库存和价格战到来，多数行业进入通缩，经济第二次探底，GDP环比年化增速骤降至2%。第三季度，政治局会议推动财政政策、货币政策、稳地产政策与化解债务风险政策协同发力，经济活动低位企稳，GDP环比年化增速升至5.3%，企业用电量和货运量两年平均增速分别从第二季度的4%和1.4%升至第三季度的6.6%和3%。第四季度，经济活动小幅回升，但经济增长斜率较第三季度放缓。

2023年全年实际GDP同比增长5.2%，新能源汽车持续高速增长，电子和家居消费呈恢复态势，但全国规模以上工业企业利润下降2.3%。投资仍在探底，2023年全国固定资产投资累计同比增长3%，较2022年下降2.1%，维持在2021年以来最低水平。房地产投资是主要拖累项。

2.我国经济增长处于动能转换期

我国经济整体回升向好，高质量发展扎实推进，但依然面临着复杂多变的外部发展环境和国内多重困难挑战。随着宏观调控组合政策发力见效，国内经济持续恢复，主要经济指标持续改善，但经济恢复的基础尚不牢固。具体来看，预期不稳、内需不足的挑战依然严峻，结构性就业压力大、地产投资疲软、部分地方政府债务压力较大等问题较为突出。

党的二十大报告指出，高质量发展是全面建设社会主义现代化国家的首要任务。总体来看，我国宏观经济增长处于动能转换期，动力转换、方式转变、结构调整任务繁重，依托房地产拉动经济增长的时代已经逐步过去，金融行业已逐步结束高速增长时期，经济增长的新动能仍在培育中，信托行业也需要在经济转型过程中重塑发展方向，中国经济正在稳步迈进高质量发展的新阶段。

3.金融服务实体经济的职责使命更加明确

随着我国经济由高速发展转向高质量发展新阶段，经济动能持续转换，经济社会对金融"服务实体经济"和"服务人民生活"提出了新要求。

中央金融工作会议于2023年10月在北京举行，为我国未来五年金融工作指明方向。会议指出，金融要为经济社会发展提供高质量服务，做好科技金融、绿色金融、普惠金融、养老金融、数字金融"五篇大文章"。会议强调，要全面加强金融监管，防范化解风险，支持国有大型金融机构做优做强，中小金融机构立足当地开展特色化经营。国务院国资委党委在传达学习中央金融工作会议精神时指出，国资央企要立足推动主业发展、振兴实体经济的职责使命，有效发挥金融促进实体产业发展作用。会议强调，中央企业开展金融业务的目的是探索产融结合，实现以融促产，推进实业更好发展。国资央企要坚持回归本源、聚焦主业，着力严控增量，切实优化存量，立足发展与企业产业特点相符合、主业需求相配套的金融业务，提高为主业提供服务的金融业务占比，提升服务主业实业的能力和水平。2023年11月，中国人民银行、国家金融监督管理总局、中国证监会三部门联合召开金融机构座谈会，研究了近期房地产金融、信贷投放、融资平台债务风险化解等重点工作。在信贷投放领域，强调落实好跨周期和逆周期调节的要求；在房地产金融领域，要求一视同仁满足不同所有制房地产企业合理融资需求；在防范化解地方债务风险方面，要确保金融支持地方债务风险化解工作落实落细。金融机构要积极配合行业主管部门和地方政府，优化资金供给结构，盘活存量金融资源，加大对重大战略、重点领域和薄弱环节的金融支持，增强金融支持实体经济的可持续性。

二、改革与转型不断推进，信托业持续探索高质量发展道路

2023年，信托公司深入贯彻新发展理念，不断加强党建对公司治理和各项业务的引领作用，认真落实《中国银保监会关于规范信托公司信托业务分类的通知》（以下简称《信托业务分类通知》），推动信托业持续改革与转型，积极履行社会责任，探索高质量发展道路。2023年，信托行业经营业绩有所反弹，管理资产规模稳步增长，但公司间分化持续加剧，不同类型信托公司的经营特点愈加明显，显示出差异化与特色化发展趋势。

（一）资本实力持续夯实，资产管理规模稳定增长

1.资本实力持续夯实，奠定稳健发展基础

在行业转型调整期，不断提升资本实力将成为提升信托公司竞争实力的重要途

径。从长期来看，强化净资本管理，增强资本实力，为信托行业抵御各种风险、推动各项业务转型发展提供了有力保障。

净资产增速同比提升，风险抵御能力持续增强。截至2023年末，信托公司所有者权益总额达到7 485.15亿元，与2022年末相比增加306.49亿元，同比增长4.27%。据不完全统计，2023年，共有11家信托公司宣布通过利润转增和定向增发等方式来补充资本，增强了行业的资本实力和风险抵御能力。

固有总资产保持低位增长，负债率稳中有降。截至2023年末，信托公司固有资产规模达到8 959.39亿元，与2022年末相比增加217亿元，同比增长2.48%。从固有资产的运用结构来看，投资是固有资产运用的主力。从长期变化趋势来看，2017年以后，受行业发展环境影响，信托公司固有资产投资增速稳步放缓。

2. 信托业务规模增速加快，结构持续优化

近几年来，信托行业转型持续深入，在"稳字当头、稳中求进"工作总基调下，2023年信托资产规模延续了持续回升的发展趋势，业务结构也得到了优化。

信托业务规模增速加快。截至2023年末，信托资产规模余额为23.92万亿元，较2022年末增加2.79万亿元，同比增长10.31%。自2022年第二季度以来，信托资产规模同比增速逆转为正，到2023年末已连续7个季度保持正增长，且增速有逐步加快的趋势，反映了信托业的转型工作已取得一定成效。截至2023年末，信托公司资产服务信托业务规模达12.09万亿元，占行业资产规模的51%；公益慈善信托累计备案规模65.20亿元，比年初增加12.77亿元，增长24.36%。另外，属于标品投资的证券投资信托规模为7万亿元，占资产管理信托规模的68.05%。此外，从资金来源看，截至2023年末，集合资金信托规模为13.52万亿元，占比达到56.51%；单一资金信托规模为3.86万亿元，占比为16.12%；管理财产信托规模为6.55万亿元，占比为27.37%。从信托功能角度看，截至2023年末，投资类信托规模为11.57万亿元，占比为48.34%；融资类信托规模为3.48万亿元，占比为14.53%；事务管理类信托规模为8.88万亿元，占比为37.13%。

（二）营业收入及利润小幅增长，经营业绩逐步改善

2023年信托业营业收入为863.61亿元，较2022年增加24.82亿元，同比增速为2.96%；实现利润总额423.73亿元，净利润329.55亿元，剔除特殊情况（如因个别信

托公司股权转让产生的一次性收入和利润等）后，2023年信托公司整体盈利能力较上年有小幅增长。总体上看，2023年信托业整体经营业绩逐步改善。

此外，根据59家信托公司披露的年报信息，从营业收入构成来看，59家信托公司信托业务收入合计520.43亿元，占比为65.41%，自营业务收入275.21亿元，占比为34.59%。信托业务收入占比较2022年降低，自营业务收入占比明显提升，该变化主要由于上述特殊情况导致固有业务收入占比明显提升，不具备可持续性和可复制性。总体来看，行业转型时期，稳定的固有业务收入对于信托公司经营业绩稳定有重要作用，但信托业务收入仍然是主要收入来源。

（三）信托资金投向结构优化，证券投资能力持续提升

1. 资产管理信托业务快速增长

《关于规范金融机构资产管理业务的指导意见》（以下简称《资管新规》）实施以来，信托公司大力发展标品信托，培育金融市场投资能力，投向证券市场、金融机构的规模和占比持续提升。信托公司作为机构投资者积极参与资本市场，主动把握金融市场投资机遇，培育专业化的资产管理能力，大力开拓资产管理信托业务。

截至2023年末，信托公司管理的信托资金总规模为17.38万亿元，较2022年末增加2.24万亿元，同比大幅增长15.59%。从信托资金投向结构来看，投向证券市场（含股票、基金、债券）规模合计为6.6万亿元，与2022年末相比，增长2.25万亿元，同比增速高达51.52%，占比则提升近10个百分点。

从具体投向来看，截至2023年末，信托资产投向金融机构的规模为2.37万亿元，占比为13.64%，与2022年末相比增加约3 575亿元，同比增长18%，占比小幅提升约0.2个百分点；信托资金投向证券市场的规模为6.6亿元，占比为38%，与2022年末相比增加约2.24亿元，同比增长34%，占比提升8个百分点。从证券投资信托的配置类型来看，2023年末，组合投资占比为71.62%，较2022年末提升8.59个百分点。总体上看，信托公司专业化的资产配置能力逐步增强。从证券投资信托的合作方式来看，私募基金（特别是私募债券基金）和银信合作是信托公司开展外部合作最重要的两类渠道，信托公司服务和融入大资管的合作生态获得进一步培育。

2. 服务实体经济仍需强化

服务实体经济是金融供给侧结构性改革的核心要求，是信托业转型的重要方向。

近年来，在监管引领下，信托业围绕国家战略，积极采取措施，稳步加大对实体经济的资金投入，着重引导资金进入工商企业和基础设施领域，积极支持国家重大战略实施，提高金融服务效率。

截至2023年末，投向基础产业的信托规模为1.52万亿元，占比小幅下降，与2022年末相比减少763亿元；投向工商企业的信托规模为3.89万亿元，占比下降约4.2个百分点，与2022年末相比减少1 199亿元。从未来看，信托业需要围绕"五篇大文章"，进一步强化对新质生产力相关产业的支持，在有效盘活存量和稳健促进增量的平衡中加大服务制造业的支持力度和服务模式创新。

房地产信托是信托业受宏观政策、行业监管和市场环境多重约束最明显的业务领域，近年来投向房地产的信托资金规模和占比持续下降。截至2023年末，投向房地产的信托资金规模为9 738.61亿元，占比为5.6%，与2022年末相比规模下降2 500亿元，占比则下降2.53个百分点。与过往高峰期相比，信托投向房地产领域的资金规模和占比都有了大幅的下降，表明传统房地产信托业务已不再是信托主营业态。

3.信托资金运用方式更加聚焦

信托公司运用金融工具开展受托服务的主流方式已经从贷款信托向以交易性金融资产为代表的多元金融工具使用转化。2023年末，信托资金用于交易性金融资产规模达到10.44万亿元，占比达到60.1%，与2022年末相比，规模增加3.61万亿元，同比增长52.75%，占比则大幅上升14.62个百分点。与此同时，信托贷款规模和占比持续下降。2023年末，信托贷款规模降至3.32万亿元，与2022年末相比，信托贷款规模减小1 539亿元，同比下降4.42%，占比下降约4个百分点。除此之外，信托公司也在积极探索长期股权投资、债权投资、同业存放、买入返售等多样化的金融工具运用。

（四）信托公司分化持续加剧，转型业务行业集中度明显

根据59家信托公司披露的年报信息，27家公司营业收入增加，28家公司收入下降，4家公司营业收入由负转正；59家信托公司营业收入平均数为13.49亿元，较2022年减少0.84亿元；营业收入中位数为9.76亿元，仍低于平均值，并且中位数与平均值的差距较2022年扩大。这表明，营业收入排名靠前的公司对行业有较强带动作用，并且行业分化和头部效应在持续加剧。59家公司平均净利润也显示出信托公

司之间的分化趋势在加剧。随着行业转型持续推进，这种整体下移和分化的趋势可能会持续，但转型发展较快的信托公司业绩可能更为稳定。

从管理信托资产规模指标看，59家信托公司2023年末信托资产的平均数为3 861.37亿元，较2022年增长16.25%。但信托资产的中位数仅为2 342.31亿元，远低于平均数，表明处于行业头部的信托公司对提升信托资产平均数有明显拉动作用。从信托公司信托资产规模的区间分布来看，管理资产规模5 000亿元以上的信托公司有17家，较2022年增加6家；管理资产规模低于1 000亿元的信托公司有17家，较2022年减少1家。作为转型业务的证券业务行业集中度更为明显，2023年投向证券市场规模排名前10的公司规模占行业的76%，前15的公司规模占行业的84%。信托公司信托资产的分布变化，反映出行业上游信托公司信托资产规模保持上行态势，行业分化的态势明显。

（五）行业处于深度调整期，信托公司探索特色化发展之路

各家信托公司在管理模式、组织架构、业务结构、创新业务、人才结构等各方面持续调整，历经多次蜕变的信托业进入新一轮的深度转型调整期。监管部门出台一系列政策文件，其核心是引导信托公司回归本源发展，寻找转型破局之路。2023年3月，《信托业务分类通知》将信托业务分为资产服务信托、资产管理信托和公益慈善信托三大类25个业务品种，进一步厘清信托业务边界和服务内涵，对信托业转型发展提出更高要求。信托公司逐步摆脱对传统业务的路径依赖，结合自身背景和资源，构建差异化和特色化转型发展道路，行业转型发展态势形成。截至2023年末，信托公司资产服务信托业务规模达12.09万亿元，占行业资产规模的51%；属于标品投资的证券投资信托规模已达7万亿元，占资产管理信托规模的68.05%；公益慈善信托累计备案规模65.20亿元，较年初增加12.77亿元，增长24.36%。

信托作为金融业的一环，信托业与实体经济紧密相连，充分发挥信托制度优势，持续为实体经济提供全方位金融服务，服务质效持续提升。截至2023年末，信托业投入实体经济资产规模17.78万亿元，占比74.30%，其中，绿色信托规模达到3 597.5亿元。此外，信托业还有效支持科技创新，为不同阶段企业提供资金支持，以知识产权信托助力盘活无形资产，实现科技成果转化。践行普惠理念，通过财富管理增加居民财产性收入，近10年累计支付投资者收入收益超过9万亿元；积极探索养老

信托，服务居民美好生活需要。

多家信托公司依托自身资源禀赋和优势能力，在证券服务类信托、财富管理服务信托、预付类资金服务信托、资管产品服务信托、企业年金服务信托、资产证券化服务信托、风险处置服务信托、资产管理信托等新分类业务上表现优异，并形成特色化发展业务。未来信托公司差异化和特色化发展趋势会愈加明显。

三、立足信托功能定位，制度完善与转型发展任重道远

当前全球正经历百年未有之大变局，大国关系深刻调整，地缘冲突蔓延外溢，我国经济仍处于新旧动能转换期。信托外部环境发生深刻变化，防范化解风险是重中之重。随着信托公司机构和业务定位调整，服务实体经济能力需持续提升。展望2024年，信托业将围绕中央金融工作会议提出的各项要求，通过业务创新、服务升级、风险控制和监管适应等多维度的努力，实现健康、可持续的发展。这不仅需要信托公司自身的积极探索和转型，也需要监管政策的引导和市场环境的支持。

（一）聚焦"五篇大文章"，服务实体经济发展

中央金融工作会议为新时代推动金融高质量发展提供了根本遵循和行动指南。当前，信托业正处于转型发展的关键时期，未来要围绕科技金融、绿色金融、普惠金融、养老金融、数字金融"五篇大文章"服务实体经济高质量发展。通过深入践行金融工作的政治性、人民性，不断优化完善信托产品和服务，满足经济社会发展和人民群众日益增长的金融需求。

科技金融方面，信托业可以借助科技力量，提升业务效率，优化服务体验；绿色金融方面，信托业要积极响应国家政策，支持绿色产业和可持续发展；普惠金融方面，信托业可推出有针对性的普惠金融产品，帮助低收入人群提高生活水平；养老金融方面，信托业要加强养老金融产品的研发和创新，为老年人提供更加丰富、灵活的养老金融服务；数字金融方面，信托业应结合自身实际，加强数字化转型，提升数字化经营和管理水平。

（二）坚持回归信托本源，塑造差异化新格局

在《信托业务分类通知》中，资产服务信托属于信托公司专属的牌照型业务，

也是监管引导和鼓励的重点转型方向。服务信托是指信托公司依据信托法律关系，接受委托人委托，并根据委托人需求为其量身定制财富规划以及代际传承、托管、破产隔离和风险处置等专业信托服务。资产服务信托内容非常丰富，按照服务内容和特点，分为5小类、共19个业务品种，为资产服务信托未来发展提供了广阔空间，但该类业务收入低且竞争激烈，难以支撑信托行业实现过去持续多年的业绩增长。《资管新规》为各类金融机构参与资产管理业务划定了统一起跑线，各类金融机构需结合自身既往优势打造核心竞争力。证券投资和股权投资作为资产管理信托的核心，需要信托公司构建与其他资管机构的差异化竞争优势，对专业能力提出更高要求。

《信托业务分类通知》通过更加清晰、细致的信托业务分类为信托公司的转型之路指明了方向，展现了具体信托业务服务内容的差异，鼓励信托公司根据自身禀赋，充分利用所掌握的资源，在某一业务领域突出自身特色。2023年11月，国家金融监督管理总局修订并发布《信托公司监管评级与分级分类监管暂行办法》（以下简称《监管评级与分级分类办法》），在监管评级中体现新的监管标准和导向，以强化对信托公司差异化监管，进一步引导信托公司实现差异化发展。信托公司可在规范开展资产管理信托业务的同时，积极探索资产服务信托与公益慈善信托，持续构建自身的差异化和特色化定位，让信托制度真正发挥其独特优势，为信托行业发展提供不竭动力。

（三）持续完善制度体系，支撑业务转型发展

近年来，行业发展进入深度调整期，信托公司在根据监管要求推动存续业务整改的同时，积极回归本源、服务实体经济发展，业务变革仍在进行中，行业相应的顶层设计配套措施和监管规则在建设与完善过程中。金融监管总局资管机构监管司的设立、《信托业务分类通知》的发布、《监管评级与分级分类办法》的出台等取得积极进展。但是，支撑行业转型的顶层设计配套措施和监管规则仍有待进一步完善。

法律层面，信托财产登记制度已经受到广泛关注，但仍需要行业积极推动，并且信托财产登记制度与信托财产过户制度、信托财产税收制度需要协同推进，以此推动信托制度在资产服务信托领域更充分运用。《信托公司管理办法》《信托公司集合资金信托计划管理办法》《信托公司净资本管理办法》需要结合行业转型发展要求进行适时修订。

此外，结合《信托业务分类通知》以及原中国银保监会有关部门负责人就通知答记者问等有关情况，未来，监管部门将进一步完善各类具体业务监管规则和配套机制，指导派出机构对信托公司信托业务分类准确性和展业合规性实施持续监管，进一步完善资产管理信托相关配套制度，明确集合资金信托计划组合投资相关要求，以及完善信托公司分级分类监管制度、持续完善资本管理、信保基金筹集、信托产品登记等配套机制，修订非现场监管报表等。信托配套规则的逐步完善，将有助于推动信托行业迈入高质量发展新阶段。

（四）立足资产管理+服务，协同驱动业务转型

中央金融工作会议明确了不同类型金融机构在我国整个金融体系中差异化发展定位。与其他资产管理机构相比，信托公司除了发行资产管理信托外，还可以开展财富管理服务信托等资产服务信托业务。未来需要坚持资产管理信托与资产服务信托双轮驱动协同发展的思路，推动信托公司真正进入转型发展新阶段。

一是立足提升专业能力探索资产管理信托差异化定位。信托可以综合运用债权、股权、物权及其他可行方式运用信托资金，信托资金可以投资货币、债券、股票、基金、非上市企业股权、不动产等多种类型的资产，具有全能型特点。信托公司除了发行集合资金信托计划外，还可以通过资产服务信托中的资产证券化业务，将非标业务形成的资产通过证券化的方式盘活，创设标准化资产。通过组合投资方式，对多类型资产进行组合投资，不仅有助于分散风险，也更符合资产管理机构的定位。

二是坚持财富管理服务信托与资产管理信托联动发展。财富管理服务信托属于信托公司相较于其他资产管理机构可以开展的专属业务。除了资产配置的功能外，财富管理服务信托可以充分发挥信托财产独立和财富传承等功能，有效满足人民群众财富管理需求。在资产配置端，资产管理信托可以与财富管理服务信托形成联动，这也属于信托公司可以探索的资产管理业务的差异化发展路径。

三是充分发挥信托财产隔离优势大力发展资产服务信托。与资产配置是基于资产管理机构的定位为客户提供投资服务不同，资产隔离是基于信托的法律结构和制度功能为客户提供服务。资产服务信托是可以更充分发挥和彰显信托财产隔离功能的业务，是信托在社会服务领域更广泛的运用，值得大力推广。

（五）提升信托社会认识，助推转型发展进程

信托行业进入转型期，信托业务逻辑发生根本变化，而部分企业和个人客户仍将信托局限地理解为带有刚兑属性门槛较高的私募产品，对信托工具的理解和运用仍然不充分。这在一定程度阻碍了信托在社会实践中的运用，特别是资产服务信托业务的发展。

未来，需要通过多方宣传加强投资者教育，提升社会各界对信托的认识。一是不断增强投资者风险识别和防范能力，树立"卖者尽责，买者自负"的投资理念，不断传导风险与收益对等的投资理念，尽量减少因市场波动而引发的摩擦事件，减少信托行业声誉风险影响。二是持续提升信托从业者专业能力，通过引入从业资格管理、加强行业培训等方式，引导信托从业人员转变观念认识并持续向社会传递正确的信托知识。三是加强行业层面的统一宣传，结合当前信托行业转型业务的特点、功能以及取得成效，从信托服务社会对象角度，加强对信托业务和信托作用的宣传，在宣传信托金融功能的同时，更加侧重宣传信托的社会功能。四是重视对信托的理论研究和文化研究，追根溯源加强对信托制度功能及演进的研究，构建在中国特色金融文化体系中的信托文化，通过信托文化建设，更好引领行业转型和业务转型。

02 | 第二部分
环境篇

| 第一章 |
资管市场

2023年，中国的资产管理市场发生了较为明显的变化。从资管市场环境来看，中央金融工作会议对资本市场发展提出了新的要求，我国应对国内外复杂多变的经济形势的能力进一步增强，资本市场注册制全面推进，投资端、融资端、交易端各项改革措施陆续落地。从资管市场规模来看，市场总体发展稳健，公募基金、信托等资管子行业表现较为突出，规模持续增长，银行理财规模整体则较为平稳。从资管市场的产品表现来看，以债券为主的固定收益类投资产品收益表现较好，成为市场更加认可的投资对象。从资管市场的未来发展来看，如何将资产管理的专业能力与人民群众日益增长的财富管理需求更好地结合起来，是资管市场未来发展的重要方向。

一、资管市场规模情况

整体来看，2023年我国资管市场呈现整体稳健发展态势，并且行业规模呈现出"三升三降"的特点：公募基金、信托、保险资管[①]规模提升，其中公募基金以27万亿元的规模首超银行理财，而银行理财、券商资管、私募基金的规模在整体平稳的同时呈下降趋势。图1-1展示了近十年我国银行理财、公募基金、信托和券商资管的管理规模变化情况。

---

① 保险资管数据尚未正式公布，以保险业总资产规模以及保险资金运用规模代替。

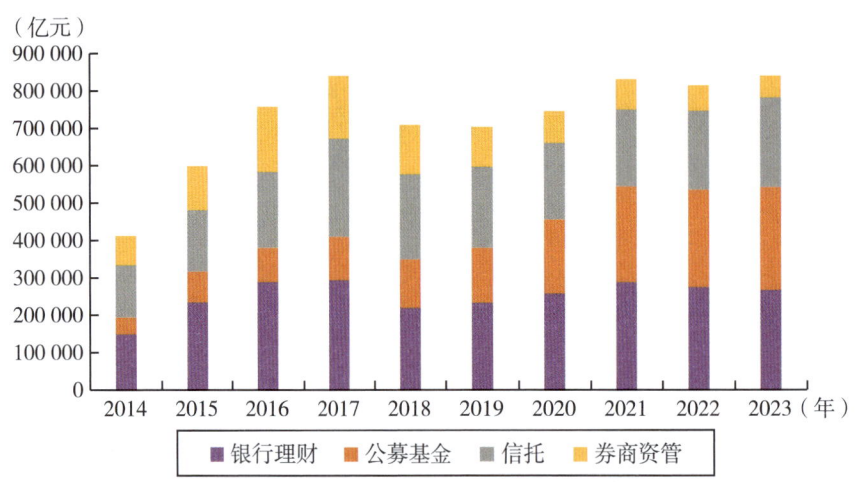

图1-1 银行理财、公募基金、信托、券商资管存续规模的变化情况

资料来源：Wind

（一）银行理财

2023年，受债券市场波动和公募基金竞争等因素影响，银行理财市场规模有所下滑，2023年末银行理财存续规模为26.80万亿元，与2022年末的27.65万亿元存续规模相比减少0.85万亿元，同比下降3%，整体保持平稳（见图1-2）。2023年，全国共有228家银行机构和31家理财公司累计新发理财产品3.11万只，累计募集资金57.08万亿元。截至2023年末，全国共有258家银行机构和31家理财公司有存续的理财产品，共存续产品3.98万只，较年初增加14.86%。

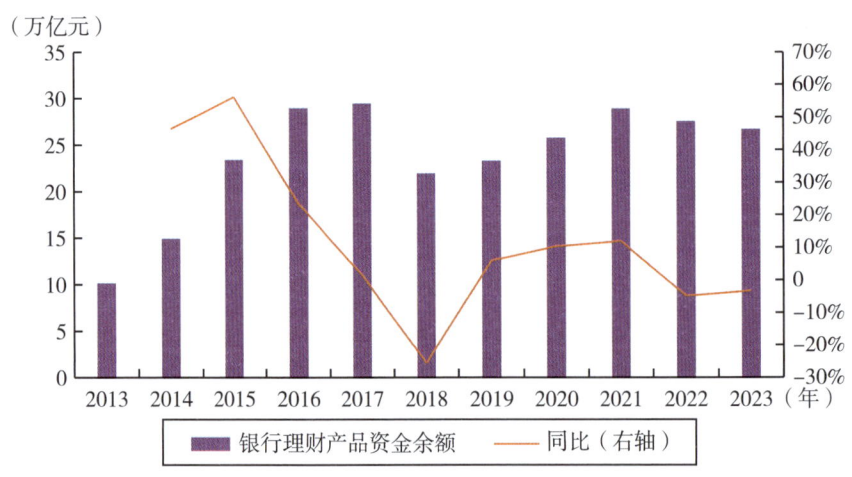

图1-2 银行理财存续规模情况

资料来源：Wind

从银行理财产品的发行机构类型来看，截至2023年末，银行理财公司存续产品数量和金额均最多，存续产品只数1.94万只，存续规模22.47万亿元，较年初上升1.01%，占全市场的比例达到83.85%（见表1-1）。银行理财公司在理财市场上的主体地位越发突出。

表1-1　2023年末各类机构理财产品存续情况

机构类型	机构数量（家）	存续产品数量（只）	存续规模（亿元）	存续规模同比（%）
全市场总量	289	39 829	267 954	-3.10
大型银行	6	750	6 211	-32.80
股份制银行	10	706	4 533	-48.48
城商行	103	9 246	21 836	-10.74
农村金融机构	127	7 791	9 865	-9.33
银行理财公司	31	19 354	224 670	1.01
其他机构	12	1 982	839	17.59

资料来源：银行业理财登记托管中心

（二）公募基金

2023年末，公募基金产品规模达到27.6万亿元，同期银行理财规模26.8万亿元，公募基金资产规模首次超越银行理财，一举打破银行理财多年资管行业头把交椅的江湖地位，迎来了行业的高光时刻（见图1-3）。

图1-3　银行理财和公募基金存续规模对比

资料来源：Wind

公募基金市场中，开放式基金仍然占据绝对主导地位。截至2023年末，开放式公募基金总规模达27.52万亿元，基金数量为11 479只，在市场的震荡波动中进一步实现了规模扩容（见图1-4）。

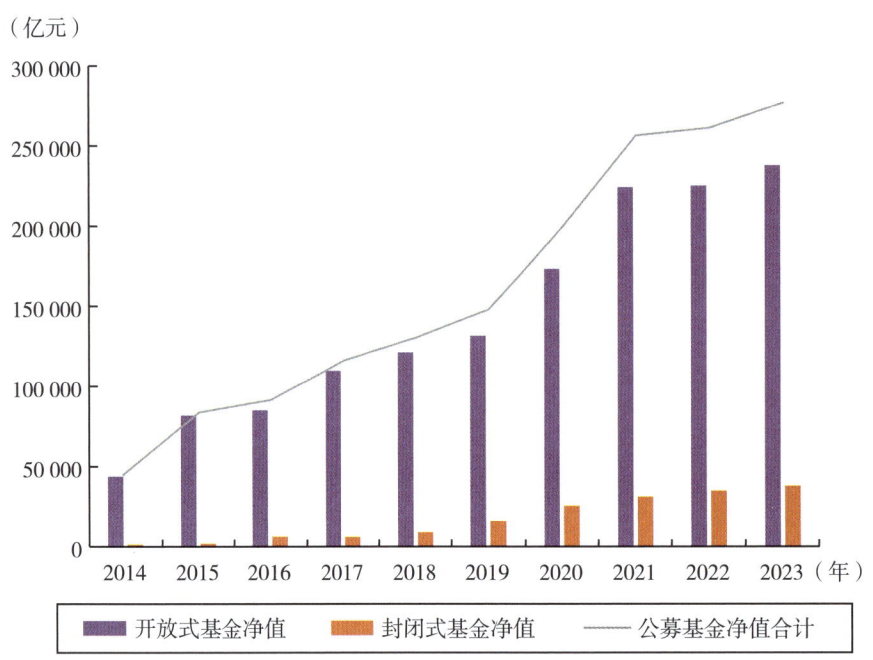

图1-4　各类公募基金净值变动情况

资料来源：Wind

（三）信托

2023年是中国信托行业具有历史意义的一年，伴随着3月24日正式发布《信托业务分类通知》，信托行业逐步实现回归本源。《资管新规》后信托资产规模持续压降，其中2018—2020年连续三年共大幅压缩5.76万亿元，自2021年后同比增速才转负为正，行业规模企稳回升，但整体增幅有限。直至2023年，根据中国信托业协会数据，全行业信托资产规模余额为23.92万亿元，较年初增加2.8万亿元，增幅13.18%，规模实现了明显回升。特别是在传统融资类业务受到严格约束的情况下，资产管理信托、家族信托、家庭服务信托、慈善信托等新型优质细分赛道，规模增长较为明显，助推了行业资产规模的提升（见图1-5）。

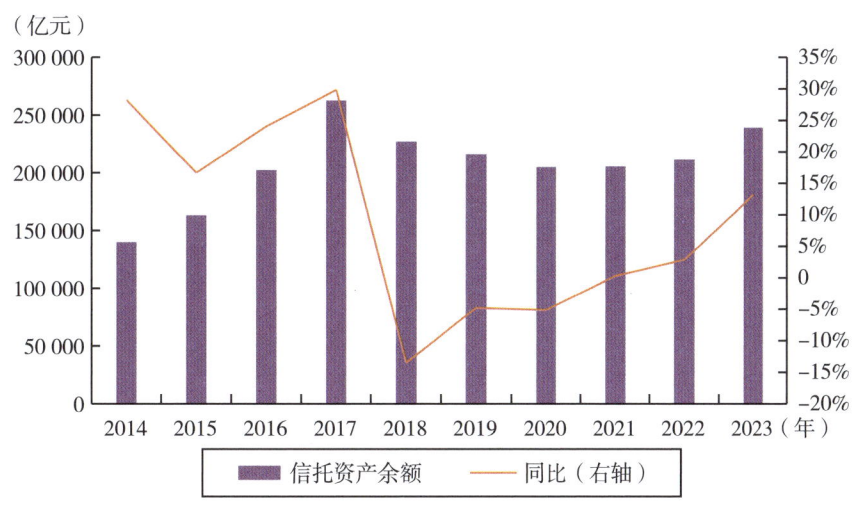

图1-5　信托资产规模余额变动情况

资料来源：Wind

（四）券商资管

2018年《资管新规》后，在私募资管全行业整改的背景下，券商资管私募资管规模尤其是单一资产管理计划规模大幅下降，目前券商资管仍处于改革转型期，《资管新规》后券商资管持续下跌，券商资管产品也迎来了打破刚兑、产品净值化的时代。在"一参一控一牌"政策指导下，券商资管进一步加强公募牌照布局，向积极拥抱主动管理、转型公募基金管理人迈进。

针对"券商资管规模"的统计口径，目前暂无统一规范界定。结合中国证券业协会和中国证券投资基金业协会分类标准，本章从机构管理视角出发，重点讨论证券公司管理的单一资产管理计划、集合资产管理计划、专项资产管理计划（即发行资产证券化产品，简称ABS）。

根据Wind、中国证券投资基金业协会统计，截至2023年末，证券公司单一资产管理计划、集合资产管理计划、资产证券化业务规模约为7.11万亿元，较2022年末降低11.93%。其中，与2022年末相比，单一资产管理计划管理规模为2.71万亿元，同比减少12.66%；集合资产管理计划管理规模为2.59万亿元，同比减少18.46%；ABS规模为1.81万亿元，同比增长0.90%（见图1-6）。从业务规模占比情况来看，ABS业务规模占比提升至25.45%。

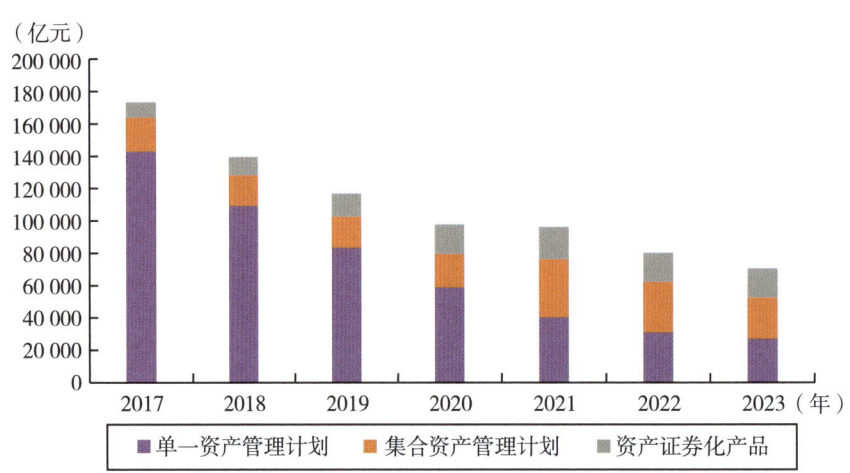

图1-6 券商资管业务存续规模

资料来源：Wind，中国证券投资基金业协会

由于其规模的变化，券商资管业务对券商的营业收入贡献也在下降。中国证券业协会披露，2023年证券行业实现资产管理业务净收入224.79亿元，占营收比例为5.54%，占比同比2022年减少1.32个百分点（见图1-7）。

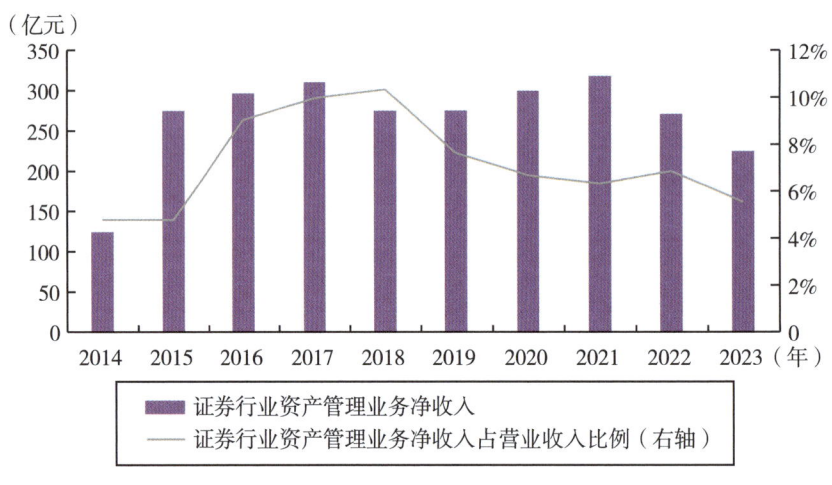

图1-7 证券行业资管业务收入情况

资料来源：中国证券业协会

（五）保险资管

由于保险资管2023年的管理规模等数据尚未正式披露，本章用保险业总资产规模以及保险资金运用规模两个数据来反映保险资管整体的发展态势。截至2023年末，

保险行业总资产规模达29.96万亿元，较2022年末增长10.35%，增速呈持续回升态势（见图1-8）。

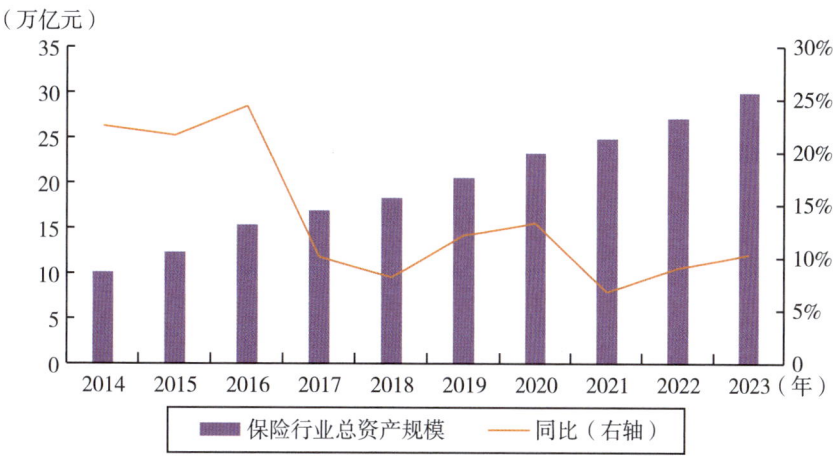

图1-8　保险行业总资产规模情况

资料来源：Wind

从保险资金运用的余额情况来看，与保险业总资产规模的变化趋势类似，由于总体资产规模有一定比例的增长，可运用的保险资金规模相应也有一定比例的提升。根据国家金融监督管理总局公布的数据，2023年保险资金运用余额为27.67万亿元，较年初大幅增长10.46%。该比例与保险业总资产规模增长的比率相近（见图1-9）。

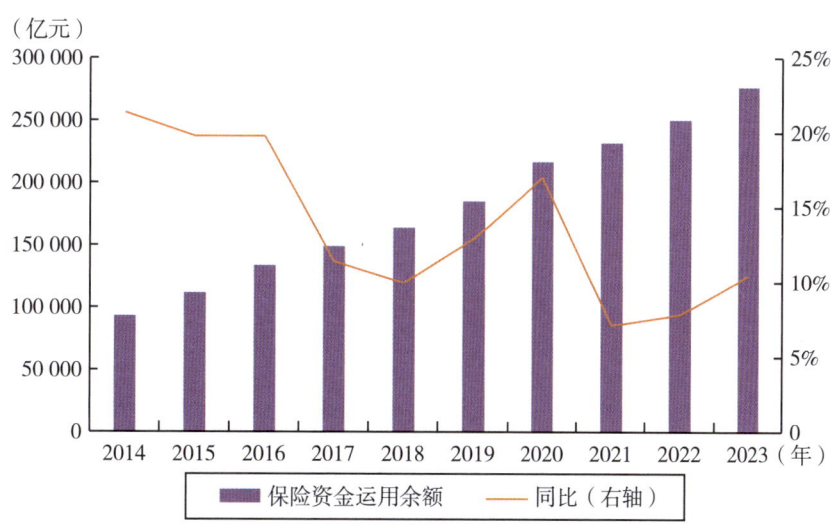

图1-9　保险资金运用余额情况

资料来源：Wind

（六）私募基金

2023年私募行业监管政策频出，延续了加强行业监管、促进行业高质量发展的主旨。私募基金管理人和产品发展势头也顺应政策指导，管理人数量有所下降，产品发行速度有所减缓。

私募基金存量规模和管理人数量的变化情况展现出行业发展新生态的趋势。2023年全年，私募基金管理人存续规模继续下降，截至2023年12月，存量私募基金管理人21 625家，相比2022年同期减少了8.63%。产品方面，存续私募基金数量增幅再次放缓，2023年为153 079只，同比仅增长5.56%；规模方面，2023年度存续私募基金规模总体小幅扩大，从2022年底的20.03万亿元增长到了20.58万亿元（见图1-10）。

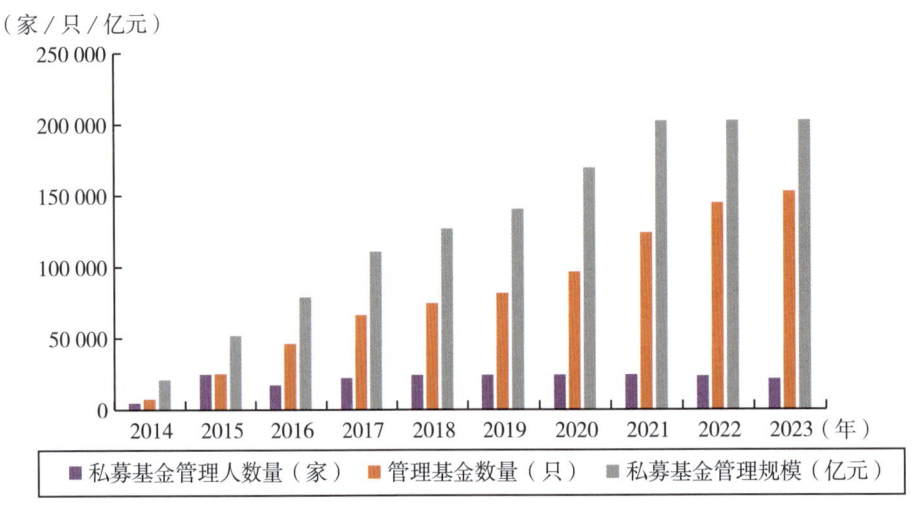

图1-10　私募基金市场存量情况

资料来源：Wind

从私募证券投资基金来看，2023年私募证券投资基金管理人新增数量为179家，同比下降66.79%，存量基金管理人8 469家，相比2022年同期的9 023家，再次下降6.14%；产品数量方面，新增私募证券投资基金16 567只，较2022年新增25 617只，同比减少35.33%，存续基金数量为97 258只，较2022年同期92 578只增加了5.06%，增幅显著回落；规模方面，新增私募证券投资基金规模达2 880.64亿元，较2022年同期2 399亿元同比增加了20.08%，存续基金规模达5.72万亿元，较2022年同期的5.61万亿元小幅增加了1.96%（见图1-11）。数据显示，私募证券投资基金的数量和规模并没有随着管理人数量的减少而下降，反而保持了一定程度的增长，体现出监管进一步完善后，管理人选择扩大原有产品的平均规模并减少清盘数量，来替代新产品发行较少的缺口，每个管理人平均管理产品数量上升至11.48只，平均管理规模增加至6.75亿元。

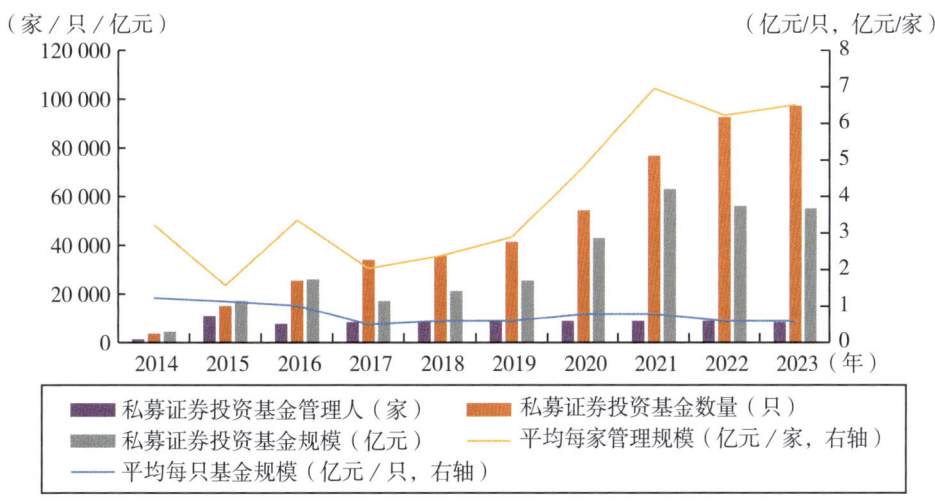

图1-11 私募证券投资基金市场存量备案情况

资料来源：Wind

二、资管市场资产配置与收益情况

在2023年的金融市场中，资产管理业务领域展现出权益类投资震荡下行、固收类产品表现突出的特征。总体而言，受到国际国内经济形势、政策调整等多方面因素的影响，权益类投资在2023年波动较大，呈现出震荡下行的趋势。与此同时，固定收益类产品则表现出了优异的业绩，由于其具有相对稳定的收益和较低的风险，固定收益类产品在市场上备受青睐，为投资者带来了稳定的收益。

（一）银行理财

根据产品投资性质来看，由于2023年债券市场的牛市行情，固定收益类理财产品占比进一步提升。同时，在利率市场持续下行以及高收益资产稀缺的背景下，新发理财产品业绩比较基准较前一年有所下降。从目标收益和波动风险两个维度看，银行理财产品目前聚焦稳健的产品定位，以固定收益投资为核心模式，通过非标、债权、货币市场工具、优先股、收益互换等类固收资产的投资为客户提供安全稳健的投资收益，并在此基础上，通过股票、衍生品等资产投资增加不同的收益来源。在产品规范方面，2023年中国银行业协会发布了《理财产品过往业绩展示行为准则》。新规则注重产品历史业绩展示完整性，有助于充分揭示产品的风险收益特征，保障投资者的合法知情权益。

截至2023年末，银行理财产品投资的总资产合计29.06万亿元，同比下降3.00%；负债合计2.23万亿元，同比下降1.76%。理财产品杠杆率108.31%，较年初增加0.11个百分点。理财产品资产配置以固定收益类为主，投向债券类、非标准化债权类资产、权益类资产余额分别为16.45万亿元、1.79万亿元、0.83万亿元，分别占总投资资产的45.3%、6.2%、2.9%（见图1-12）。

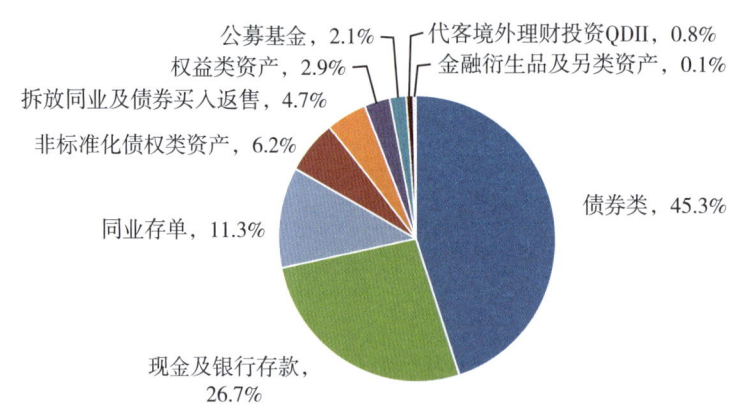

图1-12　2023银行理财产品资产配置情况

资料来源：银行业理财登记托管中心

此外，银行理财市场积极响应国家政策号召，充分发挥资金优化配置功能，通过多种途径实现资金与实体经济融资需求对接。截至2023年末，银行理财产品通过投资债券、非标准化债权、未上市股权等资产，支持实体经济资金规模约19万亿元。理财资金投向绿色债券规模超2 500亿元，投向"一带一路"、区域发展、扶贫纾困等专项债券规模超1 100亿元，为中小微企业发展提供资金支持超3.8万亿元。为助力我国碳达峰碳中和目标实现，理财市场2023年累计发行ESG主题理财产品120只，合计募集资金超1 100亿元。截至2023年末，ESG主题理财产品存续余额达1 480亿元，同比增长13.50%。理财行业不断推出特色产品，2023年末存续"专精特新"、乡村振兴、大湾区等主题理财产品超200只，存续规模超1 200亿元。

2023年，银行理财产品整体收益稳健，累计为投资者创造收益6 981亿元。其中，银行机构累计为投资者创造收益1 739亿元；理财公司累计为投资者创造收益5 242亿元，同比增长0.85%。2023年各月度，理财产品平均收益率为2.94%（见图1-13）。

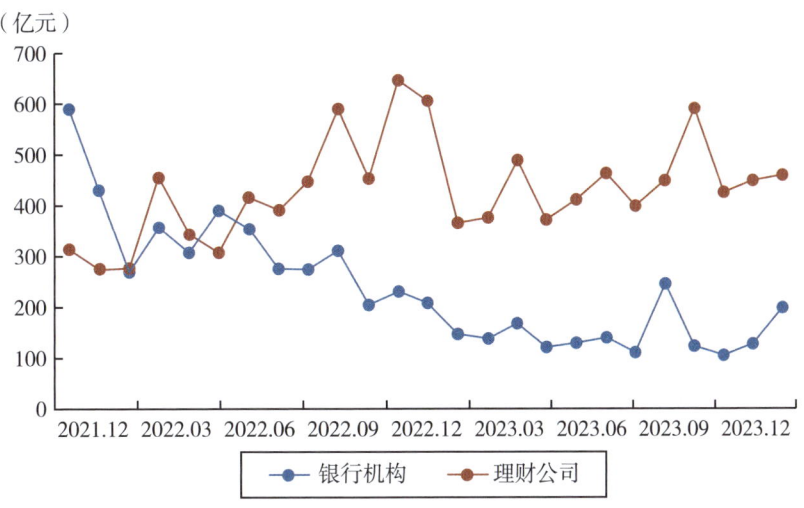

图1-13　近三年理财产品各月为投资者创造收益情况

资料来源：银行业理财登记托管中心

业绩比较基准方面，2023年银行理财子公司发行理财产品的平均业绩比较基准（包含绝对数值型业绩比较基准和区间型业绩比较基准产品，其中区间型业绩比较基准产品取区间均值）较前一年下滑，为3.66%（2022年为4.28%）。根据产品类型来看产品平均发行业绩比较基准，固定收益类3.63%，混合类4.59%，权益类4.77%，商品及金融衍生品类6.16%（见表1-2）。

表1-2　各银行理财子公司不同投资类型、不同发行期限的产品平均业绩比较基准　　　　（单位：%）

产品类型	1个月以内	1~3个月	3~6个月	6~12个月	1~3年	3年以上	未公布	总计
固定收益类	2.86	3.13	3.08	3.52	3.95	4.40	3.72	3.63
混合类	4.16	3.33	3.89	4.43	4.66	5.27		4.59
权益类				5.49	4.59	4.95		4.77
商品及金融衍生品类		6.12			7.22		5.24	6.16
总计	2.89	3.53	3.09	3.53	3.97	4.49	3.74	3.66

资料来源：普益标准

（二）公募基金

总体来看，2023年公募基金规模增长幅度相较2022年有所放大，相比2022年末规模增长6.10%，不过，不同类型基金规模变动呈现一定分化。具体将开放式公募基金分类型来看，QDII基金规模增长幅度最大，2023年规模增幅达27.6%；债券型基金、股票型基金过去一年规模增幅紧随其后，分别为24.39%、14.36%；货币市场基金作为较好的流动性管理工具，管理规模继续保持稳定提升，2023年规模增幅7.85%；与此同时，混合型基金规模出现缩水，相比上一年年末下跌20.89%（见图1-14）。截至2023年末，货币市场基金仍是规模最大的公募基金类型，占开放式公募市场总规模比例达47.39%；数量方面，混合型基金占比最高，为48%，债券型基金和股票型基金排在其后，占比分别为23%和22%，货币市场基金和QDII基金占比分别为4%和3%（见图1-15）。

图1-14　不同类型开放式公募基金规模变化情况

资料来源：中国证券投资基金业协会

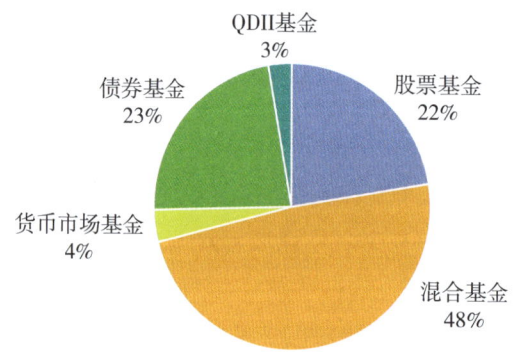

图1-15　2023年不同类型开放式公募基金数量占比

资料来源：Wind

公募基金业绩表现方面，2023年A股市场整体机会有限且轮动速度加快，市场风格也随之快速切换，投资难度明显增加，基金业绩也呈现比较明显的分化特征。从各类型基金2023年回报均值来看，债券型基金、QDII基金和货币市场基金取得正收益，平均回报表现最好的为QDII基金，过去一年平均收益率为6.56%，债券型基金和货币市场基金紧随其后，分别取得2.94%和1.92%的正收益。与此同时，主要投资A股市场的股票型基金和混合型基金整体跌幅相对明显，2023年均有10个点左右的下跌，而且产品之间业绩分化非常明显，业绩首末差分别为79%和108%（见图1-16）。

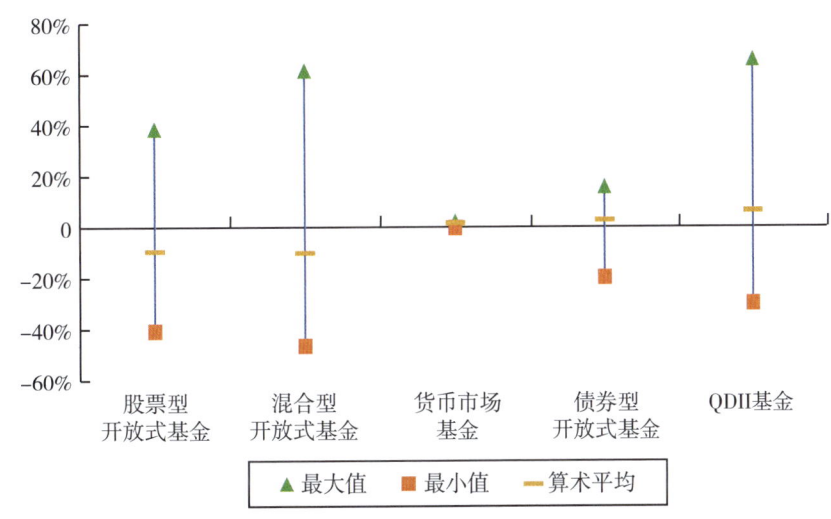

图1-16 2023年开放式公募基金业绩整体统计

资料来源：Wind

（三）信托

随着信托行业由传统通道向主动管理转型的持续深入，集合资金信托已经成为信托产品主要资金来源。根据用益信托网数据统计，2023年度发行的集合资金信托产品2023年平均收益率为6.59%，较2022年平均收益率下降27个百分点，其平均信托年限为1.53年，较2022年继续减少0.27年。

观察信托的平均月预期年收益率，2023年新成立的集合资金信托平均预期收益率保持下降趋势，主要受融资类信托强监管及经济周期下行影响。观察信托的平均期限，2023年新成立信托的平均期限延续了2022年的下降趋势，主要受信托产品风险释放、需求端对信托产品风险偏好降低、叠加《资管新规》禁止期限错配等规则限制的影响（见图1-17）。

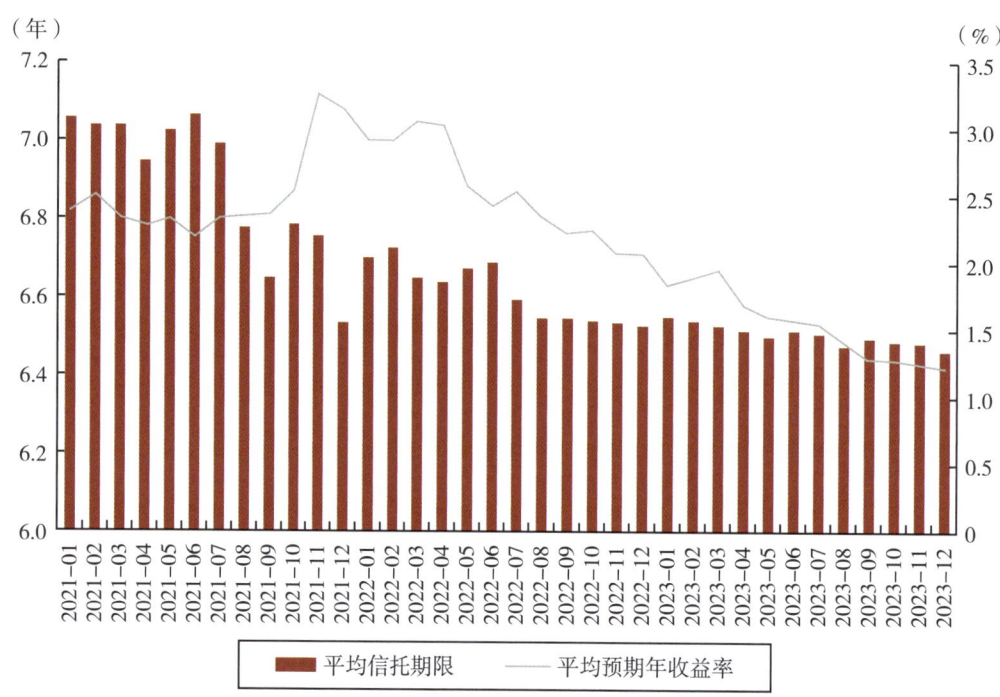

图1-17　集合信托平均期限和年化收益率走势

资料来源：用益信托网

（四）券商资管

2023年券商资管以私募资管展业为基础，发力专项资管业务，资管规模结构不断优化调整，债券型产品取得稳健收益。

截至2023年末，证券公司单一资产管理计划和集合资产管理计划规模总计5.3万亿元。与2022年末相比，固收类产品规模为4.27万亿元（同比下降17%），规模占比超80%，混合类产品规模为5 263亿元（同比下降13%），权益类产品规模为4 753亿元（同比下降11%），仅衍生品类规模实现同比增长23%至353亿元，主要是2023年上半年，多家券商新增备案了百余只挂钩中证500、中证1000、CTA等量化策略的"雪球"产品等（见图1-18）。

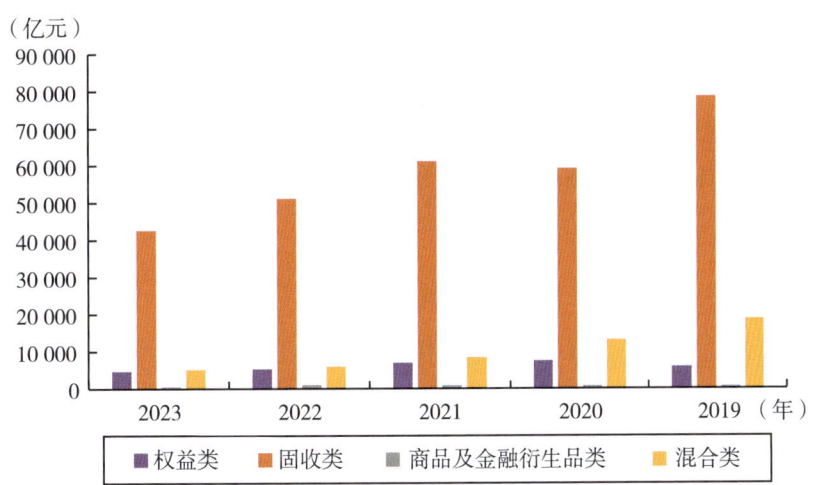

图1-18 券商资管不同投资类型产品规模情况

资料来源：Wind

券商私募集合资产管理计划产品以债券型为主，根据Wind数据统计，从2023年度券商私募集合资产管理计划产品收益的算数平均表现来看，2023年度债券型产品、QDII产品、股票型产品均取得正收益，分别为2.40%、4.28%、6.23%，并且股票型产品、混合型产品内部表现分化（见图1-19）。

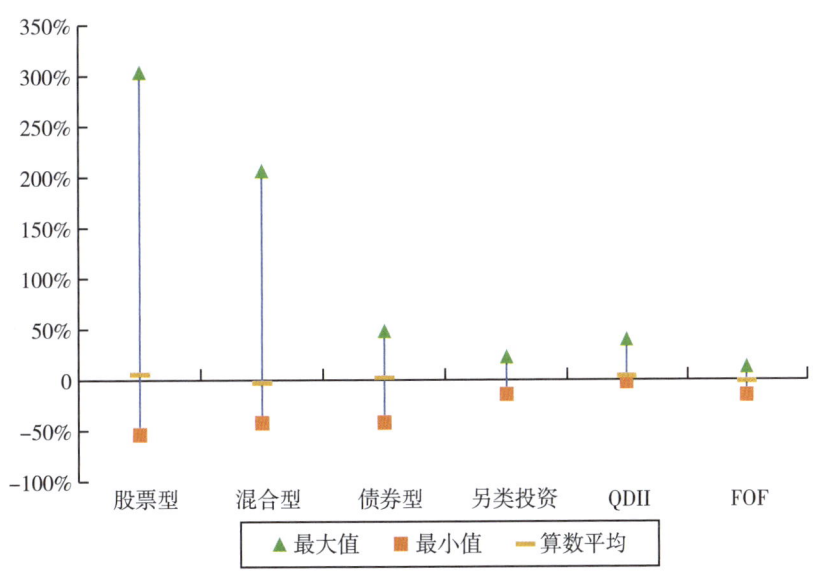

图1-19 2023年度券商资管不同投资类型产品收益情况

资料来源：Wind

(五）保险资管

整体而言，在权益市场震荡、债券市场走牛的2023年，保险资金总体保持多元化配置，并适当增配一定比例的优质债券资产以应对市场波动。各板块收益差距明显，债券型产品收益显著。

分析保险资金运用的主要投资资产规模和占比情况可知，银行存款2.72万亿元，占比为9.84%，是近20年来第一次跌破10%；债券12.57万亿元，占比为45.41%，较2022年增加近5个百分点，实现了连续6年增长，也是近10年来第一次超过45%；股票和证券投资基金3.33万亿元，占比为12.02%，与2022年基本持平；包含非标资产投资在内的其他资产9.06万亿元，占比为32.72%，略低于2022年同期（见图1-20）。

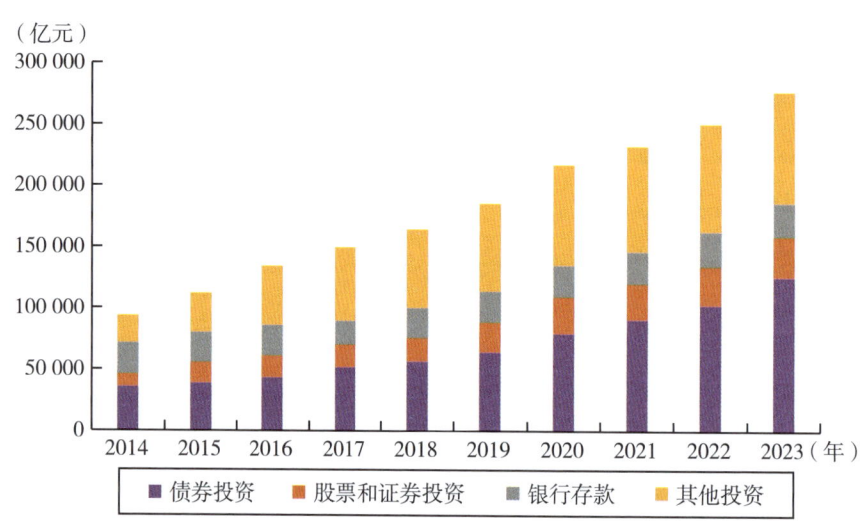

图1-20 保险资管不同投资类型规模变化情况

资料来源：Wind

2023年全年，保险资产管理机构和保险私募基金管理人登记债权投资计划、股权投资计划和保险私募基金468只，合计注册规模8 545.73亿元，较2022年数量和规模分别同比减少11.53%和18.67%。具体来看，债权投资计划433只，规模7 356.61亿元，规模同比减少15.56%；股权投资计划21只，规模661.85亿元，尽管较2022年数量有所下行，但规模同比增加14.68%；保险私募基金14只，合计登记规模527.27亿元，数量和规模同比减少33.33%和56.72%。资产支持计划方面，保险资产管理机构2023年全年合计登记93项，登记规模达4 595.74亿元，实现了数量和规模双增长（见表1-3）。

表1-3　　　　　　　　　2023年保险资管另类投资产品登记情况

类型	项目	2023年	2022年	增幅
债权投资计划	数量（只）	433	485	−10.72%
	规模（亿元）	7 356.61	8 711.78	−15.56%
股权投资计划	数量（只）	21	23	−8.70%
	规模（亿元）	661.85	577.15	14.68%
保险私募基金	数量（只）	14	21	−33.33%
	规模（亿元）	527.27	1 218.28	−56.72%
资产支持计划	数量（项）	93	65	43.08%
	规模（亿元）	4 595.74	3 044.93	50.93%
合计	数量（只）	561	594	−5.56%
	规模（亿元）	13 141.47	13 552.14	−3.03%

资料来源：中国保险资产管理业协会，中保保险资产登记交易系统有限公司

（六）私募基金

2023年，我国私募基金行业业绩表现出现显著差异化特征，投资活动日益强调专业化与精细化管理。在私募证券投资基金领域，目前主要采纳六大策略，包括股票策略、相对价值策略、管理期货策略、宏观策略、债券策略以及组合基金策略。

具体到各个策略，股票策略产品在数量上占据优势，因此在发行与清盘的数量上所占比例也较高。然而，受到权益市场下行趋势及新监管政策共同作用的影响，自2023年5月以来，股票策略产品的发行占比已降至相对较低的水平。与此同时，债券策略与相对价值策略产品的发行占比上升。债券类私募产品的发行增长得益于债券市场的优异表现，而相对价值策略，作为一种广义上的固定收益策略，在权益市场表现不佳及小盘风格股票年内表现强势的背景下，受到管理人与投资者的日益关注，其发行占比在2023年实现了增长。

在选取成立满3年、产品净值披露达到一定条件的私募基金后，得到表1-4中2023年私募基金各策略年度业绩表现。股票策略方面，由于2023年权益市场表现不振，使得股票策略绝对收益表现为负；相对价值策略整体表现较好，达到了6.4%的正收益；管理期货策略方面，平均收益率为4.14%，主要源于商品市场的反复变化。债券策略方面，收益表现较好，并且由于权益等增强端的拖累，纯债策略整体比强债策略的表现更加优异。宏观策略和组合基金方面，受到指数下跌、地缘风险等不

利因素影响，未能达到正收益。

表1-4　　　　　　2023年私募基金各策略年度业绩分布情况　　　　　（单位：%）

指标	策略名称	平均值	中位数	标准差
收益率	股票策略	-3.19	-4.29	20.75
	相对价值	6.40	6.00	14.08
	管理期货	4.14	2.26	22.97
	宏观策略	-2.41	-2.57	23.32
	债券策略	8.67	7.63	19.90
	组合基金	-0.47	0.24	13.46
最大回撤	股票策略	-20.30	-17.97	12.50
	相对价值	-5.75	-2.43	9.10
	管理期货	-11.87	-8.87	11.46
	宏观策略	-17.79	-15.63	13.46
	债券策略	-5.94	-2.10	10.23
	组合基金	-10.22	-7.79	9.41

资料来源：私募排排网

三、资管市场发展展望

（一）资产配置更加追求安全稳健

在2023年，随着无风险收益率持续降至历史低点，投资于风险资产的难度相应增加。然而，在这样的大环境下，投资者的风险偏好并未显著提高。为了实现更高的回报率，投资者和投资机构必须直面市场波动，寻求新的突破口。

在当前经济步入高质量增长阶段和资产管理市场制度日益健全的背景下，那些带有刚性兑付或隐性刚性兑付特征的高收益产品正逐步减少。这一变化不仅显著地改变了金融资产投资的范式，而且在市场尚未完全形成新的稳定投资逻辑之际，导致了风险资产整体波动性和风险的上升。

同时，市场利率的下降使得债券的回报率显著降低，这使得单纯依赖债券等低风险资产已无法满足投资者对投资回报率的需求。由此，"零波时代"，即通过规避波动风险来实现理想投资回报的时代已经结束，取而代之的是"低波时代"。在"低波时代",资管机构面临的关键课题是如何通过有效管理波动风险,为不同需求的投资者提供适宜的投资产品或策略。

(二)投资范围向更加组合化、多元化发展

2023年银行理财规模首次被公募基金超越,在一定程度上反映出居民财富的结构性变迁。过去一年,投资者的投资范围有从本土股债拓展至多资产的发展趋势,包括QDII基金和商品型基金都迎来了业绩和规模的双重增长。在当前海外宏观环境日趋复杂的背景下,国内资产价格波动性提升,操作节奏复杂度加大,资产配置的难度也在加大;同时,居民财富管理的风险偏好仍保持较低水平。

在复杂的投资环境中,各资管行业根据各自所处的行业特征不断发展新的投资范围,银行理财需要进一步多元化、分散化配置资产,发挥资产组合对冲和拟合优化功能,坚守稳健的特征;公募基金创设更多满足投资者配置需求的产品,为投资者创造价值;信托公司在信托业务三分类后进行业务转型探索,提高主动管理能力,向资产服务信托、公益慈善信托等本源业务进发;在券商"一参一控一牌"公募化发展趋势下,券商作为ETF业务发展的核心机构,券商资管可以充分利用ETF业务实现下一步公募化产品布局抓手;保险业继续发挥经济减震器和社会稳定器的作用,保险资管在有效防控风险的际遇下抓住养老金融新机遇;私募基金在监管不断加强的环境下,发展多策略配置以应对市场风险变化。

(三)资产管理将与财富管理更加深入融合

在当前"低波时代",面对投资环境中难度提升的挑战,投资者呈现出两种不同的应对策略:一种选择暂缓风险投资,以直接方式规避潜在风险;另一种则致力于适应新环境,并寻求有效的应对策略。然而,这部分投资者在实践中遭遇了教育效率低下和机构引导不足的客观障碍,导致其对新型资产的风险与收益特性适应速度缓慢。由此,资金流向储蓄和现金类资产的趋势越发明显。

与此同时,在市场表现未能达到预期的背景下,投资者对以产品销售为导向的财富管理模式的信任度正在下降。在这种形势下,财富管理的真正意义以及探索符合未来发展趋势的新模式,成为金融机构面临的核心议题。

在过去几年中,财富管理机构尝试向"买方投顾"模式转型,但大多数仅停留

在表面和口号层面，真正做到全面改革并付诸实践的案例很少。真正的财富管理革新，需要将专业的投资研究能力融入每一个与客户直接接触的财富管理服务环节中。需要精准识别客户的风险偏好，构建客户画像，全面描绘投资需求的生命周期，以及设计与之相匹配的综合性投资方案。

（四）投资者教育工作重要性更加凸显

金融资产配置的转型，需要有与之匹配的投资理念、资金和投资者。只有让投资者学会认识自身投资能力、认识产品风险和潜在收益、树立正确的投资理念，并且配合专业机构的资产配置和组合管理，才能够真正地让投资者理解并接受标准化资产的波动。

我国的投资者教育起步较晚，并且金融市场的投资者群体复杂庞大，面对新的全面净值化的财富管理生态，投资者的投资预期和心态较难在短期内迅速转向，从而提升了投资者教育的难度。这决定了投资者教育活动需要多层次、多途径的共同努力。

从机构角度来看，投资者教育的优化升级是一个逐步推进的过程。针对目前投资者在认知水平、学习需求及参与意愿方面的多样化现状，我们首先应当实施投资者分层和分类管理，依据不同投资者的特点，提供定制化的投资教育内容，以提升投资者教育的整体效能。从监管层面来看，需要从顶层设计出发，逐步建立一个宏观、中观、微观三个层面相互结合的全方位投资者教育体系。这不仅需要完善投资者教育的激励和监管机制，而且需要促进各相关部门、金融机构、媒体以及个人等市场参与者的共同合作，确保投资者教育能够得到有效实施，并取得实质性的成效。

第二章
监管环境

2023年，我国金融监管体系开启新一轮改革，信托业也在《信托业务分类通知》正式发布后迎来行业变革。金融行业整体来看，新一轮金融监管体系改革拉开序幕，我国金融监管体系从"一行两会"进入"一行一局一会"新格局。在新的金融监管体系下，我国金融监管的顶层设计不断完善，监管空白和监管盲区不断被消除，强监管、严监管持续强化，同时引导金融机构不断加大对实体经济的支持力度。从信托行业来看，2023年信托行业监管体制也发生相应调整，监管规则日趋完善，在规范信托公司的信托业务分类和异地机构设置的同时，推动监管评级与分级分类监管等行业重大监管政策落地，引导信托公司加强内部规范管理、提高主动管理能力、提高服务实体经济质效，并持续推动行业改革化险工作。

一、金融监管环境

（一）启动新一轮金融监管体制改革

2023年，我国金融监管体系启动新一轮变革，新成立中央金融委员会、中央金融工作委员会，在原中国银保监会基础上组建国家金融监督管理总局（以下简称金融监管总局）等。2023年5月，金融监管总局正式揭牌，自此中国金融监管体系从"一行两会"进入"一行一局一会"新格局。

《党和国家机构改革方案》提出，面对新时代新征程提出的新任务，党和国家机构设置和职能配置需要在巩固党和国家机构改革成果的基础上继续深化改革，对体制机制和机构职责进行调整和完善。具体来看，《党和国家机构改革方案》对金融监管体系的调整如下。

一是分别组建中央金融委员会和中央金融工作委员会。中央金融委员会的职责主要包括加强党中央对金融工作的集中统一领导，负责金融稳定和发展的顶层设计、统筹协调、整体推进、督促落实，研究审议金融领域重大政策、重大问题等。中央金融工作委员会的主要职责为统一领导金融系统党的工作，指导金融系统党的政治建设、思想建设、组织建设、作风建设、纪律建设等。

二是统筹推进中国人民银行分支机构改革。撤销中国人民银行大区分行及分行营业管理部、总行直属营业管理部和省会城市中心支行，在31个省（自治区、直辖市）设立省级分行，在深圳、大连、宁波、青岛、厦门设立计划单列市分行。

三是在中国银行保险监督管理委员会基础上组建国家金融监督管理总局。由国家金融监督管理总局统一负责除证券业之外的金融业监管，强化机构监管、行为监管、功能监管、穿透式监管、持续监管，统筹负责金融消费者权益保护，加强风险管理和防范处置，依法查处违法违规行为。此外，中国人民银行对金融控股公司等金融集团的日常监管职责、有关金融消费者保护职责，以及中国证券监督管理委员会的投资者保护职责划入国家金融监督管理总局。

四是将中国证券监督管理委员会调整为国务院直属机构，强化资本市场监管职责，国家发展和改革委员会的企业债券发行审核职责同时划入中国证券监督管理委员会。

五是深化地方金融监管体制改革。建立以中央金融管理部门地方派出机构为主的地方金融监管体制，统筹优化中央金融管理部门地方派出机构设置和力量配备。地方政府设立的金融监管机构专司监管职责。

（二）全面推动金融强监管、严监管

1.中央金融工作会议对做好新时代的金融监管工作提出了更高要求

2023年10月末召开的中央金融工作会议强调，"要全面加强金融监管，有效防范化解金融风险"；要求"切实提高金融监管有效性，依法将所有金融活动全部纳入监管，全面强化机构监管、行为监管、功能监管、穿透式监管、持续监管，消除监管空白和盲区，严格执法、敢于亮剑，严厉打击非法金融活动"。从具体领域来看，中央金融工作会议对金融监管在处置中小金融机构、建立防范地方债务风险长效机制、促进金融与房地产良性循环、维护金融市场稳定运行、加强外汇市场管理、防范化解金融风险等方面也提出了具体要求。

2. 持续推进补齐监管制度短板

2023年，银行保险业金融机构方面，《中华人民共和国银行业监督管理法》《中华人民共和国保险法》修订取得实质进展，《商业银行资本管理办法》《商业银行金融资产风险分类办法》《银行业金融机构国别风险管理办法》《关于进一步做好联合授信试点工作的通知》等一批监管规则陆续发布；资本市场建设方面，中国证监会持续加大资本市场监管改革力度，从投融资和交易等方面多管齐下，加强资本市场基础制度建设，包括实现境内上市全面实行注册制，境外上市全面实行备案制，推动境内多层次资本市场建设，加强一二级市场逆周期调节，不断优化IPO和再融资等监管安排，大力规范资本市场发行和交易行为，持续推动活跃资本市场和提振投资者信心，同时对债市进行改革，将国家发展和改革委员会（以下简称发改委）的企业债券发行审核职责划入中国证监会，由中国证监会统一负责公司（企业）债券发行审核工作，实现债券市场统一，债券市场注册制也全面落地。

3. 强化监管稽查和处罚等执法职能

从机构设置来看，金融监管总局和中国证监会均设置了相关的执法部门。根据中国机构编制网公布的《国家金融监督管理总局职能配置、内设机构和人员编制规定》，金融监管总局下设稽查局和行政处罚局。其中，稽查局负责组织对违法违规金融活动相关主体进行调查、取证，提出处理意见，涉嫌犯罪的，提出移送司法机关的建议；行政处罚局承担行政处罚案件审理等工作，提出审理意见，组织听证和集体讨论，送达行政处罚决定并执行。根据中国机构编制网公布的《中国证券监督管理委员会职能配置、内设机构和人员编制规定》，中国证监会下设稽查局和稽查总队。其中，稽查局承担证券期货基金市场稽查工作，具体包括承担组织、协调、管理、监督证券期货基金违法违规案件调查及相关工作，办理涉嫌犯罪案件移送，承担债券市场统一执法工作，组织境外监管合作案件的协查和境内证券期货市场涉外违法违规案件的调查；稽查总队负责相关案件的调查、取证，提出处理意见等。

4. 不断升级完善金融监管工具

金融监管总局方面，2023年全面升级银行"睿思"风险预警系统，推进监管大数据平台、智能风险分析工具开发应用，同时运用提级交叉检查方式，增强现场检查效果，查实部分中小金融机构突出风险。中国证监会方面，2023年重点对证券期货机构的合规管理及投行等业务进行监管。其中，2023年11月中国证监会对修订《首发企业现场检查规定》和《首次公开发行股票并上市辅导监管规定》征求意见，并于2024年3月正式发布实施《首发企业现场检查规定》和《首次公开发行股票并上市辅导监管规定》等。修订后的《首发企业现场检查规定》强调"申报即担责"，规定在检查过程中对撤回上市申请的企业"一查到底"，撤回上市申请不影响检查工作实施，也不影响依法依规对检查发现的问题进行处理，并增加了不提前告知直接开展检查的机制。中国证监会还表示将大幅提高现场检查比例、扩大覆盖面，现场检查中发现的欺诈发行、财务造假线索，一经查实严惩不贷，以雷霆手段践行以投资者为本的监管理念，压紧压实各方责任，切实提升发行上市监管效能，从源头上提高上市公司质量。

5. 加大违法违规行为处罚力度

2023年金融监管部门对违法违规行为延续强监管态势。2023年，金融监管总局处罚银行保险机构4 750家次，处罚责任人8 552人次，罚没合计78.38亿元，罚没金额为2022年的2.7倍。中国证监会2023年坚持"零容忍"打击不动摇，切实让行政执法"长牙带刺"。稽查执法保持高压态势，聚焦信息披露违法等重点案件，重拳惩治违法。中国证监会2023年全年共办理案件717件，其中重大案件186件，全年作出处罚决定539项，罚没款金额63.89亿元，市场禁入103人次。持续加大对涉嫌犯罪案件的打击力度，向公安机关移送涉嫌犯罪案件及通报线索118件，还会同公安部、最高人民检察院组织开展上市公司领域证券违法犯罪案件专项执法。

（三）着力防范化解金融风险

1. 加快中小金融机构改革化险

近年来，我国经济增速放缓，部分重点经济领域出现周期性波动，导致部分中小银行面临一定发展困境甚至生存挑战，改革化险成为近年来中小金融机构监管的一项重要任务。2023年10月国务院印发《关于推进普惠金融高质量发展的实施意见》，提出"以省为单位制定中小银行改革化险方案"。2023年10月末召开的中央金融工作会议，也提出要"及时处置中小金融机构风险"。2023年11月13日，中国人民银行金融稳定局撰文称，持续推进中小银行改革化险，"一省一策"加快农村信用社改革，稳步推动村镇银行改革重组和风险化解，积极探索在部分省份开展硬约束早期纠正试点，对增量高风险银行提出"限期整改"的硬约束要求。2023年，金融监管总局持续有效防范化解重点领域风险，对存在风险的中小银行实施高强度监管，促使其风险逐步收敛；同时，与地方党委、政府和相关部门"一行一策"谋划实施改革化险路径，稳妥有序化解和处置存量风险，严控增量风险。2023年，金融监管总局稳妥处置一批高风险机构，打击非法金融活动也取得新的成效。一批重大案件得到查处，一批违法犯罪分子受到严惩，非法集资年均发案量较峰值大幅下降，亿元以上存案结案率大幅提升。在2024年金融监管总局部署的八大重点任务中，全力推进中小金融机构改革化险被置于首位。

2. 促进金融与房地产良性循环

2023年10月的中央金融工作会议提出要"促进金融与房地产良性循环，健全房地产企业主体监管制度和资金监管，完善房地产金融宏观审慎管理，一视同仁满足不同所有制房地产企业合理融资需求，因城施策用好政策工具箱，更好支持刚性和改善性住房需求，加快保障性住房等'三大工程'建设，构建房地产发展新模式"。2023年11月，中国人民银行、金融监管总局、中国证监会联合召开金融机构座谈会，指出金融机构要一视同仁满足不同所有制房地产企业合理融资需求，对正常经营的房地产企业不惜贷、抽贷、断贷；同时，要求金融机构继续用好"第二支箭"支持民营房地产企业发债融资，支持房地产企业通过资本市场合理股权融资，继续配合地方政府和相关部门，坚持市场化、法治化原则，加大保交楼金融支持，推动行业并购重组。进入2024年以后，中国人民银行等相关部委继续发布一系列政策，除进一步发挥城市房地产融资协调机制作用，满足房地产项目合理融资需求外，还在需求端调整首付比例、房贷利率等稳定住房需求，在供给端支持地方国企收购已建成未出售商品房及限制去化周期较长的城市新增住宅用地出让等平衡供需关系，持续加大对房地产市场的支持力度。

3. 统筹协调支持地方债务风险防范化解

2023年以来，受地方政府财政压力加大和城投债到期高峰等多方面的影响，地方政府债务问题成为市场关注的热点。2023年7月中央政治局会议首次提出要"有效防范化解地方债务风险，制定实施一揽子化债方案"，开启新一轮城投化债，年内监管部门出台了多项重要举措。2023年8月，中国人民银行、金融监管总局、中国证监会召开金融支持实体经济和防范化解金融风险电视会议，要求"统筹协调金融支持地方债务风险化解工作，丰富防范化解债务风险的工具和手段"。全国人大常委会批准增发国债1万亿元，提前下达2024年地方2.7万亿元的新增地方债，全国地方特殊再融资债券密集发行超过1万亿元等，也将缓解地方财政压力，有助于降低地方债务风险。前述2023年11月召开的座谈会上也要求继续推动城投化险，包括要求金融机构通过展期、借新还旧、置换等方式，合理降低融资平台债务成本、优化期限结构。自2024年以来，为进一步落实一揽子化债方案，妥善化解存量债务风险和严防新增债务风险，中央一方面提出"要坚持改革创新，强化配套政策支持，持之以恒攻坚推进，进一步推动一揽子化债方案落地见效"；另一方面持续强调地方债务管控长效机制的建立，将"建立同高质量发展相适应的政府债务管理机制，完善全口径地方债务监测监管体系，分类推进地方融资平台转型"作为政府工作任务之一。

（四）持续引导提升金融服务实体经济质效

1. 中央金融工作会议对金融支持实体经济作了重要部署

2023年10月末召开的中央金融工作会议明确提出"坚定不移走中国特色金融发展之路，推动我国金融高质量发展，为以中国式现代化全面推进强国建设、民族复兴伟业提供有力支撑"，"坚持把金融服务实体经济作为根本宗旨"。2023年12月召开的中央经济工作会议也强调要"引导金融机构加大对科技创新、绿色转型、普惠小微、数字经济等方面的支持力度"。2024年2月26日，中国人民银行在做好金融"五篇大文章"工作座谈会上也进一步要求，金融部门要认真落实中央金融工作会议重要部署，进一步增强金融支持力度、可持续性和专业化水平。

2. 持续引导提升服务实体经济力度质效

2023年，我国货币政策加大逆周期调节，统筹运用好总量和结构、数量和价格工具，更有力地支持了实体经济发展。中国人民银行等部门引导资金更多流向民营小微企业等薄弱环节，支持全面推进乡村振兴、科技创新和先进制造业等重点领域，健全金融服务体系，拓宽融资渠道和服务方式。金融监管总局积极引导银行业、保险业继续加大资金投入，保障重大工程和民生项目融资需求，加大对制造业、战略性新兴产业、科创产业的支持力度，更好地服务经济社会高质量发展。2023年社会融资规模增量累计为35.59万亿元，比2022年多3.41万亿元。其中，对实体经济发放的人民币贷款增加22.22万亿元，同比多增1.18万亿元，全年对实体经济发放的人民币贷款占同期社会融资规模的62.4%。2024年，政策将聚焦"五篇大文章"支持重点领域和薄弱环节，落实好加大力度支持科技型企业融资行动方案，延续实施碳减排支持工具，继续发挥支农支小再贷款、再贴现、普惠小微贷款支持工具服务普惠金融长效机制作用，抓好金融支持民营经济25条举措落实，持续做好乡村全面振兴金融服务工作，延续实施普惠养老专项再贷款。

二、信托监管环境

（一）优化调整信托监管体制机制

2023年5月，金融监管总局正式揭牌后，对内设机构和职能配置进行了配套改革调整，新成立了资管机构监管司（以下简称资管司），主要职责是承担信托公司、理财公司、保险资产管理公司的非现场监测、风险分析和监管评价等工作，根据风险监管需要开展现场调查，采取监管措施，开展个案风险处置。

资管司成立以来，深入学习贯彻落实中央金融工作会议精神，积极落实金融监管总局党委各项决策部署，按照"融合、优化、转型、安全"的总体思路，全面强化机构监管、行为监管、功能监管、穿透式监管、持续监管，推动信托公司、理财公司、保险资管公司监管有机融合，与时俱进优化监管体制机制，夯实行业高质量发展根基，持续引导行业改革转型，做好"五篇大文章"，加大风险监测化解力度，坚决筑牢银行保险资管领域安全防线。

（二）引导信托公司规范展业

引导信托公司规范展业是监管促进信托行业改革转型发展的重要举措。2023年3月监管机构发布《信托业务分类通知》，构建了信托业务改革的基础性制度，对信托公司异地展业进行正式规范，对个别信托业务持续强化规范监管。

1.发布规范信托业务分类政策

近年来，信托公司信托业务持续发展，业务形式不断创新。为厘清各类信托业务边界和服务内涵，引导信托公司以规范方式发挥信托制度优势，丰富信托本源业务供给，巩固乱象治理成果，《信托业务分类通知》正式发布，并强调信托公司受托人定位，根据各类信托服务的实质，以信托目的、信托成立方式、信托财产管理内容为分类维度，将信托业务分为资产服务信托、资产管理信托、公益慈善信托三大类，并在每一大类业务下细分信托业务子项，规范每项业务的定义、边界、服务内容和禁止事项，明确分类工作的责任主体和工作要求。2023年7月，为了促进信托业更好把握《信托业务分类通知》精神，全面准确进行信托业务分类，规范开展各类信托业务，有序实施存量业务整改，金融监管总局发布了《〈关于规范信托公司信托业务分类的通知〉实施后行业集中反映问题的指导口径（一）》（以下简称《指导口径》），对市场关心的二十个信托业务三分类有关问题进行了解答。《信托业务分类通知》和《指导口径》旨在促进各类信托业务规范发展，积极防控风险和巩固乱象治理成果，引领信托业发挥信托制度优势有效创新，丰富信托本源服务供给，摆脱传统发展路径依赖，加快转型，推动行业实现高质量发展。《信托业务分类通知》发布后，监管也以此为基础引导信托公司进一步提升服务实体经济质效。2023年12月，金融监管总局资管司对信托公司下一步展业方向提出要求，"要发挥好信托投融资机制灵活的特点，鼓励发展知识产权信托，为不同阶段的科技创新企业提供有效资金支持；运用信托财产独立和财富传承等功能，大力发展资产服务信托，尤其是家族、家庭信托，有效满足人民群众财富管理需求"。

2.发布信托公司异地部门新规

近年来，信托公司为便于全国展业，普遍在住所地以外设置以业务、营销为主的异地部门，但信托公司异地部门运营存在展业同质化竞争严重、风险识别与控制的有效性降低、协调成本高、风险项目处置难度加大等问题。为此，为优化信托公司跨区域经营模式，促进信托公司改革转型发展，更好服务实体经济，原中国银保监会于2023年3月发布了《关于规范信托公司异地部门有关事项的通知》。该通知共八条，以合理布局、分类施策、宽严适度为原则，规范信托公司异地部门有关事项。一是综合考虑当前信托业发展实际与改革转型需要，明确信托公司异地部门设置与管理要求；二是严格禁止信托公司设立异地管理总部，已设异地管理总部的信托公司按要求有条件保留；三是明确信托公司属地银保监局与异地部门所在地银保监局监管职责；四是合理设置整改期限，要求相关信托公司稳妥有序开展异地部门整改等工作。异地部门新规的发布实施，将切实弥补信托监管短板，有利于促进信托业规范健康发展。

3.进一步规范互联网合作贷款业务

2023年3月，原中国银保监会信托部发布了《关于进一步强化信托公司互联网合作贷款规范整改的通知》。该通知要求信托公司在2023年5月31日前完成互联网合作贷款业务规范整改工作，具体为需要按时完成的整改工作包括重签合作协议、落实"三个自主"底线要求等。其中，"三个自主"是此次通知要求的核心。"三个自主"即自主管理贷款合同、自主掌握信息数据、自主发起放款指令。自主管理贷款合同方面，要求信托公司独立有效开展身份验证、授信审批和合同签订，在与平台企业合作过程中，必须确保本机构具有贷款合同的制定权、签订权、修改权和解释权，严禁让渡相关权利，并通过合作协议严格约束。自主掌握信息数据方面，要求信托公司掌握自主风控所需的27个字段信息数据，覆盖贷前审查、贷中监控、贷后管理等信贷关键环节。自主发起放款指令方面，要求信托公司对于借款人的贷款支用需求，严格设置审核、决策标准，强化自主放款管理。该通知进一步细化明确了信托公司贷款管理和自主风控的要求，对提高信托公司互联网合作贷款业务主动管理能力具有重要指导意义。

（三）强化信托公司分级分类监管

近年来，金融机构监管评级与分类监管制度持续深化，2023年金融监管总局修订并发布了《监管评级与分级分类办法》，年内中国信托业协会也发布了新版的《信托公司行业评级指引》，从监管评级和行业评级方面引导信托公司合规审慎展业，实现高质量发展。

1.修订并发布监管评级与分级分类监管办法

为进一步完善信托公司监管评级规则，提升信托公司分级分类监管的针对性和有效性，2023年11月，金融监管总局修订并发布了《监管评级与分级分类办法》。该暂行办法共六章三十五条，包括总则、监管评级要素与评级方法、监管评级组织实施、系统性影响评估、分类监管和附则，从总体上对信托公司分级分类监管工作进行规范。一是明确监管评级要素与方法。设置公司治理、资本要求、风险管理、行为管理和业务转型五大评级模块，分别赋予20%、20%、20%、30%和10%的分值权重，并设定对初评得分及结果进行调整的若干因素。二是明确监管评级组织实施流程。信托公司监管评级分为信息报送与收集、初评、复核、结果反馈与分析、动态调整、后评价等环节。评级结果分为6个级别，级别越高表明机构风险越大，越需要监管关注。三是明确系统性影响评估要素与方法。以信托业务规模、信托投资者情况及同业负债余额等指标作为评估要素，赋予不同权重，筛选出系统性影响较高的信托公司。四是明确分类监管原则与措施。从监管评级1级至6级，逐步提高信托公司非现场监管强度和现场检查频率，对具有系统性影响的信托公司，相较于同级别的其他公司进一步强化监管，促使其稳健经营，降低其经营失败的可能性和负外部性，维护金融稳定。该暂行办法的发布和实施，是贯彻落实中央金融工作会议有关"切实提高金融监管有效性"的重要措施。完善信托公司监管评级规则，提升信托公司分级分类监管的针对性和有效性，有利于加快推进信托行业转型发展。

2. 发布新版行业评级指引

2023年7月，中国信托业协会也发布了新版的《信托公司行业评级指引》。信托公司行业评级体系在原体系四个板块十一项指标的基础上，删除了信托项目正常清算率指标，增加了党建与公司治理、服务实体经济规模占比、慈善信托、风险项目规模占比、信用风险资产拨备覆盖率、自律非现场监督评价、信息科技投入占比七个新指标，形成了四个板块十七项指标的新评级体系；同时，对个别原指标公式进行了更新，对各指标所占分值进行了调整。新版行业评级指引的发布，有利于引导信托公司提升党建、公司治理和经营管理水平，强化资本实力，增强风险防范、化解和抵御能力，切实履行社会责任，塑造和弘扬信托文化，加快实现可持续和高质量发展。

（四）持续推动信托公司改革化险

1. 中央高度重视信托机构改革化险工作

2023年4月28日中共中央政治局召开会议明确提出"统筹做好中小银行、保险和信托机构改革化险工作"。2023年12月1日国务院国资委党委推进中央企业巡视整改专项治理工作专题会议也明确聚焦"四个领域"，即信托公司、财务公司、商业保理公司、私募股权投资基金等，坚决防范化解中央企业金融板块业务风险问题。金融监管总局资管司针对当前信托公司风险较为突出，面临一定的处置压力的问题，强调要重点把握好"三对关系"，守牢金融安全底线：一是要把握好权力和责任的关系，持续健全权责一致、激励约束相容的风险处置责任机制，推动各方责任落地、落细，尤其是机构风险处置的主体责任，地方政府的属地责任，推动实现政策协同、监管协同、央地协同，坚决守住风险底线。二是把握好效率和稳定的关系，抓住当前有利时机，坚持市场化法治化原则，坚决打破刚性兑付，加大高风险机构处置力度。把握好时度效，从稳定大局的角度出发，充分考虑机构和市场的承受能力，有计划、分步骤开展风险处置，切实防范处置风险的风险。三是把握好预防和处置的关系。加强上下贯通、横向协同，推进信息共享，紧盯政府融资平台等重点业务领域风险及合规情况，做好定期风险监测分析、行业通报等工作，对风险"早识别、早预警、早暴露、早处置"。执行兜底监管机制，坚决做到"长牙带刺"，严格执法敢于亮剑，严厉惩治违法犯罪和腐败行为，严防道德风险。

2. 信托公司改革化险取得明显进展

在宏观经济增速放缓、重点业务领域出现波动的情况下，信托公司也受到地方债务风险、房地产风险等重点风险的影响。自2023年以来，信托公司根据市场化、法治化化解金融风险的基础性逻辑，通过司法手段、与资产管理公司（AMC）合作、创新风险处置服务信托等多种措施积极推动风险化解和资产清收。2023年，多家高风险信托公司改革化险工作取得了明显进展。其中，安信信托年内完成两次自然人兑付；4月完成向上海砥安发行43.75亿股，发行后上海砥安成为安信信托控股股东；5月正式更名为"建元信托股份有限公司"。四川信托在2023年12月底公布自然人投资者兑付方案，由四川天府春晓企业管理有限公司分两次受让四川信托自然人投资者持有的合格信托受益权。2024年1月4日，与春晓公司签订信托受益权转让合同的自然人投资者人数已经达到6 841人，总体签约率为80.77%。华融信托完成股权重组，2023年2月新股东中国信托业保障基金有限责任公司与原股东中国华融资产管理股份有限公司完成交接工作，新股东持有华融信托76.790%股权，中国华融退出华融信托股东。2022年7月原中国银保监会同意新华信托进入破产程序后，2023年5月重庆市第五中级人民法院在全国企业破产重整案件信息网发布民事裁定书，认为新华信托不能清偿到期债务，并且资产不足以清偿全部债务，符合宣告破产的法律规定，宣告新华信托破产。

三、信托监管环境展望

近年来，信托业持续处于严监管、强监管态势，监管部门总体统筹发展和安全，一方面，坚决加强党对金融工作的全面领导，按照中央部署持续推进防范化解金融风险；另一方面，持续引导信托公司创新发展，不断完善信托业制度建设，推动培育中国特色信托文化，促进信托业在转型调整期的平稳发展。

一是坚持和加强党对金融工作的全面领导。加强党中央对金融工作的集中统一领导，是做好金融工作的根本保证。新一轮金融监管体制改革新组建了中央金融委员会和中央金融工作委员会等，进一步强化对金融工作的集中统一领导，坚定不移走好中国特色金融发展之路。未来信托公司将按照党中央的统一部署，以高质量党建促进金融高质量发展，把政治优势和制度优势转化为金融治理效能，坚定不移走中国特色金融发展之路，服务金融强国建设。

二是防范化解金融风险仍是工作的重点。自2024年以来，金融监管总局在工作会议、党委会议、专家座谈会等会议上多次进一步强调，坚决做到监管"长牙带刺"、有棱有角，牢牢守住不发生系统性金融风险底线，扎实推进金融高质量发展，统筹做好"五篇大文章"，坚定不移走中国特色金融发展之路。2024年5月，《防范化解金融风险问责规定（试行）》审议通过，将进一步压实金融领域相关管理部门、金融机构、行业主管部门和地方党委政府的责任，推动落实好全面加强金融监管、防范化解金融风险、促进金融高质量发展各项任务。具体到信托行业来看，监管部门将继续推动信托公司做好风险项目的防范化解，构建风险防范化解长效机制，持续推进高风险信托公司的风险处置工作。

三是持续引导信托公司创新发展。党的二十大以来，监管部门持续鼓励信托公司在中国式现代化建设中找准自身定位，发挥信托的作用价值，不断丰富信托的应用场景和服务内涵，为委托人创造更多价值。在监管部门的推动下，《信托业务分类通知》正式实施以来，信托公司整体业务结构进一步优化，回归本源及转型升级工作持续推进。未来，监管部门将继续引导信托业加快丰富信托本源的业务供给，大力开展资产服务信托、公益慈善信托等本源业务，规范发展资产管理类业务，更为高效地服务实体经济发展，推动信托业实现高质量发展。

四是推动完善行业法律法规建设。推进信托行业改革创新离不开关键法律法规等基础配套制度政策的完善。一是持续推动《中华人民共和国信托法》修订工作，争取早日纳入立法议程。二是推动修订《信托公司管理办法》。2024年初，监管部门向信托公司下发了《信托公司管理办法（修订征求意见稿）》。下一步，监管部门将会根据意见征求情况，进一步修改完善《信托公司管理办法》并适时发布实施，推动信托公司加速转型。三是继续推进区域试点和探索，及时总结经验做法，推动信托财产登记、信托税制等制度建设。

五是积极培育中国特色信托文化。推动金融高质量发展、建设金融强国，要积极培育中国特色金融文化。一是要诚实守信，不逾越底；二是要以义取利，不唯利是图；三是要稳健审慎，不急功近利；四是要守正创新，不脱实向虚；五是要依法合规，不胡作非为。信托业要践行金融使命，监管部门将持续推动信托与我国国情和中国优秀传统文化的结合，坚守"受人之托、忠人之事"的信义文化，坚持以人民为中心的价值取向，强化合规文化建设，推动信托业的高质量发展。

第三章
配套环境

一、信托业保障基金

为贯彻落实党的十八届三中全会关于"完善金融机构市场化退出机制，保障金融市场安全高效运行和整体稳定"的重要部署，原中国银监会在2014年针对信托行业风险暴露、缺乏行业安全网的问题，提出了建立信托业保障机制的构想。2014年7月，国务院批准设立中国信托业保障基金（以下简称保障基金），同时批准设立中国信托业保障基金有限责任公司（以下简称信托保障基金公司）作为保障基金的管理人。同年12月，原中国银监会和财政部联合发布《信托业保障基金管理办法》，随后原中国银监会发布《中国信托业保障基金有限责任公司监督管理办法》。2015年1月，保障基金开始依法筹集，信托保障基金公司正式投入运营。总体而言，信托业保障机制的建立，是探索构建市场化风险处置机制、促进行业持续健康发展的一项重要制度创新。2023年，信托保障基金公司深入学习中央金融工作会议和中央经济工作会议精神，贯彻落实金融监管总局决策部署，聚焦防范、化解和处置行业风险目标任务，认真履行基金筹集管理职责，积极参与行业风险化解与处置有力支持了行业化险、改革和稳定。

（一）保障基金管理质效实现新提升

保障基金目前采取认购制，由三部分来源认购组成：一是信托公司按净资产余额的1%认购。二是资金信托按新发行金额的1%认购，其中，属于购买标准化产品的投资性资金信托的，由信托公司认购；属于融资性资金信托的，由融资者认购。三是新设立的财产信托按信托公司收取报酬的5%计算，由信托公司认购。

1.保障基金筹集质效持续提升

2023年，信托保障基金公司共完成5期保障基金认购、清算和收益分配工作，圆满完成年度筹集管理任务，向认购人分配基金收益20.62亿元，2023年末，基金认购余额1 474.43亿元，认购规模在连续三年下降后实现企稳回升。年末基金资产总额1 595.87亿元，同比增长10.19%（见图3-1）。

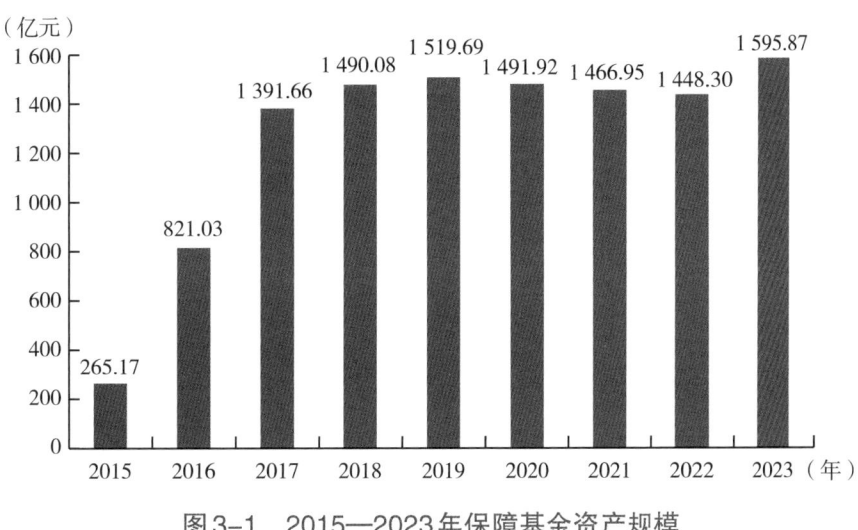

图3-1　2015—2023年保障基金资产规模

2.保障基金资产配置更加优化

综合考虑流动性、安全性和收益性原则，持续跟踪金融市场走势，加强投研能力建设，克服市场利率下行等不利因素，优化资产配置结构，拓展基金投资渠道，基金投资管理在市场利率下行环境下实现保值增值，基金承损能力进一步增强。

（二）助力行业改革化险作用日益彰显

信托保障基金公司聚焦基金管理人主责主业，把维护行业稳定运行、发挥稳定器作用放在头等重要地位，对临时资金周转困难机构及时提供流动性支持，助力其实现"在线修复"，防止风险劣变和交叉传染。2023年，针对信托业务三分类下行业改革化险新需求、新变化，公司通过缓解行业流动性风险、收购处置风险资产等方式积极参与信托公司转型发展。主要作用集中体现在：

一是发挥行业流动性支持调剂功能。积极对接行业转型化险新需求，持续跟踪关注信托公司流动性状况，优化流动性支持调剂手段，研究推进流动性支持业务创新，有效支持信托公司化解流动性风险。全年统筹使用保障基金和市场化融资向信托公司提供流动性支持169.08亿元，在重要节点、急难时点有力支持信托公司缓释风险，助力信托公司转型发展。

二是收购处置风险资产助力行业化解存量风险。贯彻落实多渠道筹集资金支持中小金融机构改革化险的监管要求，着力推进行业风险资产化解工作，把收购处置风险资产作为主攻方向，通过拓展收购资产标的、丰富增信方式、强化战略合作等方式优化风险资产收购业务模式。全年开展风险资产收购业务200.07亿元，助力行业压降风险资产。

三是坚持服务行业、服务监管，不断加强保障机制建设。结合《信托业务分类通知》有关要求，就新业务分类下信托公司转型发展和保障基金筹集使用等问题深入开展调查研究，了解行业改革化险需求，统筹做好新分类下保障基金筹集管理和使用，确保基金规模在行业深度调整中的总体稳定。积极配合监管部门推进保障机制改革，更好为行业转型化险保驾护航。

（三）风险处置平台作用不断深化

根据中央金融工作会议提出的发挥行业保障基金市场化法治化处置平台作用的要求，信托保障基金公司统筹推进资源保障、处置实施、重组机构管理等功能建设，着力提升风险处置专业化能力，建立健全风险防范、化解、处置全链条工作机制。近年来，在监管部门指导下，信托保障基金公司全面参与了多家高风险机构化险工作，有力支持了高风险机构有序处置。

一是发挥处置实施平台功能。保障基金积极发挥处置资源保障功能和专业化处置职能优势，在监管指导下"一司一策"、分类处置，创造性采取股权重组、债权重组、专项借款、紧急融资等方式全面参与高风险机构处置，成为高风险机构依法实施处置的重要平台。例如，在保障基金有效参与下，安信信托（现建元信托）顺利实现了市场化重组，有效实现"精准拆弹"。

二是健全风险处置职能。围绕市场化法治化处置平台建设，不断完善处置职能，健全保障基金全链条配合、全过程参与、全方位发力的风险处置机制。在参与行业处置中，信托保障基金公司坚持出智、出力、出资并举，包括配合制定风险处置方案、参与接托管和破产清算、提供专业技术支持等，更好服务行业风险处置大局。例如，在新华信托、新时代信托依法实施接管后，根据监管安排，委派公司高管担任接管组副组长，全程深度参与接托管工作。新华信托进入破产程序后，参与破产清算相关工作，保障新华信托破产清算顺利实施。

三是做好风险处置"后半篇文章"。通过参与市场化重组，信托保障基金公司使用保障基金先后参控股建元信托和华融信托，切实肩负风险处置后阶段的新使命。作为主要股东，高度重视控参股机构提升经营管理水平和可持续发展能力，以公司治理为基础，以股权关系为纽带，推动公司治理重塑、经营机制重整和可持续发展能力重构。经积极努力，建元信托资本实力和抵御风险能力进一步提高，"ST建元"正式摘帽；华融信托恢复正常经营，经营发展逐步迈入正轨。

2024年，信托保障基金公司将以习近平新时代中国特色社会主义思想为指导，深入学习党的二十大和二十届三中全会精神，贯彻落实中央金融大政方针和上级党委决策部署，坚持稳中求进工作总基调，全面贯彻新发展理念，紧扣全面加强金融监管、防范化解金融风险重点任务，强化高水平保障、突出高质量发展，持续做实做强行业保障基金，纵深推进全面从严治党，共同走好中国特色金融发展之路，为服务监管、服务行业、服务金融强国建设作出新贡献。

二、信托登记

中国信托登记有限责任公司（以下简称中国信登）是经国务院同意、由原中国银监会批准设立，现由金融监管总局直接监督管理、提供信托业基础服务的非银行金融机构，于2016年12月26日对外宣告成立。中国信登定位为我国信托业的信托产品及其信托受益权登记与信息统计平台、信托产品发行与交易平台、信托业监管信息服务平台等三大平台，并以市场化方式运作，坚持依法合规和稳健经营的原则，忠实履行监管部门赋予的信托登记和其他相关职能。中国信登的宗旨是从我国信托业发展实际出发，注重回归信托"本源"，立足当前、展望未来，坚持服务行业、服务监管、服务投资者、服务经济、服务社会的使命，全面贯彻党中央、国务院重大方针政策及各项工作部署，按照监管部门对我国信托业发展"一体三翼"战略构想，稳中求进，科学规划，夯实基础，分步实施，依托信息科技系统，有序开展信托登记、发行、交易、转让、结算、估值等各项业务，扎实打造三大平台功能，为我国经济社会发展和信托业转型升级作出积极贡献。

2017年9月1日，中国信登信托登记系统在原中国银监会发布《信托登记管理办法》生效当日上线运行，开始全面提供信托登记服务。在全行业的配合下，随着全量信托产品登记基本信息于2018年8月末的归集完成，信托产品全覆盖、全口径、全流程、全生命周期的集中登记成为现实，信托登记正式步入"全登"新时代。在专注做好信托登记主业、持续优化系统功能的同时，中国信登正按照"以信托登记夯实基础、以交易流转拓展服务"的发展路径，努力构建行业大数据中心、信托受益权账户体系、综合性信息查询披露平台和信托产品发行交易平台，积极探索信托财产登记，力争早日全面实现监管赋予的各项业务功能，开创我国信托登记事业新局面。

（一）统一"采""编""用"，为下一步建成行业数据中心持续优化数据质量

第一，持续提升行业数据质量。一是信托公司过往的信息系统建设多以应用为导向，应用烟囱式的建设模式导致大量的数据孤岛，系统间数据难以融会贯通，容易出现数据质量参差不齐的问题。二是信托公司对外报送环节不够规范，不同报表体系报送质量存在差异等问题。三是没有形成从源头对数据质量的监控措施，数据质量问题的暴露通常是在数据应用环节。四是在问题发现之后，信托公司更多的是从表面解决问题，对于问题的处理缺乏统一的组织协调，数据相关使用部门权责不清晰，问题往往治标不治本。中国信登将持续进行信托登记优化，调整信托产品登记要素表，新增信托业务数据定期报送要素表，并与监管部门进行沟通，围绕服务"五大监管"，持续为行业数据报送做好服务支持。

第二，部分数据标准拟待进一步规范。一是由于信托业务自身的高度灵活性，数据标准的制定存在较大的挑战。目前缺乏行业级数据标准，主要在依靠监管报送推动，也缺乏行业标准制定与宣贯的机构。二是数据标准的质量认可程度较低，部分信托公司虽然建立了基础数据标准，但由于没有明确数据标准的业务管理部门或管理职责未落到实处，导致基础数据标准得不到有效维护与管理。三是数据标准管理还停留在文档管理阶段，数据标准未在系统中完全落标应用，呈现数据标准空心化、形式化问题。

第三，数据应用广度深度进一步提升。根据《国家金融监督管理总局关于印发监管数字化智能化转型实施方案的通知》要求，中国信登聚焦主责主业，依托自身数据优势和技术能力，将在支持监管流程数字化再造、配合完善监管数据标准及数据治理、支持建设智能分析工具、智能应用平台和智慧监管平台等方面积极参与监管数字化智能化转型，助力提升监管工作的前瞻性、精准性、有效性和协同性。就目前行业调研情况来看，大多数信托公司已建立专门的数据中台，数据分析应用虽还层次较浅，但已取得较大进步和提升。

（二）探索信托登记数据治理机制的建设路径

当前，信托业数据治理仍处于起步发展阶段，为进一步将数据治理工作引向深入，发挥信托登记数据要素价值、促进人民共享数字经济发展红利，中国信登积极探索通过"采集、标准、运用"三端相结合，构建信托登记数据治理机制，并依托信托业基础服务设施与科技服务平台作用，辐射带动行业数据治理能力提升。

第一，采集端：严控数据质量。数据质量提升是应用的关键所在，所谓"垃圾进垃圾出"，低质量的数据输入不仅导致输出错误的模型结果，有时候还会派生出灾难性的辅助决策后果。在监管部门指导下，着力解决以下问题：一是登记数据更"准"，着力解决数据之间口径不一、标准不同问题，力争实现信托业务各项报表之间的交叉、查验、勾稽关系，构建常态化机制；优化形式审查流程与边界，解决信托登记与事前报告的定位问题。二是登记数据更"全"，以信托业务三分类为契机，在监管指导下，新增资产服务信托、慈善公益信托特有的登记要素，将新业务分类与绿色信托、普惠金融、养老产业、乡村振兴等特色业务形成衔接，强化受益权信息、受益所有人、关联交易、资产估值等信息采集等。三是登记纪律更"严"，协同监管部门及行业协会强化评价、评优、约谈等自律措施，进一步提升采集端的数据准确性。

第二，标准端：集成数据规范。数据标准是衡量数据质量的标杆，建立行业数据标准是开展行业数据治理的重要前提。一是探索行业数据标准编制，以信托业务三分类为契机，以信托产品登记等信托数据报表为切入点，推动行业数据标准规范编制，对各类数据字段的口径、要求予以进一步明确，实现新三类监管数据口径规范的落地，支撑监管数据统计、分析与监测，助力信托公司展业。二是探索建立行业性的标准编制机制与运作体系，包括建立以监管部门、行业协会、中国信登、信托公司及相关重点外部机构为主的标准编制工作小组，并以工作小组为核心推动开展贯标落标等工作，建立规范化的行业标准编制和宣贯运作体系。三是同步推进完善内部统一的数据字典与业务要素标准建设，以期建立明确统一的公司业务要素枚举值制定依据，通过逐期逐项业务优化迭代，循序渐进实现存量业务数据与新增业务数据的规范采集、统一管理，保障业务数据内外采集、交换及使用的一致性和准确性，推动行业机构数据标准质量的提高。

第三，运用端：共享数据开放。开展数据治理的最终目的不仅在于完成报送工作，更重要的是能够准确、高效、便捷地实现各类数字化应用。一是探索建立监管数智化管理中心，进一步提升数据挖掘、数据建模和数据分析能力，以交易对手、产品穿透、关联交易监测等为切口，为精准服务监管、底层穿透、风险预警等奠定基础，快速向监管部门提供多品类数据综合应用服务，有力支撑信托监管工作数智化升级。二是探索建立行业数字化管理服务中心，加强数据反哺，丰富行业外部数据，有序引入宏观数据、金融数据、企业数据等行业创新所需资源，摊薄信托公司数据采集成本，有力支撑行业机构转型发展和风险防控。三是逐步建立行业信息披露中心，以投资者综合服务平台为窗口，做强做优集产品发行前公示、受益人开户身份认证、定向信息披露、远端受益权账户信息查询等于一体的功能，加强与投资者的有效互动，增强投资者风险意识，正向引导和塑造市场预期，发挥服务投资者功能。

第四，加强机制保障，一是加强行业数据治理组织保障，依托行业协会、中国信登和行业机构力量，建立数据治理专项工作小组，以进一步强化数据治理工作的行业力量和组织保障。二是探索优化信托公司评分评级政策，积极争取监管部门支持，借鉴银行等同业机构先进做法，在条件成熟情况下，在行业评级中适当增加数据治理相关评分指标，从评级角度引导信托公司强化数据治理资源投入与执行落标。三是开展数据治理宣贯，通过举办主题沙龙、专题讲座等方式，不断加强数据治理价值引导和宣传，以推动行业加大对数据治理的重视与投入，积极深化行业数据治理。四是推动行业机构内部建立数据治理考核机制，提高管理层重视度，增加资源投入，避免流于形式。

（三）依托自身科技优势，强化金融科技赋能

1. 以信托业务三分类为契机，助力信托业"普惠性、社会性"

在信托业务三分类业务模式下，产品个数更多，投资者数量更多，资金端申赎

频度更高，资产端交易更频繁，外部数据交互更多，估值核算频度更高，由此数据治理的底层逻辑也要发生相应变化和拓展。比如，基于财富管理服务信托和行政管理服务信托等场景化的业务模式，数据治理内嵌于商业模式设计和规模化拓展，可以更加凸显信托逐步走入寻常百姓家，成为服务人民美好生活需求的重要抓手；可以利用数据治理场景、有效服务公益慈善信托项目执行过程的期间管理，通过构建数据治理和服务能力，尤其是区块链技术及金融科技运用，提升慈善信托服务创新力和慈善效果精准性。

2. 以金融科技赋能，助力信托公司"降本增效"

随着信托公司在金融科技领域不断探索与创新，更多的信托公司自我认知开始觉醒，中国信登依托金融科技赋能，通过数据治理实现业务模式、经营管理模式变革，降低信托公司支持实体经济的成本，助力其提高服务经济社会发展的有效性与精准性。比如，在信托公司共同呼吁下，中国信登自主研发了面向信托业的数据质量管理应用工具和相应数据质检模型，为信托公司提供数据标准查询与展示、数据质量检测与评价、数据质检规则配置、数据报送智能客服等一站式服务，支持行业数据报送纳入行业数据治理闭环，减轻信托公司报送压力，提升数据报送质效。

3. 以数据安全为前提，保护国家安全、公共利益或者公民、组织合法权益

在数字经济发展时代，数据安全成为数据开放融合和流通利用的前提与底线，信托行业对此要高度重视。《中国信托业金融科技应用发展报告（2021）》数据显示，超过98%的机构设置了差异化的数据访问权限，超过40%的机构引入专门的加密系统，对重要数据进行加密处理。金融数据本身具有高度人民性、社会性和敏感性。但是，当前信托业系统环境和数据安全保障制度流程仍不完善，各业务系统的开发环境和用户验收测试（UAT）环境中的数据，存在客户信息的数据脱敏，但其余的业务数据却是真实的情况。因此，要把维护金融数据安全作为数据治理的重要任务来抓，借助隐私计算等技术，实现数据"可用不可见"，确保金融数据的授权使用、脱敏使用、机器使用，共同维护良好的生态环境。

三、行业自律

2023年，中国信托业协会（以下简称协会）深入学习贯彻习近平新时代中国特色社会主义思想，在金融监管总局党委的正确领导下，扎实履行"自律、维权、协调、服务"职责，较好地完成了各项工作目标任务。

（一）自律方面

加快完善自律规则体系，修订《信托公司行业评级指引（试行）》，增加党建和公司治理、慈善信托、信息科技投入等方面指标，依据信托业展业新形势新要求调整部分评价指标的基础值和目标值；制定《中国信托业协会自律监督检查办法》，探索围绕信托公司受托责任履行、社会责任履行开展自律检查。着力改善信托文化，举办"信托公司信托文化建设专题培训"，组织"信托业第二届知识竞赛"和信托文化建设主题演讲比赛，引导从业人员树牢良好价值理念；发布《信托业清廉金融文化建设倡议书》，将清廉文化建设内容纳入信托行业培训教材，涵养塑造行业清风正气。

（二）维权方面

协助有关机构债委会扩容事宜，组织相关各方召开协调会议，推动相关会员单位在平等协商、意见一致的基础上，按照市场化、法治化原则决策加入债权人委员会。协调部分信托公司参与某省融资平台项目风险化解工作，深入摸底风险项目总体规模、项目所在地、投资者范围等情况，为会员单位搭建项目处置经验交流平台，在监管部门指导下提供项目处置参考意见。积极联动司法机关、仲裁机构，与北京金融法院建立协同工作机制、商讨营业信托纠纷诉源治理方案，与中国国际贸易仲裁委员会、南开大学法学院联合举办信托争议解决研讨会，邀请北京金融法院高级法官、政法大学教授和律师从司法实务视角就"防范化解金融风险"互动交流。

（三）协调方面

引领落实《信托业务分类通知》，举办"践行新发展理念 推动信托业高质量发展"主题信托业年会，举办"信托业务分类新规解读"专题培训，组织"信托业务新分类的机遇与挑战"主题沙龙和"贯彻落实信托业务新三分类"工作交流会，开展"新分类下信托公司战略管理体系"专题研究。引导支持乡村振兴，会同信托公司积极帮扶总局定点扶贫地区，定期梳理帮扶项目进展，与定点帮扶旗县共同研究工作方案，全年直接投入和引入帮扶资金333.62万元，召开"慈善信托助力乡村振兴研讨会暨金融使命察右后旗乡村振兴慈善信托启动仪式"座谈会。加强信托投资者教育，线上线下融合举办"精诚服务 诚托未来"2023年信托投资者教育活动，3 000余人次观看；联合《中国银行保险报》共同举办"信托知识大挑战"线上答题活动，4 300余名信托消费者参与；面向社会公众组织"新分类下的信托服务与产品"在线讲座，累计5 400余人次观看。

（四）服务方面

在协会官方宣传平台持续推送信托业服务实体经济、助力经济社会发展等情况，官方微信公众号全年推送信息251期（共991篇），关注人数同比增长6.3%，与《金融时报》《经济日报》《证券日报》、中国网财经等主流媒体建立合作关系，与29家媒体建立跑口关系，对于信托业重大新闻、信息，积极协调跑口记者在各类财经媒体宣传报道或转载报道。加强舆情管理，全年监测舆情249天，编制发送《信托每日舆情》249期，形成舆情分析月报、季报15期，涉及负面舆情253篇，向涉及负面舆情的信托公司发出负面舆情处理单100份。组织"信托业服务实体经济""信托公司分级分类监管""预付式资金服务信托""担保品服务信托"等12个课题研究。编制发布《中国信托业发展报告（2022—2023）》《中国信托业社会责任报告（2022—2023）》《中国信托业金融科技发展报告（2022）》等研究报告和《绿色信托案例集》等实务报告。丰富业内交流，组织"养老信托业务发展""信托业金融科技应用发展""信托项目风险化解""高校公益伙伴慈善信托""信托公司人力资源培训交流"等主题交流9次。拓展行业培训，全年开展高管培训1期、中层培训1期、全员培训4期，组织"资产证券化业务""信托财富管理业务""资产服务信托业务"等专题培训10期，修订完成《信托监管（第二版）》。

2024年，中国信托业协会将以习近平新时代中国特色社会主义思想为指导，认真学习贯彻中央金融工作会议、中央经济工作会议精神和总局党委的工作部署，完整、准确、全面贯彻新发展理念，坚持稳中求进工作总基调，以高质量党建推进协会工作高质量发展，努力实现推动行业自律取得积极突破，引领行业转型取得明显成效，维护行业权益取得重要进展，协会规范化管理水平显著提高。

03 | 第三部分
机构篇

第四章
机构发展概况

党的二十大报告指出，"坚持和完善社会主义基本经济制度，毫不动摇巩固和发展公有制经济，毫不动摇鼓励、支持、引导非公有制经济发展"。2023年，全国67家信托公司区域分布广泛，股东背景多元，进一步延续公有制为经济主体、多种所有制经济共同发展的局面。信托公司在推进转型发展过程中呈现出一些新的变化趋势：全行业注册资本持续增加，资本实力稳步增强，增资规模也在连续两年下降趋势后呈现反弹态势；年内有8家信托公司发生股权结构调整，稳定性有所增强；信托从业人员总体规模略有下降，人员结构持续优化，资产服务信托、公益慈善信托、IT科技等领域的从业人员占比有所提升。

一、公司数量及区域分布

（一）公司名称及数量

截至2023年底，全国具有运营牌照的信托公司共有67家（见表4-1）。2023年1月，经原上海银保监局批复同意，"安信信托股份有限公司"更名为"建元信托股份有限公司"。2023年5月，重庆市第五中级人民法院发布公告，裁定宣告新华信托股份有限公司破产。

表4-1　　　　　　　　　　中国信托公司名录

序号	公司名称	序号	公司名称
1	安徽国元信托有限责任公司	5	渤海国际信托股份有限公司
2	百瑞信托有限责任公司	6	大业信托有限责任公司
3	北方国际信托股份有限公司	7	东莞信托有限公司
4	北京国际信托有限公司	8	光大兴陇信托有限责任公司

续表

序号	公司名称	序号	公司名称
9	广东粤财信托有限公司	39	苏州信托有限公司
10	国联信托股份有限公司	40	天津信托有限责任公司
11	国民信托有限公司	41	万向信托股份公司
12	国通信托有限责任公司	42	五矿国际信托有限公司
13	国投泰康信托有限公司	43	西部信托有限公司
14	杭州工商信托股份有限公司	44	西藏信托有限公司
15	湖南省财信信托有限责任公司	45	新时代信托股份有限公司
16	华澳国际信托有限公司	46	兴业国际信托有限公司
17	华宝信托有限责任公司	47	雪松国际信托股份有限公司
18	华宸信托有限责任公司	48	英大国际信托有限责任公司
19	华能贵诚信托有限公司	49	云南国际信托有限公司
20	华融国际信托有限责任公司	50	长安国际信托股份有限公司
21	华润深国投信托有限公司	51	长城新盛信托有限责任公司
22	华鑫国际信托有限公司	52	浙商金汇信托股份有限公司
23	华信信托股份有限公司	53	中诚信托有限责任公司
24	吉林省信托有限责任公司	54	中国对外经济贸易信托有限公司
25	建信信托有限责任公司	55	中国金谷国际信托有限责任公司
26	建元信托股份有限公司	56	中国民生信托有限公司
27	江苏省国际信托有限责任公司	57	中海信托股份有限公司
28	交银国际信托有限公司	58	中航信托股份有限公司
29	昆仑信托有限责任公司	59	中建设信托股份有限公司
30	陆家嘴国际信托有限公司	60	中粮信托有限责任公司
31	平安信托有限责任公司	61	中融国际信托有限公司
32	厦门国际信托有限公司	62	中泰信托有限责任公司
33	山东省国际信托股份有限公司	63	中铁信托有限责任公司
34	山西信托股份有限公司	64	中信信托有限责任公司
35	陕西省国际信托股份有限公司	65	中原信托有限公司
36	上海爱建信托有限责任公司	66	重庆国际信托股份有限公司
37	上海国际信托有限公司	67	紫金信托有限责任公司
38	四川信托有限公司		

注：按拼音字母顺序，信托公司排名不分先后。
资料来源：根据网络公开信息整理

（二）公司区域分布

从注册地的地域分布来看，67家信托公司分布在我国28个省级行政区（见表4-2），且分布存在着一定程度的不平衡。注册地在北京、上海、广东、浙江等经济发达地区的信托公司居多，其中北京市最多（11家），上海市其次（7家），广东省和浙江省各有5家，江苏省有4家，陕西省有3家，其余地区信托公司数量较少，基本维持在1~2家，海南、广西、宁夏暂未有信托公司注册。

表4-2　　　　　　　　　　信托公司注册地一览

序号	地区	信托公司数量	备注
1	北京	11家	北京信托、国民信托、国投泰康信托、华鑫信托、金谷信托、中国民生信托、外贸信托、英大信托、中诚信托、中粮信托、中信信托
2	上海	7家	上海信托、华宝信托、中海信托、华澳信托、中泰信托、建元信托、爱建信托
3	广东	5家	大业信托、东莞信托、粤财信托、平安信托、华润信托
4	浙江	5家	昆仑信托、杭州工商信托、万向信托、浙金信托、中建投信托
5	江苏	4家	国联信托、江苏信托、苏州信托、紫金信托
6	陕西	3家	陕国投、西部信托、长安信托
7	天津	2家	天津信托、北方信托
8	重庆	1家	重庆信托
9	安徽	2家	国元信托、建信信托
10	福建	2家	兴业信托、厦门国际信托
11	内蒙古	2家	华宸信托、新时代信托
12	河南	2家	百瑞信托、中原信托
13	山东	2家	山东信托、陆家嘴信托
14	新疆	2家	华融信托、长城新盛信托
15	江西	2家	雪松国际信托、中航信托
16	湖北	2家	国通信托、交银国际信托
17	四川	2家	四川信托、中铁信托
18	辽宁	1家	华信信托
19	黑龙江	1家	中融信托
20	吉林	1家	吉林信托
21	河北	1家	渤海信托

续表

序号	地区	信托公司数量	备注
22	山西	1家	山西信托
23	甘肃	1家	光大信托
24	贵州	1家	华能信托
25	湖南	1家	财信信托
26	西藏	1家	西藏信托
27	云南	1家	云南信托
28	青海	1家	五矿信托

资料来源：根据各公司年报、网络公开信息整理

二、公司资本及其变动情况

（一）注册资本概览

根据信托公司公开披露数据显示，截至2023年末，67家信托公司注册资本总额为3 466.74亿元，同比增长6.17%；67家信托公司平均注册资本51.74亿元，同比增幅达6.17%。

2023年注册资本在100亿元及以上的信托公司共10家，位居行业首位的是重庆信托，注册资本150亿元。其他100亿元以上的信托公司还包括五矿信托、平安信托、中融信托、中信信托、华润信托、建信信托、陆家嘴信托、昆仑信托、兴业信托（见表4-3）。

表4-3　　　　　　　　2023年信托公司注册资本一览表　　　　　　　　（单位：亿元）

序号	公司名称	2023年	2022年
1	重庆信托	150	150
2	五矿信托	130.51	130.51
3	平安信托	130	130
4	中融信托	120	120
5	中信信托	112.76	112.76
6	华润信托	110	110

续表1

序号	公司名称	2023年	2022年
7	建信信托	105	105
8	陆家嘴信托	104	104
9	昆仑信托	102.27	102.27
10	兴业信托	100	100
11	建元信托	98.44	54.69
12	江苏信托	87.6	87.6
13	光大信托	84.18	84.18
14	外贸信托	80	80
15	华鑫信托	73.95	73.95
16	中国民生信托	70	70
17	华信信托	66	66
18	中航信托	64.66	64.66
19	粤财信托	62	38
20	华能信托	61.95	61.95
21	新时代信托	60	60
22	交银国际信托	57.65	57.65
23	长安信托	53.24	33.3
24	西藏信托	52	31
25	陕国投	51.14	39.64
26	华宝信托	50.04	50.04
27	上海信托	50	50
28	中建投信托	50	50
29	中铁信托	50	50
30	中诚信托	48.5	48.5
31	中原信托	46.81	40
32	山东信托	46.59	46.59
33	爱建信托	46.03	46.03
34	财信信托	43.8	43.8
35	国元信托	42	42
36	厦门国际信托	41.6	41.6
37	国通信托	41.58	41.58

续表2

序号	公司名称	2023年	2022年
38	英大信托	40.29	40.29
39	百瑞信托	40	40
40	西部信托	40	20.8
41	渤海信托	36	36
42	天津信托	36	17
43	四川信托	35	35
44	紫金信托	32.71	32.71
45	吉林信托	31.5	15.98
46	华融信托	30.36	30.36
47	雪松国际信托	30.05	30.05
48	国联信托	30	30
49	浙金信托	28.8	28.8
50	中粮信托	28.31	28.31
51	国投泰康信托	26.71	26.71
52	华澳信托	25	25
53	中海信托	25	25
54	北京信托	22	22
55	金谷信托	22	22
56	云南信托	22	12
57	北方信托	20.02	10.01
58	大业信托	20	20
59	东莞信托	16.56	16.56
60	杭州工商信托	15	15
61	山西信托	13.57	13.57
62	万向信托	13.39	13.39
63	苏州信托	12	12
64	国民信托	10	10
65	华宸信托	10	9.26
66	中泰信托	7.17	7.17
67	长城新盛信托	3	3

（二）增资情况分析

2023年共有12家信托公司增资，总计增资规模约为202.27亿元（见表4-4）。

表4-4　　　　　　　　　　2023年信托公司增资情况一览表

序号	公司名称	增资前（亿元）	增资后（亿元）	增资方式	增资时间
1	云南信托	12	22	未分配利润转增注册资本	2023年1月
2	建元信托	54.69	98.44	非公开发行股票	2023年4月
3	陕国投	39.64	51.14	非公开发行股票	2023年4月
4	粤财信托	38	62	未分配利润转增注册资本	2023年5月
5	吉林信托	15.98	31.5	引入新战略投资者	2023年5月
6	西部信托	20	40	未分配利润转增注册资本	2023年6月
7	华宸信托	9.26	10	由控股股东增资	2023年6月
8	长安信托	33.3	53.24	引入新战略投资者	2023年11月
9	中原信托	40	46.81	由控股股东增资	2023年12月
10	北方信托	10.01	20.02	未分配利润转增注册资本	2023年12月
11	西藏信托	31	52	引入新战略投资者	2023年12月
12	天津信托	17	36	未分配利润转增注册资本	2023年12月

资料来源：根据信托公司官网、公开披露信息整理

2023年，信托公司迎来一波增资扩股潮，全行业注册资本持续增加，增资规模较2022年明显上升，总体特征如下：

一是增资规模反弹。2019—2023年，信托公司增资总额分别为163.05亿元、297.74亿元、115.35亿元、60.45亿元、202.27亿元，在经历了2年的连续走低后，在2023年再现"增资潮"。从单体情况看，相较往年较为常见的大额增资（除2022年外），2023年的平均增资额属于中游水平，但增资幅度分化较大，1家信托公司的增资金额超过40亿元且为其他信托公司增资额的两倍以上；年内增资金额最多的为建元信托，增资金额为43.75亿元，平均增资额的增长主要得益于此。有2家信托公司的增资金额在10亿元以下（不含10亿元），增资金额最小的信托公司为华宸信托，仅增资0.74亿元（见图4-1）。

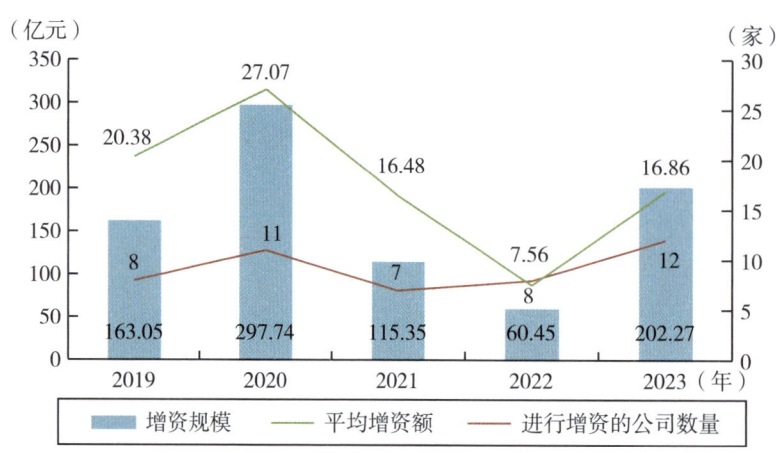

图 4-1　2019—2023年信托公司增资变动情况

资料来源：根据信托公司官网、公开披露信息整理

二是增资主体以中小型信托公司为主。2023年增资公司数量为5年来新高，总体来看注册资本较低的中小型信托公司在增资上的表现更为积极。在2023年度增资的12家公司中，增资前注册资本在40亿元以下（不含40亿元）的信托公司有10家，占比83%，注册资本处于前十位的信托公司没有进行增资。对于中小型信托公司来说，其自身资本实力有限，缓冲风险的余地相对不足，信托公司增资更多是为了业务转型过渡期需要。

三是增资主要由信托公司自身主导。信托公司增资方式在2023年呈现较为集中的特征，由于当前行业转型背景下，引入新战略投资者难度增高，5家信托公司通过未分配利润转增注册资本方式实施增资；3家信托公司通过引入新战略投资者的方式实施增资；华宸信托、中原信托由控股股东增资；建元信托、陕国投通过上市公司非公开发行股票方式实施增资。

（三）增资原因分析

2023年，信托行业迎来一波增资潮，是适应监管要求、提升风险抵御能力和应对市场转型压力的需要，特别是中小型信托公司当前对于增资的需求更加迫切。

1. 顺应监管政策要求

根据《信托公司净资本管理办法》的要求，信托公司净资本不得低于人民币2亿元，净资本不得低于各项风险资本之和的100%，且不得低于净资产的40%。该办法将信托公司的业务规模与净资本进行挂钩，为适应监管要求同时满足自身展业及扩张需求，信托公司能够采取的最直接有效的方式就是增资。金融监管总局2023年11月发布的《监管评级与分级分类办法》指出，监管机构可根据监管评级结果反映出的信托公司经营情况和风险状况，依法对其业务范围和展业地等增加限制性条件。对于监管评级良好，且具有系统性影响的信托公司，可优先试点创新类业务；增资有利于提升行业评级，满足监管部门对加强信托公司风险防范和处置能力的审慎要求，避免展业受限。

2. 增强风险抵御能力

近年来，伴随国内经济下行压力加大，叠加新冠疫情冲击、房地产流动性危机等不利影响，信托业经营增速持续放缓，风险暴露持续增加，信托公司风险项目数量、规模和风险资产率均呈现持续上升态势。一方面，在监管要求信托公司加大风险防控力度、提高风险防控能力的背景下，增资是信托公司提升风险抵御能力的重要手段。另一方面，长期来看，通过强化净资本管理，增强资本实力，有助于信托公司抵御各种风险，为推动业务稳步转型发展提供有力的保障。

3. 为转型发展夯实基础

当前信托业面临市场风险、信用风险等复杂交织的发展环境，《信托业务分类通知》正式实施，信托业转型方向逐渐清晰，但行业仍处于转型阵痛期，坚实的资本实力对信托公司应对转型压力至关重要。目前，信托公司仅靠传统业务难以实现营业收入的持续快速增长，而创新业务尚未形成稳定的业务模式和管理体系；增资将有助于缓解业务拓展时面临的资金压力、丰富和提升产品体系等。

三、股权结构及其变动情况

（一）股东背景情况

按照信托公司控股股东或第一大股东的类型进行分类，信托公司的股东类型可分为金融机构控股、央企控股、地方政府和国企控股、民营企业控股、中外合资五类。在现有的67家信托公司中，具有金融机构股东背景的公司有12家，具有央企背景的公司有15家，具有地方政府和国企背景的公司有27家，具有民营企业背景的公司有13家。此外，有6家信托公司具有外资股东背景。各类控股股东中，地方国资、金融集团、央企均带有显著的国有资本背景，而非国有资本背景的信托公司占比约28%。

1. 金融机构控股的信托公司（见表4-5）

表4-5　　　　　　　　金融机构控股信托公司一览表

序号	公司名称	控股股东	持股比例（%）
1	中信信托有限责任公司	中国中信金融控股有限公司	100.00
2	交银国际信托有限公司	交通银行股份有限公司	85.00
3	中诚信托有限责任公司	中国人民保险集团股份有限公司	32.92
4	建信信托有限责任公司	中国建设银行股份有限公司	67.00
5	中建投信托有限责任公司	中国建银投资有限责任公司	90.05
6	兴业国际信托有限公司	兴业银行股份有限公司	73.00
7	华融国际信托有限责任公司	中国信托业保障基金有限责任公司	76.79
8	长城新盛信托有限责任公司	中国长城资产管理公司	35.00
9	中国金谷国际信托有限公司	中国信达资产管理股份有限公司	93.75
10	光大兴陇信托有限公司	中国光大集团股份有限公司	51.00
11	大业信托有限责任公司	中国东方资产管理股份有限公司	41.67
12	上海国际信托有限公司	上海浦东发展银行股份有限公司	97.33

资料来源：根据公开披露信息整理

2. 央企控股的信托公司（见表4-6）

表4-6　　　　　　　　央企控股信托公司一览表

序号	公司名称	控股股东	持股比例（%）
1	华鑫国际信托有限公司	中国华电集团资本控股有限公司	76.25
2	中航信托股份有限公司	中航投资控股有限公司	84.42
3	昆仑信托有限责任公司	中油资产管理有限公司	87.18
4	中粮信托有限责任公司	中粮资本投资有限公司	80.51
5	中海信托股份有限责任公司	中国海洋石油集团有限公司	95.00
6	华宝信托有限责任公司	中国宝武钢铁集团有限公司	92.90
7	五矿国际信托有限公司	五矿资本控股有限公司	78.00
8	华能贵诚信托有限公司	华能资本服务有限公司	67.92
9	国投泰康信托有限公司	国投资本控股有限公司	61.29
10	中铁信托有限责任公司	中国中铁股份有限公司	78.91
11	中国对外经济贸易信托有限公司	中国中化股份有限公司	97.26
12	英大国际信托有限责任公司	国网英大国际控股集团有限公司	73.49

续表

序号	公司名称	控股股东	持股比例（%）
13	百瑞信托有限责任公司	国家电投集团资本控股有限公司	50.24
14	华润深国投信托有限公司	华润金控投资有限公司	51.00
15	中融国际信托有限公司	经纬纺织机械股份有限公司	37.47

资料来源：根据公开披露信息整理

3.地方政府和国企控股的信托公司（见表4-7）

表4-7　　地方政府和国企控股的信托公司一览表

序号	公司名称	控股股东	持股比例（%）
1	陆家嘴国际信托有限公司	上海陆家嘴金融发展有限公司	71.61
2	陕西省国际信托股份有限公司	陕西煤业化工集团有限责任公司	26.80
3	长安国际信托股份有限公司	西安财金投资管理有限公司	37.45
4	浙商金汇信托股份有限公司	浙江东方金融控股集团股份有限公司	87.01
5	重庆国际信托股份有限公司	同方国信投资控股有限公司	66.99
6	江苏省国际信托有限责任公司	江苏国信股份有限公司	81.49
7	安徽国元信托有限责任公司	安徽国元金融控股集团有限责任公司	49.69
8	山东省国际信托有限公司	山东省鲁信投资控股集团有限公司	60.05
9	西藏信托有限公司	西藏自治区财政厅	67.07
10	吉林省信托有限责任公司	吉林省财政厅	49.4
11	广东粤财信托有限公司	广东粤财投资控股有限公司	98.14
12	天津信托有限公司	上海上实（集团）有限公司	77.58
13	厦门国际信托有限公司	厦门金圆金控股份有限公司	80.00
14	山西信托股份有限责任公司	山西金融投资控股集团有限公司	90.70
15	国联信托股份有限公司	无锡市国联发展（集团）有限公司	69.92
16	中原信托有限公司	河南投资集团有限公司	64.93
17	北方国际信托股份有限公司	天津泰达投资控股有限公司	32.33
18	西部信托有限公司	陕西投资集团有限公司	57.78
19	东莞信托有限公司	东莞金融控股集团有限公司	77.79
20	湖南省财信信托有限责任公司	湖南财信投资控股有限责任公司	96.00
21	杭州工商信托股份有限公司	杭州市金融投资集团有限公司	57.99
22	苏州信托有限公司	苏州国际发展集团有限公司	70.01
23	北京国际信托有限公司	北京市国有资产经营有限责任公司	34.30
24	国通信托有限责任公司	武汉金融控股（集团）有限公司	74.99

续表

序号	公司名称	控股股东	持股比例（%）
25	紫金信托有限责任公司	南京紫金投资集团有限责任公司	50.67
26	华宸信托有限责任公司	内蒙古交通投资（集团）有限责任公司	31.54
27	建元信托股份有限公司	上海砥安投资管理有限公司	50.30

资料来源：根据公开披露信息整理

4. 实际控制人为民营企业的信托公司（见表4-8）

表4-8　　　　　　实际控制人为民营企业的信托公司一览表

序号	信托公司	实际控制人	持股比例（%）
1	雪松国际信托股份有限公司	雪松控股集团有限公司	71.30
2	新时代信托股份有限公司	新时代远景（北京）投资有限公司	58.54
3	国民信托有限公司	富德生命人寿保险股份有限公司	40.72
4	上海爱建信托有限责任公司	上海爱建集团股份有限公司	99.33
5	四川信托有限公司	四川宏达（集团）有限公司	32.04
6	万向信托股份公司	中国万向控股有限公司	76.50
7	中国民生信托有限公司	武汉中央商务区建设投资股份有限公司	76.76
8	华澳国际信托有限公司	北京融达投资有限公司	50.01
9	中泰信托有限责任公司	中国华闻投资控股有限公司	31.57
10	渤海国际信托股份有限公司	海航资本集团有限公司	51.23
11	云南国际信托有限公司	云南省国有金融资本控股集团	25.00
12	平安信托有限责任公司	中国平安保险（集团）股份有限公司	99.88
13	华信信托股份有限公司	华信汇通集团有限公司	25.91

资料来源：根据公开披露信息整理

5. 中外合资信托公司（见表4-9）

表4-9　　　　　　中外合资信托公司一览表

序号	信托公司	外资股东	持股比例（%）
1	紫金信托有限责任公司	三井住友信托银行股份有限公司	20.00
2	北京国际信托有限公司	威益投资有限公司	15.30
3	中粮信托有限责任公司	蒙特利尔银行	16.24
4	百瑞信托有限责任公司	摩根大通	19.99
5	国通信托有限责任公司	东亚银行有限公司	15.38
6	中航信托股份有限公司	华侨银行有限公司	15.58

资料来源：根据公开披露信息整理

股东数量方面，1家信托公司的股东数量为1家，17家信托公司的股东数量为2家，15家信托公司股东数量为3家，9家企业股东数量超过10家。整体而言，信托公司股权相对集中，33家信托公司股东数量不超过3家，特别是金融机构控股和央企背景的信托公司，股权更加集中于有实力的股东，大股东对信托公司的战略定位更加清晰，资源支持也更加坚定，公司资本实力、管理水平和风控能力较强，经营业绩表现也相对更加突出。

（二）股权变更情况概览

根据公开信息统计，2023年度共有8家信托公司进行股权调整，相较于2022年10家公司发生股权变更，数量有所减少，稳定性有所增强。

从股权变更方式来看，中信信托、中诚信托、光大信托为协议转让；建元信托、吉林信托、长安信托、西藏信托为引进战略投资者而发生股权变化；中原信托因司法裁定而发生股权变化。从控股股东股权比例来看，中信信托、中原信托的控股股东持股比例上升，吉林信托、西藏信托的控股股东持股比例下降。从实控人来看，中信信托、长安信托控股股东发生变化但实控人不变；建元信托控股股东发生变化；中诚信托、光大信托控股股东未发生变化（见表4-10）。

表4-10　　　　　　　　　　2023年信托公司股权变更情况

序号	公司名称	股权结构调整时间	股权结构变动情况	变更后的公司股权结构
1	中信信托	2023年2月	·中国中信有限公司、中信兴业投资集团有限公司将其分别持有的公司82.26%、17.74%股权转让至中国中信金融控股有限公司（简称中信金控）	·中信金控100%持股
2	建元信托	2023年4月	·2023年4月，公司向特定对象上海砥安发行43.75亿股股票，募集资金总额为90.13亿元	·上海砥安投资管理有限公司50.3% ·中国信托业保障基金有限责任公司14.78% ·中国银行股份有限公司2.78%
3	吉林信托	2023年5月	·吉林省高速公路集团有限公司投资入股，出资额15.53亿元，持股比例49.3142%	·吉林省财政厅49.4% ·吉林省高速公路49.3% ·吉林省能源交通总公司、吉林炭素集团有限责任公司、吉林粮食集团有限公司、吉林化纤集团有限责任公司分别出资1 000万元，占比0.3175%

续表1

序号	公司名称	股权结构调整时间	股权结构变动情况	变更后的公司股权结构
4	中诚信托	2023年6月	·国华能源投资有限公司将其持有的20.3528%股权转让至国家能源集团资本控股有限公司	·中国人民保险集团股份有限公司32.92% ·国家能源集团资本控股有限公司20.35% ·山东能源集团有限公司10.176% ·河南农投金控股份有限公司5.088% ·深圳市天正投资有限公司3.61% ·贵州能源集团有限公司3.39% ·冀中能源邢台矿业集团有限责任公司3.39% ·中国平煤神马控股集团有限公司3.39% ·中国中煤能源集团有限公司3.39% ·招商局中国基金有限公司3.33% ·福建省能源集团有限责任公司2.54% ·山西焦煤集团有限责任公司2.54% ·山西潞安矿业（集团）有限责任公司2.54% ·淮北皖淮投资有限公司1.696% ·内蒙古兴业银锡矿业股份有限公司1.63%
5	中原信托	2023年7月	·2023年2月，中原信托收到甘肃省兰州中院司法执行裁定书，将河南省豫粮粮食集团有限公司所持中原信托股权裁定抵债给光大兴陇信托有限责任公司 ·2023年7月，国家企业信用信息公示系统显示，依据兰州中院抵债执行裁定，豫粮集团所持中原信托股权已变更至光大信托名下 ·截至2023年年报报告日，光大信托未履行股东资格监管核准程序	·河南投资集团有限公司64.93% ·河南中原高速公路股份有限公司27.27% ·光大兴陇信托有限责任公司7.80%
6	光大信托	2023年9月	·核准天水市经济发展投融资（集团）有限公司受让天水市财政局持有光大信托33 672.84万元股权 ·受让后，天水市经济发展投融资（集团）有限公司持有光大信托33 672.84万元股权，占光大信托全部股权的4%	·光大集团51% ·甘肃省国有资产投资集团有限公司23.42% ·甘肃金融控股集团有限公司21.58% ·天水市经济发展投融资（集团）有限公司4%

续表2

序号	公司名称	股权结构调整时间	股权结构变动情况	变更后的公司股权结构
7	长安信托	2023年11月	·西安财金投资管理有限公司入股，持股比例37.45%	·西安财金投资管理有限公司37.45% ·西安投资控股有限公司25.29% ·上海淳大资产管理有限公司13.64% ·上海证大投资管理有限公司9.76% ·上海随道投资发展有限公司9.19% ·陕西鼓风机（集团）有限公司3.82% ·西安高新技术产业开发区科技投资服务中心0.61% ·西安广播电视台0.24%
8	西藏信托	2023年12月	·西藏股权投资有限公司投资入股，持股比例25.33%	·西藏自治区财政厅67.07% ·西藏股权投资有限公司25.33% ·西藏自治区投资有限公司7.60%

资料来源：根据公开披露信息整理

（三）股权变更原因分析

2023年，信托公司股权变更的原因主要包括控股引进战略投资者、股东股权调整等。

1. 引进战略投资者

2023年，大多数信托公司选择了引进战略投资者的方式进行增资。从信托公司角度来看，引进战略投资者有利于信托公司补充资本金，强化与股东业务协同效应，增强综合竞争力。以长安信托为例，2023年11月，西安财金投资管理有限公司（简称西安财金）入股长安信托，变为第一大股东。公开消息介绍，西安财金是由西安市财政局全额出资设立的国有大型金融资本综合运营管理公司，已获得三家主流信用评级机构AAA评级。此类评级较好的国有资本入股，将会提升客户信心，是对信托公司价值的认可，也能够提高公司风险应对能力，提升公司治理水平。

2. 股权架构调整

信托业整体面临着深度转型，由此各家信托公司都面临着严峻压力，积极寻求转型。以注册资本金稳居行业前十位的中信信托为例，为落实监管部门关于设立中信金控后相关工作要求而进行股权调整。中国中信有限公司、中信兴业投资集团有限公司将其分别持有的公司82.26%、17.74%股权转让至中信金控，调整后中信金控持有中信信托100%的股权。中信金控是全国首家采用"小金控"模式（在企业集团内部单独设立金融控股公司）设立的金控公司，陆续承接了中信集团旗下的金融机构股权并进行集中统一管理，除中信信托外还包括中信银行、中信证券、中信保诚人寿、中信消费金融有限公司等。此次股权调整是集团公司加强对综合金融服务板块集中管理的重要手段，能够强化金融服务能力，巩固核心优势，助力转型突破，不断提升综合金融板块的核心竞争力。

四、从业人员及其变动情况

2023年，信托从业人员总体规模略有下降，信托业主力仍为中青年、高学历人员。随着信托公司转型发展步伐的加快，从业人员变动呈现出一些新的特征和趋势：一是在《信托业务分类通知》监管导向下，资产服务信托、公益慈善信托业务人员占比有所提升；二是科技赋能重要性日益凸显，IT科技人员占比持续增长。

（一）从业人员总体规模持续下降

受信托行业发展放缓影响，信托从业人员总体规模持续下降，各岗位员工分布基本保持稳定。根据披露人力资源信息的58家信托公司的数据，2023年度信托从业人员共计17 618人，较上年度减少1.77%，信托公司平均员工数259人。从分布情况看，200人（含）以下的公司有12家，信托公司员工数主要集中在（200人，300人]、（300人，500人]这两个区间，分别为23家、18家，处于（500人，700人]区间的信托公司有4家，700人及以上的信托公司有2家。与2022年相比，各区间信托公司分布相对稳定。

在披露人力资源信息的58家信托公司中，27家员工数量有所增加，共增加312人；31家员工数量减少，共减少651人。其中，净增人数最多的公司为陕国投，为46人，占上年员工总数的8%；净减人数最多的公司为平安信托，为86人，占上年员工总数的15%。净增人数前10位的公司为陕国投、国元信托、国联信托、西部信托、国投泰康信托、中信信托、建元信托、百瑞信托、英大信托、华鑫信托（见表4-11）。

表4-11　　　　　　　2022年信托公司净增人数前十位　　　　　　（单位：人）

序号	信托公司	2023年	2022年	净增
1	陕国投	621	575	46
2	国元信托	200	166	34
3	国联信托	124	99	25
4	西部信托	366	343	23
5	国投泰康信托	311	290	21
6	中信信托	725	704	21
7	建元信托	312	295	17
8	百瑞信托	267	251	16
9	英大信托	225	211	14
10	华鑫信托	271	258	13

资料来源：根据公开数据整理

（二）中青年仍为信托业主力

在披露人力资源信息的58家信托公司中，30岁以下人员为1 889人，占比10.72%，比去年下降约2个百分点；31~39岁人员为9 668人，占比54.88%，比去年下降约2个百分点（见图4-2）。40岁以下的中青年员工人数占比达65.60%，为信托业主力。40岁以上人员5 129人，占比29.11%，比去年上升约4个百分点。

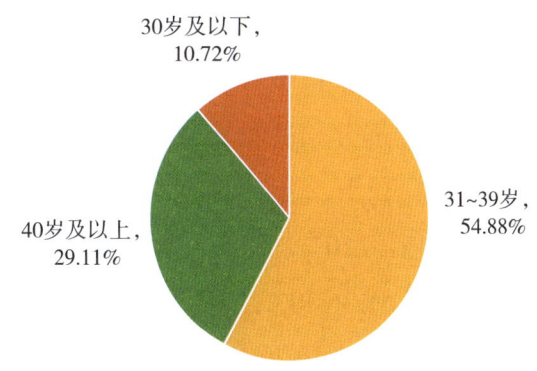

图4-2　2023年信托行业人员年龄分布

资料来源：根据年报公开数据整理

（三）高学历人员占比持续提升

根据披露人力资源信息的58家信托公司相关数据来看，硕士及以上人员占据整体学历分布的60.87%，较上年微升0.79个百分点，信托从业人员继续呈现高学历人员占比高的特点。其中，博士研究生384人，占比2.19%；硕士研究生10 307人，占比58.68%；本科6 525人，占比37.15%；专科及其他347人，占比1.98%（见图4-3）。学历分布比例与上年几乎持平。

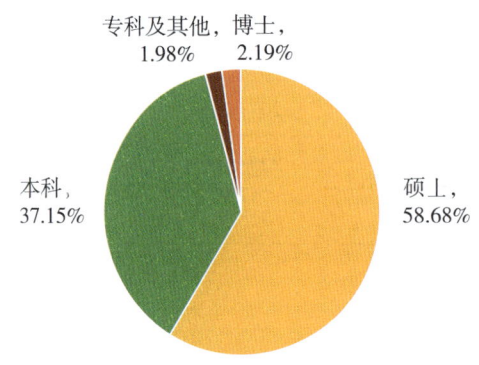

图4-3　2023年信托行业人员学历分布

资料来源：根据年报公开数据整理

（四）人员布局稳定　业务岗位占比提升

随着行业转型发展进入深水区，信托从业人员变动也呈现出一些新的特征和趋势。

一是各类信托业务岗位人员数量稳中有升。根据中国信托业协会调研数据[①]，按信托业务三分类岗位划分，大部分信托公司存在岗位交叉情况，即业务人员并非仅专职于某一类业务。在此口径下，开展资产管理信托业务人员5 411人，占比50.90%，较上年增加504人，增幅为10%；开展资产服务信托（包括资产证券化、家族信托等）业务人员3 870人，占比36.40%，较上年增加683人，增幅为21%；开展公益慈善信托业务人员1 350人，占比12.70%，较上年增加162人，增幅为13%；其中业务岗位人员增加比例最高的为资产服务信托，岗位人数最多的依然是资产管理信托（见图4-4）。

---

① 有效数据样本为59家信托公司。

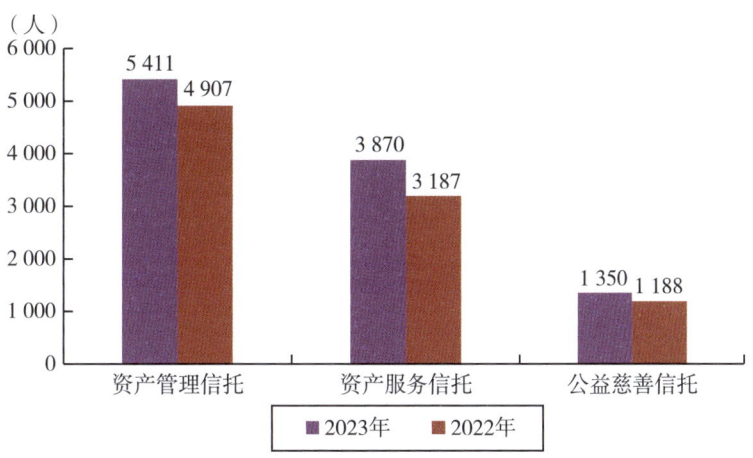

图4-4　2023年信托行业岗位结构分析（一）

资料来源：根据中国信托业协会调研数据整理

二是中后台部门人员基本保持稳定，持续强化科技赋能。根据中国信托业协会调研数据整理[①]，中后台部门从业总人数3 997人。其中，风控合规部门人数1 340人，占比33.53%，比去年增加21人；研发部门人数391人，占比9.78%，比去年增加7人；运营部门人数1 467人，占比36.70%，比去年减少19人；科技部门人数799人，占比19.99%，比去年增加38人，为增加人员比例最多的中后台部门（见图4-5）。岗位人数最多的依然是风控合规部门。从增速来看，在转型过程中，信托公司越来越注重运用金融科技为业务赋能。

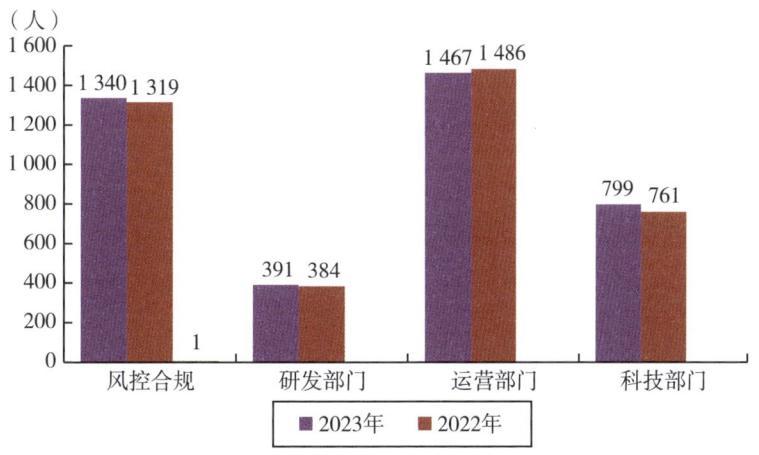

图4-5　2023年信托行业岗位结构分析（二）

资料来源：根据中国信托业协会调研数据整理

---

① 有效数据样本为64家信托公司。

第五章
业务发展情况

2023年，信托行业深入贯彻落实中央金融工作会议精神，以助力加快建设金融强国为目标，以推进金融高质量发展为主题，在《信托业务分类通知》等指引下，加快推进业务转型，努力构建多样化专业性的信托产品和服务体系。行业管理信托资产规模稳中有升，业务结构持续优化，资本实力不断夯实，转型发展取得一定成效。同时受宏观环境多变、细分市场波动和新业务尚需培育等因素影响，行业整体营业收入和利润的中枢水平有所下行，需积极探索支撑业绩稳健增长的商业模式，加快新旧动能转换。

一、行业经营业绩概况

（一）整体收入情况

1.行业营业收入情况

2023年，信托行业在《信托业务分类通知》指引下加速转型，积极推动资产服务信托深化内涵、资产管理信托特色发展、公益慈善信托践行责任。根据中国信托业协会相关数据，2023年全行业共计实现营业收入863.61亿元，同比增长2.96%（见图5-1）。受到宏观环境变化、资本市场波动、传统行业风险出清等影响，2022年和2023年信托业营业收入中枢水平较2021年之前有所下降，仍处于新旧动能转换期。

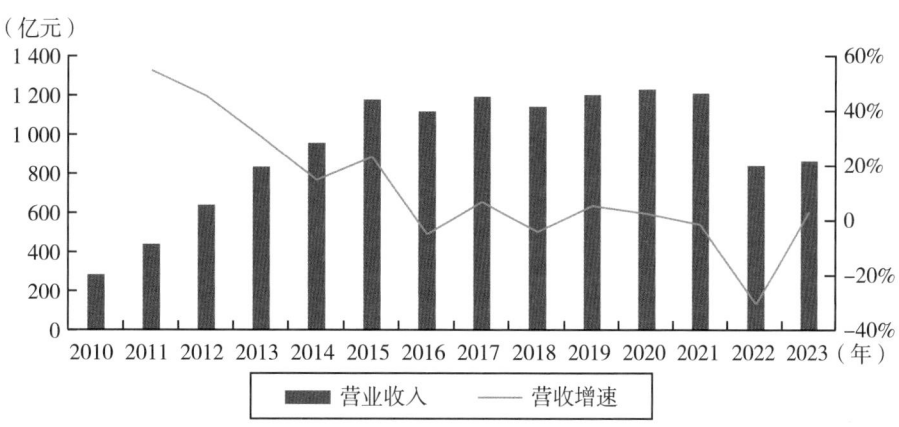

图5-1 2010—2023年信托行业营业收入及同比增速情况

资料来源：中国信托业协会

2.信托公司收入变动情况

从各信托公司表现来看，营业收入增长或改善的公司数量略多于下降的公司数量，头部公司营业收入增长高于行业均值。以58家已披露2023年年报的信托公司为分析基数，2023年30家信托公司的营业收入同比增长或改善（含负值减少、由负转正，下同），增长或改善的公司数量较2022年增加13家。有28家公司营业收入同比下降，较2022年减少15家。在2023年营业收入指标行业前十的信托公司中，4家公司同比增长。营业收入指标前十位公司平均实现35.4亿元，同比增长6.42%（见表5-1）。前十位公司营业收入总额占行业营业收入45.07%，较2022年的42.35%提升2.72个百分点。

表5-1　　　2023年营业收入前十位的信托公司

排名	信托公司	2023年（亿元）	2022年（亿元）	同比变动（%）
1	上海信托	81.41	20.19	303
2	中信信托	37.83	57.34	−34
3	华能信托	32.68	39.11	−16
4	华润信托	31.08	34.22	−9
5	江苏信托	30.04	24.77	21
6	华鑫信托	29.54	22.67	30
7	五矿信托	28.99	35.91	−19
8	建信信托	28.15	36.33	−23
9	光大信托	27.38	43.16	−37
10	陕国投	26.95	18.98	42

资料来源：信托公司年报，母公司口径

（二）整体利润情况

1.行业利润有所回升

2018年以来，《资管新规》及各资管子行业配套细则逐步实施，各类资产管理机构在"标准化、净值化、去通道、破刚兑"的指引下深化转型，信托业的发展方向、业务模式也在发生深刻演变，行业利润总额逐步回落、平稳。2023年，信托业实现利润总额423.74亿元，同比增长16.9%，净利润329.55亿元，其中部分信托公司股权转让产生了较大的一次性收入（见图5-2）。

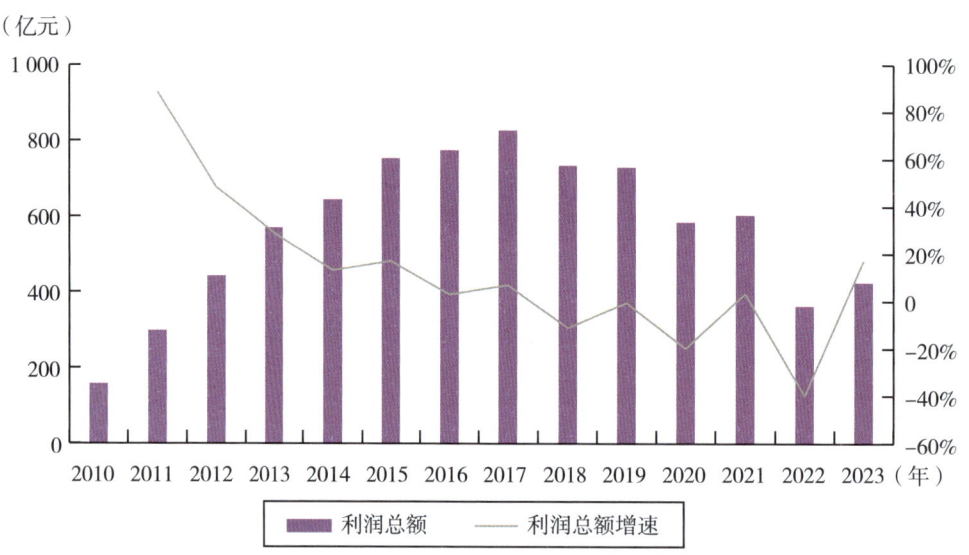

图5-2　2010—2023年信托行业利润总额及同比增速情况

资料来源：中国信托业协会

2.信托公司利润变动情况

从各公司表现来看，利润总额、净利润同比增长或改善的信托公司数量占约半数，净利润头部效应进一步增强。在58家披露了2023年年报的信托公司中，共有30家信托公司利润总额同比增长或改善，28家公司利润总额下降。2023年利润总额行业前十位信托公司中有5家实现同比增长，前十位公司平均实现利润总额25.77亿元，同比增长11.92%（见表5-2）。

从净利润看，共有27家信托公司同比增长或改善，31家公司同比下降。2023年净利润行业前十位信托公司中有5家实现同比增长，前十位公司平均实现净利润

20.33亿元，同比增长11.66%。净利润前十位公司占行业净利润的58.75%，较2022年的57.85%上升0.9个百分点（见表5-3）。

表5-2　　2023年利润总额前十位的信托公司

排名	信托公司	2023年（亿元）	2022年（亿元）	同比变动（%）
1	上海信托	65.34	11.43	472
2	中信信托	29.36	38.54	−24
3	江苏信托	27.11	22.13	22
4	华能信托	26.85	32.97	−19
5	华鑫信托	23.87	17.08	40
6	英大信托	20.97	18.34	14
7	建信信托	20.49	28.71	−29
8	五矿信托	15.74	23.46	−33
9	陕国投	14.37	11.15	29
10	华润信托	13.59	26.44	−49

资料来源：信托公司年报，母公司口径

表5-3　　2023年信托公司净利润前十位的信托公司

排名	信托公司	2023年（亿元）	2022年（亿元）	同比变动（%）
1	上海信托	49.52	9.57	418
2	江苏信托	25.43	19.89	28
3	中信信托	22.56	30.36	−26
4	华能信托	21.34	24.44	−13
5	华鑫信托	17.79	12.73	40
6	英大信托	16.08	14.00	15
7	建信信托	15.34	21.77	−30
8	华润信托	12.52	23.16	−46
9	五矿信托	11.90	17.76	−33
10	陕国投	10.82	8.38	29

资料来源：信托公司年报，母公司口径

(三)经营效率情况

1. 净资产收益率小幅下降

信托行业净资产收益率自2013年以来持续下降,反映出信托行业商业模式的转型和业务结构的转变。以58家已经披露2023年年报的信托公司为分析基数,2023年行业平均净资产收益率约4.54%,较2022年的行业均值5.12%[①]下降0.58个百分点。净资产收益率中位数为4.66%,较2022年的6.14%下降1.28个百分点。从各公司表现来看,2023年共32家信托公司净资产收益率同比回落,24家公司净资产收益率同比好转,共6信托公司2022年净资产收益率超过10%,较2022年增加1家。相关资料见表5-4。

表5-4　　　　2023年净资产收益率前十位的信托公司　　　　（单位：%）

排名	信托公司	2023年	2022年	同比变动
1	上海信托	22.79	5.11	17.7
2	英大信托	13.23	12.34	0.9
3	中海信托	11.58	11.19	0.4
4	华鑫信托	11.57	9.19	2.4
5	紫金信托	11.13	10.48	0.6
6	国民信托	10.02	9.38	0.6
7	江苏信托	9.85	7.98	1.9
8	财信信托	9.45	9.92	−0.5
9	苏州信托	9.44	8.01	1.4
10	粤财信托	9.25	14.13	−4.9

资料来源：信托公司年报，母公司口径

2. 人均净利润同比下降

以55家在2023年年报中披露人均净利润的信托公司为分析基数,2023年行业平均人均净利润为211.42万元,同比下降3.33%,中位数为155.97万元,同比下降22.6%,平均值降幅明显低于中位数,主要是受部分头部公司人均净利润增长较多影响。从各公司表现来看,共32家信托公司2023年人均净利润下降,21家公司有所好转,2家持平。

---

① 2022年平均值和中位数由59家公司数据计算，剔除个别影响过大的极端值。

二、信托业务经营情况

（一）信托资产规模情况

1. 信托规模保持回升态势

2010年至今，信托行业从不到5万亿元的规模发展到20万亿元以上。2018年《资管新规》发布后，行业加快转型、业务结构优化，其中2018—2020年行业信托规模有所回落。2021年以来，随着行业转型发展初见成效，信托资产规模企稳回升。2023年末，行业信托资产规模余额达到23.92万亿元，较上年末增加2.79万亿元，同比增长10.31%，已连续7个季度保持正增长（见图5-3）。信托资产规模的增长主要由家族信托、资产证券化信托、风险处置服务信托等资产服务信托业务以及资产管理信托的快速发展所驱动。

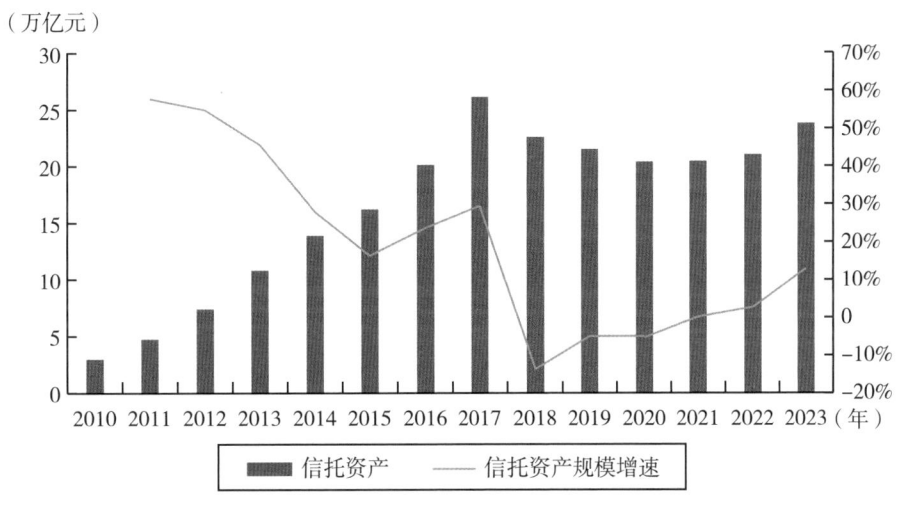

图5-3 2010—2023年信托行业信托资产规模余额及同比增速情况

资料来源：中国信托业协会

2. 多数公司信托资产规模增长

以58家已披露2023年年报的信托公司为分析基数，2023年信托公司平均信托资产规模余额为3 897.53亿元，同比增长16.21%，规模中位数为2 409.47亿元，同比增长16.05%。从各公司同比变动来看，共36家信托公司的信托资产规模余额同比增长，22家同比下降。部分信托公司信托资产规模同比增速较快，共18家信托公司同比增速超过30%，其中10家公司同比增速超过50%。从各公司信托资产规模所在区间分布来看，规模分化较为明显。57家信托公司中共4家公司规模超过万亿元，13家公司处于［5 000亿元，10 000亿元）区间，9家公司处于［3 000亿元，5 000亿元）区间，5家公司处于［2 000亿元，3 000亿元）区间，11家公司处于［1 000亿元，2 000亿元）区间，此外有16家公司信托资产规模低于1 000亿元（见图5-4）。

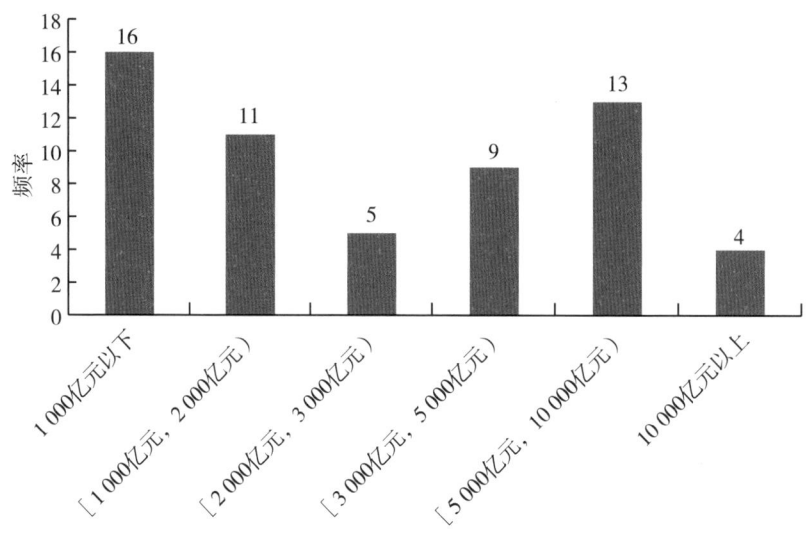

图5-4　2022—2023年信托公司信托资产规模区间分布

资料来源：各信托公司年报

3.头部公司信托资产规模占比过半

以58家已经披露2023年年报的信托公司为分析基数，2023年行业前十位信托公司的信托资产规模均高于6 000亿元，平均增速达到17.13%，高于行业整体增速。其中有5家公司的增速超过20%。位居前四位的信托公司的信托资产规模均超过1万亿元，分别是华润信托、中信信托、外贸信托和建信信托。从市场集中度来看，2023年行业前十位信托公司信托资产规模所占市场份额为51.36%，较2022年的49.81%提高1.55个百分点，头部公司规模对行业规模增长的带动作用更加明显（见表5-5）。

表5-5　2023年信托公司信托资产规模前十位

排名	信托公司	2023年（亿元）	2022年（亿元）	同比变动（%）
1	华润信托	25 984.97	16 586.7	56.66
2	中信信托	20 593.35	15 408.5	33.65
3	外贸信托	15 724.44	10 774.2	45.95

续表

排名	信托公司	2023年（亿元）	2022年（亿元）	同比变动（%）
4	建信信托	11 708.54	14 574.3	−19.66
5	英大信托	8 229.93	7 987.3	3.04
6	光大信托	7 432.00	9 504.7	−21.81
7	五矿信托	7 304.03	7 455.5	−2.03
8	平安信托	6 625.03	5 520.1	20.02
9	中航信托	6 356.50	6 300.1	0.89
10	华鑫信托	6 148.64	3 975.2	54.67

资料来源：各信托公司年报

（二）信托业务结构情况

1. 资产服务信托

《信托业务分类通知》出台以来，行业加快转型发展，作为信托本源业务的资产服务信托规模快速增长，已在业务结构中占重要地位。

根据中国信托业协会调研数据，截至2023年末，62家信托公司的资产服务信托合计规模为11.44万亿元。从各公司的情况看，62家信托公司的规模平均数是1 845.6亿元，中位数是767.9亿元。资产服务信托规模5 000亿元以上的公司有5家（见图5-5），分别是华润信托、中信信托、建信信托、英大信托和外贸信托（见表5-6），其中华润信托和中信信托规模超过10 000亿元。从规模集中度来看，资产管理服务规模排名前十位公司合计规模占62家公司总规模的61%，资产服务信托业务发展的培育和积累期更长，其规模效应和头部效应明显。从细分业务类型看，财富管理服务信托、风险处置服务信托、资产证券化服务信托是资产服务信托业务规模增长的主要驱动。

表5-6　　2023年信托公司资产服务信托业务规模前十

排名	资产服务信托	规模（亿元）
1	华润信托	19 371.0
2	中信信托	11 599.0
3	建信信托	8 509.4
4	英大信托	8 151.2
5	外贸信托	5 685.8
6	西部信托	3 667.5
7	平安信托	3 651.7

续表

排名	资产服务信托	规模（亿元）
8	陕国投	3 290.4
9	五矿信托	3 168.5
10	华能信托	2 690.8

资料来源：中国信托业协会调研数据

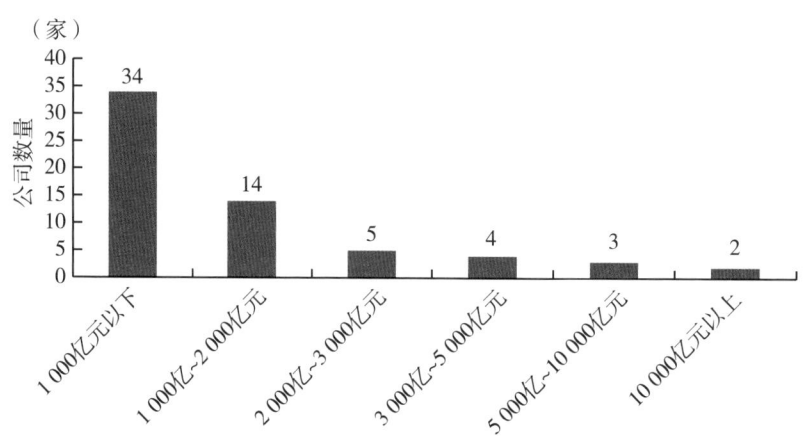

图5-5　2023年信托公司资产服务信托规模分布情况

资料来源：中国信托业协会调研数据

2. 资产管理信托

根据中国信托业协会调研数据，截至2023年末，62家信托公司资产管理信托的合计规模为9.33万亿元。从各公司情况看，62家信托公司的规模平均数是1 504.7亿元，中位数是788.7亿元。资产管理信托规模在1 000亿元以下的公司38家，占比61%（见图5-6）。规模5 000亿元以上的公司仅三家，分别是外贸信托、中信信托和光大信托（见表5-7）。从规模集中度来看，资产管理信托规模排名前十公司合计规模占62家公司总规模的50.6%。

表5-7　　2023年信托公司资产管理信托业务规模前十

排名	资产管理信托	规模（亿元）
1	外贸信托	8 911.3
2	中信信托	7 181.0
3	光大信托	5 519.3
4	中航信托	4 581.0
5	华润信托	4 497.0

续表

排名	资产管理信托	规模（亿元）
6	五矿信托	3 559.5
7	华鑫信托	3 341.8
8	百瑞信托	3 332.3
9	江苏信托	3 242.8
10	建信信托	3 014.8

资料来源：中国信托业协会调研数据

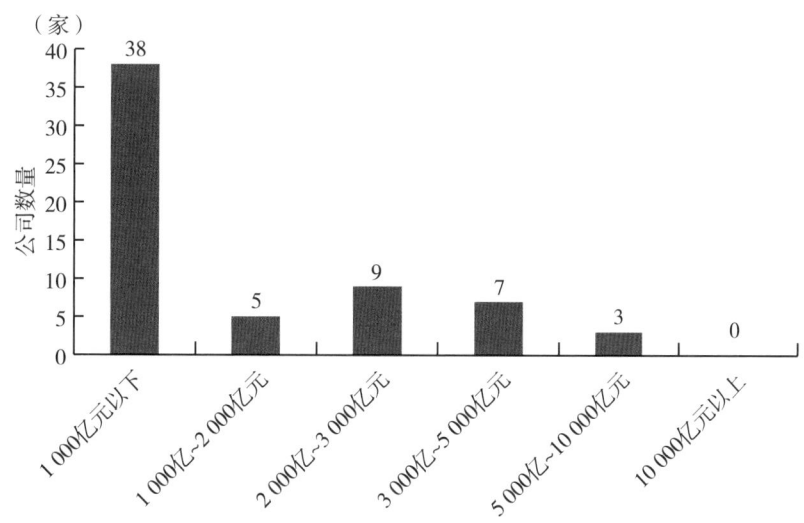

图5-6　2023年信托公司资产管理信托规模分布情况

资料来源：中国信托业协会调研数据

从投向上来看，服务实体经济是金融的根本宗旨，信托业围绕国家重大战略、重点领域和薄弱环节，加强对实体经济和资本市场的服务支持力度，不断优化服务模式和结构。截至2023年末，信托行业围绕多层次资本市场，持续提升投研能力，大力发展资产管理信托，构建具有信托特色的标品产品线。属于标品投资的证券投资信托规模已达7万亿元，占资产管理信托规模的68.05%；投向工商企业投向规模为3.89万亿元，投向基础产业的规模为1.52万亿元，有效支持了实体企业发展和国家基础设施建设。

从证券市场细分投向来看，债券投资是信托公司最主要的证券市场细分投向。2023年，基本面弱修复延续、市场风险偏好回落，长端利率中枢下行，债券市场整体行情较好，而权益市场波动加大，信托公司把握市场机遇，大力发展纯债固收、固收+和FOF类资管产品。截至2023年末，资金信托中债券投向规模余额为5.68万亿元，同比增长2.25万亿元，增幅达到65.44%；基金投向规模余额为0.33万亿元，同比增长0.07万亿元，增幅28.41%；股票投向规模余额为0.59万亿元，同比减少0.07万亿元，降幅11.13%（见图5-7）。

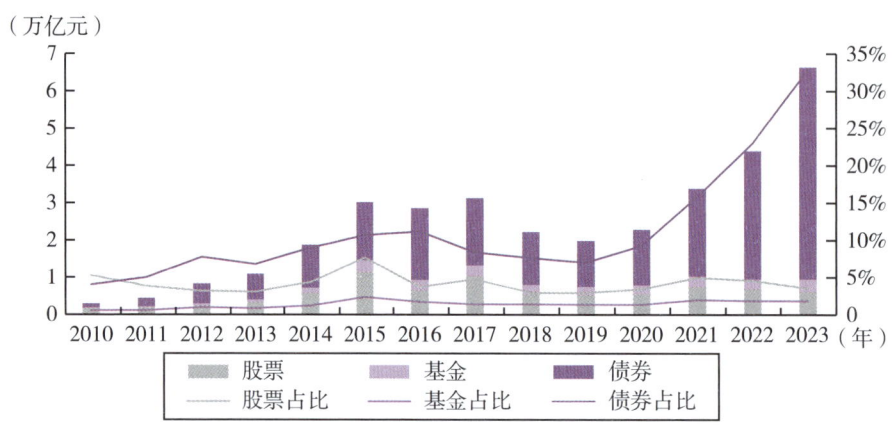

图5-7　2010—2023年信托行业资金信托中证券市场细分投向规模及占比变动情况

资料来源：中国信托业协会

3.公益慈善信托

根据《中国慈善信托发展报告2023》，截至2023年末，我国公益慈善信托累计备案数量达1 655单，累计备案规模65.20亿元，比年初增加12.77亿元，增长24.36%。其中，2023年新增备案454单，比2022年多增62单；新增慈善信托备案规模12.77亿元，较2022年增加1.37亿元。

根据中国信托业协会调研数据，截至2023年末，59家信托公司开展了公益慈善信托业务，存续规模平均数是0.62亿元。根据《中国慈善信托发展报告2023》，2023年新增受托管理慈善信托规模排在前三位的公司分别是万向信托（1.59亿元）、国投泰康信托（1.47亿元）和华润信托（1.15亿元）。2016—2023年累计受托规模排在前三的公司分别是万向信托（13.56亿元）、中信信托（10.03亿元）和光大信托（8.59亿元）。2023年，公益慈善信托在实践中不断创新发展。例如，在相关政策支持下，万向信托在杭州落地全国首单全流程规范化不动产登记的慈善信托。非货币财产设立慈善信托取得突破性进展，对后续公益慈善信托财产范围扩展、信托财产登记制度的完善具有重要意义。

4.行业转型布局的重点业务分析

各家信托公司基于业务基础、资源禀赋、股东背景、能力积累等加快探索特色化的发展路径和业务布局。基于49家信托公司在信托业协会调研问卷中对"请从信托业务新分类下25个业务品种中,列举下一步重点推进布局的三种信托业务"这一问题的回答,可以看出行业普遍将固定收益类资产管理信托、财富管理服务信托和风险处置服务信托作为布局的重点。"资产管理信托"是词频最高的业务领域,其中以债券为主要投资标的的固定收益类资产管理信托已成为近年来信托公司发力标品资管的重点,有36家公司将其列为重点布局业务,占比达到73.5%。信托行业可充分迁移复用在传统业务领域的能力和资源积累,打造特色化信托资管产品。财富管理服务信托是频率第二的领域,其中家族信托、家庭信托最为热门,共有35次被提及,其业务规模、创新产品/模式近年来均在快速增长。风险处置服务信托在短时间内业务规模已超万亿元,布局的信托公司也在不断增加。此外,资产证券化服务信托、资管产品服务信托、预付资金服务信托、公益慈善信托也成为部分公司创新转型的拓展重点,持续加大相关领域的资源投入。以上领域未来的创新有望不断涌现,但同时竞争也将更加激烈,打造特色化的竞争优势和护城河势在必行(见图5-8)。

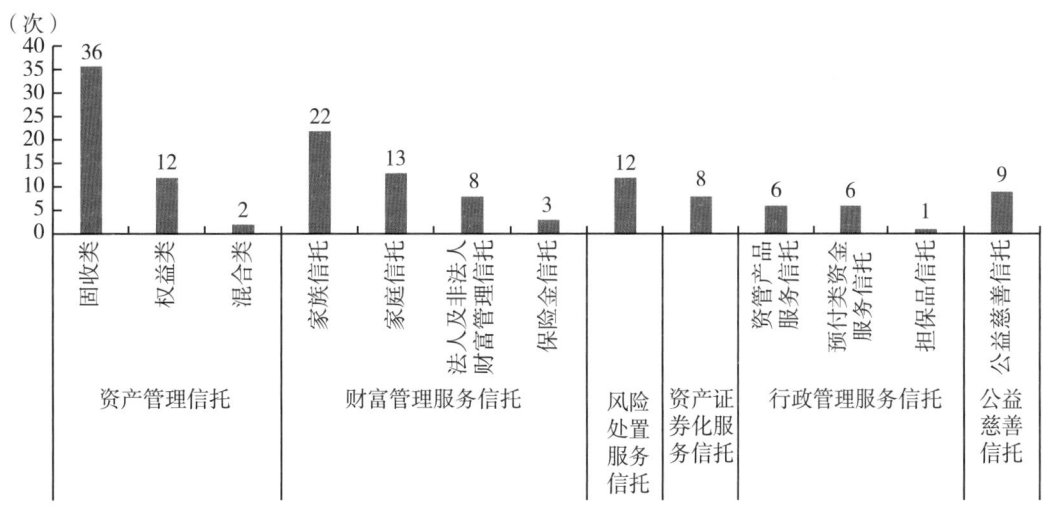

图5-8 信托公司下一步业务布局重点频次统计

注:由于企业破产服务信托和企业市场化重组服务信托的服务内涵基本相同,合并计算到二级分类风险处置服务信托,资产证券化服务信托、公益慈善信托采用相同处理方式。

资料来源:中国信托业协会调研数据

(三)信托业务收入情况

1.信托业务的盈利能力有待增强

根据58家信托公司披露的年报数据,2023年信托公司平均营业收入为8.99亿元,同比下降13.98%。信托业务收入中位数为7.56亿元，同比下降5.71%。虽然行业信托资产规模持续回升，但受信托业务盈利模式转变、转型创新业务仍处培育期、激烈市场竞争下费率下降等因素影响，信托业务收入下降较为明显，信托业务能够支撑盈利水平稳健增长的商业模式和服务收费模式还须持续探索创新。

从各公司来看，其中35家信托公司信托业务收入同比下降，降幅超过30%的有14家，22家公司同比实现增长。部分头部公司的信托业务收入亦出现较大幅度的下滑，行业前十的信托公司信托业务收入平均值为21.77亿元，同比下降22.39%，降幅高于行业均值，有5家公司同比降幅超过30%。行业集中度方面，头部公司所占市场份额下降，2023年行业前十信托公司信托业务收入合计占据市场份额的41.73%，较2022年的46.90%下降5.17个百分点，反映出行业普遍面临较大的信托业务转型压力（见表5-8）。

表5-8　　　　　　　　　2023年信托业务收入前十位的信托公司

排名	信托公司	2023年（亿元）	2022年（亿元）	同比变动（%）
1	五矿信托	28.79	43.51	−33.84
2	光大信托	28.08	41.88	−32.95
3	英大信托	27.25	24.99	9.04
4	中信信托	24.00	46.75	−48.66
5	华鑫信托	20.72	18.85	9.92
6	建信信托	20.50	29.96	−31.57
7	中航信托	17.98	29.32	−38.70
8	外贸信托	17.61	19.45	−9.48
9	陕国投	16.50	14.06	17.40
10	中诚信托	16.25	11.68	39.10

资料来源：各信托公司年报，母公司口径

2.信托报酬率小幅回落

信托行业在《信托业务分类通知》指引下，立足受托人定位，加快回归信托本源，持续推进商业模式转型。盈利来源由传统融资类业务的息差为主，转变为资产服务信托业务的受托服务费、资产管理信托业务的管理费和超额业绩报酬等收入为主，对信托公司的服务质效、主动能力等提出更高的要求。以45家在2023年年报中披露加权年化信托报酬率的信托公司为分析基数，2023年平均信托报酬率为0.48%，较2022年的0.64%下降16BP，中位数为0.36%，较2022年的0.44%下降8BP。32家信托公司信托报酬率同比下降，11家公司同比上升。

3.信托项目收益率有所降低

2023年,宏观环境的复杂性、不确定性上升,部分领域信用风险暴露、资本市场波动加大,对信托公司的投资配置带来更大挑战。以在2023年年报中披露本年度已清算结束的主动管理型信托项目加权平均收益率的信托公司为分析基数,各类投向的信托项目收益率均有不同程度降低。其中,证券投资类信托项目平均收益率为5.00%,较2022年的6.10%下降1.10个百分点;股权投资类信托项目平均收益率为5.18%,较2022年的6.84%下降1.66个百分点;融资类信托项目平均收益率为5.23%,较2022年的6.37%下降1.14个百分点。

三、固有业务经营情况

(一)固有资产规模情况

信托公司的资本实力保持了稳步发展态势。从总资产和净资产来看,截至2023年末,全行业固有总资产为8 959.39亿元,较上年末增长217.08亿元,同比增长2.48%;固有净资产为7 485.15亿元,较上年末增长306.49亿元,同比增长4.27%(见图5-9)。2023年信托业通过多种方式进行资本补充,增强了行业的资本实力和风险抵御能力,也为业务转型和高质量发展奠定基础。

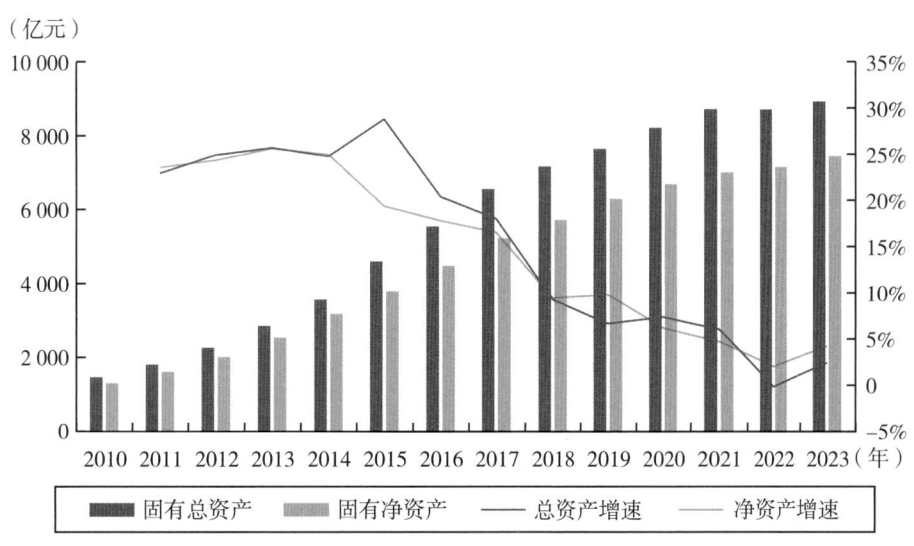

图5-9 2010—2023年信托行业总资产及净资产情况

资料来源:中国信托业协会

从各家公司的情况看，大部分公司的总资产和净资产的变动幅度均不大（见表5-9和表5-10）。2023年共有10家公司的实收资本增长，主要是源于股东增资，其中建元信托、粤财信托、西藏信托、西部信托、北方信托、天津信托、吉林信托的实收资本增长超过50%（见表5-11）。

表5-9　　2023年总资产前十位的信托公司

排名	信托公司	2023年（亿元）	2022年（亿元）	同比变动（%）
1	中信信托	381.77	388.06	−1.62
2	华润信托	331.24	322.74	2.64
3	平安信托	317.63	342.21	−7.18
4	江苏信托	305.19	297.18	2.69
5	华能信托	299.60	295.76	1.30
6	五矿信托	284.47	270.33	5.23
7	重庆信托	283.50	299.39	−5.31
8	建信信托	283.22	302.23	−6.29
9	上海信托	258.33	206.90	24.86
10	中诚信托	233.93	219.68	6.49

资料来源：信托公司年报，母公司口径

表5-10　　2023年净资产前十位的信托公司

排名	信托公司	2023年（亿元）	2022年（亿元）	同比变动（%）
1	中信信托	347.82	337.47	3.07
2	华润信托	284.66	279.63	1.80
3	华能信托	277.05	265.59	4.31
4	重庆信托	271.63	267.75	1.45
5	平安信托	260.57	263.03	−0.94
6	江苏信托	259.95	256.57	1.32
7	建信信托	255.56	243.78	4.83
8	上海信托	241.94	192.57	25.64
9	五矿信托	236.43	235.18	0.53
10	中诚信托	203.48	193.71	5.05

资料来源：信托公司年报，母公司口径

表5-11 2023年实收资本前十位的信托公司

排名	信托公司	2023年（亿元）	2022年（亿元）	同比变动（%）
1	重庆信托	150.00	150.00	0.00
2	五矿信托	130.51	130.51	0.00
3	平安信托	130.00	130.00	0.00
4	中信信托	112.76	112.76	0.00
5	华润信托	110.00	110.00	0.00
6	建信信托	105.00	105.00	0.00
7	陆家嘴信托	104.00	104.00	0.00
8	昆仑信托	102.27	102.27	0.00
9	兴业信托	100.00	100.00	0.00
10	建元信托	98.44	54.69	80.00

资料来源：信托公司年报，母公司口径

（二）固有资产运用情况

1. 加大资本市场投资配置力度

信托公司固有资产投向金融机构的规模占比最高，投向证券市场领域规模持续增长。以56家在2023年年报中披露固有资产运用领域的信托公司为分析基数，截至2023年末，信托公司固有资产合计投向金融机构规模为3 340.73亿元，占比43.9%。合计投向证券市场规模余额为1 295.22亿元，平均规模为23.13亿元，同比增长7.87%，是所有领域中增幅最大的。投向证券市场规模在固有资产运用中的占比为17.02%，同比提升0.89个百分点。投向证券领域规模增长，一方面反映信托公司积极融入多层次资本市场，努力打造专业机构投资者；另一方面是在行业转型过程中，更加重视以固有资金支持培育标品资管业务，实现固有业务的战略价值。

2. 加快聚焦主业，多家公司转让金融股权

2023年多家信托公司转让持有的金融机构股权。信托公司出售金融股权，一方面是部分公司自身的资金需求，另一方面则是在《信托业务分类通知》指导下聚焦信托主业，加快战略转型。根据各家公司年报及公告，重庆信托、国元信托、中航信托、上海信托等挂牌出售所持有的公募基金、券商等子公司股权。例如，2023年1月31日，上海信托将所持有51%摩根基金股权全部转让给了摩根资产管理控股公司，

股权转让款72亿元；2023年7月，广东联合产权交易中心发布的信息显示，中航信托拟转让持有的嘉合基金27.27%股权；2024年1月26日，金信基金在安徽省产权交易中心挂牌转让31%股权，转让方是国元信托，是该机构对金信基金的全部持股；2024年3月29日，浙商证券发布公告称，拟受让重庆信托等5家企业持有国都证券合计约19.15%的股份。

（三）固有业务收入情况

1.固有业务收入实现增长

根据58家信托公司年报数据，2023年合计实现固有收入263.95亿元，平均实现固有收入4.55亿元，同比增长70.5%。但固有收入中位数仅为1.84亿元，同比下降20.06%。共34家信托公司固有业务收入同比增长或改善，24家公司固有业务收入下降。行业集中度方面，固有业务收入前十位的公司的收入合计占所有公司的72.24%，较2022年的60.31%上升11.93个百分点，头部公司固有收入的增长对行业整体带动作用显著（见表5-12）。

表5-12　　　　　　　　2023年固有业务收入前十位的信托公司

排名	信托公司	2022年（亿元）	2021年（亿元）	同比变动（%）
1	上海信托	73.82	5.93	1 145.70
2	江苏信托	21.40	16.15	32.45
3	华能信托	19.41	8.47	129.20
4	华润信托	18.07	19.43	-7.00
5	中信信托	13.83	10.58	30.70
6	陕国投	10.45	4.93	112.11
7	粤财信托	9.19	11.47	-19.84
8	华鑫信托	8.82	3.82	131.02
9	平安信托	8.04	7.89	1.83
10	建信信托	7.65	6.37	20.05

资料来源：信托公司年报，母公司口径

2.投资收益和公允价值变动损益占固有收入主导

投资收益持续占据固有业务收入的主导，但面对市场波动，信托公司固有资金投资配置获取稳定收益的难度也在加大。以58家已经披露2023年年报的信托公司为分析基数，2023年所有公司合计投资收益在固有收入中的占比为93%。每家公司平均实现投资收益4.21亿元，同比增长13.50%，而投资收益中位数1.36亿元，同比下降37.99%，主要是由于上海信托转让摩根基金股权所获投资收益规模较大，带动了行业平均水平的上升。从整体来看，32家公司投资收益同比下降，仅26家公司同比上升。

公允价值变动损失对固有业务的影响有所好转。以58家已经披露2023年年报的信托公司为分析基数，平均公允价值变动损益为–0.40亿元，较2022年的–1.32亿元有所收窄，中位数为0.33亿元，也较2022年的–0.46亿元有所好转。2023年共有31家公司公允价值变动损益为正，26家为负，41家公司公允价值变动收益增长或损失缩小。整体来看，公允价值变动损失对信托公司固有业务收入的拖累程度降低。

第六章
机构管理情况

在新发展格局下，信托公司将机构管理工作提升到新的高度，持续深化党的建设、公司治理、战略管理、风险合规、信息科技、信托文化等方面重点工作，系统性建设规范高效的内部管理机制，为全面提升受托服务能力、推动高质量发展夯实了根基。

一、党的建设

信托行业坚持以习近平新时代中国特色社会主义思想为指导，全面贯彻落实党的二十大和二十届二中、三中全会精神，按照中央经济工作会议部署，信托公司不断坚持和加强党的全面领导，严密党的组织体系，推动党的领导融入公司治理各个环节，以党的创新理论武装头脑，深化全面从严治党，以高质量党建引领信托公司业务转型与高质量发展。

（一）加强党的组织建设

信托公司以政治建设为统领，切实增强公司党委和各党支部的政治功能和组织功能，以党的组织建设提升转型发展凝聚力。2023年末信托业党员人数占全体从业人员比重约48%，年内新发展党员161人。

信托公司将加强党的领导与完善公司治理相融合，已有58家信托公司实现党建写入公司章程。在党组织形式上，58家信托公司成立党委，7家设立党支部，贯彻落实党中央关于党委班子成员"双向进入、交叉任职"要求，充分发挥党委把方向、管大局、保落实的领导作用，确保党和国家大政方针政策与公司经营实际的衔接。信托公司建立健全党的工作机制，强化党委前置研究讨论重大经营管理事项程序，实现党委"三重一大"决策与董事会依法行使决策职责的有机统一。

基层党组织建设方面，多家信托公司结合转型阶段的信托业务体系、前中后台组织架构特点，持续扩大党的组织和工作的有效覆盖，抓好支部规范化建设，发挥出基层党组织的战斗堡垒作用，实现党建工作与经营管理统筹兼顾。例如中粮信托紧跟业务方向，按工作条线重新设立党支部，将各部门重点任务与党建项目有效结合；昆仑信托弘扬"支部建在连上"传统，按经营单位划分基层党支部，实现党建与业务一体谋划。干部队伍建设方面，信托公司坚持党管干部、党管人才原则，发挥党组织的领导和把关作用，保证党对信托公司干部人事工作的领导权和对重要干部的管理权，注重在转型业务开拓一线、重大风险处置一线、客户服务基层一线锻炼培养干部。

（二）扎实开展主题教育

2023年，信托公司以开展学习贯彻习近平新时代中国特色社会主义思想主题教育活动为抓手，牢牢把握"学思想、强党性、重实践、建新功"总要求，紧扣高质量转型发展主责主业，聚焦理论学习、调查研究、检视整改、建章立制等各项工作，深化党的创新理论武装，把牢政治方向，坚定金融报国、金融为民的思想信念，为机构高质量发展提供坚强政治保障。

2023年，信托行业开展主题教育实践活动892次，开展主题教育调查研究1 337次。一是建立理论学习常态化机制，严格执行"第一议题"、集体学习制度，用好读书班、党委理论学习中心组学习、党支部"三会一课"等，学习习近平总书记最新重要讲话精神，深刻理解金融领域理论创新和我国国情及金融工作规律，筑牢思想根基。二是聚焦信托公司转型发展的重点、难点问题开展调查研究，深入业务一线，会同金融同业、客户单位、监管部门等外部机构，通过调查问卷、座谈访谈、互学共建等方式增进交流，强化理论与实践相结合的能力。三是促进调研成果转化运用，总结提炼主题教育形成的典型经验、成熟做法、有效措施，融入战略规划、企业文化建设中，通过建章立制固化成果，把"当下改"与"长久立"结合起来，推动主题教育走深走实、见行见效。

◆▶ 案例6-1

信托公司创新主题教育学习形式，建立健全长效机制

厦门国际信托以追寻足迹现场学方式检验和提升主题教育成效，聚焦国企特色、金融特色，组织老员工宣讲《循足迹、悟思想、看发展、建新功》，重温习近平总书记在厦门工作期间的宝贵思想财富、精神财富和实践成果，体悟厦门金融体制改革探索与实践经验，并以党建引领"财政+金融"特色服务，承办厦门非银行金融机构联合党建活动，对本地重点项目、高新技术企业开展考察交流。

华润信托以问题导向和目标成果导向推动各项任务落地落实，形成《华润信托主题教育调研成果转化运用清单》并推进实施，印发《关于建立健全公司主题教育常态化长效化工作机制的通知》，推动形成常态化学习教育机制、定期检视和工作整改机制、"四下基层"调研服务工作机制、主题教育成果评价工作机制，确保巩固深化主题教育成效。

（三）推进全面从严治党

信托行业持续加强政治监督，推进全面从严治党向纵深发展，多措并举加快廉洁文化建设，为业务转型与高质量发展保驾护航。

一是层层压实全面从严治党责任，强化员工管理。信托公司党委履行主体责任，纪委履行监督责任，领导班子成员履行"一岗双责"。在经营管理中压实行为责任，明确责任清单，落实党员领导干部党风廉政建设责任签约承诺、员工廉洁从业签约承诺，有效规范从业行为。

二是强化监督执纪问责，强化廉洁风险管控。信托公司持续健全完善纪检工作体系，综合运用考核督导、专项监督、谈话提醒等方式加强日常监督检查，逐步将监督嵌入公司治理各层级各环节。同时，结合信托业务特点梳理廉洁风险点，持续完善业务管控、职能管控制度和工作流程。

三是深化党纪作风教育，加强清廉金融文化建设。信托公司通过专题纪律教育机制、反腐倡廉案例学习、营业网点"清廉角"建设、重要节假日前开展廉洁警示教育等多种形式，强化常态化廉洁警示教育，并结合信托文化建设进程，将清廉金融文化融入理想信念教育，筑牢干部员工廉洁从业思想堤坝。

（四）党建引领业务发展

信托公司发挥党建"红色引擎"作用，积极推动党建与业务经营相融合，构建党建经营一体化格局。信托公司积极构建"一支部一品牌,一支部一特色""一党员一闪光"等为载体的多层次党建品牌创建体系,围绕转型发展的热点难点问题,通过树立党建责任区、党员先锋岗、党员示范岗等方式,发动党员干部主动认领经营业绩和创新任务,促进党组织引领与岗位担当一体化,把金融工作的政治性、人民性要求落实到具体业务中。

▶ 案例6-2

信托公司以特色党建品牌开创基层党建新局面

国投泰康信托制定年度"改革发展党员先行"工程主要任务及举措,组织各基层党组织结合年度重点工作目标任务和党员干部岗位职责,制订支部年度"改革发展党员先行"工程项目清单,以清单化、项目化方式确保各项工作落实见效,并推动支部创建"沙场点兵""信动力"党建子品牌。

英大信托组织各党支部亮出一张特色名片、打造一块"特色品牌"。前台业务部门围绕"敢闯敢干"主线,以开拓新市场、研发新产品、创造新效益为中心;中台支撑部门围绕"高效管控"主线,进一步完善"大风控"工作格局,做强做优"第二道防线",形成"数字赋能、科技驱动""共筑坚实合规底线"等特色品牌;后台管理部门围绕"支撑保障"主线,切实增强协同服务能力,推动管理链条提质增效,护航高质量发展。

信托公司促进党的要求与经营决策一体化,梳理确定党建工作的核心任务,与战略规划、资源摆布、激励机制相结合,实现同步谋划、机制对接,并充分运用党建考核结果,与绩效薪酬、评优评先、干部选任等挂钩,层层压实党建责任。例如,中原信托实施"党建+内控+绩效"三套责任考核体系,做到党建与业务工作同部署、同落实、同督促、同考核;紫金信托将党建工作实绩考核与公司经营班子成员任期制和契约化管理、业务考核、年度重点任务相融合,设置了意识形态建设、思想文化建设等考核指标。

二、公司治理

规范有效的公司治理是信托公司稳健经营、高质量发展的基石。信托公司持续健全内部治理体系，动态优化组织架构，强化内控体系建设，为提升经营管理质效夯实基础。

（一）治理规则

信托公司在健全股东大会、董事会、监事会和高级管理层组成的法人治理结构的基础上，巩固公司治理三年行动方案的成果，进一步落实《信托公司股权管理暂行办法》《银行保险机构公司治理准则》《银行保险机构大股东行为监管办法（试行）》《银行保险机构董事监事履职评价办法（试行）》《银行保险机构关联交易管理办法》等监管要求，并结合新修订的《中华人民共和国公司法》等法律法规，持续理顺各治理层级，完善治理结构中的制衡机制，提升公司治理的规范性、有效性。

2023年，金融监管部门就《信托公司管理办法》适用情况征求意见，后续下发了《信托公司管理办法（修订征求意见稿）》，该征求意见稿强调公司治理，进一步明确股东的管理与义务，体现出公司治理将是一项长期性、基础性工作，对于信托公司提升经营管理水平、防范化解金融风险、实现高质量发展具有重要意义。

（二）治理体系

1.全面健全公司治理结构

2023年，信托公司在促进党的领导与公司治理有机融合、规范股权管理与关联交易管理、强化董事会及专门委员会履职等方面均取得良好成效。国有背景信托公司充分发挥党委把方向、管大局、保落实的领导作用，实现"三会一层"权力相互制衡；民营背景信托公司积极推进非公党建工作，建立完善党的组织机构，强化政治引领作用。信托公司强化股权管理要求，对股东履职行为展开评估，确保股东根据法律法规、公司章程行使权利、承担义务，并完善董事会和监事会成员利益回避等相关制度设计。信托公司持续完善治理机制，将《银行业保险业绿色金融指引》《银行保险机构关联交易管理办法》等相关监管要求融入三会及专门委员会相关议事规则，提升各治理主体履职质效。

在转型关键阶段，多家信托公司强化公司治理、调整管理层构成，呈现出强化股东集团体系业务协同、连结其他金融牌照资源两大趋势。根据信托公司年报披露，2023年有12家信托公司董事长变更完成，21家信托公司总经理（总裁）变更完成，其中信托公司内部提拔任命的12位，来自股东或集团内部其他子公司调任的6位。新任董事长和总经理（总裁）中，具有政府部门或金融监管工作经历的3位，具有商业银行从业经验的6位，具有证券期货经营机构从业经验的4位，具有金融资产管理公司或金融资产投资公司从业经验的3位。信托公司董事会完善对高级管理层的授权机制，结合具体经营管理需要，调整优化高级管理人员条线管理分工（见表6-1）。

表6-1　信托公司2023年董事、监事、高级管理层变动情况

职务	2023年变动人数	职务	2023年变动人数
董事长	12	监事	49
董事	85	总经理（总裁）	21
独立董事	39	其他高管	73

资料来源：信托公司2023年度信息披露报告（58家）

2.优化专业委员会设置

信托公司持续强化公司治理专业化管理，对各专业委员会设置及工作细则进行优化完善，基本能够适配最新监管要求。已有56家信托公司成立了投资者（消费者）权益保护委员会，从机制建设上保证在发生利益冲突时，信托公司坚持为受益人利益服务。江苏信托、浙金信托等成立了投资决策委员会，形成对外投资活动的整体规划，完善制度体系与管理流程。华润信托、爱建信托等设有内控合规方面专业委员会，整体拟定风险管理策略，监督风险合规控制情况（见图6-1）。

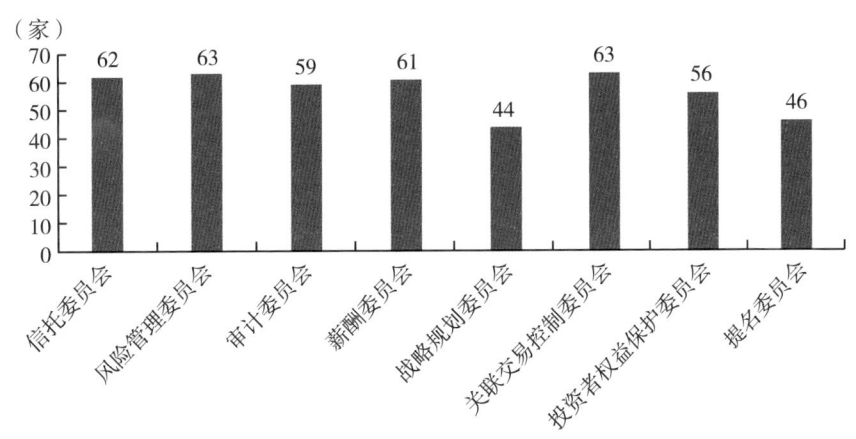

图6-1　信托公司董事会下设专业委员会主要类型

注：有效调研问卷64份。
资料来源：根据中国信托业协会调研数据整理

3.充分发挥独立董事作用

从独立董事的从业背景分析,信托公司选聘的独立董事的主要类型,一是高校及科研院所,集中在金融、经济、法律、财税、社会等学科领域;二是金融机构,包括商业银行、证券期货经营机构、保险机构、金融资产管理公司等;三是法律及会计等专业中介机构与咨询机构;四是工商企业,包括实业及非持牌的投资管理公司(见图6-2)。

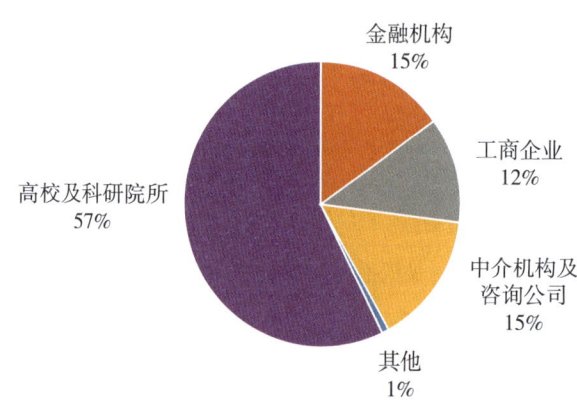

图6-2 信托公司独立董事从业背景

资料来源:信托公司2023年度信息披露报告(56家)

信托公司的独立董事能够充分发挥独立性优势与参与决策、监督制衡、专业咨询作用,履职主要通过担任专业委员会召集人、出席董事会会议、对专业委员会及董事会审议的各项议案发表意见并行使表决权等,对业务经营、风险管理、财务监督、内控建设、薪酬激励等事项建言献策,为维护信托公司规范运作、保护中小股东合法权益、保护广大受益人的合法利益作出了积极贡献。

(三)组织架构动态调整

中国信托业协会调研数据显示,2023年有50家信托公司在不同程度上调整优化了组织架构与部门设置,重点强化前台部门的职能配置与专业化分工,明确中后台部门对业务发展的支撑保障定位,打造前中后、上下协调的组织架构。

1.业务前台聚焦专业化展业

2023年,有34家信托公司调整了前台信托业务部门架构,7家机构调整了财富营销部门架构。信托公司围绕三分类转型导向,及时转变传统的业务组织形态,主要趋势是将原先的前台平行化展业模式,调整为按专业能力分设业务条线、组建专业化部门的模式，强化统筹管理，鼓励内部横向协同、资源共享。例如，国联信托在资产服务信托板块设立预付服务信托部、家族家庭信托部、资产证券化信托部、特殊资产信托部；浙金信托在社会服务信托总部设立行政管理服务信托部、资产证券化部；江苏信托将保险与证券信托部拆分为固定收益部与权益投资部，并将传统的非标融资类业务部门合并聚焦基础产业领域。也有信托公司推行大部制改革，通过减少业务部门数量，压缩管理层级，或针对特定转型业务方向成立专营业务部门，提升管理效率。

信托公司积极落实金融监管部门关于"规范异地部门设置"的要求，加快调整异地业务或财富团队，通过撤销、合并等方式做精异地业务团队，充分整合团队力量和业务资源，合规开展跨区域经营。

2.优化中后台部门职能安排

信托公司重新梳理中后台部门和岗位职责，通过拆分、归并等形式进行架构重整、人员调整和职能重新定位，从整体上构建业务转型的有力支撑体系。

2023年，有17家信托公司对中台部门架构作出优化。风险合规管理方面，信托公司围绕专业化展业趋势，优化业务评审、交易监控、消费者权益保护等职能，例如爱建信托搭建条线和业务双向管理的风险合规管理架构。运营管理方面，信托公司结合展业实际，持续优化分工协作机制，例如，渤海信托增设专业化的标品运营管理部，华鑫信托将信托财务管理部和登记托管部合并为运营管理总部。此外，有7家机构调整了后台部门架构，主要是设立党建、纪检、董事会办公室等部门，落实强化党建引领、规范公司治理的工作要求。

（四）内部控制

1.完善内部控制规章制度

信托公司根据金融监管部门要求及业务转型发展需要，动态评估对现有内控管理模式的影响，建立健全分类科学、内容全面的管理制度和业务操作规程，为有效防范风险、实现高质量发展提供了制度保障。2023年，各家信托公司共制定和修订内控管理制度1 700余项。信托公司注重对照《信托业务分类通知》、分级分类监管等具体监管要求，开展内控管理现状诊断及差距分析，排除内控盲点，持续优化管理制度、流程与职能分工。例如，厦门国际信托将廉政风险管理纳入内部控制体系，制定了专项防控手册,并将相应的防控措施固化于业务流程中。同时,信托公司切实强化执行监督,通过定期检查、抽查等方式,检视和评估各项制度执行情况,在审计事项中加强对内控制度建设及执行情况的监督,确保各项业务规范、有序开展,各项制度得到良好执行。

2.推进内控管理数字化

信托公司注重内控管理工作的数字化赋能,对标监管要求,评价现行信息系统对展业的支持程度,在此基础上持续优化信息系统流程与制度,确保业务操作流程与外部监管及内部制度要求的一致性。多家信托公司推进内控管理系统建设,实现便捷性、全面性的线上化作业,通常覆盖反洗钱、操作风险管理、关联交易管理、员工行为管理等具体事务。例如,华鑫信托建立内控合规风险一体化系统,支持信托业务和固有业务的项目管理、投资管理、风险管理、合规管理、运营管理等环节。

3.引入外部专业力量

信托公司除了外聘专业审计机构开展专项审计、外聘律师事务所提供法律咨询服务等常规事务之外,亦重视以第三方专业机构的力量优化内控管理工作。根据中国信托业协会调研数据,2023年有8家信托公司聘请了外部专业机构提供内控管理专项咨询服务,通过对标、访谈等方式进行全面的识别、诊断与规划,提出应对措施,及时补足短板。信托公司内控咨询项目内容主要包括编制内控工作手册、优化内控制度体系、改良内控合规运行机制与流程、建设完善内控管理系统等工作。

三、战略管理

近年来,宏观经济环境与信托行业发展环境均发生较大变化。面对新形势、新挑战,信托公司更加注重优化资源配置,找准业务定位与方向,谋划长期高质量发展。增强战略规划的前瞻性、提升战略管理的有效性,成为信托公司的普遍共识。

(一)战略管理目标

1.战略背景发生显著变化

中央金融工作会议聚焦建设金融强国目标,为金融行业指明了以高质量转型推动高质量发展的新方向。新一轮金融监管机构改革的顶层设计完成,在"一行一局一会"格局下全面加强金融监管,对资产管理机构的金融监管进入新阶段,逐步对齐监管标准。在快速变化的市场环境中，资产管理机构须强化投研能力、服务能力、管理能力建设，同台开展差异化竞争。

信托业是我国金融体系中独特而重要、不可或缺的力量，《信托业务分类通知》厘清各类信托业务边界和服务内涵，重塑信托公司的功能定位，要求信托行业转变过往的粗放增长思维，更加聚焦自身能力建设，发挥出信托本身的制度和功能优势。信托公司监管评级规则进一步完善，提升了分级分类监管的针对性和有效性，直接影响信托公司未来的业务范围、展业地与营销活动，进一步引导信托行业差异化发展。

信托公司面临新阶段的历史使命，需要在转型攻坚期提高站位、找准定位，聚焦金融工作的政治性、人民性要求，以战略定力统筹资源投入、优化资源配置，加快完善业务体系，丰富本源业务供给。

2.战略引领差异化发展

信托公司基于对内外部环境的分析研判，系统性、全局性谋划中长期转型发展路径，建立战略管理机制，并适时开展战略规划的编制、执行评估与调整优化。中国信托业协会调研数据显示，2023年50家信托公司制定或修订了战略规划，其中主要变动内容为业务方向和组织架构（见表6-2）。同时，29家信托公司在主战略规划基础上，围绕具体业务细化制定了专项战略规划，覆盖了三分类业务整体规划、财富管理服务信托、行政管理服务信托、公开市场投资的资产管理信托等本源业务方向，以及绿色金融、普惠金融、产融结合等重点工作领域（见表6-3）。

表6-2　　信托公司2023年战略规划主要调整变动内容

战略主要调整变化	信托公司数量（家）	战略主要调整变化	信托公司数量（家）
业务方向	43	展业区域	4
组织架构	16	其他*	9

注：有效调研问卷65份；*包括经营目标、党建引领、战略支撑体系等。
资料来源：根据中国信托业协会调研数据整理

表6-3　　信托公司2023年信托业务专项战略制定情况

信托业务专项战略制定情况	信托公司数量（家）	信托业务专项战略制定情况	信托公司数量（家）
三分类整体业务规划	4	行政管理服务信托	2
财富管理服务信托	3	（公开市场投资为主）资产管理信托	5

注：有效调研问卷65份。
资料来源：根据中国信托业协会调研数据整理

信托公司在战略规划中结合自身资源禀赋与能力优势，明确战略聚焦与取舍，作出不同的战略选择，并形成相应的经营政策，以应对复杂的经营环境与激烈的市场竞争。2023年，有25家信托公司重新制定了战略目标或发展定位，既有综合型、多元化、"大而全"的信托公司，具有较强的资本实力与全国展业优势，也有细分型、特色化的中小型信托公司，具有"专而精、小而美"、侧重区域展业的特点。

信托公司的战略目标更加注重将股东资源禀赋与信托制度优势有机结合，在业务布局、展业路径上深化协同。金融机构控股背景的信托公司突出金融牌照协同赋能，如上海信托提出加强与浦发银行数智化战略集团协同发展，大业信托以建设"具有AMC特色的信托公司"为目标。央企控股信托公司基于股东业务布局深化产融结合，践行服务实体经济目标，如英大信托提出建设"具有能源特色行业领先的现代信托公司"，中铁信托打造"具有基建特色、行业一流的现代金融企业"。地方政府和国企控股信托公司注重深耕本地区域市场，融入国家区域战略部署，打造特色品牌优势与区域影响力，如粤财信托提出打造粤港澳大湾区影响力，厦门国际信托定位为"扎根厦门、深耕福建、融合两岸、服务全国"。民营背景信托公司加快塑造适应新形势的核心业务体系与特色定位，并突出风险管理目标，如万向信托定位为信托型的财富管理机构，将风险化解作为核心战略任务。

（二）战略管理机制

1. 优化战略工作组织体系

为科学有效地开展长期战略管理工作，多数信托公司以战略发展部门或研究创新部门作为专职部门，承接战略研究、战略制定任务，通常还承担宏观研究、政策研究、行业课题研究、创新业务孵化及管理等职能。中国信托业协会调研数据显示，60家信托公司明确指定了战略规划制定部门，其中设置战略执行检视部门的信托公司有52家，设置战略任务考核部门的信托公司则有46家，体现了信托公司还需进一步理顺战略管理工作在执行环节的组织分工安排，以实现战略管理全流程覆盖。

2. 注重战略闭环管理

信托公司致力于打造高效闭环的战略管理机制，发挥战略引领作用，提升战略实施全流程的有效性。

在战略制定环节，信托公司通常以3~5年为周期制定整体战略发展规划，规划内容通常基于对外部经营环境的研判、对内在优劣势因素的分析，明确自身愿景、使命、价值观，提出业务发展规划以及相应的组织建设、人才队伍、风险管理、科技运营等支撑体系，辅以党建引领、信托文化建设等保障措施，形成战略实施步骤与计划安排。部分信托公司还结合自身发展目标，在资本规划、股东协同、同业对标等方面作具体规划。

在战略宣贯环节，信托公司通过召开各级工作会议、研讨会以及印制分发战略手册等形式，向全体员工宣贯战略规划目标，强化战略执行的广泛共识，以实现对战略规划目标的细化分解与具体分工部署，作为扎实推进战略执行的基础。

战略执行检视环节，信托公司提升战略执行跟踪力度，完善后评价机制，使战略的检视调整频率能够适应转型期的现实需要。大多数信托公司以每年一次的频率开展战略回顾与评价，也有信托公司进一步细化战略执行的颗粒度，有3家机构实现按半年、6家机构按季度、5家机构按月检视。

战略任务考核环节，信托公司打造战略为导向的绩效考核体系，以考核激励为抓手推进战略目标落地。主要是通过由战略管理部门对考核范围提出建议，针对经营指标的绝对值或相对值目标、业务规模及权重等目标，制定年度具体考核任务，形成相应的指标测评体系，全面开展考核认定（见表6-4）。

表6-4　　　　　信托公司绩效考核与战略管理的衔接方式

衔接方式	信托公司数量（家）
考核范围结合战略规划内容	30
根据战略规划制订考核目标	40
根据战略规划开展考核认定	25

注：有效调研问卷65份。
资料来源：根据中国信托业协会调研数据整理

（三）战略管理特色工作

1.制定重点领域专项战略

为建立健全战略支撑体系，多家信托公司针对风险管理、信息科技、人才团队建设等关键领域出台了专项战略规划，提出细分领域的中长期规划部署，完善组织保障机制。此外，信托公司积极落实金融监管要求，结合做好"五篇大文章"、金融消费者权益保护等关键工作，出台专项战略规划（见表6-5）。

表6-5　　　　　　　　信托公司制定专项子战略情况

专项战略规划	信托公司数量（家）
信息科技子战略	22
风险管理子战略	9
消费者权益保护子战略	10

注：有效调研问卷65份。
资料来源：根据中国信托业协会调研数据整理

2.引入外部机构提供战略咨询专业服务

2023年，约20家信托公司聘请了外部机构为战略规划提供专业咨询服务，运用第三方机构的视野、经验与专业能力，为信托公司明确战略定位，制定战略部署提供决策参考。外部机构提供的服务主要集中在对战略环境的分析、战略规划文本的拟定环节，较少介入后续战略执行层面。

四、风险合规

防范化解金融风险是金融机构的永恒主题。随着业务加速转型，信托公司不断强化合规管理，打造全面风险管理体系，并加快提升数字化管理水平，更好适应经营管理的现实需要。

（一）合规管理组织体系

1.合规管理架构

信托公司在"三会一层"的公司治理结构下，建立了分工协作、关系清晰的合规管理组织体系。截至2023年末，全行业合规管理岗位从业人员约600人。

为配合业务发展节奏，提升合规风险管控效率，信托公司持续优化合规管理人员及流程设置。一是实行内嵌合规专岗或兼岗，动态识别及监测各部门合规履职情况，例如中铁信托同时在前台、中台、后台各个部门设立部门合规官及部门合规员，以强化全覆盖的合规管理机制。二是适时细化法律合规部的部门职责分工。例如有信托公司在法律合规部下设财富管理合规部，负责细化和完善信托产品风险评级标准，遵循风险匹配、审慎合规原则，落实推介行为合规管理与客户适当性管理。三是通过合规前置参与新业务新产品开发。在项目审批过程中合规窗口前置，合规部门提前介入设计项目交易结构阶段，与业务部门共同探讨可能存在的合规风险，提供合规测试、审核和支持与相应的合规解决方案，既能减少合规风险，也有助于提高项目的审批效率。

2.重点领域合规管理

一是强化对业务合规性的宣导。《信托业务分类通知》发布以来，多家信托公司在第一时间组织开展新规条款规范解读，并对产品体系的合规性进行了复核、修订。通过举办内部交流活动、发布业务合规性手册等形式，强化员工对转型业务结构、流程的合规性要点的认知，关注实操专业性和规范性，并建立持续督导机制，提升业务拓展能力和标准化水平。

二是强化重点业务领域的合规审查。多家信托公司聚焦房地产、地方政府债务、公开市场投资以及资产服务信托中的受托责任等重点领域，严格落实金融监管部门对于业务合规性的要求，包括规范业务操作流程、给出合规提示，相应建立逻辑清晰、结构完整的模块化、表单式合规审核模板。

三是建立合规管理负面清单制。多家信托公司合规管理部门建立了合规负面清单机制，作为合规管理、贯彻执行的重要抓手。通过紧密追踪行业监管政策变动，对经营活动中的合规风险进行分析和判断，识别、收集和整理风险点，及时通报趋势性、苗头性问题，宣导合规经营理念，坚持底线思维，提升全员合规展业水平。

（二）风险管理

1.风险管理架构

信托公司建立健全风险管理组织架构及管理体系，风险管理部门在董事会及高级管理层领导下，识别、计量、评估、监测、控制、缓释或处置各类关键风险，具体开展风险审查、风险预警、风险监控、贷后检查、风险评价等工作。截至2023年末，全行业风险管理人员超700人。

信托公司结合业务发展阶段性的新特点、新挑战，不断升级全面风险管理体系，结合转型业务与传统非标业务之间的具体差异，从专业化分工角度优化风险管理分工。例如，中粮信托探索矩阵式赋能型风险管理体系，合并风险管理部和法律合规部，成立全面风险管理中心，负责制定风险管理政策及授权受控方案，协调管理其下设的各业务条线风险管理团队，对业务内嵌风控人员进行分层授权，全面风险管理中心与业务部门对内嵌风控人员进行双线考核。

2. 全面风险管理体系

一是明确风险政策。信托公司通过形成整体风险偏好、阶段性风险政策、风险敞口管理要求、具体业务指引等多层次的风险政策体系，明确各类业务准入要求、管理要求及负面清单，动态更新审查审批模板，对业务开展起到指南针作用，并在此基础上健全风险管理制度，形成事前、事中、事后的全流程风险监测管理制度。

二是完善业务审查机制。信托公司对业务的准入标准和审核标准进行区分，对业务审核所涉各部门、机构职能及职责进行优化，对项目评审流程、项目立项及合同审核等工作进行规范。例如，金谷信托提出风险管理"靠前半步"提前介入项目的管理要求，实现对业务风险的前瞻性判断，强化对潜在风险的监测。上海信托创建"双尽调"工作机制，对于融资类和股权投资类的非标项目，在业务部门尽调的基础上，风险管理部门开展风险独立尽调，通过不同视角看项目，加强对项目风险的识别与把控。

三是加强项目后续风控。信托公司完善风险监测常态化机制，持续监测交易对手负面舆情及信用状况，早发现、早预警，提高风险监测主动性和前瞻性，对重点项目后期管理情况定期检查，以查促改，规范后期管理行为，及时纠偏。

3. 转型业务风险管理

为深入推进信托三分类业务转型，信托公司适时转变风险管理思路，基于各类转型信托的差异性，建设专业化、差别化风险管理机制，强化业务全生命周期风险管理。

一是积极转变审批思路，包括搭建标准化业务框架、重塑业务流程、加强交易分级授权管理、业务审批授权管理。多家信托公司改革项目评审决策机制，建立"专业决策委员会"机制，特别是针对公开市场投资业务，由专业委员会在授权范围内对投资政策、投资项目和投资金额等进行决策；为有效辅助决策，在风险管理部门下设固收信评等专业小组，整合信用研究和授信体系。也有信托公司在常规风险审查的基础上引入"专职审批人"机制，形成双线风险审查机制，专职审批人独立开展项目审查工作，出具独立的风险性审查意见。

二是完善风险管理工具箱。信托公司按照《信托业务分类通知》要求和转型期展业特点，持续优化风险管理工具，实现风控指标在事前、事中、事后全生命周期多层级风险管控，改善相关流程机制。其中，信用风险管理侧重打通标准化业务与非标业务对同一主体的评价标准,将债券投资纳入统一授信管理;流动性风险管理围绕证券投资业务,特别是固收类业务建立监测体系,聚焦压力测试工具和应急管理机制的建设和完善;市场风险管理主要是建立业绩比较基准对标分析、更新及发布机制,穿透式开展集中度、久期、杠杆率等指标的日常监测;操作风险管理则是针对三分类业务潜在的操作风险点形成管理优化措施。

●▶ 案例6-3

信托公司自建信用评价模型

陆家嘴信托自建基础设施评级模型。在国内外主流评级机构及第三方评级观点的基础上,陆家嘴信托结合自身风险偏好和交易对手的特点,对不同交易对手进行评级,并参考评级结果设置差异化的风控措施。模型主要从区域和交易对手两个维度分别给予权重。其中,区域部分既考虑当地经济发展水平和政府财力等指标,亦考虑当地政府债务情况、收入的波动情况和政府收入的质量等;交易对手层面,在考虑财务指标的基础上,分析其平台地位、债务和再融资情况以及资本市场的观点等。模型另设调整项,综合考虑融资成本的变动、融资结构的变动、市场舆情及观点的变动等变量指标。

山西信托针对固收投资业务的投资决策及风险管理需要,于2023年自建内部信用评价标准及系统,针对31个省(自治区、直辖市)的3 530家AA级及以上城投主体,综合考量区域环境(债务率、债务管理水平)、地方政府(经济实力、财政实力、市场波动、区域舆情)、主体实力(城投地位、债务负担、经营实力、偿债能力)等26个指标,对地方融资平台业务的准入进行风险量化评估,实现标品业务的白名单管理和差异化授权,提高信托业务风险评审和投后管理工作的精准度,并结合舆情监测系统等系列化风控措施,逐步实现风险控制工作看得清、测得准、管得住。

(三)数字化

合规管理数字化建设主要为了严防各类法律风险、合规风险和操作风险。常见的信息化系统，一是合同管理信息化系统，功能通常包括合同起草、编号、合同审批、模板管理、智能法审、电子用印、履约监督、台账统计及合同档案管理等全流程把控。例如，华能信托上线合同履行核查系统，针对是否按照合同约定行使权利及履行义务进行管控；二是关联交易管理系统，功能通常包括对关联方名单的维护、对关联交易的自动识别和监控，以及关联交易线上审批、关联交易金额的统计与监测和监管报备提醒等；三是反洗钱管理系统，功能通常包括客户信息查询、客户身份识别、客户洗钱风险评级、可疑交易监测、黑名单管理等。

风险管理数字化建设则聚焦业务发展特点，通过丰富科技工具箱，特别是风险管理领域的数据梳理、数据校验和数据治理，辅助风险管理的快速响应和决策需要。一是为资产准入、投资决策提供支撑。特别是公开市场投资业务方面，数字化建设主要围绕投前信评分析、投中交易管控、投后舆情及风险监控，对不同类型产品的投资范围、准入、集中度、杠杆率、净值波动、流动性、负面舆情等业务风控指标实现系统化支撑，建立线上化、自动化、标准化的风控能力。二是实现智能风险预警，提升风险防范效率。多家信托公司开发风险预警管理系统，能够对接外部舆情数据、工商数据、司法诉讼、财务数据、评级信息以及内部业务数据，实现对项目、交易对手及关联方风险信息的自动抓取，使风险决策由经验驱动向"经验+数据"驱动转变，实现风险事件按权责流转。

（四）合规风控教育

信托公司重视合规文化、风控文化建设，开展形式多样的宣传教育活动，厚植稳健审慎经营理念，营造全员合规的文化氛围。

一是开展合规风控文化宣传学习活动。信托公司创新开展合规征文、专业知识答题竞赛、专家讲座等各类活动，并将合规风控文化建设融入专题培训活动中，培训主题包括规章制度宣贯、反洗钱与案防、金融机构及其从业人员刑事风险、信托实务风险管理要点等专题，有效增强信托从业人员对法规政策、内部管理制度的理解力和执行力。例如，中粮信托开展"合规零距离"活动，通过走访异地业务部门，增进员工对业务三分类、消费者权益保护等政策的理解。

二是编写风险合规手册或典型案例集。信托公司梳理信托业务的外法内规，结合各类监督检查揭示突出典型问题，发布合规风控手册、典型案例库，实现合规风控经验沉淀与传承。例如，百瑞信托建立风险处置答疑机制，编写内部《风险处置专刊》，持续更新法律纠纷案例库；英大信托总结历史审查经验与大量市场案例，形成《信托业务合规风控手册》，具体分析各类信托业务合规风控要点，囊括通用财务操纵问题警示、外法内规解读、信托业务全链条操作流程等内容，打通合规风险管理的经验壁垒。

五、信息科技

信托业务三分类体系下的运营管理模式、风险管理模式加速转变，成为业务前沿带动信托公司信息科技变革与数字化转型的内生动力。以云计算、大数据、移动互联、人工智能、大模型等为代表的技术迭代更新，则是信托公司推进信息科技建设的外在驱动。

（一）将信息科技提升至战略高度

信托公司的业务战略聚焦三分类转型的中长期发展目标，同步驱动着信息科技变革，特别是以智能化、高频化、定制化为特点的财富管理服务信托，以账户管理、资金监管为特点的行政管理服务信托，以公开市场投研交易运营为代表的资产管理信托等转型业务，对于信息系统建设及改造提出迫切需求，需要信托公司相应部署信息科技的架构建设并统筹资源的超前投入。

2023年，22家信托公司制定了信息科技专项战略规划，多家信托公司在战略定位中强调信息科技赋能与数字化转型的重要性，紧跟业务战略方向及专业受托能力发展策略，注重信息科技领域的中长期布局与持续资源投入，引领提升信息科技治理、数据治理、信息科技风险管理等多方面能力。此外，国有背景信托公司需按照国务院国资委《关于加快推进国有企业数字化转型工作的通知》有关要求，加速数字化、网络化、智能化发展。

（二）加大信息科技资源投入

1.人才队伍

进入转型关键阶段，信托公司需打造结构合理、技术过硬的信息科技专业人才队伍，合理化扩充公司信息科技人才队伍，使人员数量与业务发展规模、信息科技发展水平相适应。从行业整体看，信托公司普遍通过内部培养与外部引进相结合、内设团队与专业外包形式相结合的方式，持续加强信息科技人员的配备。截至2023年末，全行业的信息科技人员超3 000人，其中机构员工占比约四成，外包员工约占六成；为积极拥抱转型，信托公司加大对本源业务相关系统的人力投入，负责资产服务信托相关系统的人员约占9.7%，负责证券投资类信托相关系统的人员约占7%。

2.资金投入

监管层面注重引导信托公司加大信息科技投入，提升行业整体信息化、数字化竞争力。信托公司监管评级体系中，"风险管理"模块设置了"信息科技风险管理"指标，定性评价信托公司的信息科技治理架构、业务管理信息系统、数据中心建设现状，以及运用新兴技术提高金融服务安全性和便捷性的成效。信托公司行业评级体系中，"服务与发展能力"板块设置了"信息科技投入占比"的定量指标，旨在引导信托公司重视信息科技能力建设，加大信息科技建设投入，当信托公司近三年平均信息科技投入占近三年平均营业收入的比重达到3%或以上水平，可得满分。2023年，信托全行业信息科技投入达22.75亿元，6家信托公司的信息科技投入超亿元。信托公司普遍重视科技对业务转型的支撑作用，证券投资类信托相关系统投入2.52亿元，资产服务信托相关系统投入2.19亿元。

（三）拓展信息科技运用场景

信托公司聚焦业务三分类目标，将各类前沿技术运用于业务端专项信息化系统的迭代完善，实现金融科技对中长期业务转型的强大支撑作用（见表6-6、表6-7）。

表6-6　　　　　　　　信托公司业务端专项信息化系统应用情况

专项信息化系统类型	信托机构数量（家）	专项信息化系统类型	信托机构数量（家）
财富管理服务信托	52	股权投资类信托	21
行政管理服务信托	19	普惠金融	30
证券投资类信托	54	绿色金融	7

注：有效调研问卷65份。
资料来源：根据中国信托业协会调研数据整理

表6-7　　　　　　　　　金融科技赋能信托公司业务发展情况

技术类型	信托机构数量（家）	技术类型	信托机构数量（家）
移动终端	57	云计算	30
Web技术	51	大数据	33
人工智能	28	机器人流程自动化	45
区块链	9		

注：有效调研问卷65份。
资料来源：根据中国信托业协会调研数据整理

1. 赋能业务转型

资产服务信托中主要聚焦家族信托、家庭信托、保险金信托等财富管理服务信托全生命周期的线上化管理，拓展智能风控、智能运营、智能分析等功能，特别是家庭信托具有普惠性、零售化、批量化、自动化需要，实现流畅的客户体验，支撑业务快速规模化发展。随着预付类资金服务信托拓展对接商业零售、餐饮住宿、居民服务、体育健身等预付式消费场景，多家信托公司上线预付资金管理服务信托系统，实现高频次的实时信息交互及对账，资金流的高频、实时划付，以及系统自动对账等功能。

资产管理信托方面，信托公司主要聚焦公开市场投资业务系统群建设以及投资管理流程优化改造，包括建设投研平台，多维度接入相关市场数据，结合评级模型进行定量分析，提升大类资产配置能力；交易上采用文字识别技术、自然语言处理及深度学习AI技术相融合的指令识别系统，提升交易效率，扩宽业务容量；打通线上划款通道，提高项目资金划付效率；打通系统间接口，实现内外部数据的互通互联，实现流程无缝衔接；推动信托产品净值化转型，上线底层产品行情邮件自动解析、现金产品自动化估值等功能；实现产品定期管理报告自动生成、信托产品净值自动披露等功能。

▶ 案例6-4

信息科技支持资产服务信托的账户管理功能

云南信托自主研发薪酬福利信托账管+受托一体的"薪火管理系统"，可实现受益人信息管理、受益人网签加入、薪火账户开户、缴费、成交、归属、支付、投资管理等薪酬福利信托全生命周期的管理。在受益人加入环节，采用自主研发的网签系统，相较于传统的受益人大会表决形式，网签留痕提供更加有力的保障，并提升签约效率。在委托人服务上，上线薪火网上营业厅，可让委托人在网上营业厅进行自主办理受益人加入、账户信息查询、缴费申请、投资管理等事务。在受益人服务上，上线云薪福系统，让受益人自主查询账户持仓情况，收益查询，投资指令下达等，将薪酬福利信托从2B服务提升为2B+2C服务。

英大信托打造供应链金融系统及供应链服务信托管理系统，推动供应链业务全流程线上化，提升客户融资办理体验。系统由业务管理模块和账户管理模块构成，前者实现供应商身份认证、供应链债务凭证生成、签收、拆分转让、拆分融资、电子合同生成和签署等功能；后者与银行账户体系对接，实现账户资金冻结、解冻、入金监测、出金控制和出入金明细查询等功能。同时，系统实现与英大信托核心业务系统、国网"电e金服"系统、银行资金系统互联互通，提升业务一体化运作水平，助力以电费供应链和物资供应链业务模式服务实体经济。

2. 客户服务

信托公司在财富管理移动应用、数字化营销活动、消费者权益保护等方面持续开展系统和平台建设，依托于移动终端、Web技术的应用，构建客户APP、网站、微信等多渠道客户触达平台以及移动CRM系统，并利用生物特征识别、视频图像分析、语音合成、语音识别等技术实现全天候的认证核验、智能客服、线上认购签约等功能，改变原有现场办理等传统服务模式，规范销售行为，在改善客户体验的同时增强获客能力。

3. 运营效率

信托公司利用AI、RPA、微服务架构、LCAP低码技术和OCR识别技术等，构建净值披露、估值清算、网银管理、网银制单和管理报告披露等自动化运营场景解决方案，实现数字化、智能化、专业化运营管理，不仅提高工作效率、流程质量和业务处理准确性，还能够减轻员工负担，让更多人力资源投入到更有价值的经营决策、业务赋能中。

案例6-5

"数字员工"在运营管理中的运用

金谷信托在日常资金管理工作中，通过应用RPA+AI数字员工技术，实现网银UKEY集中管理、资金查询自动化、回单下载自动化、多业务系统资金确认、自动化数据处理等效果，形成公司级的资金数据中心，不仅大幅提升资金账户管理及业务处理效率，解放信托财务、业务、财富管理等各条线的生产力，提高业务数据质量，更改变了信托资金运营服务模式，变被动服务为主动服务。

陆家嘴信托应用RPA+AI技术推动全公司业务流程优化与再造，通过技术手段连接信托核心业务系统、数据中心、第三方数据接口等不同的系统和平台，实现业务流程的集成和自动化执行，适应业务流程的变化和扩展，并采用加密、身份验证等安全措施，确保数据安全和业务稳定运行。截至2023年底，陆家嘴信托已有250名数字员工上岗，实现自动化清算、网银流水与业务系统收付资金记录自动匹配并自动化录入、TA合同自动录入等功能，实现运营、营销、运维、综合管理、业务管理的部分智能化。

4.数据治理

信托公司高度重视数据治理有效性，转型阶段密集启用新系统，更需要解决数据标准、数据共享、数据质量监控等问题。信托公司运用大数据技术构建数据仓库与数据模型，促进核心业务系统数据的联接与整合，打造元数据管理、数据资产管理、数据质量规则管理等核心功能，为经营决策及日常运营提供参考，提升内部管理效率和监管数据的报送质量。

六、信托文化

习近平总书记指出，推动金融高质量发展、建设金融强国，要坚持法治和德治相结合，积极培育中国特色金融文化，做到"诚实守信、以义取利、稳健审慎、守正创新、依法合规"。2023年是"信托文化深化年"，信托行业继续推动信托文化建设有步骤、有计划地向纵深开展，加快从以往以资产为中心、募集资金服务融资需求的信托文化观念，向以受益人为中心、为受益人利益和信托目的配置资产的信托文化观念转变。信托公司加大信托文化建设工作投入，完善管理机制、创新工作举措，在回归信托本源实践中，深刻理解信托文化的核心特征与深刻内涵。

（一）完善工作机制

信托公司普遍加大对信托文化建设的资金、人力资源投入。中国信托业协会调研数据显示，2023年，全行业文化建设方面资金投入合计5 947万元。信托公司完善信托文化建设工作的组织领导机制，54家信托公司已成立信托文化建设领导小组，全面统筹协调、研究部署公司信托文化建设工作的实施。从领导层级来看，40家信托公司由董事长担任信托文化工作组组长，11家由总经理担任，3家由主要分管领导牵头负责，有效推动信托文化与业务及管理相融合，形成信托文化建设与经营管理良性互动。信托公司大多将文化建设职能设置在综合行政部门或党务工作部门，亦有4家信托公司将信托文化建设职能设置于财富管理部门或市场营销部门，4家公司设置了专门的品牌管理部门。截至2023年末，全行业品牌管理岗位专职人员171人。

（二）推进品牌建设

1.品牌文化及投资者教育宣传

信托公司重视对外提升品牌文化建设的深度和广度，结合自身战略定位、业务优势与文化底蕴，注重打造特色化信托产品线，以稳健经营与优质服务，持续提升市场对品牌的认可度。

2023年，信托公司累计开展信托文化建设活动1 947次。在品宣工作中，信托公司通过官网、官方APP、微信官方服务号、企业视频号及小程序等多元载体，传递机构动态与经营业绩、创新业务、客户服务、社会责任等方面的正面宣传，着重输出信托文化、合规文化、清廉文化、金融消费者权益保护方面信息，积极向社会公众、投资者普及金融知识，结合金融消费者易受侵害风险点，有针对性地提示金融风险，提升消费者风险防范意识和自我保护意识，传递良好价值观与文化内涵，弘扬金融正能量。

2.凝聚内部文化共识

信托公司以系统性的内部文化宣传，将信托文化建设与党的建设、公司治理、战略规划、制度建设、业务管理、投资者服务、员工行为规范等各具体工作相结合，丰富全员凝心聚力的文化认知。信托公司重视将信托文化融入宣传培训工作中，以信托文化建设为行动指南，引领从业人员提升思想政治站位与专业能力素养，牢固树立受益人利益最大化理念，提升机构软实力。2023年，全行业累计开展内部受托文化培训542次。

（三）创新宣传模式

在信托文化建设过程中，信托公司积极创新工作方式，丰富宣传载体，在行业层面提升社会公众对信托的认知与认可度，在机构层面打造具有辨识度的品牌文化与美誉度。

1. 扩大主流媒体合作覆盖

信托公司保持与主流财经及党政等各类媒体的良好合作互动，围绕服务实体经济、服务区域发展、社会责任、金融创新等方面加大宣传力度，通过在主流媒体开设金融知识普及专栏、联合举办金融知识宣传活动等形式，为行业转型发展营造良好外部舆论环境。例如建信信托在《中国银行保险报》"金融消费者权益保护"专栏发表科普稿件《实现爱与托付——家庭信托走进千家万户》，展现三分类转型、落实信托文化的良好成效；外贸信托入驻"中国基金报投教基地"，在"中国基金报"APP开设"英华号"专栏持续普及金融知识。信托公司高管亦积极参与文化建设工作，通过接受媒体专访、发布署名文章等形式，推动信托文化建设与品牌传播的深度融合，引导主流舆论关注信托行业转型发展正面态势。

2. 增进信托业务宣传与交流

信托公司积极联合社会各界开展常态化的信托文化普及工作，通过举办宣讲会、研讨会、新闻发布会等形式，聚焦信托业务三分类导向，突出信托特色功能与创新实践亮点，广泛传播受托文化、创新文化。例如，江苏信托以"走进江苏信托、走近家族信托"等特色沙龙活动为纽带，与江苏省私营个体经济协会，以及北京大学、清华大学、南开大学等高校的当地校友会联合组织开展宣传及研讨活动，进一步拓展了信托文化的受众范围。

3. 持续丰富宣传载体

信托公司以信托文化建设为契机，与时俱进把握媒体传播方式的新变化，打造全方位的宣传矩阵，用好用足全矩阵新媒体资源优势，建立完善新媒体宣传工作有关流程和标准，创新采用原创动漫、短视频、宣传片、公益直播等形式，多角度讲好信托故事。

▶ 案例6-6

信托公司创新运用各类载体普及金融知识与信托文化

一是制作宣教影片。中航信托于江西省永新县三湾乡建设"三湾红色金融宣教基地"，将红色教育与金融消保工作有机结合，为农村金融消费者普及金融知识。2023年，中航信托与三湾乡政府联合制作红色金融系列宣教片，旨在传承红色基因，回顾金融征程，讲述革命峥嵘岁月中的红色金融发展史，提升社会公众对红色革命史及金融发展历程的认识。

二是发布系列短视频。2023年，光大信托以周播形式推出《光信观察》《光记下午茶》《增产姐妹》三档栏目，累计发布视频50个，凭借渠道直观、内容形式多样的优势，在客户私域传播中占据了较高的网络流量，收获三期10万+爆款短视频，获得广泛关注。

三是结合区域特色文旅宣传。2023年国庆节期间，长安信托聚焦陕西旅游消费话题，关注来陕游客群体，发掘地方特色历史文化符号，通过线上及广播旅游消费提示开展品牌宣传与金融消费者保护工作，助力提振消费信心；中原信托开展"黄金周 中原信托伴您出行"南航登机牌金融知识宣传活动，利用节假日出行高峰期发放登机牌进行消保宣传，扩大宣传影响力。

第七章
公司社会责任

习近平总书记指出，推动金融高质量发展、建设金融强国，要坚持法治和德治相结合，积极培育中国特色金融文化，做到：诚实守信，不逾越底线；以义取利，不唯利是图；稳健审慎，不急功近利；守正创新，不脱实向虚；依法合规，不胡作非为。

2023年，信托业践行习近平总书记要求，积极履行社会责任，推动信托高质量发展。从履行社会责任效果看，一是积极践行服务实体经济根本宗旨，服务实体经济质效提升；二是积极践行人民性要求，从助力乡村振兴、推动养老事业发展、提升居民财产性收入、助力社会治理完善等层面积极履行社会责任，为人民美好生活目标贡献信托力量；三是推进绿色发展，通过多维度提供资金支持绿色产业、提升信托绿色经营理念、推进绿色办公等方式，为国家绿色转型提供支持；四是强化人本关怀，通过提升员工能力适应回归本源转型发展需求、开展多种形式员工关爱活动、维护员工合法权益等方式提升员工幸福感和满意度；五是积极参与公益慈善事业，通过捐款捐物、积极参加公益志愿活动等，为社会发展贡献爱心。

一、服务实体经济

习近平总书记指出，推动我国金融高质量发展，要坚持把金融服务实体经济作为根本宗旨。中央金融会议提出，要着力打造现代金融机构和市场体系，疏通资金进入实体经济的渠道。作为我国金融业的重要组成部分，2023年，信托业克服经济下行等不利因素，全力支持实体经济恢复和发展，扩大服务实体经济的业务规模，服务质效相比2022年同期有所提升。截至2023年末，信托业投入实体经济资产规模17.78万亿元，占比74.30%，较2022年进一步提高。

从服务领域看，2023年，信托业增强了对国家重大战略、供给侧结构性改革等领域的资金运用力度；从服务形式看，信托业强化了运用综合金融服务助力实体经济发展的理念。协会58家信托公司同比调研数据[①]显示，2023年，信托业支持长三角一体化发展的项目金额同比增长7.82%，支持科技创新的项目规模同比增长42.44%，支持小微企业项目金额同比增长44.67%。

（一）支持国家重大战略及倡议

2023年，信托业继续积极响应和支持国家重大战略，通过股权投资、债权融资、资产证券化、风险处置服务信托等多种工具和手段，为"一带一路"建设以及"京津冀协同发展""长江经济带""粤港澳大湾区""长三角一体化"等国家重大战略项目落地提供多元化金融服务，合计提供项目投融资金额超过5.11万亿元。

2023年内，信托业支持"一带一路"建设项目金额超过6 134亿元；支持"京津冀协同发展"项目金额超过6 163亿元；支持"长江经济带发展"项目金额超过18 987亿元；支持"粤港澳大湾区"发展项目金额超过4 807亿元；支持"长三角一体化"项目金额超过14 173亿元；支持其他重大工程、重大项目金额超过873亿元。其中，信托业支持"长三角一体化"项目金额2023年同比提升1 028.61亿元，同比增长7.82%。

▶ 案例7-1

华能信托支持"一带一路"发展

2023年，华能信托向国内非煤固体矿山综合服务龙头企业金诚信配置资金1.81亿元。金诚信作为国内较早"走出去"的矿山开发服务商，自2003年承接赞比亚矿山开发业务以来，已积累了丰富的国际化矿山服务经验。随着"一带一路"的推进及我国矿产资源开发需要，金诚信积极拓展海外业务，与中资矿企的合作由赞比亚延伸至刚果（金）、塞尔维亚等，并承接国际矿业巨头Ivanhoe在刚果（金）的井下开拓工程等，获得建设"一带一路"的中资矿企及国际矿业巨头的高度认可。在当前国家加快形成双循环新发展格局的背景下，华能信托支持金诚信更好发展，为我国"一带一路"建设实现高质量发展、提升矿产资源安全提供助力。

---

① 后文如无特别说明，2023年统计数据均来自协会针对62家信托公司的调研数据；2023年同比数据为58家可比信托公司2022年、2023年协会调研数据。

（二）支持供给侧结构性改革

习近平总书记强调，做好金融工作必须坚持和加强党的全面领导，以深化金融供给侧结构性改革为主线，坚定不移走中国特色金融发展之路，加快建设中国特色现代金融体系。

信托业以深化供给侧结构性改革为主线，加快战略转型步伐，通过不断创新服务方式，大力响应中央"改造提升传统产业，培育壮大新兴产业，布局建设未来产业，完善现代化产业体系"号召，2023年合计为战略性新兴行业提供投融资金额超过2 236亿元，支持科技创新投融资金额超过1 207亿元。其中，信托业支持科技创新项目金额2023年同比提升359.58亿元，同比增长42.44%。

服务手段方面，在传统股权、债权、资产证券化、供应链金融等模式基础上，信托业2023年继续探索通过资产服务信托等新模式支持供给侧结构性改革，如开展风险处置服务信托，强化信托破产隔离优势的发挥，为困境企业提供纾困支持。

根据协会调研数据，2023年，信托业新增风险处置服务信托项目89个，新增规模4 200.87亿元，其中企业破产服务信托项目31个，企业市场化重组服务信托项目58个；存续受托资产规模总计1.56万亿元，较上年增长10.7%。

▶ 案例7-2

云南信托助力半导体高新技术产业发展

深圳中科飞测科技股份有限公司是国内领先的高端半导体质量控制设备供应商，专注于集成电路专用设备的研发、生产和销售。2023年，中科飞测成功在科创板上市，云南信托凭借其在资本市场的丰富经验，在时间紧迫的情况下，高效协调资源，与该企业紧密合作，支持金额逾0.6亿元，完成了该企业核心员工的战略配售业务。这一举措有助于加强国家战略科技力量，提升产业链供应链的自主可控能力，促进国内半导体产业结构优化，帮助国产核心设备商打破垄断，提高市场份额，实现更大突破和成长。

（三）支持小微企业发展

中共中央、国务院2023年7月发布《关于促进民营经济发展壮大的意见》指出，要进一步加大对小微企业和个体工商户的支持力度。为了提升小微金融服务覆盖能力，信托业结合现有的制度优势以及资源禀赋，助力小微企业发展。2023年，信托业合计支持小微企业发展项目数量超过10 486个，合计提供项目投融资金额超过8 705亿元。2023年，信托业支持小微企业项目金额同比增加逾2 667亿元，同比提升44.67%。

2023年服务小微企业的成效包括助企纾困、降低融资成本、缓解融资难、助力科学风险定价等，具体如下：一是通过资产证券化方式打通公募市场，降低小微企业融资成本，缓解小微企业融资贵的问题；二是通过可转债等方式，发挥信托资源禀赋，助力集成电路芯片企业等可转债成功发行；三是通过供应链金融等方式帮助小微企业提升融资效率；四是通过提供私募股权投资等方式，助力小微企业获取融资；五是运用大数据分析、人工智能和区块链等技术，为小微企业提供更准确的风险评估和更高效的融资服务。

▶ 案例7-3

华润信托推进知识产权证券化助力科技型小微企业发展

知识产权证券化是知识产权领域与金融服务领域深度融合的创新举措，有利于拓宽中小企业融资渠道，促进创新成果的转移转化。华润信托成立"成都中小担知识产权1号单一资金信托"，该信托为西部地区首单知识产权ABS，为10家科技型中小企业实现中长期融资1亿元，交易对手涉及建筑材料、生物科技、化学试剂、微电子、通信技术等科技创新领域，有效解决了创新主体轻资产融资难题，为知识产权价值实现提供一条全新路径。

二、服务人民美好生活

2023年，信托业坚持以人民为中心，秉持践行服务人民美好生活理念，综合运用多种金融工具，在服务乡村振兴、推动养老事业、提升居民财产性收入、推动社会事业发展等层面，充分体现信托担当，扎实践行人民性要求。

（一）支持乡村振兴

中央经济工作会议强调，要锚定建设农业强国目标，学习运用"千万工程"经验，有力有效推进乡村全面振兴。2023年，信托业灵活运用多种工具和手段，继续支持乡村振兴战略。其中，支持乡村帮扶项目数量超过246个，帮扶投入金额合计超过21亿元。支持乡村产业振兴的项目数量超过131个，投入金额超过140亿元。慈善信托支持方面，2023年设立乡村振兴慈善信托数量8 826个，支持金额合计约3.4亿元。2023年，信托业支持乡村振兴力度同比加大，效果显著。其中，支持乡村产业振兴投入金额同比增加超过35亿元，同比增长33.17%；支持乡村文化振兴投入金额同比增加超过1 297万元，同比增长85.4%；支持乡村生态振兴投入金额同比增加超过2.23亿元，同比增长35.43%；设立乡村慈善信托规模增加超过1.55亿元，同比增长86.87%。

支持乡村帮扶方面，信托业多措并举，取得积极成效。一是消费帮扶助农，包括结合各传统节日采买消费农产品，采用食堂与农户合作等形式。如中信信托号召公司职工及下属公司购买和帮助销售832个县农产品，年度采购农产品达215.61万余元，同比增长15.9%；百瑞信托2023年累计采购四川凉山美姑县农产品10.2万元。二是慈善帮扶助农。信托公司通过慈善资金等帮助乡村修路、修桥、建水源、建图书馆等，完善农村基础设施。如江苏信托为乡村修路提供建设资金，通过改善村民出行条件，解决村庄儿童"上学远、乘车难、不安全"问题；建信信托支持智慧粮库、数字农业与数字养殖、数字化平台、智慧校园建设等乡村项目。三是选派党员业务骨干力量下沉乡村振兴一线。四是扶贫扶智，为乡村振兴提供思想新动能。如北方信托带领村委外出参观学习，与当地企业深入交流，探讨合作模式，积极拓宽农民增收致富渠道；上海信托组织县乡干部参加管理者核心管理能力提升培训班，提升乡村干部科学管理能力。

支持乡村产业振兴方面，信托业拓展服务领域，助力产业发展。一是探索及实践土地服务信托。二是开展农村产业链金融信托。如中粮信托与中粮糖业合作为甜菜农户提供种植资金支持，通过甜菜直销中粮糖业，订单模式实现回款资金的有效监管，解决了农户融资难的难题；外贸信托打造基于种植全产业链场景需求的"种植贷"产品，截至2023年末，"种植贷"产品已为1 051名种植农户发放8 057万元助农资金，从地租支付、农资采购、农机购买、农产购销等方面提供支持。三是引导乡村集体资金通过信托公司提供资产管理服务实现集体资产保值增值。四是投资助农，通过投资地方产业支持特色农产品产业化、为农户提供资金支持等方式，提升乡村及农户收入。

（二）推动养老事业发展

中央经济工作会议强调，要切实保障和改善民生，发展银发经济，推动人口高质量发展。2023年，信托业持续助力养老事业发展。一是创设完善保险金信托、养老信托、薪酬福利信托等产品线，年内支持养老等社会事业的项目数量合计157个，支持金额超过5亿元。二是积极优化改善服务老年客户的流程、系统，提升老年人信托获得感。三是提升养老资金安全性，如通过预付类资金服务信托的形式，实现养老预付资金与养老机构相关风险的隔离，防范养老企业破产，助力安全养老。四是组织敬老关爱活动。五是开展社区老年人投资者教育活动，帮助社区中老年居民更好、更快地学习掌握金融消保知识，提升老年人对非法集资、电信诈骗、投资理财骗局等的防范意识。

案例7-4

上海信托开展适老化工作

2023年，上海信托积极开展适老化工作，优化老年人群特色化窗口服务，线下以打造城市会客厅的形式，设置老年人无障碍通道，配备应急药箱、老花眼镜、充电设备、爱心伞、防护口罩、防疫消杀用品等；同时，充分尊重老年客户的意愿，提供人工服务和自助终端、便携终端等多渠道服务和设备，供老年客户进行自主选择，一对一专属服务协助老年人顺利办理业务。线上重点打造客户专线以及智能客服，以全新的智能服务方式重塑客户服务形态，上线了智能机器人在线客服功能，7×24小时解答客户的各类咨询，有效提升客服的支撑保障能力，在客户端从老年客群的需求出发，优化了字体展示、页面操作，提供了人工便捷双录通道等功能，协助老年人顺利办理业务，切实解决老年人运用智能技术的困难与问题，帮助老年人更好地融入数字金融，践行金融为民理念。

（三）提升居民财产性收入

习近平总书记指出，为推动实现共同富裕，必须强调金融的普惠性与人民性，让全体人民共享金融高质量发展成果，切实提高企业和居民的金融服务可及性，通过发挥好金融的财富管理功能稳步扩大中等收入群体规模。

2023年，信托业多角度提升居民财产性收入，助力实现共同富裕目标。一是通过开展资产管理信托助力居民财富保值增值；二是通过开展员工持股、股权激励信托业务，助力企业员工分享企业发展效益；三是通过开展投入乡村振兴领域的信托服务，助力乡村居民财产性收入提升；四是通过公益、慈善信托等，增加了中低收入群体的财产性收入。

数据显示，2023年，信托业累计服务客户数量超过11 067万个，新增客户数量982万个，全年分配信托收益超过5 457亿元。

（四）助力社会治理

2023年，信托业发挥信托制度优势，助力社会治理。从服务方式上，除通过传统信托服务如股权、债权、慈善信托等助力社会事业发展外，信托业继续丰富服务模式，如通过预付类资金服务信托等助力社会事业发展。从信托行业整体来看，苏州信托、中航信托、万向信托、国联信托、江苏信托、紫金信托、上海信托、外贸信托、厦门国际信托、中原信托等接连落地预付类服务信托业务。如中原信托已在物流运输、政府消费券、商户平台等服务场景推动预付资金服务信托；厦门国际信托设立为健身房消费者提供预付资金的财产保管、执行监督、支付结算等行政管理服务，以实现预付资金与商户自有资金的隔离，防范非法集资和经营者跑路风险。

▶ **案例7-5**

外贸信托探索服务信托新模式 贯彻落实"枫桥式工作法"

"外贸信托—金诺1号成都市长寿苑老旧院落物业服务信托"是行业首单以居委会作为委托人的安置房小区物业服务信托，其服务的成都市武侯区长寿苑社区为农转非安置社区，有住户近万人。此前该社区由于缺乏专业物业管理，社区治理问题重重。外贸信托主动作为，多次与当地基层组织探讨如何发挥信托工具的独特作用，增进各方互信、盘活小区运营收入，最终达到开源节流、提升小区物业管理水平的目的。外贸信托深入社区，数次更新项目方案，最终方案获得居民代表大会的表决通过。该项目于2023年入选中央政法委评选的"枫桥式工作法"先进典型。该信托主要优势有三点：一是优化治理关系，委托人、受托人、物业服务执行方各方权利责任清晰；二是资金使用更透明，由第三方信托公司负责该信托的资金监管、定期信息披露等，做到公开透明，各项支出笔笔清晰，让社区居民清楚钱花在了哪里；三是监督管理更高效，通过信托公司依法独立监管资金、物业公司提供质量和价格相符的物业管理服务，做到公开透明、开放参与，使院落的物业服务管理水平大幅提高。

●▶ **案例7-6**

苏州信托设立预付类信托　监管非学科类校外培训资金

2023年5月，苏州信托设立"苏信服务众安S2212-7昆山体育非学科类校外培训预付类资金服务信托"，为全国首单非学科类校外培训预付类资金服务信托。秋季开学以来，苏州市张家港、昆山市、高新区、姑苏区、相城区的非学科类校外培训也被逐步纳入信托监管。苏州信托接受消费者的委托，根据实际消费情况，将预付类消费资金分配给商户，一旦发生商户破产、跑路等情形时，可将资金原路返还给消费者。通过已经构建的系统化、数字化、智能化的在线监管信息数字金融模式，向政府监管部门实时推送账户余额、交易流水、服务进度及服务机构资金用途等必要监管信息。该模式有效保护了消费者、商户的合法权益，保障消费者的预付资金安全，维护社会稳定，促进消费市场发展。

三、践行绿色理念

践行绿色发展理念是信托业履行社会责任的一个重要方面。2023年，信托业加强对绿色产业的支持，通过培训、研讨会等方式强化绿色经营理念，推进绿色办公，用实际行动助力节能减排。

（一）支持绿色产业发展

2023年，信托业继续加强对绿色产业的支持，支持国家绿色金融发展战略。数据显示，年内新增绿色信托项目数量超过321个，新增绿色信托项目规模超过1 848亿元。截至2023年末，信托业绿色信托存续项目数量超过574个，绿色信托资产存续规模达3 597.5亿元。从绿色产业投向看，包括节能环保、清洁生产、清洁能源、生态环境、基础设施绿色升级、绿色服务产业、生物多样性保护等领域。2023年，行业新增绿色信托项目规模同比增加超过837亿元，同比增长82.97%；绿色信托资产存续规模同比增加超过397亿元，同比增长18.94%；公益慈善绿色信托规模增加超过1亿元，同比增长15.98%。

同时，信托业服务绿色产业的手段更加丰富。2023年，信托业支持绿色信托的方式包括信贷、股权投资、债权投资、资产证券化、产业基金、供应链金融、碳金融、慈善信托等。其中，绿色信贷、资产证券化方式是信托业参与绿色产业的主要手段。信贷支持方面，如江苏信托助力江苏东海县当地农业龙头企业开展低碳化改造，援助江苏扬中市当地园林花木企业扩产，新增当地沿江岸线固土防风苗木近千株；中粮信托成立"青贮贷"项目，为圣牧草业提供青贮专项资金，助力青贮玉米交易近30万吨，圣牧草业供应青贮玉米的牧场将奶牛粪污制作成有机肥还田，持续将沙漠改造成青贮种植良田，实现了绿色有机循环养殖。资产证券化方面，信托业通过资产证券化金融工具发行碳中和债、科创票据，支持发电企业、科创企业盘活资产，为产业结构和能源结构向绿色低碳转型提供创新型金融支持。供应链金融方面，如华宝信托通过推进钢铁供应链绿色信托的试点，形成了以受让钢铁企业供应链上游供应商应收账款的绿色信托模式。碳金融方面，如中海信托研发设立新能源投资信托，合作打造零碳加油站、加气站、零碳园区，设立零碳社区服务信托等，助力碳中和。此外，信托业还采用类REITs方式服务绿色产业。

案例7-7

建信信托通过股权投资助力"碳中和"

建信信托将节能环保、新能源等领域作为重要投资方向。一是参与了氢能源装备、太阳能科技、新能源科技、环保等优质企业的直接股权投资。二是以各地方城市环境综合治理、水环境治理、节能环保建筑等绿色项目为投资标的，通过产业基金等业务模式，参与项目资本金投资，2023年累计新增投放规模超50亿元。三是落地多单绿色资产证券化业务，规模超20亿元。四是作为战投参与绿色环保企业REITs发行，投资1.2亿元；参与投资绿色债券39只，共计约15亿元。

（二）加强绿色信托能力建设

为推动绿色信托业务持续创新，信托公司大力开展绿色信托能力建设，2023年累计开展绿色信托主题培训77次，合计参与人次超过2.08万人次。

从信托业实践看，信托公司参与绿色信托能力建设的形式多样，如中信信托发布绿色信托相关报告，华润信托召开政策与实践专题培训及研讨会，华宝信托在官方微信公众号上发布多份绿色信托相关宣传文章，陆家嘴信托将绿色发展纳入战略规划等方式推进绿色经营理念。

◆▶ 案例7-8

中信信托连续两年发布ESG报告

2023年11月14日，中信信托发布《2022环境、社会与公司治理（ESG）报告》，这是中信信托发布的第二份年度ESG报告。中信信托年度ESG报告展示了中信信托在党建领航、优化公司治理、加强全面风险管理、履行社会责任、创新转型、保护消费者权益、关爱员工、守护低碳美好生活、慈善信托等12个方面的实践成果，体现了中信信托在践行ESG方面的责任与担当。

（三）推进绿色办公

信托业持续倡导绿色低碳的办公方式，在降低自身运营成本的同时，有效推动节能降耗工作的开展，支持和促进生态环境保护。2023年，信托业绿色办公呈现特点如下：一是节约办公区域的用电，2023年合计节电274.73万千瓦时。二是开展零纸化会议，促进节能减排。2023年，信托业合计开展零纸化会议合计1.54万次。三是组织绿色低碳活动，如在办公楼装修时采用节电环保清洁能源设备；积极开展环保公益活动，组织"垃圾分类宣传活动"；鼓励员工绿色出行、节能减排等。2023年，信托业组织或参与的绿色低碳活动次数超过162次，信托业参与人次合计超过1.29万人次。四是强化绿色采购，2023年，信托业开展绿色采购金额合计1.79万元。六是废旧耗材回收，保护环境。如在办公场所设置回收废旧电池纸箱，引导员工树立节能环保理念。

●▶ 案例7-9

国投泰康信托推进废旧办公耗材回收

为了实现废弃物的有效利用和环保处理，国投泰康信托挑选了专业从事废弃资源综合利用的北京泓伟环保科技有限公司进行合作，双方于2023年12月4日正式签订销售合同。泓伟环保负责对公司的废旧办公耗材进行回收和处理，通过先进的技术和设备，实现了废弃物的再利用。这一举措提高了资源利用率，也为环境保护作出了积极贡献。

四、强化人本关怀

中央经济工作会议强调，要切实保障和改善民生。站在信托业自身角度，改善民生的一大亮点是加强员工关怀，关注员工发展。2023年，在强化回归信托本源的背景下，信托业支持鼓励员工顺应信托发展趋势积极转型，谋求职业生涯的长远发展，其措施包括加强培训工作提升员工转型业务相关专业能力、优化绩效考核机制激励员工向转型业务发展等。

（一）拓宽员工发展空间

信托业坚守"以人为本"理念，鼓励员工不断学习与成长，持续推动员工与公司共同发展。2023年，信托业合计开展员工培训26.99万人次。为丰富员工生活，行业开展了从业人员职业道德、职业安全、职业健康培训，合计培训人次约7.65万人次。为强化行业转型，促进员工向符合新分类方向转型，行业2023年推进了新分类相关培训。其中，关于新分类业务的学习和培训开展次数合计1 096次，参与人次合计超过1.04万人。

在体系化人才培养方面，主要举措包括培训方式多元化、选拔方式新颖化和晋升体系完善化。2023年员工培训方式更加丰富，如北方信托委派公司骨干人员参加各类外委培训，创新培训形式和载体，有效利用公司在线培训平台，制作、上传培训课程，充分发挥线上培训优势，鼓励员工利用碎片化时间学习。选拔人才方式推陈出新，如华能信托为员工创造便捷的职业培训平台，通过完善绩效考核机制，优化考核内容，推进"举手制"，不断启用有理想、有能力、有担当的年轻人。员工职业规划体系更加完善，如中原信托不断完善薪酬激励机制、岗位职级体系、综合考核体系、优化调整组织架构，建立多元化职业发展通道，拓宽员工的职业发展空间。

▶ 案例7-10

华鑫信托组织促转型培训，提升员工转型能力

2023年，华鑫信托继续开展"强内训，促转型"活动，全年共举办13期华鑫讲堂，包括信托业务新分类政策解读与2023年业务前瞻、城投债展望、合规系列培训等；积极利用内外资源和线上线下培训渠道，全年举办内外各类业务培训62期次、2 704人次参加，人均培训学时超过60学时。

▶ 案例7-11

中海信托实施"选苗育苗工程"强化人才队伍建设

中海信托坚持顶层设计、系统谋划，大力实施人才强企战略，结合公司自身实际情况实施"选苗育苗工程"，持续优化"引、用、育、留"全链条人才工作。一是实施"选苗工程"。科学规划招聘需求，2023年重点面向国内外优秀院校引进12名优秀毕业生，世界排名前150名院校、国内双一流、211院校学生占比达92%。二是实施"育苗工程"。安排2023届应届毕业生第一

年在公司前中后台部门轮岗实习，第二年结合业务需要和员工自身能力特长双向选择定岗，不断优化公司人才"蓄水池水量及水质"。三是实施"用苗工程"。坚持备用结合原则，组织公司新一轮优秀年轻干部推荐调研工作，突出政治标准，看重发展潜力，识别一批业绩突出、素质优秀，有发展潜力的骨干人才，不断充实优秀年轻干部人才库。

（二）开展关爱员工活动

2023年，信托业持续多维度、多元化开展员工关爱工作，维护员工权益。数据显示，2023年信托业合计开展工会次数超过3 686次，工会参与人数超过10.49万人次。2023年开展工会活动次数同比增加808次，同比提升28.12%；员工培训人数增加34 499人次，同比提升14.89%；帮助困难员工资金投入金额增加超过874万元，同比提升3%。

2023年，信托业关爱员工活动主要如下：一是健康关爱送关怀。通过设置补充医疗保险、健康体检、开展健康培训等方式，为员工健康提供保障。二是精准帮扶递爱心。工会通过开展生日慰问、结婚慰问、生育慰问、困难帮扶慰问等，让员工感受到温暖。三是服务退休员工展温情。工会通过过节慰问、物品发放、体检通知及反馈等，提升退休人员获得感。四是积极开展工会兴趣小组活动，通过开展工会如篮球、足球、羽毛球、游泳、插花、摄影、歌舞、读书等兴趣活动，丰富员工文化生活。五是为女职工设立哺乳室，解决女职工实际需求。六是为员工子女提供寒暑假托班服务，解决员工之忧。

▶ 案例7-12

厦门国际信托丰富员工文体生活　优化员工关怀工作

厦门国际信托有效落实员工关爱工作，2023年公司工会新设网球、乒乓球俱乐部，首次开展工间趣味活动；安排22名员工子女参加集团暑托班，持续做好在职员工节日慰问、困难员工和退休员工慰问、职工疗休养等工作，切实为员工排忧解难。

（三）积极维护员工合法权益

2023年，信托业积极为员工做实事，及时收集员工问题，并积极解决。在维护员工合法权益方面，信托业采取民主方式，充分发挥职工（会员）代表大会作用，通过工会会议等民主形式，听取员工意见，关心和重视员工合理需求，切实解决实际问题。

▶ 案例7-13

华宝信托及时收集并解决职工急难愁盼问题

华宝信托坚持从最突出的问题抓起，从最现实的利益出发，把"我为群众办实事"作为重要内容，以"时时放心不下"的责任感尽力而为，着重解决年内职工"三最"问题。通过组织"献一计"专题活动向职工征集"三最"问题，及时收集职工"最关心、最直接、最现实"的急难愁盼问题。2023年华宝信托将"宝钢大厦新办公楼层启用后的环境治理与布置""丰富员工工作午餐选择"以及"分层分类开展员工培训，提升培训参与率"，列为职工"三最"实事项目，由工会牵头，综合管理部、人力资源部加大力度推进解决，确保件件有落实、事事有回应。三项实事项目均已实施完成。

五、投身公益慈善

（一）积极参与慈善捐赠

党的二十大报告指出，"引导、支持有意愿有能力的企业、社会组织和个人积极参与公益慈善事业"。以捐赠的形式参与并支持慈善事业，已成为责任企业和人员的共同选择。2023年，信托公司及员工积极参与公益慈善捐赠事业。数据统计，2023年信托业用于公益捐赠资金超过27.62万元，超过26家机构参与公益捐赠。

2023年，信托业公益捐赠呈现参与主体多样、形式丰富、捐赠资金助力多项社会事业发展的特点。公益捐赠主体方面，一是信托公司通过自有资金积极捐赠出资。

二是信托公司员工积极捐赠，助力社会公益事业发展。如光大信托积极开展救助困境母亲行动，公司干部员工共计496人参与，捐款4.45万元。三是多家信托机构共同出资捐赠，共同助力一项公益慈善发展。捐赠方式方面，一是直接捐赠资金用于公益慈善项目；二是将捐赠资金设置专项慈善信托。捐赠用途方面，捐赠资金用途广泛，包括医疗健康、乡村振兴、文化建设、教育、养老、环境治理等。

●▶ **案例7-14**

华润信托慈善捐赠40万元　助力提升南江希望小镇美好生活

华润信托2022—2023年捐赠资金40万元，参与南江希望小镇项目建设。经过一年多的建设，南江华润希望小镇工程投入约1.32亿元。在民居建设方面，为村民新建了27户民居，改造了95户民居；在公共建筑方面，新建了党群服务中心、龙泉书院、张氏祠堂、群众体育设施等公共配套设施；在产业方面，捐建了米兰花酒店、希望茶庄、农耕文化艺术馆、乡村餐厅、青年旅社、民宿为主的第三产业服务配套设施建设；在基础设施方面，为村庄配套建设了室外给排水、室外强弱电、环村交通道路、污水处理设备、太阳能市电互补路灯、汽车充电桩、低碳电力储能设备等公共设施。这些建设工作全面提升了小镇的人居环境。南江希望小镇也成为首个全村通管道燃气的村庄，小镇村民们也都用上了干净安全的清洁能源。虽然信托捐赠的资金在整个小镇建设中仅冰山一角，但也是信托用慈善方式为南江希望小镇人居环境改善贡献力量的有效尝试。

（二）投身公益慈善活动

信托业从业人员还投身公益慈善志愿活动。数据统计，2023年，信托业全年开展公益慈善志愿活动298次、6 728人次参与，超过42家信托公司参与了志愿活动。

2023年，信托业参与公益慈善志愿活动形式丰富。一是开展志愿献血活动。二是开展金融知识宣讲，宣导金融消费者权益保护有关理念。三是参与清洁家园活动。四是参与爱心献血等志愿活动。五是义务植树活动。六是重要假日慰问活动，如重阳节到社区慰问老人等。七是在国家重大赛事活动中组织志愿者团队。八是开展帮扶救助活动，如组织志愿者持续对贫困学童开展结对帮扶，传播科学文化。九是抗洪救灾活动，如五矿信托在甘肃省临夏州积石山县发生6.2级地震后迅速响应，通过慈善信托计划向民和回族土族自治县红十字会、甘肃省红十字会及青海省红十字会捐款1 200余万元，用于甘肃及青海救灾工作，积极助力灾区重建。云南信托在2023年夏天北方水灾后积极募资并志愿参与支持水灾过后收治社区流浪动物、卫生消毒等事项。十是公益义卖活动，如爱建信托举办关爱自闭症儿童活动，通过爱心义卖筹集善款提供资助。

●▶ **案例7-15**

云南信托志愿组织公益活动　助力水灾后援建

2023年，云南信托志愿组织公益活动，助力水灾后援建工作。2023年9月17日，由云南信托组织募资并志愿参与的首期公益活动选择支持水灾过后收治社区流浪动物、卫生消毒等事项，携手它基金共同来到河北固安开展灾后援助公益行动。在水灾过后，河北吉祥爱护动物救助基地逐步安置流浪动物近400只，慈善信托资金缓解救助站粮食购买压力，支持了社区对流浪动物的安置。

2023年10月26日，云南信托在北京门头沟举行了第二期公益爱心活动——"北京市门头沟大台街道灾后援建专场"，为受灾群众带去600份"关爱身心"公益爱心大礼包，主要包括灾民维持基本生活所必需的大米等物品，并组织专业老师针对当地干部群众进行灾后创伤后应激障碍（PTSD）的疏导疗愈讲座。

04 | 第四部分
信托业务篇

第八章
财富管理服务信托

2023年6月，《信托业务分类通知》正式实施，为了充分发挥信托制度的优越性，做好金融普惠，助力社会民生，多家信托公司将财富管理服务信托放在战略级重要位置上，不断加大人力、信息技术等方面投入，财富管理服务信托形成了一套较为完整的业务体系，实现了多类客群和多元场景的全覆盖。未来随着信托服务更加多元化、普惠化和生态化，信托公司有望在助力国家做强做优财富管理市场的进程中，实现自身高质量发展，服务人民美好生活。

一、财富管理服务信托概念定义

根据《信托业务分类通知》，财富管理服务信托是指信托公司为自然人、法人及非法人组织财富管理提供的信托服务，按照服务内容及对象分为7个业务品种：家族信托、家庭服务信托、保险金信托、特殊需要信托、遗嘱信托、其他个人财富管理信托、法人及非法人组织财富管理信托。

（一）家族信托

家族信托是指信托公司接受单一自然人委托，或者接受单一自然人及其亲属共同委托，以家庭财富的保护、传承和管理为主要信托目的，提供财产规划、风险隔离、资产配置、子女教育、家族治理、公益慈善事业等定制化事务管理和金融服务。家族信托初始设立时实收信托应当不低于1 000万元。受益人应当为委托人或者其亲属，但委托人不得为唯一受益人。家族信托涉及公益慈善安排的，受益人可以包括公益慈善信托或者慈善组织。单纯以追求信托财产保值增值为主要信托目的、具有专户理财性质的信托业务不属于家族信托。

（二）家庭服务信托

家庭服务信托是指由符合相关条件的信托公司作为受托人，接受单一自然人委托，或者接受单一自然人及其家庭成员共同委托，提供风险隔离、财富保护和分配等服务。家庭服务信托初始设立时实收信托应当不低于100万元，期限不低于5年，投资范围限于以同业存款、标准化债权类资产和上市交易股票为最终投资标的的信托计划、银行理财产品以及其他公募资产管理产品。

（三）保险金信托

保险金信托是指信托公司接受单一自然人委托，或者接受单一自然人及其家庭成员共同委托，以人身保险合同的相关权利和对应利益以及后续支付保费所需资金作为信托财产设立信托。当保险合同约定的给付条件发生时，保险公司按照保险约定将对应资金划付至对应信托专户，由信托公司按照信托文件管理。

（四）特殊需要信托

特殊需要信托是指信托公司接受单一自然人委托，或者接受单一自然人及其亲属共同委托，以满足和服务特定受益人的生活需求为主要信托目的，管理处分信托财产。

（五）遗嘱信托

遗嘱信托是指单一委托人（立遗嘱人）为实现对遗产的计划，以预先在遗嘱中设立信托条款的方式，在遗嘱及相关信托文件中明确遗产的管理规划，包括遗产的管理、分配、运用及给付等，并于遗嘱生效后，由信托公司依据遗嘱中信托条款的内容，管理处分信托财产。

（六）其他个人财富管理信托

其他个人财富管理信托是指信托公司作为受托人，接受单一自然人委托，提供财产保护和管理服务。委托人应当以其合法所有的财产设立财富管理信托，不得非法汇集他人财产设立财富管理信托。其他个人财富管理信托的信托受益权不得拆分转让。其他个人财富管理信托初始设立时实收信托应当不低于600万元。

（七）法人及非法人组织财富管理信托

法人及非法人组织财富管理信托是指信托公司作为受托人，接受单一法人或非法人组织委托，提供综合财务规划、特定资产管理、薪酬福利管理等信托服务。除以薪酬福利管理为信托目的外，法人及非法人组织财富管理信托应当为自益信托。法人及非法人组织财富管理信托受益权不得拆分转让。法人及非法人组织财富管理信托委托人交付的财产价值不低于1 000万元。

法人或非法人组织应当以合法所有的财产设立财富管理信托。单个资产管理产品管理人以资产管理产品资金委托信托公司提供专户受托服务，仅限于配置银行存款、标准化债权类资产、上市公司股票、公募证券投资基金以及符合信托监管规定的衍生品。信托公司为资产管理产品管理人提供的受托服务不得与《资管新规》相冲突。信托公司可以依据人力资源和社会保障部关于年金基金管理的规定，为年金基金提供专户受托服务。除上述情形外，委托人不得以资产管理产品财产、资产服务信托财产或者以其他方式汇集他人财产设立财富管理信托，也不得通过向资产管理产品直接或间接转让财富管理信托受益权等方式帮助资产管理产品管理人以资产管理产品财产变相设立财富管理信托。

二、财富管理服务信托发展情况

（一）财富管理服务信托发展整体情况

1.业务规模持续增长

基于可得的63家信托公司调研数据，截至2023年底，我国财富管理服务信托总规模超过5万亿元，达52 661亿元。从发展阶段来看，各家信托公司开展财富管理服务信托业务尚处于"跑马圈地"阶段，做大规模、积累客户仍是各信托公司现阶段的核心诉求。行业调研样本显示，多家信托公司的财富管理服务信托业务仍主要围绕家族信托、家庭服务信托、保险金信托等市场前景较为广阔的子分类开展，而特殊需要信托、遗嘱信托、其他个人财富管理信托、法人及非法人组织财富管理信托业务等仍处于发展萌芽阶段。

2. 服务功能综合多元

实现综合化的信托目的，提供多样化的服务能力，是各家信托公司发力财富管理服务信托业务"回归本源"的关键着力点，也是信托公司与其他金融机构可以提供的服务差异所在。与其他金融机构相比，信托公司依托于信托制度在财产转移和财产管理等方面的优势，除了传统的保值增值功能，还能发挥资产隔离、财富传承、合理分配、公益慈善以及满足特定人群的特殊需求等多样功能。其中，家族信托强调以家庭财富的保护、传承和管理为主要信托目的，提供财产规划、风险隔离、资产配置、子女教育、家族治理、公益慈善事业等定制化事务管理和金融服务；家庭服务信托功能相对有限，信托公司主要提供风险隔离、财富保护和分配等服务；特殊需要信托主要是以满足和服务特定受益人的生活需求为主要信托目的，管理处分信托财产；其他个人财富管理信托则主要提供财产保护和管理服务；法人及非法人组织财富管理信托以服务机构客群为主，明确信托公司要提供综合财务规划、特定资产处置、薪酬福利管理等信托服务。

3. 跨机构合作趋势明显

当前居民财富管理目标越来越多样化，由过去单一追求较高收益率，衍生出安全保值、风险隔离、财富传承、子女教育、养老服务等一系列新的需求，亟须金融服务供给创新加以满足，这也意味着各金融机构之间务必要结合各自资源禀赋协同合作。2022年以来，信托公司与外部金融机构之间的合作趋势日益明显，尤其体现在家族信托、家庭服务信托、保险金信托等三大主流财富管理服务信托业务领域。以家庭服务信托的机构间合作为例，信托公司提供架构搭建及受托服务，银行提供客户资源及资金托管等服务，券商提供投研及投顾服务，共同合作为投资者进行多元资产配置。可以预见的是，未来随着中产富裕客户市场的拓宽，信托将与银行、券商、基金、保险等平台机构展开更广泛的交流与合作，构建起财富管理新生态。

（二）家族信托发展情况

1. 发展现状

（1）展业规模集中度持续提高。基于协会65家信托公司调研样本数据，共计56家信托公司开展了家族信托业务，总规模为5 835亿元（不包含保险金信托），其中，业务规模排名前二十的信托公司，其展业总规模为5 421.10亿元，占总规模比重93%；业务规模排名前十的信托公司，其展业总规模为4 595.87亿元，占总规模比重79%。可见，信托公司开展家族信托业务呈现较强的马太效应，规模集中度持续提高。

（2）受托财产类型不断丰富。从家族信托的受托财产类型看，类型呈现不断丰富的趋势。除货币资产外，非货币资产还包括了保险及权益资产、股权资产、债权资产、信托产品收益权、特定资产收益权、金融财产收益权、有限合伙企业所有权、珠宝字画艺术品等。货币为最主要受托财产，基于可得的52家信托公司调研数据，货币类资产的受托规模2 619.84亿元，占比超过60%；其次是保险及权益类非货币财产，受托规模705.68亿元，占比16.2%；其他类非货币资产受托规模则较为分散（见表8-1）。

表8-1　　　　　　　　家族信托受托财产种类及规模占比

受托财产种类		规模（亿元）	占比（%）
货币		2 619.84	60.12
非货币	1.保险及权益	705.68	16.20
	2.其他	476.19	10.92
	3.非货币金融资产	284.83	6.54
	4.财产权	95.92	2.20
	5.债权	61.98	1.41
	6.珠宝字画等艺术品	59.76	1.37
	7.信托产品收益权	16.00	0.37
	8.股权	14.90	0.34
	9.特定资产收益权	10.03	0.23
	10.金融财产收益权	6.12	0.14
	11.有限合伙企业所有权	6.11	0.14
合计		4 357.32	100.00

资料来源：根据中国信托业协会调研数据整理（数据均为四舍五入）

（3）财产规划、风险隔离、资产配置和子女教育呈主要设立目的。从家族信托设立目的来看，基于可得的51家信托公司调研数据，财产规划、风险隔离、资产配置和子女教育四项是家族信托设立的主要目的，在统计中占全部家族信托单数均超过40%，家族治理、公益慈善和其他信托目的占比相对较小，并非家族信托设立的主流信托目的（见图8-1）。

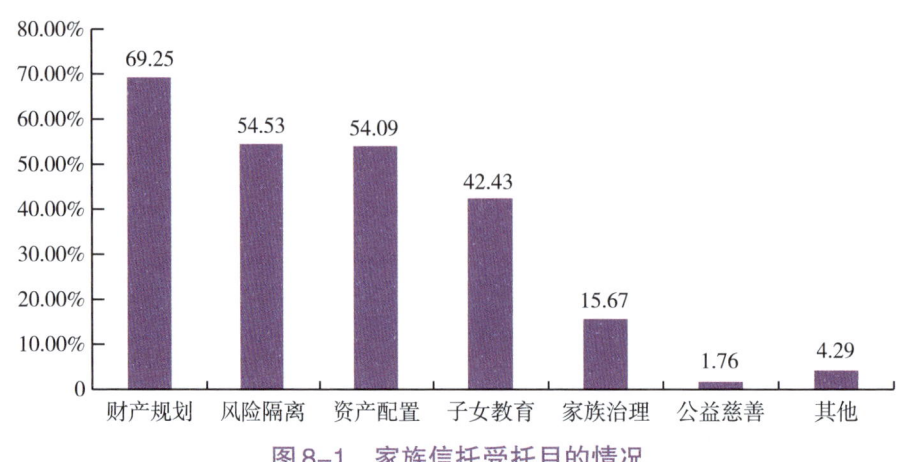

图 8-1　家族信托受托目的情况

资料来源：根据中国信托业协会调研数据整理。

（4）客户年龄以40岁以上家庭成员为主。从家族信托客户年龄分布情况看，基于可得的43家信托公司调研数据，60岁以上的客户购买规模占比最高，达34%；其次是50~60岁之间的客户，购买规模占比29%；40~50岁之间的客户，购买规模占比24%；40岁以下客户购买规模占比最少，为13%（见图8-2）。可见，家族信托受众更主要为年纪偏长的家庭成员。

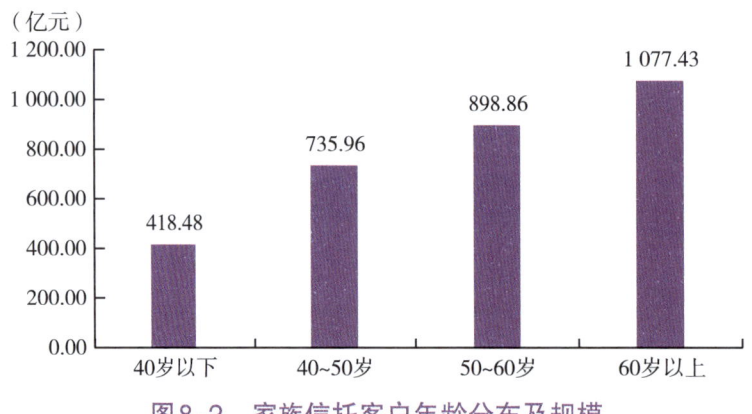

图 8-2　家族信托客户年龄分布及规模

资料来源：根据中国信托业协会调研数据整理。

（5）合同期限设置较长或不做具体设置。从家族信托合同期限分布情况看，基于可得的47家信托公司调研数据，合同期限位于10~30年之间的家族信托规模最大，占比54%；其次是无固定期限合同，占比30%；再次是30年以上合同期限的家族信托，占比14%；合同期限在10年以下的家族信托占比仅为3%（见图8-3）。可见，家族信托的合同期限一般设置较长，或不做具体设置。

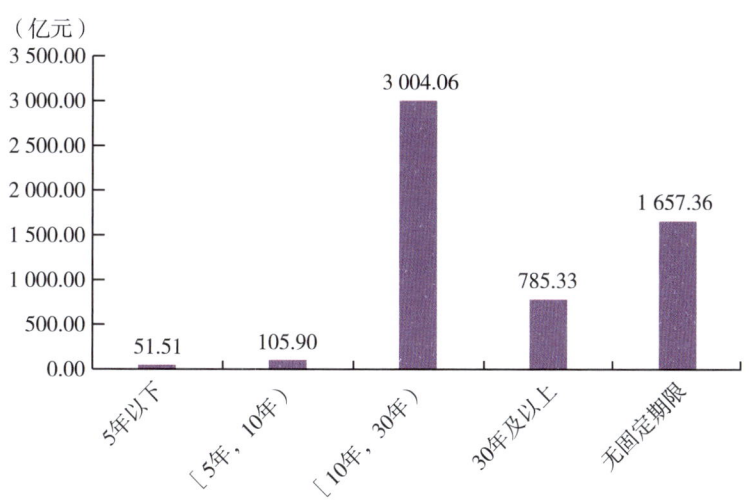

图8-3　家族信托合同期限分布及规模

资料来源：根据中国信托业协会调研数据整理

（6）财产运用以资产配置为主要方式。从家族信托业务财产运用方式看，基于可得的47家信托公司调研数据，以资产配置作为主要运用方式，占比达88%，单一投资标的运用方式占比10%（见图8-4）。结合家族信托设立信托目的，通过资产配置达到分散风险、资产保值增值目的是客户的主要选择。

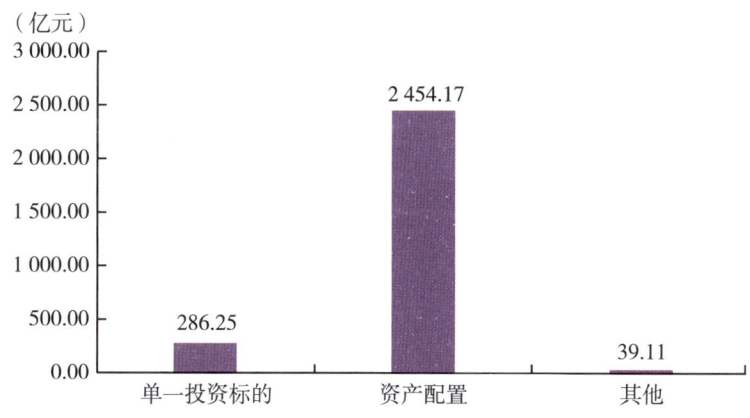

图8-4　家族信托业务财产运用方式

资料来源：根据中国信托业协会调研数据整理

2. 发展趋势

（1）金融科技能力持续强化。家族信托具有服务周期长、受益人分配需求个性化、受托财产种类多样化等鲜明的特点，对信托公司的受托管理能力和科技系统支持能力有着更高的要求。近年来，多家信托公司在信息安全强化、线上化运营、智能化投资管理和便捷化全生命周期服务等方面着力发挥科技的支撑与赋能作用，进而推动家族信托业务转型发展。比如，平安信托通过搭建一套智能化流动性测算模块为家族信托产品运营提供精准的资金数据服务。此外，平安信托还搭建了智能化系统以确保信托财产管理过程中的数据防丢失和防篡改，实现风险隔离。比如，中信信托有家族信托业务管理系统、投资管理系统、专属APP、外部合作机构协同平台、对接消费支付的场景服务管理系统等5个系统，以支持家族信托业务全流程线上化开展，有效解决了多账户管理难题。

（2）信托服务边界进一步拓宽。对于信托公司而言，以客户为中心开展家族信托业务至关重要。从协会调研数据可以看出，信托目的已经从最初阶段的财富保值升值拓宽至养老、慈善、传承、特殊需要、家族治理等，与之匹配的信托服务也更加丰富。不少信托公司近年来积极探索家族信托与慈善信托的嫁接、家族信托与遗嘱信托的嫁接等。比如，中信信托以"信托+遗嘱"服务综合家族信托、保险、遗嘱三大传承工具优势，帮助委托人更好地规划身后财产安排。再如，五矿信托家族办公室推出的综合型股权家族信托，既满足了委托人企业风险隔离、股权架构调整、资产隔离保护、多元化投资以及未来传承分配的复合型需求，也为企业未来的持续发展和资本运作预留了空间。

（3）团队综合实力持续增强。发展家族信托业务，需要复合型的全能团队。其中，团队不仅需要熟悉家族信托的功能、局限性，还需要对税务筹划、企业股权架构设计、财富传承、婚姻法等领域有较深入的研究。此外，也需要对客户养老、医疗、教育、慈善等多元非金融需求有较深的理解。以全球顶尖的财富管理机构瑞银集团为例，瑞银集团私人银行客户服务团队分为客户经理团队、投资顾问团队和专家团队。客户经理在投资顾问和专家团队的支持下，为客户量身定制财富方案；投资顾问团队是支撑财富管理服务信托业务开展的核心部门，由资深的产品开发人员和财富管理研究团队组成，其核心职责是为客户经理服务客户提供资产配置、制定财富管理方案等支持；专家团队多采取外聘方式，主要为客户经理团队和投资顾问提供税务、遗产、艺术品收藏等非金融领域的专业支持。目前国内信托公司在进行家族信托团队建设方面仍主要以销售类人才为主，专业化中后台团队尤其是高素质财富顾问团队的建设亟须跟上。

(三)家庭服务信托发展情况

1. 发展现状

自《信托业务分类通知》出台以来,各家信托公司积极发力家庭服务信托业务,迅速抢占市场。基于协会65家信托公司调研样本数据,当前已有共计39家信托公司开展了家庭服务信托业务,总规模为40.92亿元,其中,业务规模排名前十的信托公司,其展业总规模为38.95亿元,占总规模比重95%,存续规模最大的信托公司业务规模已突破10亿元,占总规模比重26%。

2. 业务模式

随着业务发展,各家信托公司积极探索创新展业模式,目前已经呈现出三类较为成型的业务模式。

一是全场景服务模式。中建投信托等通过拓展服务的场景功能,进一步丰富家庭服务信托的价值。这些服务不仅包括财产风险隔离、财产分配方案设计以及增值服务,还通过为受益人在教育、婚恋、育儿、置业、医疗、养老和继承等重要事件方面的特定安排实现家庭财富的代际传承和保护,同时还提供投资咨询、法律和税务咨询、留学服务等增值服务,以及对接外部的养老和医疗保险资源,进一步提升家庭服务信托的综合服务能力。

二是重点功能提升服务模式。中信信托在其家庭服务信托中融入了家族信托和保险金信托的服务经验,充分保障服务的全面性。公司的家庭服务信托业务通过接受家庭保单进入信托、专注于子女教育、医养安排等关键生活场景以及全线上办理流程等特色功能,显著提升用户体验和服务便利性。

三是理财管理综合服务模式。上海信托的家庭服务信托针对中产家庭财富管理需求特点进行功能设计,通过家庭财富管理账户综合服务实现业务升级。公司打造"让利于民、便利于民、普惠于民"的家庭服务信托,持续升级集家庭关爱、风险隔离、资产配置、财富传承"四位一体"的家庭财富管理账户服务体系,并通过服务流程设计以及数智体验平台规划,利用信托账户的灵活分配和风险隔离机制关注全周期服务,并经由多元配置保障传承和安全。

3. 差异化能力要求

家庭服务信托需要面对更加广泛的客户群体、实现更聚焦的投资管理、提供普惠化的金融服务，因此与其他几类财富管理服务信托相比，该类业务对信托公司的能力建设存在差异化要求。

一是要求更高的综合管理能力。家庭服务信托在业务实操中涵盖渠道建设、项目管理、投资配置、运营支持、产品升级、品牌推广、客户维护等多方面，尚无广泛的群众基础和市场熟悉度，也缺少成熟的业务模式支持，《信托业务分类通知》出台之后，更需要行业给予全面支持，同时在信托业务本源和服务信托知识的推广方面进一步加强，进而通过信托公司的业务综合实力打开局面。

二是要求更全面的财富管理场景服务。中等收入客群的财富管理需求相对更加具体，也具有类型化模式化的特征，因此家庭服务信托需要为其提供场景化服务，即为相应的客户群体打造完善的家庭财富管理场景，在提升业务标准化程度的同时，通过方案设计和条款设定实现对基本功能点的关注，解决不同层面客户的财富管理难题。

三是要求更有效的信息系统支持。家庭服务信托的聚焦点不是财富客户的个性化财富管理，而主要是普惠化的家庭资产规划，客户数较家族信托而言会大幅增加，在团队管理、运营压力及信息系统等方面提出了更高的要求，信托公司需要提高业务的标准化设计水平，实现高效精准的服务流程支持，因而需要匹配全面的科技运营和信息系统，有效服务于批量化的业务规模，提高服务效率和客户体验。

四是要求更专业的投资管理水平。监管要求已经对家庭服务信托的投资范围作出明确限制，主要是标品范围，这也要求信托公司具有更高的资产配置和投资研究能力，在资产投配的专业性、规范性方面都具有较高要求，在相对多元化的配置基础上，实现普惠化产品的专业安全性，信托公司应通过定制化的投资管理服务实现批量化的业务复制。

（四）保险金信托

1. 发展现状

自2014年中信信托和信诚人寿推出"家"系列保险金信托产品以来，多家信托公司就引入保险金信托模式，且市场主体参与热情高涨。根据国投泰康信托联手惠裕全球家族智库发布的《2023中国保险金信托创新发展白皮书》，十年左右时间内，我国已有30余家信托公司、50余家保险公司开展相关服务，亿元大单、复杂架构设计、创新场景频现。

基于协会65家信托公司调研样本数据,当前已有共计40家信托公司开展了保险金信托业务,总规模为2 372亿元。其中,业务规模排名前二十的信托公司,其展业总规模为2 368亿元,占总规模比重超过99%;业务规模排名前十的信托公司,其展业总规模为2 333亿元,占总规模比重98%;存续规模最大的信托公司业务规模已突破1 000亿元,占总规模比重超过45%。

2.业务模式

(1)保险金信托1.0模式。委托人将其持有的人寿保险或年金险的保险金请求权作为信托财产委托给信托公司设立保险金信托,在被保险人同意的情况下,将保单的受益人变更为信托公司,当达到约定的赔付条件时,赔付的保险金进入保险金信托专户。保险金进入信托专户后,保险金信托正式开始运作,由受托人按照信托合同的约定对信托财产进行管理处分,并向受益人分配信托利益(见图8-5)。

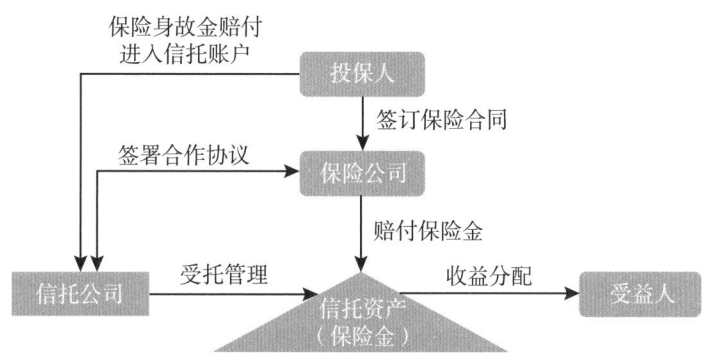

图8-5 保险金信托1.0模式

(2)保险金信托2.0模式。除将受益人变更为信托公司外,2.0模式将投保人也变更为信托公司,避免了投保人身故后保单作为投保人财产被强制退保或作为遗产被分割等风险(见图8-6)。

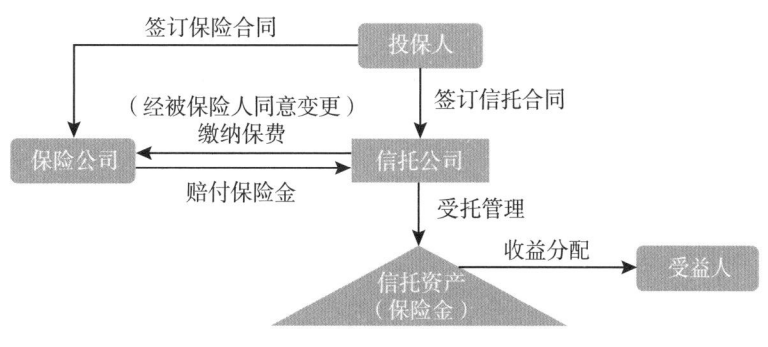

图8-6 保险金信托2.0模式

3.业务特征

第一,具有服务期限长、分配需求个性化等特点。保险金信托期限短则数十年,长则数百年甚至世代传承。分配需求非常个性化,委托人可以设置受益人在固定年限和固定金额领取,也可以设置条件分配。

第二,产品主要以定制化的信托方案对接终身寿险和大额年金险产品为主。基于可得的37家信托公司调研数据,年金险和终身寿险是主要保险类型,占比最大,合计占比超过98%。其中年金险占比54%,终身寿险占比44%,两者规模均超过750亿元(见图8-7)。

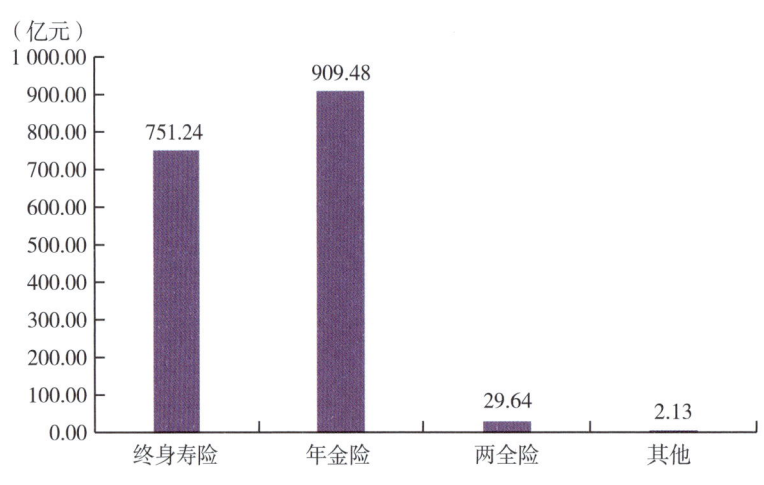

图8-7 保险金信托保险类型分布

资料来源:根据中国信托业协会调研数据整理

第三,保险金信托发展已由"信保"两方合作,逐渐升级到"信保银"多方耦合协同多个环节,建立起了生态圈式的服务体系。如中信信托当前已与国内近30家知名的银行、保险公司建立合作,与合作机构共同打造了一个共生共享的保险金信托协同服务平台。

第四,业务对数字化建设能力以及渠道建设能力的要求很高。比如,平安信托已构建了基于保险金业务全生命周期智能化管理平台。2023年平安信托保险金信托净增规模同比增长19%。近三年多来,得益于科技赋能,保险金信托市场占比、业务增长、设立时效均领先同业。比如,国投泰康信托构建起了覆盖商业银行、保险公司等超70家的渠道数量,覆盖率稳居行业前列。

第五,面临投入产出比较低的现实难题。导致投入产出比较低的原因有如下几点：一是业务前期投入大。二是业务盈利较难，信托公司开展保险金信托盈利主要是收取"设立费+管理费"，其中设立费多数按单计费，一单一般不超过3万元；管理费则是在保单成功赔付、资金进入信托账户之后才开始，费率多在5‰以下，有的信托公司收取的管理费甚至低至0.1‰。三是资金较长时间内停留在保险公司而非信托公司，使得信托公司盈利在许多年后才能实现。

（五）特殊需要信托

1. 发展现状

随着我国人民生活水平不断提高，特殊需要家庭对特殊需要人群的生活质量、服务专业性提出了更高需求。为更好满足这一人群的特殊需求，万向信托、光大信托、中诚信托等多家信托公司开始关注和重视特殊需要群体需求，发挥信托制度优势和跨界资源整合功能，积极试水特殊需要信托业务。基于协会65家信托公司调研样本数据，当前已有共计13家信托公司开展了特殊需要信托业务，总规模为1.65亿元。

不过，由于与特殊需要信托匹配的服务主体以及服务产业链尚不成熟，我国特殊需要信托尚处于发展萌芽期，并未成为主流的财富管理信托子类别。后续信托公司可以通过业务嫁接，如开展"特殊需要+家族"信托、"特殊需要+保险金"信托、"特殊需要+养老"信托、"特殊需要+慈善"信托等创新型业务来满足客户不同需求。

2. 应用场景

（1）特殊需求儿童的照顾。特殊人群中有这样两类人群，一是心智障碍者（含孤独症患者），他们大多数没有独立行为能力和社交能力，需要专人长期照看；二是残障人士，他们在日常生活中也存在着严重不便，基本不能独立生活，通常需要家人照顾或者由家人聘请保姆来照顾，甚至还需要做长期的治疗、康复。由于子女缺乏自我照顾能力，很多家长担忧在自己离世后子女的生活照顾问题。

（2）特殊需求老人的照顾。特殊人群中还有一类人群是失能失智的老人，他们可能是阿尔茨海默病患者，也可能是身体因疾病或意外受伤而活动受限甚至瘫痪的老人，他们的生活照料都需要别人打理，而部分老人无子女或者子女因各种原因无法照顾老人，从而出现老人晚年生活得不到保障甚至会有遇人不淑被骗取养老钱财的情况。

3. 业务优势

（1）特殊需要信托可以借助信托制度的优势实现财产安全隔离，信托财产独立于委托人和受益人，因此可以实现特殊需要人群的人身照管和财产管理相分离，即将管钱和管事相分离，从而避免监护人利用监护地位侵害被监护人利益的情形。

（2）特殊需要信托不因委托人身故或失去民事行为能力而终止，委托人可以事先在信托合同中将其亲属或好友指定为顺位指令权人，待委托人身故或失去民事行为能力后，顺位指令权人可代替委托人继续行使相关权力，从而防止因委托人过世而特殊需要人群无人照顾的情况。

（3）可以利用信托架构设计，协同公益组织、专业服务机构、律师事务所、保险经纪公司等多个机构组织，通过跨界的多渠道资源整合，满足和服务特殊需要人群多样化、差异化的保障需求，提升和保障特殊需要人群的生活品质。

（六）遗嘱信托

目前，我国正逐步进入老龄化社会，老年群体有较大的财产代际传承需求。作为财富管理服务信托的业务形式之一，遗嘱信托可以较好地在资产隔离、破产保护与事务管理等方面满足此类群体需求。相比其他继承方式，遗嘱信托优势明显，此为一项横跨《中华人民共和国信托法》和《中华人民共和国继承法》的财富传承工具，委托人可以通过设立遗嘱信托实现遗产的有效管理与稳定增值、确保遗产的安全隔离、保护受益人的利益等多重信托目的，最大限度地保障遗嘱信托客户实现其对身后遗产的计划。

从制度建设方面，早在2001年，《中华人民共和国信托法》第八条、第十三条就规定了遗嘱信托的形式要件以及受托人缺位时的补位机制，《中华人民共和国民法典》第一千一百三十三条第四款也明确规定"自然人可以依法设立遗嘱信托"。

由于遗嘱信托是一种新兴的信托产品，且大部分人对其了解和认可程度都比较低，实践中有效成立的遗嘱信托极少，案例并不多见。基于协会65家信托公司调研样本数据，当前仅有万向信托开展了遗嘱信托业务，总规模为677.23亿元。

（七）其他个人财富管理信托

1.发展现状

基于协会65家信托公司调研样本数据，当前已有共计47家信托公司开展了其他个人财富管理信托业务，总规模为889.72亿元。其中，业务规模排名前二十的信托公司，其展业总规模为815.57亿元，占总规模比重92%；业务规模排名前十的信托公司，其展业总规模为691.55亿元，占总规模比重78%；存续规模最大的信托公司业务规模超过290亿元，占总规模比重超过32%。

2. 业务模式

（1）以财富稳健增值为财富管理目标。该类业务模式下，客户主要是不满足家族信托设立要求的客群，客户需求主要为追求稳健投资兼具多元化投资的资产配置策略，信托在其中发挥的功能是以个人财富的稳健增值为财富管理目标，实现财富稳健，长久传承。

（2）以财富有序传承为财富管理目标。该类业务模式下，客户主要是多子女或子女年纪比较小的客群，客户需求主要为防范子女挥霍或子女婚姻风险隐患，信托在其中发挥的功能是提供后辈专属账户，围绕子女、孙子等核心家庭成员的人生重要节点，如教育、婚育创业等，结合阶段性分配方案实现个人财富的有序传承与后代子女的保护。

（3）以维持高品质生活及高品质养老为财富管理目标。该类业务模式下，客户主要是追求高质量生活品质、对高质量养老有明确诉求及清晰规划的客群，客户需求主要为需要保障长期、稳定、安全的现金流，为本人及家庭成员提供固定生活费用，信托在其中发挥的功能是实现家庭养老金的"保值增值"和"专款专用"，为高净值客户及其家庭成员享受高品质生活及养老提供稳定保障，助力颐养天年、后顾无忧。

（八）法人及非法人组织财富管理信托

1. 发展现状

基于协会65家信托公司调研样本数据，当前已有共计52家信托公司开展了法人及非法人组织财富管理信托业务，总规模为43 526.04亿元。其中，业务规模排名前二十的信托公司，其展业总规模为36 693亿元，占总规模比重95%；业务规模排名前十的信托公司，其展业总规模为36 693亿元，占总规模比重84%；存续规模最大的信托公司业务规模已突破16 000亿元，占总规模比重超过37%。

2. 业务模式

（1）以企业账户管理、资产配置为目的。该种模式下，企业作为委托人出资设立服务信托，信托受益人为企业自身，帮助企业解决投资签约流程繁琐、投后管理缺乏统筹的痛点，为企业搭建一站式资产配置服务载体。

设立以资产配置为目的的法人及非法人组织财富管理服务信托，根据委托人风险偏好、现金流量等要求提供资产配置方案，以实现资金组合投资、连续配置的目的。

（2）以薪酬激励、员工福利为目的。该种模式下，企业作为委托人出资设立信托，受益人为企业的员工，信托资金作为公司员工的福利或者额外的薪酬激励，公司薪酬福利管理委员会制定相应的分配方案，按照合同约定为员工分配信托利益（即薪酬或福利），实现吸引优秀人才、激发员工工作动力、提升公司管理效率及增强公司凝聚力等目的，有效促进公司和员工形成长期利益共同体，为公司长远发展赋能。

设立薪酬福利管理为目的的他益型法人及非法人组织财富管理信托；以符合一定条件的重要员工作为受益人，根据公司薪酬福利管理委员会对受托人下达的指令向员工分配信托利益，让员工更有归属感，从而提升员工的忠诚度。

（3）以员工股权激励，让员工共享企业成长价值为目的。该种模式下，企业作为委托人出资设立信托，受益人为企业的员工。信托资金用于买入本公司的股票/股权，实现员工利益与企业利益的统一，让员工共享公司的成长价值，也有利于企业股权的稳定。

上市公司出资设立以股权激励为目的的信托，受托人按照信托文件的约定买入该公司的股票并长期持有，未来股票变现后的信托资金根据信托文件约定向公司的员工进行分配。通过信托方案设计，让公司的员工通过享有信托受益权，来分享公司股权的成长价值。

三、财富管理服务信托典型模式与创新

（一）家族信托

●▶ **案例 8-1**

外贸信托设立"慈善+家族"信托

张女士希望在扶危济困的同时将家族慈善之风传承下去，通过设立含有

公益慈善目的的家族信托，一方面由信托公司对信托资金进行投资配置以保值增值；另一方面通过家族成员与信托公司共同筹备设立慈善委员会的形式，共同会议决策投资收益的公益慈善用途，令家族成员牢记并承继家族的慈善之风，树立起家族慈善典范，增强其社会责任感，提升家族的名望和美誉度。

●▶ 案例8-2

交银国际信托开展股权不动产家族信托

年过半百的Q先生与妻子经营企业30余年，拥有自己的工厂和品牌，大儿子帮着父母打理企业，小女儿尚在念高中，一家人和睦而又美满。前些年为配合市政规划，老厂房拟拆迁。如今新厂址已选定，拆迁补偿款已到位，如何合理安排这笔财富，更好地经营企业成了最近Q先生的新问题。Q先生将拆迁补偿款委托给交银国际信托设立信托，并通过信托与Q先生名下的两家企业Q-A、Q-B分别设立SPV-A和SPV-B有限合伙企业。再由两家合伙企业投资Q先生家族名下的核心企业X，实现股权集中。最后，利用资金追加、股权增资等方式购买经营厂房等资产。Q太太作为信托的保护人，负责监督信托的运行情况。两个子女作为信托受益人，享有家族企业分红带来的收益。即便女儿未来不接班企业，亦可根据信托设定在其人生必要阶段给予一定的资金支持。同时，Q先生还设置了投资指令权人的角色，可根据交通银行的投资建议下达投资指令，对信托财产进行投资配置。

（二）家庭服务信托

●▶ 案例8-3

上海信托推出"睿赢"家庭服务信托品牌

上海信托"睿赢"旨在打造财富配置全链数字化解决方案，为客户创设专属财富信托账户。从科技系统上看，系统秉持零售化、批量化、自动化的建设理念，可实现全生命周期管理，从受理申请、存续期管理直至信托终止，都在这个系统里完成。从产品设计上看，家庭服务信托采取两层信托架构设计：家庭服务信托层提供专属信托账户和信托制度服务；资产配置层提供专业金融机构受托理财服务。账户资金的配置属性更加偏向长期，流动性需求低，大幅降低投资端的管理压力，客户需做好长期投资的规划。从产品功能和配置策略上看，家庭服务信托不仅有财富保护以及财富传承功能，还致力于财富保值增值。针对不同客户的风险偏好，为家庭服务信托定制安稳型、稳健型、均衡型三类专业配置策略方案。

▶ **案例8-4**

国投泰康信托推出"赫奕保和·家庭服务信托"

2023年初，国投泰康信托成立家庭金融服务部，聚焦现代社会的家庭财富管理，连接康养、医疗、照护等民生需求，致力于推进家庭金融服务的普惠化。其推出的家庭服务信托主要针对财富家庭的养老、子女教育等服务需求，关注家庭中长期资金安排，设计适配型的资产配置和资产分配方案，助力客户实现财富的保护、运用、增值和传承四大目标。

（三）保险金信托

▶ **案例8-5**

平安信托推出保险金智能化管理平台

平安信托保险金智能化管理平台实现了信托、银行和保险全流程打通，全线上化生命周期管理和可视（覆盖进件、设立、投资、估值、分配、投后监控、单证管理、信批等全流程），大幅提升作业效率和安全性，提升用户体验。且平台实现多种类产品管理，向上升级家族信托（从1.0到2.0到3.0），产品系列间全面打通。保险金智能化管理平台具备三大智慧能力：一是风控智能,包括智能决策审批、智能流动性管理和智能投后监控;二是运营智能,包括智能估值、智能分配、智能投配和智能报告;三是分析智能,包括渠道报表、管理报表、投资报表、资产监控报表等报表的智能分析。

(四)特殊需要信托

▶ **案例8-6**

中诚信托设立特殊关爱信托

委托人是一名20余岁孤独症患者的母亲,孩子的父亲已于前些年不幸离世。刚刚退休的委托人为了使女儿拥有更充足的物质保障,经人保寿险、中诚信托以及外部合作机构的协同努力,最终委托人确定以"保单+信托+服务"的方式为女儿提供持续关爱保障。委托人通过购买人保寿险关爱星星年金保险实现前端的财富积累和增值保值,同时设立特殊关爱信托,作为未来保单赔付金的接收账户。保单赔付金进入信托后,在信托后端受益人设定了三种领取方式,分别是:小额生活费,满足受益人零星日常支出;大额医疗金,受益人发生重大医疗费用后,由信托予以报销相关费用;服务机构费用,未来委托人为受益人选定托养照料机构或护工,由信托点对点定向支付,保障女儿得到持续照料。

▶ **案例8-7**

百瑞信托上线"安鑫和享"系列特殊需要信托

百瑞信托接受委托人委托后,为受益人建立专门账户,专户管理、独立建账、独立运行,特殊需要信托资产独立于委托人未设立信托的其他资产,保证委托人个人身体健康或财务状况出现负面情况时,受益人都能拥有基本的照扶资金。由监护人持有财产转变为中立客观的第三方——特殊需要信托持有财产可实现被监护人人身照管和财产管理分离,最大程度降低监护人道德风险。广泛连接监察人、第三方中介组织、专业服务机构等相关机构，满足和服务特殊需要人群多样化、差异化的保障需求。信托存续期间，受托人按照委托人/指令权人的投资偏好提供专属的资产配置服务，专户理财、安全配置、资产有效增值，无须占用家人过多精力安排投资事宜。

（五）遗嘱信托

案例8-8

万向信托落地全国首单委托人身故后，依据遗嘱设立的遗嘱家族信托

在该信托计划中，委托人生前立下遗嘱，希望过世后设立家族信托，将部分财产交付家族信托，全权委托受托人管理，以实现财产的保值增值，保障身后后代的生活；由受托人按遗嘱指示定期向配偶、子女及孙子女支付生活、养老、教育与丧葬费，同时设置监察人监督其子女不得挥霍，监督其孙子女未来对长辈尽孝。

（六）其他个人财富管理信托

案例8-9

中航信托推出"鲲睦个人财富管理信托"

中航信托落地首单个人财富管理信托，以信托账户为主体，助力外籍受益人家庭成员的财富管理及有序传承。该笔个人财富管理信托以"信托账户"为载体，立足信托财产独立、风险隔离等优势，提供财富保护、资产配置、财富传承、灵活分配等定制化、一站式综合服务。同时，通过深入探讨研究多个移民国家信托征税问题，协助外籍家庭设计合法合规且可落地的信托方案。

（七）法人及非法人组织财富管理信托

▶ 案例 8-10

中粮信托落地上市公司员工激励信托

中粮信托厚德家族办公室落地上市公司员工激励信托。该信托委托人为港交所某上市公司，受益人为该上市公司员工，受托人为中粮信托，法律顾问为北京市京都律师事务所，证券服务机构为中信建投。该信托利用信托财产独立性及信托管理灵活性等功能，在对优秀员工给予奖励的同时，将员工利益与企业价值联系起来，让公司员工能够分享公司成长收益，促使员工致力达成企业长期发展目标。

▶ 案例 8-11

华宸信托成立薪酬延付服务信托

华宸信托为内蒙古自治区银行业金融机构设计薪酬延付服务信托，以"薪酬延付服务信托"作为切入点，设立符合监管要求和行业转型发展方向的服务信托，通过信托方式管理延付薪酬：一是信托财产具有独立性，具备风险隔离功能，机制最为安全稳定；二是员工延付薪酬与企业固有资金区分，满足监管合法合规要求的同时，又可实现稳健增值；三是投资范围灵活，底层资产可定制，过程可参与。

四、信托公司财富管理服务信托业务展望

（一）商业逻辑重塑，保持战略定力

不同于传统财富管理服务信托业务，全新的财富管理服务信托在商业逻辑上应该体现为如下几方面：一是其业务起点从原来的找资金转向找资产，从服务融资客

户转向服务委托人;二是其资产管理方式从单一向大类资产配置转变,更着重于资产管理能力;三是其服务目标从单一的保值增值向多元综合的功能类财富管理目标转变;四是其盈利来源从传统的赚取代销费转向收取管理费用。因此,新的财富管理服务信托绝非仅局限于投资,而是回归信托本源,为委托人提供量身定制的财富管理服务,其服务范畴更广(涉及整体财富规划和财富管理)、服务周期更长(涉及代际传承)。信托公司在此轮业务转型中需要立足长远,精耕细作,做好对于此类业务属于"基础投入大、回报周期长"的心理预期,明确战略性打法,坚定投入,以此作为转型升级的重要支撑。

(二)打造信托账户,提高社会认知

财富管理服务信托商业逻辑的转变也带来了新的发展趋势,即信托账户价值的凸显。传统而言,银行账户、证券账户等是居民的重要金融账户,但未来随着普通家庭、高净值家庭金融领域和非金融领域需求越发多元,信托账户有望基于其优势成为不可或缺的金融账户之一。原因主要在于:一是信托账户的专属性与独立性,受托的信托公司可以围绕委托人的个性化需求,独立开户建账、独立投资运作;二是只有信托账户能够通过他益安排来实现灵活分配,从而将家庭各成员利益连接起来,这是其他金融账户不具备的;三是信托账户具有灵活的资产投向优势,可以投向现金、股票、股权、不动产、保单、收益权/受益权等,真正实现大类资产配置,这是银行、券商、基金等其他机构所不具备的;四是依托信托制度,信托账户可以帮助委托人实现风险隔离、财富保护、财富传承等目的;五是信托账户可以设置丰富的信托功能实现多元化的非金融类需求。

综上,可以预判的是,财富管理服务信托能够为客户提供"信托功能架构+资产配置服务+美好生活综合服务"一站式、定制化的服务,而信托账户就是实现全生命周期、全流程、全品类财富管理的关键载体。从业内实践来看,多家信托公司正在紧锣密鼓地打造信托账户系统,以更好应对家庭资产的信托化浪潮。此外,多家信托公司也在系统性地推广财富管理服务信托品牌,提升财富管理信托服务的社会认知。

(三)提升四大能力,夯实竞争基石

为更好应对财富管理市场浪潮,信托公司需锻造以下四大能力。

一是团队建设能力。财富管理信托业务如家族信托、家庭服务信托等在前中后端都十分注重受托人的专业能力。比如在前端,信托经理需要在深入理解客户需求和核心诉求的基础上进行产品架构、合同条款的设计,并积极创新满足客户的多样化、定制化的需求;在中端,信托公司要能为客户做好资产配置、风险防范、利益分配、保护机制落实等工作;在后端,如资金收付、估值核算、清算、信息披露等基础运营管理工作也需要为客户处理妥当。因此,为适应此类新阶段的财富管理服务特征,信托公司需优化财富管理服务信托业务条线,提升人员配置的专业性,并在激励机制上优化KPI设计,提高各类团队的积极性。

二是资产配置能力。从实践来看,信托公司在传统非标业务方面具有竞争优势,而在大类资产配置能力方面则显著弱于券商、基金等金融机构。因此,为了更好满足客户财富保值增值需求,信托公司要构建完善、科学的资产配置体系,搭建丰富、精选的大类资产产品货架,结合客户画像洞察、市场研判、产品风险等综合因素,依托智能算法能力,为客户匹配合适的资产配置方案,并进行回溯、检视、调整等。

三是金融科技能力。根据德勤发布的《中国财富管理行业观察》,数字化与科技可以赋能财富管理机构更加高效精准地实现客户洞察、客户分层分群经营、产品管理、资产配置等能力提升;同时,助力渠道和场景深度融合,为内、外生态协同建设起到有效支撑。财富管理信托业务如家族信托、家庭服务信托、保险金信托等业务要实现"以客户为中心"的发展目标,必须积极推进金融科技能力建设,做好数字化转型,原因在于:其一,为客户构建多维标签,精准进行客户信息管理,更加了解客户,从而使产品与服务供给匹配客户需求;其二,此类业务的上量必须依托系统建设才能解决模式批量化难、运营成本高、运维难度大等问题;其三,信托账户资金收付、投资管理、利益分配、估值核算、关键业务时点提醒等各类需求的高效处理都需要依托数字化系统提高效率,更好降低人工操作风险;其四,完善的信息系统能够为客户提供更加高效便利的可视化产品体验,更符合未来财富管理的趋势。从实践中看,不少信托公司都非常重视系统的建设,一类是采取自主搭建的方式,如平安信托每年有上千万的系统投入;另一类是自建与外采结合,如上海信托、

国投泰康信托等。

四是生态耦合能力。做好财富管理服务信托不仅需要信托公司自身能力的建设，同时也需要信托公司具备资源聚合能力以及生态耦合能力，秉持心态开放，深化生态合作圈。信托公司的核心定位是做好受托人角色，服务普通家庭及高净值家庭金融领域和非金融领域的需求，这就要求其与银行、券商、基金、保险等金融机构一起进行客户端、资产端的同业合作。比如信托机构的客户基础较为薄弱，通过加强与银行、券商等渠道的合作可以实现获客。再比如信托公司长于固收类产品，但资产端缺乏有竞争力的权益类产品，信托公司可以通过加强与券商、基金等投研能力强的金融机构合作开发金融产品。此外，信托公司也需要与养老机构、医疗机构、教育机构、税务师或律师事务所、慈善组织等机构一起探索多场景、高质量的非金融服务，共同合作提升客户黏性，构建财富管理生态圈。

（四）探索营利模式，实现商业可持续性

当前国内财富管理服务信托同质化较为明显，整体收费偏低，业内不良价格竞争态势较为显著，商业模式可持续性尚待论证。具体来看，部分信托公司为了快速沉淀客户，采取仅在资产端收费，而部分、阶段性地减免账户收费，财富管理服务信托业务远未成为信托公司的盈利支撑。然而根据海外同业财富管理机构的成熟经验，按资产规模收取管理费用才是可持续之道。未来，随着财富管理从简单的卖方销售向专业的买方投顾过渡，信托公司服务收费模式也有望从收取产品销售费用转而以收取投顾管理费用过渡，真正实现与客户利益相统一。不过，在实现此过渡前，信托公司可以不断完善收费方式，如家族信托、家庭服务信托可尝试按信托财产规模收取固定费用为主，以具体事务处理收费为辅，逐步形成行业收费标准，构建可持续的商业模式。

（五）打造高质量的财富管理服务信托品牌

品牌是拓展财富管理服务信托业务的基石，打造有辨识度的财富管理品牌是财富管理机构获客留客的有力抓手。但近几年，由于房地产风险、政信风险等融资类信托业务风险频发，部分信托公司乃至整个信托行业的信誉度受到一定程度的波及，信托市场形象亟待重塑。金融监管总局副局长肖远企表示，"信托业未来能否实现长

期健康发展，取决于信托业能否在金融体系中发挥难以替代乃至不可替代的功能，取决于信托公司能否凭借自身专业能力和信誉取信于委托人。只有委托人对信托行业有信心，对信托公司有信任，才会把财产托付给信托公司管理"。因此，信托公司必须在开展财富管理服务信托的过程中，通过提升受托服务意识、切实履行受托人职责赢得客户信任，建立值得托付、值得信任的财富管理品牌，方能实现该项业务可持续高质量地开展。

第九章
行政管理服务信托

行政管理服务信托是指信托公司作为独立第三方提供运营管理、账户托管、交易执行、份额登记、会计估值、资金清算、风险管理、执行监督、信息披露等行政管理服务的信托业务。按照信托财产和服务类型又分为预付类资金服务信托、资管产品服务信托、担保品服务信托、企业/职业年金服务信托、其他行政管理服务信托共5个业务品种。随着《信托业务分类通知》正式实施，信托公司进一步加大了在行政管理服务信托业务领域的展业力度，5个业务品种的业务数量和规模都出现了较明显的增长。

一、行政管理服务信托的发展状况

（一）总体落地数量和规模明显增加

根据中国信托业协会的调研，2023年末，信托公司行政管理服务信托业务存续规模为20 458亿元，这其中其他行政管理服务信托业务的存续规模最大，为13 663亿元，占比达66.79%；其次是资管产品服务信托，存续规模为3 163亿元，占比15.46%。企业/职业年金服务信托存续规模754亿元，占比3.69%；担保品服务信托的存续规模为264亿元，占比1.29%；预付类资金服务信托规模27亿元，占比0.13%。

从新增业务的维度看，信托公司在其他行政管理服务信托业务上的新增业务数量和新增规模均排在第一位，新增1 113单，新增规模为8 989亿元。其次是资管产品服务信托，新增300单，新增规模578亿元。企业/职业年金服务信托新增5单，新增规模455亿元。担保品服务信托新落地19单，新增规模119亿元。信托公司在预付类资金服务信托上的探索也较为积极，新增落地38单，新增规模14亿元（见表9-1）。

需要指出的是，由于信托公司从2023年才开始按照新业务分类通知进行业务的重新分类，因此上述新增业务数量和规模可能并非2023年实际新增落地的业务，有部分是由于重新分类带来的增量。

表9-1　　　　　　　　　　2023年行政服务信托展业情况

类别	新增单数（单）	新增规模（亿元）	存续规模（亿元）
预付类资金服务信托	38	14	27
资管产品服务信托	300	578	3 163
担保品服务信托	19	119	264
企业/职业年金服务信托	5	455	754
其他行政管理服务信托	1 113	8 989	13 663
合计	1 834	10 643	20 458

资料来源：根据中国信托业协会信托公司调研数据整理

（二）预付款资金服务信托业务领域进一步拓宽

预付类资金服务信托是指信托公司提供预付类资金的信托财产保管、权益登记、支付结算、执行监督、信息披露、清算分配等行政管理服务，帮助委托人实现预付类资金财产独立、风险隔离、资金安全的信托目的的信托业务。

随着经济的发展和人民群众消费能力的提升，商品及服务领域的预付类消费已经逐步成为一种随处可见的消费模式，覆盖领域涵盖商超、培训、健身、餐饮、住宿、养老、物业服务、美容美发等多个行业领域。正是由于看到预付类消费市场的广阔发展前景，预付款资金服务信托成为近年来信托公司探索行政管理服务信托业务创新的主要方向。

2023年，开展预付类资金服务信托业务的信托公司进一步增加，有16家信托公司至少新落地了一单预付类资金服务信托业务，其中中原信托、苏州信托、万向信托落地业务数量居前三位，分别落地11单、8单和4单。从2023年末的存续规模来看，渤海信托的存续规模排名第一，为24.34亿元，这一规模主要由其落地的某央企集团职工租赁住房服务信托项目所贡献。从新落地业务所涉领域来看，预付类资金服务信托已经从前期的校外培训、体育健身、二手房交易等领域延伸至养老、房屋预售、租房、交通运输、消费券、民办教育等领域，服务范围更加广泛。

预付类资金服务信托业务的发展与政府的支持和推动紧密相关。2023年1月，济南市人民政府发布《关于进一步加强单用途商业预付卡规范管理的实施意见》。该实施意见明确了经营者预收资金的资金保障要求，规定经营者应当严格管理预收资金，并引入市场机制加强预收资金的风险控制管理，在备案平台下平行设立若干风控功能平台（二级平台），主要分3种类型：一是各类商业银行；二是商业保险共保体；三是服务信托。由经国家银保监机构批准的信托公司设立信托账户，消费者购卡预付款按风控比例限额存入信托账户，每消费一笔向经营者按比例转入一笔。另外，2023年，无锡市教育局发布了《关于做好2023年无锡市区义务教育招生入学工作的意见》（锡教发〔2023〕6号）等文件，进一步规范民办招生和办学行为。2023年6月初，无锡市教育局委托国联信托采用服务信托模式，对无锡市民办学校新生招生、学费缴纳进行统一管理。

预付类资金服务信托可应用的消费场景众多，具有可复制性和规模化潜力。发展预付类资金服务信托是一项可实现多方共赢的业务。对于消费者，预付款信托在财产独立性和风险隔离的优势能有效隔离商户的信誉、经营、债务等风险，保障预付资金的安全和自身的消费权益，让消费后顾无忧。对于政府而言，能帮助他们缓解社会和民生领域预付消费高发的矛盾，解决监管难点，提高社会治理水平，促进社会安定，有效提振消费信心。对于商户而言，无论是被动还是主动接受信托等第三方对预收资金的监管，长期来看，这将有利于提升其信用水平，促进其展业和拓客，同时由于信托公司兼具专业资管能力，商户虽牺牲了部分灵活使用预收资金的权利，但也可以获得一定的资金运用收益补偿。

（三）资管产品服务信托主要服务银行理财

资管产品服务信托是指信托公司接受资管产品管理人委托，为单个资管产品提供运营托管、账户管理、交易执行、份额登记、会计估值、资金清算、风险管理、执行监督、信息披露等行政管理服务，不参与资管产品资金筹集、投资建议、投资决策、投资合作机构遴选等资产管理活动。

资管产品主要包括银行理财、券商资管计划、保险资管、资产管理信托、公募基金等。信托业务分类通知并没有明确信托公司能为哪些资管产品提供行政管理服务。但由于金融监管部门对资管产品的托管、运营外包服务机构都有资质上的要求，信托公司可提供受托服务的资管产品一般为银行理财、私募证券投资基金。信托公司不具备证券投资基金托管业务资质，资管产品服务信托提供的服务实际上更接近运营外包服务。

根据中国信托业协会的调研，截至2023年末，约有23家信托公司开展了资管产品受托服务信托业务，其中规模较大的为五矿信托、建信信托、云南信托，分别为2 034亿元、380亿元、146亿元，其余信托公司的业务体量普遍较小，均在100亿元以内。目前行业受托管理的这些资管产品约90%以上是银行理财产品，且主要是投向债券的银行理财产品。

私募证券投资基金产品也是信托公司可以提供资管产品受托服务的对象。私募证券投资基金由证监会监管。根据规定，私募证券基金由取得托管资质的银行或券商托管，证监会对私募证券基金运营外包服务实行备案管理，信托没有获得为私募基金提供托管或运营外包服务的资质，所以私募证券投资基金通过信托设立资管产品受托服务信托的必要性不高。2023年，仅落地了6单由私募基金管理人担任委托人的资管产品受托服务信托，新增规模29亿元，这些业务一般是基于开户、投资等方面的特定需求。

（四）企业/职业年金服务信托发展有所加快

企业/职业年金服务信托是信托公司依据人力资源和社会保障部有关规定，受托管理企业/职业年金基金的业务。企业/职业年金在我国养老体系三支柱中处于第二支柱位置，相比于第一支柱，第二支柱的覆盖率仍有待提高。我国企业年金制度已经推出近20年，总体发展较为缓慢，覆盖政府机关及事业单位职工的职业年金制度推出于2014年10月，发展则相对要快。人力资源和社会保障部公布的数据显示，截至2023年底，我国企业年金规模3.19万亿元，参与企业14.2万户，参与职工人数3 144万人；职业年金规模2.56万亿元，参加人数超4 300万人，企业/职业年金覆盖人数与第一支柱覆盖超10亿人的水平相比有较大差距。

我国企业/职业年金基金管理涉及受托人、账户管理人、托管人与投资管理人四类机构，各类机构的资格由人力资源和社会保障部统一认定。目前，信托公司中仅中信信托和华宝信托分别获得企业年金法人受托机构资格和账户管理人资格，多年来没有新增。信托公司在养老金信托领域的参与度整体非常低。

2023年，在《信托业务分类通知》实施的推动下，中信信托加快了资产服务信托业务的转型，并加大力度拓展企业/职业年金业务。2023年，中信信托全力推进中信集团企业年金计划受托转移各项工作，该计划已于2023年6月完成将受托人正式变更为中信信托，实现了集团年金全流程平稳转移。另外，中信信托重点拓展职业年金受托业务，这主要是因为职业年金服务信托受托人的自主决策权比企业年金要大，一旦中标，可自行决策、择优选择账管人和投管人。为了拓展职业年金受托业务，中信信托在年初制定了"6+5"的业务拓展规划，全力扩大职业年金业务覆盖面。2023年，中信信托成功获得海南省职业年金计划替补受托人资格、广西壮族自治区职业年金计划受托人资格。

2023年，华宝信托积极做好企业年金账户管理业务。2023年末，公司服务的企业年金项目数5个，企业数423个，服务职工数258 288人，年金业务资产规模353.19亿元。2023年，华宝信托从团队建设、系统建设、制度建设三方面持续加强年金账管业务的资源投入，确保恪尽职守、不断提高年金账户管理的专业水平。

（五）担保品服务信托处于探索发展中

担保品服务信托是信托公司代表债权人利益，受托管理担保物权，提供担保物集中管理和处置、担保权利集中行使等服务。债权包括非标债权，也包括标准化债券。在传统非标债权融资业务中，信托公司无论是根据融资人的需求设计信托产品并向投资人发行募集，还是根据委托人的需求设立信托并将资金用于为融资人提供融资支持，对担保品进行登记、管理以及在发生风险时以受托人名义提起诉讼并处置担保物都是信托公司履行受托人职责的一项重要内容。与非标融资业务不同，在担保品服务信托中，信托公司仅接受委托提供担保物集中管理和处置、行使担保权利等服务，不涉及融资。在债券发行中，信托公司可作为受托人，接受发行人的委托，以担保财产作为信托财产设立信托，并代表债券投资人的利益持有和管理担保物并行使担保权。在此模式中，信托公司作为受托人的职责是在债券存续期内持续监督发行人资信状况、担保物状况等，督促发行人履行信息披露义务，发生风险事件时代表债券持有人提起诉讼并处置担保物。

由于担保品服务信托是新业务分类中引入的一项新业务，开展的信托公司还比较少。2023年，仅有8家信托公司新落地了担保品服务信托业务，其中浙金信托新落地6单,排第一位,新增规模13.97亿元。其次是渤海信托、金谷信托、杭州工商信托,分别落地4单、3单、2单,新增规模为13.53亿元、25.36亿元、5.39亿元。另外,中信信托、江苏信托、万向信托、天津信托各落地1单,其中中信信托的单笔落地规模达37.49亿元。

(六)其他行政管理服务信托涵盖范围较广

其他行政管理服务信托是指信托公司作为受托人管理其他特定资产,提供财产保管、执行监督、清算分配、信息披露等行政管理服务。涉及以财产权信托受益权转让、发行等方式变相为委托人融资的信托业务,不属于行政管理服务信托。

从定义看,其他行政管理服务信托是行政管理服务信托中包含性最广的一类业务,其他四项行政管理服务信托业务的定义都明确了具体的信托财产和信托目的,边界非常清楚,而其他行政管理服务信托对信托财产及类型并没有明确的规定,可以是除预付资金、资管产品、企业/职业年金、担保品以外的任何一类特定资产,可以是货币资金也可是其他财产或财产权利,信托目的可覆盖行政管理服务类信托的所有服务内容。只要不属于财富管理服务信托、资产证券化服务信托、风险处置服务信托、新型资产服务信托,不属于其他四类特定的行政管理服务信托的资产服务信托业务都可以归入其他行政管理服务信托之列,此前存续的财产权信托业务很多都可以归入此类。正因为如此,其他行政管理服务信托是行政管理服务信托中规模最大的一类业务。

根据中国信托业协会的调研,其他行政管理服务信托的存续业务规模居各类细分行政管理服务信托业务之首,开展此类业务的信托公司达45家,是展业覆盖最多的业务。具体到信托公司来看,其他行政管理服务信托业务存续规模排名居前三位的信托公司分别是陕国投、西部信托、华鑫信托,规模分别为2 804.83亿元、2 165.72亿元、1 317.5亿元。

二、行政管理服务信托的业务实践及典型模式

(一)预付类资金服务信托

预付资金式消费广泛存在于教培、餐饮、美容美发、健身等多个社会民生服务

领域。但近年来，受疫情、经济不景气等因素冲击，不少商户经营陷入困难，卷款跑路、挪用资金等事件发生频率明显增加，消费者的资金安全和权益无法得到保障。在此背景下，一些地方政府开始积极介入，加强对预付类消费资金的监管。将信托引入预付类资金的管理，可充分发挥信托制度的优势，实现预付资金的独立、安全和风险隔离，保护广大消费者的利益。已经落地的预付资金服务信托主要涉及教育培训、健身、单用途或多用途商业预付卡、房屋交易等领域。2023年，信托公司积极探索将预付资金服务信托引入更多领域，比如养老、消费券、交通运输服务等。

1.养老预付类资金服务信托

养老预付资金是用于支付养老服务费的长周期资金，其安全对于保障养老生活意义重大。2023年，天津信托针对人口老龄化逐步加剧的社会问题，围绕老年人群体的切身需求，依托信托制度独有的账户创设、财产和风险隔离功能，成功落地颐养天和系列预付款养老服务信托，系天津地区首单具有养老保障功能的预付类资金服务信托。

案例9-1

天津信托养老预付类资金服务信托

天津信托颐养天和系列养老服务信托通过预付类资金服务信托的形式，对老年人用于支付养老费用的预付类资金进行监管，实现预付资金与养老机构相关风险的隔离，信托公司对预付类资金进行保管、运用、处分，并提供账户管理、份额登记、资金清算、风险管理、配合执行监督等管理受托服务，从而实现预付类资金财产独立、风险隔离、资金安全及交易保障的信托目的，防范了养老企业破产、卷款"跑路"给老年人群体带来的利益侵害，也降低了因家庭成员意外或财务危机给老年人群体带来的"老无所依"风险。该服务信托具有综合金融服务的功能，解决了权益混同问题，实现了养老资金安全与养老服务权益的双重保障。

2.消费券预付类资金服务信托

当前我国经济面临内需不足的问题，为了稳增长，2023年疫情放开后，国家出台了一系列刺激消费的政策，这其中包括支持家电以旧换新、支持新能源汽车下乡、发放消费券促进餐饮、文旅消费等。2023年，中原信托落地了全国首例消费券领域预付类资金服务信托。

▶ 案例9-2

中原信托消费券预付类资金服务信托

为协助政府消费券安全高效发放，促进消费市场稳定发展，为政府惠民政策落地实施保驾护航，2023年10月27日，全国首例消费券领域预付类资金服务信托——中原信托"悦享一号预付类资金服务信托"（简称"悦享一号"）成立。10月30日，在中原信托与齐鲁银行（保管行）联合协助下，山东省商务厅以预付类资金服务信托方式成功发放2023年首批山东新能源汽车下乡巡展消费券资金，实现该类预付类资金服务信托模式国内首创。截至2023年12月25日，累计发放金额485万元，覆盖7个县市，惠及消费者共计4 850人。

中原信托"悦享一号"创新采用预付信托的模式，运用信托制度管理消费券预付类资金，不仅能够实现预付资金与其他资金的风险隔离，对信托财产进行安全保管，同时还能助力市场秩序的正常运转，让政府消费券更好地发挥作用和价值，保障消费者的合法权益。

3.探索落地信托制物业

我国物业管理领域存在业主对物业服务企业提供的服务质量不信任、不愿意预付物业费、小区公共收益管理难等问题，信托公司可以积极探索这些市场化预付资金服务场景，通过引入信托为业主提供安全、便捷、高效的受托服务，有效监督物业企业尽职履责，促进提高社区治理的水平。

▶ 案例9-3

外贸信托—金诺1号成都市长寿苑院落物业服务信托

2023年，外贸信托落地成都长寿苑"信托制物业"，该项目被纳入四川成都"党建引领信托制物业解纷工作法"，入选中央政法委评选的全国104个枫桥式工作法典型案例之一。该项目中,外贸信托与成都市武侯区长寿苑社区居委会合作,设立"外贸信托—金诺1号成都市长寿苑老旧院落物业服务信托",提供基层社区治理中的公共收益、政府专项补助等资金管理,以及社区居民对物业公司服务监督等行政服务。信托服务于长寿苑社区6个院落超过1万名居民,为老旧院落治理作出贡献。

4.开展房地产租售领域的预付资金服务信托业务

在房屋预售、二手房及房屋租赁领域,存在预售资金、交易保证金、房屋租金等预付资金的安全保障需求,这些领域的预付资金规模一般比较大,消费者保障资金安全的需求较强烈,预付资金服务信托存在较大的拓展空间。

▶ 案例9-4

渤海信托—职工租赁住房服务信托项目

为充分发挥信托制度优势,服务央企客户需求,渤海信托小微金融事业部落地了某大型央企集团职工租赁住房服务信托项目。该项目属于预付款资金受托服务信托项目,项目总规模超过30亿元,服务职工受益人超过千人。

通过设立服务信托计划,作为职工房租款的资金收集、投放载体,用于集租房的运营,以有效利用信托制度和受托人在信托财产独立、风险隔离等方面的制度优势,规范职工租赁住房的集资行为,为职工锁定约70年的住房租赁权,并可通过信托受益权的流转实现权益的继承和转让。基于该项目的成功操作经验及积累的良好口碑,渤海信托小微金融事业部已与多家央企对接,并已中标了同类项目。

(二)资管产品服务信托

资管产品服务信托的服务内容涵盖运营托管、账户管理、交易执行、份额登记、会计估值、资金清算、风险管理、执行监督、信息披露等行政管理服务,相当于"托管+运营外包"的服务组合。目前,信托公司主要为银行理财产品提供行政管理受托服务，也接受私募基金管理人的委托提供受托服务。

案例9-5

爱建信托落地私募基金受托服务信托

2023年12月，爱建信托落地了一单为私募基金管理人跨国多元化投资提供服务的资管产品受托服务信托。鉴于多地区印发的合格境内有限合伙人对外投资试点工作办法规定QDLP私募基金为信托，则可直接视为合格境内有限合伙人。基于此，爱建信托依托服务信托的架构，为委托人解决资管产品跨境投资的需求。经过审慎调查、核实、分析和整理后完成该类业务的首单落地，打造由运营托管、账户管理、交易执行、份额登记、会计估值、资金清算、风险管理、执行监督、信息披露等集成的服务体系。

案例9-6

五矿信托为银行理财产品提供资管产品受托服务

2023年，五矿信托与数十家理财子公司落地了资管产品服务信托业务。五矿信托为资管产品提供的具体服务包括开户/建账/会计、财产保管/登记、交易、执行监督、结算/清算、估值、权益登记/分配、信息披露、业绩归因、投资合规性监督、绩效评估、风险分析、合同保管等托管运营类金融服务（见图9-1）。

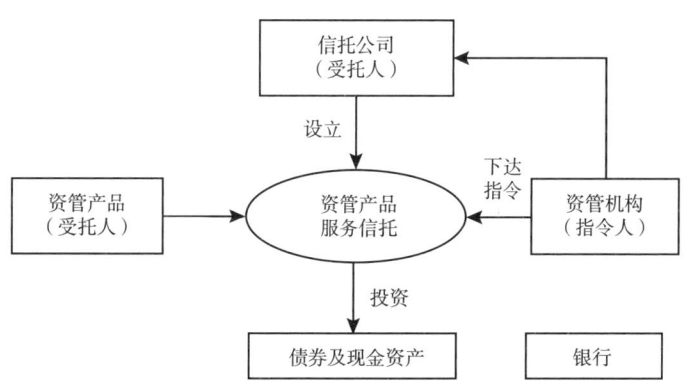

图9-1 资管产品服务信托交易结构图

(三)企业/职业年金服务信托

中信信托是信托行业唯一具有企业年金基金法人受托资质的公司。2023年,中信信托积极拓展企业年金业务,通过设立中信信托——盈盈长青企业年金集合计划,首次以集合计划为切入点,探索扩大企业年金的企业覆盖面。

●▶ 案例9-7

中信信托受托企业年金集合计划

2023年9月19日,中信集团首只全牌照"盈盈长青企业年金集合计划"服务方案发布。此次发布的盈盈长青企业年金集合计划由中信金控年金工作室成员单位及行业内投管人共同打造。受托人为中信信托,账管人与托管人为中信银行,投资管理人为中信证券、华夏基金、国寿养老、泰康资产、易方达基金和国泰基金。

从市场看,企业年金集合计划新增较少。据人社部数据,截至2023年第二季度末,企业年金集合计划共计仅58只。相较单一计划,企业年金集合计划近年获批难度较高,获批数量也较少。集合计划担负着企业年金"扩面"的责任,不仅对中小微企业的年金业务拓展有着重要作用,而且对今后探索新经济组织和新业态从业者能够更好享受年金服务起着重要作用。该产品聚焦广大中小企业客户的实际需求,为他们提供更便利、灵活的年金受托服务,同时也完善了中信年金的业务布局,实现了企业/职业年金受托服务的全覆盖。

(四)担保品服务信托

目前信托公司开展的担保品服务信托业务主要是为非标债权的债权人提供担保品受托管理服务。该项业务的开展主要是来自目前我国大部分地区的不动产登记中心在实操中仅支持持牌金融机构作为抵押权人办理不动产抵押登记、非持牌金融机构作为债权人形成的债权难以办理不动产抵押登记的需求。

▶ 案例9-8

渤海信托设立非标债权的担保品服务信托

2023年8月25日,渤海信托设立了"渤海信托·2023驰诚30号资产服务信托"。该资产服务信托的委托人为浙江省浙商资产管理股份有限公司和浙江省衢州市国企共同出资设立的企业,信托总规模为3.8亿元,信托期限不超过3年。委托人以其持有的对上海某地方性优质房企的债权委托渤海信托设立资产服务信托,旨在实现委托人对底层借款人的风险控制闭环。将已形成的债权委托信托公司设立财产权信托,形成新的债权债务关系,进而由信托在抵押机关办理抵押登记手续,实现了担保权利的登记以及担保权利的集中行使,满足了委托人债权项下风险控制的核心需求。在信托存续期间,信托公司提供债权本息回收、信托利益分配、信息披露及担保权利行使等各项专业服务。

(五)其他行政管理服务信托

其他行政管理服务信托包含的业务类型较多,包括以特定资产收益权、应收账款等各类债权、有价证券等非货币财产设立的,以提供行政管理服务为目的的财产权信托,也包括为特定目的设立的单一资金信托,比如员工持股计划等(见图9-2)。

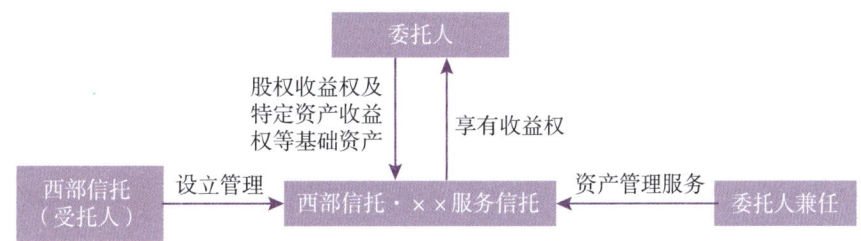

图9-2 其他行政管理服务信托交易结构图

▶ 案例9-9

五矿信托受托设立员工持股信托计划

2024年2月,五矿信托接受上市公司广东中旗新材料股份有限公司委托对公司第一期员工持股计划进行管理。委托人基于对受托人的信任,将其合法所有的财产委托给受托人,以实现如下的信托目的:受托人对委托人交付的特定资金进行管理,实现资产隔离,并依据信托合同的约定提供资产持有、管理与运作服务,根据委托人指令定向买入、持有及卖出中旗新材股票,提供资产的持有、财产保管、执行监督、清算分配、信息披露等行政管理服务。信托的投资范围为中旗新材流通股股票;银行存款、货币市场基金等现金管理产品。信托预设存续期限为42个月,委托人与受托人协商一致可以视市场情况及合同约定决定是否提前终止。

案例9-10

西部信托设立财产权类其他行政管理服务信托

西部信托接受委托人委托,拟将其持有的"B公司"100%股权对应的股权收益权以及其持有的"××厂房及配套"(以下简称"特定资产")对应的特定资产收益权作为基础资产(以下共同简称"标的资产")设立××服务信托,以实现标的资产与委托人自有资产的风险隔离,从而保护受益人的利益,提高金融资源配置效率。信托期限内,受托人根据信托文件及法律法规的规定对信托财产进行管理、运用和处分;受托人以标的资产所形成的收入或权益作为信托利益的来源,向受益人进行分配。本项目为其他行政管理服务信托,即信托机构运用其在账户管理、财产独立、风险隔离等方面的制度优势及专业能力,为委托人提供除资产管理服务以外的资产流转、资金结算、财产监督、保障、分配等受托服务。

三、行政管理服务信托的发展展望

行政管理服务信托项下的5类业务差异较大,各自处于不同发展阶段,未来可持续发展的前景也存在较大差别,信托公司需要基于对各类业务特点、能力要求及盈利模式的深入理解,并根据自身的资源禀赋和能力,选择具有规模化前景的业务进行重点聚焦,明确战略资源支持的方向。在5类业务中,预付类资金服务信托业务的需求有潜力、但短期规模化难度较大,资管产品受托服务信托的规模化前景较好,企业/职业年金的发展还有待政策的放开和支持，担保品服务信托中信托公司的角色定位有待进一步明确。

（一）预付类资金服务信托短期规模化难度较大

预付类资金服务信托处于探索发展的初期，大多数信托公司现阶段的重点是探索可行的业务领域和业务模式，实现首单落地。少数信托公司则通过政府主管部门的推动或自身的积极探索实现了业务的落地，处于寻求进一步拓宽业务领域、实现业务模式可复制化的阶段。由于预付式服务涉及的领域较广、参与机构数量众多、地方色彩较强，商家主动参与意愿较低，推行预付资金的强制监管、发展预付资金服务信托离不开地方政府政策的有力推进。不过，由于很多地方政府对于信托在预付资金监管方面的优势知之甚少，在制定地方预付资金管理政策上并没有将发挥信托的作用纳入政策考虑范围，而是规定由银行提供预付资金存管服务。比如2023年9月发布的《北京市单用途商业预付卡备案及预收资金管理实施办法（试行）》中就明确备案经营者应当选择1家北京市内商业银行或其分支机构作为存管银行，开设唯一的预付卡预收资金专用存管账户，信托公司无法介入。未来信托公司一方面要加强与地方政府、行业主管部门的沟通汇报，让这些部门多了解信托在预付资金受托管理方面的制度优势，以助力提升社会治理水平为目标，推动政府部门主导型预付资金服务信托业务的落地，促进业务的规模化；另一方面，也要发挥自身的资源和能力优势，积极深挖社会经济与民生领域多种市场化的预付资金服务场景，创新服务模式，比如针对物业服务、大宗商品贸易、养老服务、留学中介等特定场景，探索提供专业受托服务。

为预付类资金提供受托服务、有效保障预付资金安排是一项普惠性的金融服务业务，有望走入千行百业和千家万户，潜在需求空间较大。但要把这些分散在不同领域的需求转化为业务落地，则需要信托公司投入较多的人力物力去拓展，还需要有政策的积极支持。目前，预付类资金、服务信托总体还处于探索创新阶段，中短期来看规模化发展还存在一定难度。

（二）企业/职业年金管理业务的拓展有待政策支持

参与企业/职业年金业务管理的门槛总体较高，目前具备企业年金基金法人受托人及账户管理人的机构分别只有12家和18家，以商业银行和养老保险公司占主导。开展这项业务投入产出周期较长，对规模效应要求较高，需要信托公司有持久的展业定力。由于传统业务高收益时代一去不返，信托公司在新业务分类指引下把转型重点放在资产服务信托业务领域。企业/职业年金管理属于信托的本源业务，预计未来信托公司申请业务资格及展业的积极性都将提升。由于我国老年龄化日益加剧，国家已经出台了多项政策促进多层次养老体系的完善，预计未来企业/职业年金的覆盖面还有较大拓展空间。对于取得业务资格的两家信托公司而言，未来可把握机会，发挥自身的先发优势和资源优势，进一步打开业务发展的空间。其他有能力、有资源优势的信托公司也可积极协调监管机构主动申请获取企业/职业年金基金管理的资质，发挥自身的资源优势拓展业务，比如央企背景的信托公司可拓展集团的企业年金管理业务，地方国资背景的信托公司可拓展地方职业年金基金管理业务。

（三）资管产品受托服务信托需打造规模化优势

由于我国资管市场体量巨大且持续发展，资管产品服务信托具有较好的规模化前景，盈利模式较为清晰。资管产品受托服务信托业务的主要目标客户是银行理财子公司，这项业务可以与信托公司的资产管理信托、财富管理服务信托等业务形成协同。根据银行业理财登记托管中心发布的《中国银行业理财市场年度报告（2023年）》，截至2023年末，全国共有258家银行机构和31家理财公司有存续的理财产品，共存续产品3.98万只，存续规模26.80万亿元。未来信托公司与银行理财合作的空间较大。2023年7月，监管部门向各地银保监部门下发了信托业务分类配套政策《行业集中问题指导口径》，其中明确提到"信托公司为符合资管新规的、基础资产为标品的资管产品提供行政管理服务或专户受托服务，可以按照委托人指令，在公开市场开展债券回购业务，但应确保相关比例符合资管新规要求"。债券回购限制的放开有助于信托公司拓展银行理财产品的行政受托服务业务。

目前信托公司受托管理的银行理财产品以投资标准化债券资产为主，在交易上具有频繁、灵活、量大的特点，要求信托公司能提供高效、敏捷化、高质量的服务，并可采取差异化的客户拓展策略，根据客户需求提供定制化的增值服务，不断提升专业运营管理能力和信息科技支撑能力，拓展服务广度和深度，逐步打造规模化、平台化优势，实现规模效应。

另外，考虑到国家政策大力支持发展资本市场和直接融资，私募证券基金还有较大的发展空间，为私募证券基金提供运营外包服务也是资管产品受托服务信托业务未来的增长点。信托公司与私募基金在阳光私募发行、结构化配资、TOF/FOF业务上有合作基础。私募基金运营外包服务主要包括提供基金募集、投资顾问、份额登记、估值核算、信息技术系统等服务，与资管产品受托服务业务的范围基本一致。中国证券投资基金业协会对私募基金外包服务机构实行备案管理，已经先后公布了五批次共52家服务机构备案名单，具体包括证券公司23家、基金管理公司8家、商业银行8家、IT公司10家、独立外包机构3家。未来信托公司还需要在监管支持下申请获取私募基金外包服务机构的备案资格。

（四）担保品服务信托的角色定位有待明确

在目前开展的担保品服务信托业务中，信托公司主要是基于自身作为持牌金融机构且可开展非标债权融资业务、能够办理抵质押登记的优势，为非金融企业及个人作为债权人的非标债权提供担保品管理服务，这类业务有一定的需求，但空间可能较为有限。根据《信托业务分类通知》，信托公司还可以为债券发行提供担保品受托服务，但是信托公司开展这类业务还缺乏债券发行相关监管制度认可的角色定位。

信托公司作为担保品服务信托受托人的角色实际上与债券发行中的受托管理人接近。债券受托管理人主要为持有人服务，对持有人负责，职责包括管理处置担保物、代为参与债务重组及司法程序等，引入债券受托管理人主要是为了保护债券持有人权益。目前我国债券发行及交易分为银行间市场和沪深交易所市场两大市场。在交易所市场中，根据《公司债券交易管理与发行办法》，公开发行公司债券的，发行人应当为债券持有人聘请债券受托管理人，并订立债券受托管理协议；非公开发行公司债券的，发行人应当在募集说明书中约定债券受托管理事项。债券受托管理人由承销机构或其他经中国证监会认可的机构担任。债券受托管理人应当为中国证券业协会会员。尽管信托公司在担保品服务信托中可以履行债券受托人类似的职责，但由于信托公司不具备公司债券的承销资质，也不是证券业协会会员，所以目前信托公司尚无法担任公司债的受托管理人。信托公司要在公司债券的发行中担任担保品服务受托人，还需要证券监管部门在公司债发行中允许信托担任债券受托管理人。

在银行间市场，2019年12月27日，银行间市场交易商协会发布了《银行间债券市场非金融企业债务融资工具受托管理人业务指引（试行）》（以下简称《业务指引》），并于2020年7月1日开始施行。《业务指引》规定，发行债务融资工具的，发行人应当为债务融资工具持有人聘请1家受托管理人。四类机构可备案为受托管理人，分别为：债务融资工具的主承销商、持有金融许可证的金融资产管理公司、已取得债务融资工具承销商业务资质的信托公司、具备债务融资工具业务经验的律师事务所及其他专业机构。根据银行间市场交易商协会的数据，截至2023年7月，总计有96家机构备案为债券受托管理人，这其中主要为商业银行，也包括12家信托公司，如中信信托、华润信托、建信信托、中航信托、外贸信托、英大信托、上海信托等取得债务融资工具承销商业务资质的信托公司均名列其中。由于在债券发行承销中的参与度总体较低，信托公司开展债券受托管理人业务面临的竞争较为激烈。

2023年4月20日，银行间市场交易商协会发布新版《银行间债券市场非金融企业债务融资工具存续期业务规则》（简称《规则》）。根据《规则》，发行人可为债务融资工具聘请1家受托管理人，保护持有人合法权益。发行人未聘请受托管理人的，持有人可自行为债务融资工具聘请1家受托管理人，保护自身合法权益。

担保品服务信托与债券受托管理人的职责相似，不同的是，信托公司在担任债券受托管理人时并不一定要以担保品设立信托。因此，对于已经取得债券受托人备案的信托公司而言，可以选择是否以设立担保品服务信托的方式提供债券受托服务，其角色和职责有规可依。对于未取得债券受托人资格的信托公司而言，若想以设立担保品服务信托的方式介入债券发行及增信管理，其角色定位和职责尚缺乏明确的监管规则可依。

|第十章|
资产证券化服务信托

资产证券化服务信托是指信托公司作为受托人，以资产证券化基础资产设立特定目的载体，为依据金融监管部门有关规定开展的资产证券化业务提供基础资产受托服务的一项资产服务信托。按照基础资产类型和服务对象分为4个业务品种：信贷资产证券化服务信托、企业资产证券化服务信托、非金融企业资产支持票据服务信托、其他资产证券化服务信托。2023年中央金融工作会议指出"要盘活被低效占用的金融资源，提高资金使用效率"；2023年国务院政府工作报告中明确提出"要着力扩大国内需求"，"把恢复和扩大消费摆在优先位置"，资产证券化业务在助力盘活存量贷款、提升存量贷款使用效率，促进消费金融市场繁荣等方面具有重要作用。2023年，资产证券化相关政策密集出台，包括推动租赁住房REITs市场规范发展，支持保险资产管理公司参与资产证券化业务，降低商业银行资产支持证券资本占用，以助推资产证券化业务更好更快发展。2023年，我国资产证券化市场共发行各类产品1.85万亿元，年末存量规模约4.35万亿元。市场运行平稳，发行规模较2022年有所下降，产品结构相对稳定，发行利率先降后升，基础资产类型持续丰富。2023年，《信托业务分类通知》正式落地，监管鼓励信托回归本源发展资产服务信托，资产证券化服务信托由此被单列为其中一类。以此为助力，信托公司参与的ABS项目全年获批数量明显增加，展业力度继续加大，资产证券化服务信托已成为信托公司拓展资产服务信托业务的有力抓手。

一、资产证券化市场发展概况

（一）2023年资产证券化业务政策回顾

2023年，为贯彻落实中央经济工作会议、中央金融工作会议精神，金融监管部门持续引导资产证券化市场加强规范化建设，出台系列政策文件，为市场业务发展保驾护航，促进资产证券化市场的可持续发展（见表10-1）。

表10-1　　　　　　　　2023年资产证券化业务重要政策汇总

发布时间	政策文件或事件	发布机构	关键词
2023.01	《上海证券交易所公司债券和资产支持证券发行上市挂牌业务指南》	上交所	资产支持证券发行、登记与上市挂牌
2023.02	《商业银行金融资产风险分类办法》	原银保监会、中国人民银行	资产证券化业务风险分类准则
2023.03	《保险资产管理公司开展资产证券化业务指引》	证券交易所	险资开展ABS
2023.03	《关于规范高效做好基础设施领域不动产投资信托基金（REITs）项目申报推荐工作的通知》	国家发展改革委	项目申报推荐
2023.03	《银行间债券市场企业资产证券化业务规则》《银行间债券市场企业资产证券化业务信息披露指引》	中国银行间市场交易商协会	规则与指引
2023.06	《关于进一步发挥银行间企业资产证券化市场功能增强服务实体经济发展质效的通知》	中国银行间市场交易商协会	利用资产证券化等盘活存量资产
2023.09	《关于优化公开募集基础设施证券投资基金（REITs）发行交易机制有关工作安排的通知》	沪、深证券交易所	基础设施公募REITs发行
2023.11	《商业银行资本管理办法》	金融监管总局	完善资产证券化产品对应资本计量规则

资料来源：根据公开资料整理

1.支持资产证券化更好服务实体经济

2023年4月，中国证监会发布《推动科技创新公司债券高质量发展工作方案》，旨在进一步健全资本市场功能，加快提升科技创新企业服务质效；2023年6月，银行间市场交易商协会发布《关于进一步发挥银行间企业资产证券化市场功能增强服务实体经济发展质效的通知》，支持债务压力较大地区的企业以应收账款、商业物业、基础设施及其收益权等优质存量资产，因地制宜创新拓展资产证券化融资，加大对企业ABS市场的支持力度。2023年11月，中国证监会和国务院国资委联合发布《关于支持中央企业发行绿色债券的通知》，提出进一步提升资本市场服务绿色低碳发展能力，支持央企发行绿色债券（含绿色资产支持证券）融资，开展绿色领域基础设施REITs试点；支持新能源、清洁能源、生态环保等领域基础设施项目发行REITs。

2. 推进REITs各项业务规范高效开展

一是做好基础设施领域REITs项目申报推荐。2023年3月，国家发展改革委印发《关于规范高效做好基础设施领域不动产投资信托基金（REITs）项目申报推荐工作的通知》，提出做好基础设施领域REITs项目申报推荐与管理工作的具体要求。二是推进基础设施领域REITs常态化发行。2023年3月，中国证监会发文提出重点研究支持消费基础设施发行基础设施REITs，完善相关审核注册机制与注册流程，优化发行交易机制以及信息披露等基础制度，明确大类资产准入标准，抓紧推动REITs专项立法。2023年9月，沪、深证券交易所《关于优化公开募集基础设施证券投资基金（REITs）发行交易机制有关工作安排的通知》进一步优化和明确了基础设施REITs的发售定价、询价认购、二级市场交易等发行交易相关事项，提升二级市场流动性。三是完善REITs大类资产审核要点及信息披露要求。2023年5月，中国证监会指导证券交易所修订REITs审核关注事项指引，2023年10月发布的REITs规则适用指引、业务指引，突出以"管资产"为核心，优化REITs审核关注事项，强化信息披露要求，明确产业园区、收费公路两大类资产的审核和信息披露标准，推动REITs市场高质量发展。四是拓宽基础设施领域REITs试点资产范围。2023年10月，中国证监会发布《关于修改〈公开募集基础设施证券投资基金指引（试行）〉第五十条的决定》，将公募REITs试点资产类型拓展至消费基础设施。

3. 规范并支持企业资产证券化市场业务

银行间市场交易商协会先后于2023年3月发布了《银行间债券市场企业资产证券化业务规则》及《银行间债券市场企业资产证券化业务信息披露指引》，2023年6月发布了《关于进一步发挥银行间企业资产证券化市场功能增强服务实体经济发展质效的通知》，旨在进一步推动银行间企业资产支持证券市场的标准化、规范化发展。2023年8月，银行间市场交易商协会发布了《关于进一步加大债务融资工具支持力度促进民营经济健康发展的通知》，鼓励以支持民营和中小微企业融资所形成的应收账款、融资租赁债权、不动产、小微企业贷款等作为基础资产发行资产支持票据（ABN）、资产支持商业票据（ABCP）、不动产信托资产支持票据（类REITs）等证券化产品，鼓励以上海票据交易所供应链票据作为基础资产发行资产证券化产品，提升民营企业融资可得性。

4. 完善资产证券化业务风险管理与估值手段

2023年1月，中国人民银行发布了《银行间债券市场债券估值业务管理办法》，为债券（包括资产证券化产品）估值提供了估值依据。2023年2月，原中国银保监会和中国人民银行共同发布了《商业银行金融资产风险分类办法》，明确了根据基础资产情况进行风险分类的准则，为银行投资ABS产品的风险计量提供了依据。2023年10月，上海证券交易所发布《资产支持证券信用风险管理适用指引》，进一步规范了各业务参与人的信用风险管理行为。

5. 发布资产支持证券发行上市挂牌业务指南

2023年1月，上海证券交易所发布了《上海证券交易所公司债券和资产支持证券发行上市挂牌业务指南》，进一步规范了资产支持证券代码申请、资产支持证券发行和资产支持证券登记与上市挂牌等业务。2023年11月，深圳证券交易所发布了《深圳证券交易所债券发行业务指南第1号——公司债券（含企业债券）和资产支持证券发行上市挂牌业务指南（2023年修订）》，进一步明确了资产支持证券和公司债券发行上市挂牌工作要求，提升发行上市挂牌效率。

6. 支持保险资产管理公司开展资产证券化及REITs业务

2023年3月，中国证监会指导证券交易所制定《保险资产管理公司开展资产证券化业务指引》，支持公司治理健全、内控管理规范、资产管理经验丰富的优质保险资产管理公司参与开展资产证券化及不动产投资信托基金业务，进一步丰富参与机构形态，着力推动多层次REITs市场高质量发展。

7. 商业银行资本新规降低ABS资本占用

2023年11月，金融监管总局修订发布《商业银行资本管理办法》，进一步完善商业银行资本监管规则，推动银行强化风险管理水平，提升服务实体经济质效。涉及ABS主要变化包括：完善资产证券化产品对应的资本计量规则，针对同质性强、历史数据充分、质量较好的基础资产新增"简单、透明、可比"标准；短期限产品的优先档次资本计提优惠较显著；符合STC标准的证券将获得更多资本占用优惠等。

（二）2023年我国资产证券化业务市场整体情况

Wind数据显示，2023年全国共发行资产证券化产品总额18 481.4亿元，同比下降7%；年末市场存量金额为43 516.85亿元，同比下降17%。其中，信贷ABS产品发行3 485.19亿元，同比下降2%，占发行总量的19%；年末存量为18 026.25亿元，同比下降26%，占市场总量的41%。企业ABS产品发行11 784.10亿元，同比增长2%，占发行总量的64%，仍是发行量最大的细分品种；年末存量为19 981.55亿元，同比下降2%，占市场总量的45%。非金融企业ABN产品（即"非金融企业资产支持票据产品"或简称"ABN"）发行3 212.15亿元，同比下降31%，占发行总量的17%；年末存量为5 509.05亿元，同比下降29%，占市场总量的12%。公募RIETs类在2023年共新发产品10单（其中新发行上市5单），发行规模252亿元，约占发行总量的1%，年末存量997.6亿元，占市场总量的2%（见表10-2）。除企业ABS外，其他种类资产证券化产品年内新发行规模和存量规模均出现同比下降。所有新发行ABS产品合计来看，基础资产规模排前三的分别是企业应收账款、融资租赁债权、个人汽车贷款。

表10-2 我国资产证券化累计与存量情况（截至2023年12月31日）

项目	累计发行规模		存量规模	
市场分类	规模（亿元）	占比（%）	规模（亿元）	占比（%）
信贷ABS	60 642.84	34.41	18 026.25	40.50
企业ABS	90 052.39	51.10	19 981.55	44.89
ABN	24 523.97	13.92	5 509.05	12.38
公募REITs	997.60	0.57	997.60	2.24
总计	176 216.8	100.00	44 514.45	100.00

资料来源：根据公开数据整理（数据均为四舍五入）

发行利率方面，2023年资产证券化产品发行利率前三季度震荡下行，第四季度有所抬升。收益率方面，以表征ABS市场的"中债-资产支持证券指数"为观测，2023年全市场资产证券化产品的投资回报约3.56%，较2021年上升0.61%。债券评级方面，2023年发行的资产证券化产品优先档证券整体以中高信用等级为主。从交易情况来看，2023年，交易所和银行间发行的资产证券化产品的二级市场成交金额分别为8 753.65亿元和8 928.34亿元。交易所资产证券化产品的二级市场成交金额较2022年有所增加，但银行间市场的较2022年大幅减少。流动性方面，2023年资产证券化二级市场流动性相比2022年有所下降。2023年，国内资产证券化市场呈现出基础资产类型愈加丰富（如高新技术产权ABS、"绿色+乡村振兴"ABS均实现首落地），绿色ABS发行规模增长明显（为2022年的1.1倍）等特点；首批由保险资管公司担任管理人的资产证券化产品于年底陆续亮相，信贷资产证券化信息登记质量评价机制得到持续优化。

截至2023年12月31日，中国资产证券化市场累计发行11 749单ABS产品，累计发行规模176 216.8亿元（见图10-1），其中信贷ABS累计发行60 642.84亿元，企业ABS累计发行90 052.39亿元，ABN累计发行24 523.97亿元。

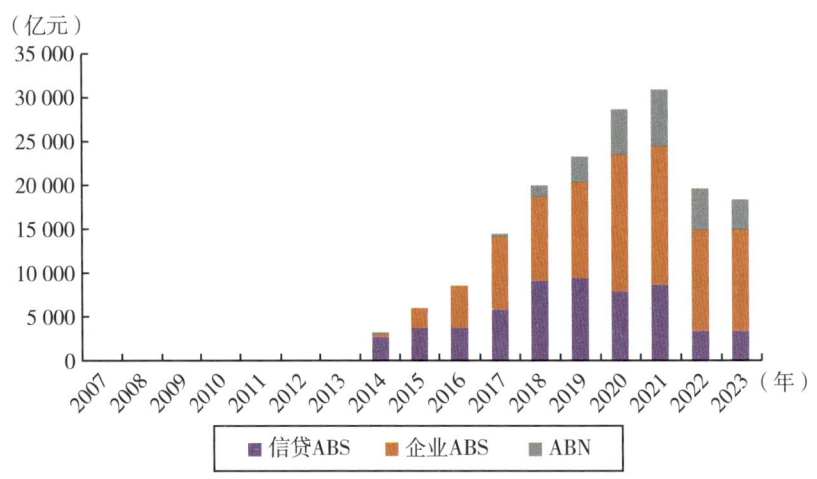

图10-1　2007—2023年我国资产证券化发行情况

资料来源：中央结算公司，Wind

二、信托公司资产证券化业务发展情况

2023年的中央经济工作会议提出"要引导金融机构加大对科技创新、绿色转型、普惠小微、数字经济等方面的支持力度"；中央金融工作会议提出，要做好科技金融、绿色金融、普惠金融、养老金融、数字金融"五篇大文章"。信托公司凭借独有的信托制度优势，可以在开展的非金融企业ABN、绿色ABS、消费金融ABS、数据资产证券化等资产证券化服务信托业务领域针对提供科创企业短期融资便利，加快绿色资产交易流转，提振消费意愿提升消费水平，服务数字金融支付、融资、投资多重需求等发挥独有作用。2023年3月，国务院办公厅发布《关于进一步盘活存量资产扩大有效投资的意见》，明确提出要"聚焦盘活存量资产重点方向，优化完善存量资产盘活方式"，明确要求信托公司"充分发挥优势，按照市场化原则积极参与盘活存量资产"。

2023年，信托公司参与的ABS项目获批数量同比增加，尤其在《信托业务分类通知》落地之后，信托公司展业力度明显提速。Wind数据显示，信托公司2023年资产证券化服务信托业务新增规模5 754.41亿元，较上年期同比上升5.01%。其中，发行方式为公募的新增规模为3 904.75亿元，占比67.86%；私募为1 849.66亿元，占比为32.14%。公募发行方式又回归主流，且增长态势较快。

（一）信托公司参与信贷ABS业务情况

在所有资产证券化业务品种中，信贷ABS业务是助力盘活存量资产、提升存量贷款使用效率的主力军。2023年，在宏观经济政策支撑、前期积压需求释放以及低基数效应的共同作用下，中国经济呈现出弱复苏趋势，但经济持续复苏的过程中风险与挑战仍存。2023年，国内信贷资产证券化的发行总量有所下降，二级市场交易也有所萎缩；但市场认可度不断提升，发行利差持续收窄。信贷ABS市场在零售消费、服务小微、绿色融资等领域持续发挥支持作用，促进普惠金融下沉深度和覆盖广度，有效缓解企业融资难、融资贵问题。

2023年，共有19家信托公司参与了信贷资产证券化服务信托业务，全部以SPV受托管理人身份参与了201单信贷ABS的发行，发行规模共计3 495.69亿元。其中，最大发行方为建信信托，发行39笔，规模834.53亿元。2022年，共19家参与，发行150笔，规模3 556.86亿元，其中最大发行方外贸信托18笔，规模753.52亿元。相较于2022年，2023年，信托公司参与信贷ABS业务的规模延续了近三年来的下滑势头，头部机构基本保持稳定且聚集效应更加明显，CR3发行规模占比60.22%，相较2022年的57.37%，集中度进一步上升（见表10-3）。

表10-3　2023年开展信贷ABS的信托公司（按发行总额排序）

信托公司	发行总额（亿元）	发行项目总数（单）	市场份额（%）
建信信托	834.53	39	23.87
上海信托	762.76	23	21.82
外贸信托	508.01	12	14.53
中粮信托	320.00	4	9.15
华润信托	187.77	20	5.37
国元信托	146.46	4	4.19
兴业信托	142.57	13	4.08
华能信托	132.73	18	3.80
中建投信托	103.01	8	2.95
中信信托	78.16	14	2.24
交银国际信托	66.55	11	1.90
金谷信托	60.48	11	1.73

续表

信托公司	发行总额（亿元）	发行项目总数（单）	市场份额（%）
重庆信托	60.00	4	1.72
国投泰康信托	30.48	2	0.87
紫金信托	28.30	2	0.81
财信信托	17.42	2	0.50
合计	3 495.69	201	100.00

资料来源：根据公开数据整理（数据均为四舍五入）

2023年，信贷ABS仍是信托公司ABS业务的主导业务之一。在银行债券市场信贷资产证券化业务中，信托公司作为唯一的信贷资产证券化业务合法受托机构，具有参与信贷ABS业务的制度优势。目前，国内信贷ABS市场已进入高质量发展阶段，将汽车、住房、日常消费等各类实体经济消费以及小微、绿色、"三农"、科创等领域信贷资产作为基础资产将成为信贷ABS业务的重点发展方向。信托公司应当充分发挥信贷ABS在服务支持重点领域的作用，利用信贷资产证券化服务信托业务展业，持续推动形成与实体经济发展相适应的小微企业金融服务体系；结合投资者投资偏好，研究创设多元化基础资产类型，丰富产品分层结构，满足不同投资者对于产品收益、期限、现金流等方面差异化需求，不断培育业务从SPV服务向后延伸至承销、投资的信贷ABS全链条业务能力。

（二）信托公司参与企业ABS业务情况

自2016年国内企业ABS发行规模首次超越信贷ABS以来，前者便一直位居国内市场各类资产证券化产品每年新发行规模之首，信托公司的企业ABS业务也得到快速发展。2018年由华能信托有限公司作为管理人的"华能信托·开源–世茂住房租赁资产支持专项计划"是首单由信托公司作为计划管理人的企业ABS落地以来，信托公司业务角色从原始权益人拓展至计划管理人、承销商等；产品基础资产亦不断丰富。截至2023年末，信托公司企业ABS业务基础资产已拓展至知识产权和棚改/保障房等领域。

根据Wind数据统计，2023年，共有12家信托公司参与了企业资产证券化服务信托业务，除华能信托实现1单以计划管理人身份参与的该项业务外，其余公司均是以发起机构或原始权益人的身份参与发行（见表10-4）。2023年，12家公司共发行企业资产证券化服务信托246单，发行规模1 550.08亿元，占年内全市场企业ABS发行规模的13.15%。相较2022年的9家信托公司，发行185单，发行规模1 471.2亿元，2023年，参与信托公司和规模均实现增长，扭转了2022年的下滑势头。其中，中航信托参与83笔，规模574.27亿元，笔数与规模均继续位居首位，且相较2022年同比进一步提升。

2023年，在以计划管理人身份参与企业资产证券化服务信托业务方面，信托公司中仅华能信托参与了1单，但相较2022年全行业的0单，还是扭转了自2020年起该类业务参与度逐年下滑态势。《信托业务分类通知》明确了信托公司可以做银行间、交易所市场各类资产证券化业务的管理人。2023年发布的《关于〈关于规范信托公司信托业务分类的通知〉实施后行业集中反映问题的指导口径》也明确"对于以双SPV模式开展的资产证券化业务，第一层SPV暂归入'其他资产证券化服务信托'"。信托公司开展企业资产证券化服务信托目前常见的"双SPV"展业模式获得明确肯定。相信未来会有更多信托公司以多种身份拓展企业资产证券化服务信托业务。

此外，在信托公司全年发行的企业资产证券化服务信托产品中，以信托受益权为基础资产的产品共计发行22单，发行规模114.2亿元，同比下降41.82%。其中，由信托公司作为原始权益人且基础资产为信托受益权的产品共发行6单，发行规模合计36.2亿元（见表10-5），同比下降66.38%。

表10-4　信托公司为原始权益人参与的企业ABS基础资产分布

基础资产	小微企业贷款	企业应收账款	信托受益权	一般小额贷款债权	银行/互联网消费贷	合计
单数	3	1	6	5	16	31
发行总额（亿元）	12.5	19.9	36.2	25.2	123	216.8

资料来源：根据公开数据整理（数据均为四舍五入）

表10-5　2023年信托公司为原始权益人且基础资产为信托受益权的企业ABS项目

项目名称	原始权益人	发行总额（亿元）
国联满扬3期资产支持专项计划	中诚信托	5
国联满扬2期资产支持专项计划	云南信托	5
诚盈惠泽1期资产支持专项计划	华能信托	10
中信证券-光琰1号1期资产支持专项计划	华能信托	5.2

续表

项目名称	原始权益人	发行总额（亿元）
国联满扬1期资产支持专项计划	云南信托	5
华泰–星灿1号2期资产支持专项计划	五矿信托	6
合计	6单	36.2

资料来源：根据公开数据整理（数据均为四舍五入）

（三）信托公司参与非金融企业ABN情况

资产支持票据（ABN）业务可在助力服务中央金融工作会议所提"五篇大文章"中起到重要作用，例如在科创企业的成长阶段，可以通过引入担保机制，充分发挥票据的短期融资功能；通过应收账款票据化，有效缓解供应链条上小微企业的财务压力；数字票据内嵌数字金融的天然属性，可以促进数字金融发展。信托公司可作为SPV充当发行载体，并具备ABN产品承销资格。近两年来信托公司ABN发行规模虽有所减缓，但仍几乎包揽了全市场ABN的发行。总体来看，2023年，国内ABN市场虽整体发行规模同比有所减少，但市场创新及亮点频现，出现以首单境外资产入池、首单收益权类资产支持商业票据（碳中和债）、首单双发起机构联合模式等为代表的创新产品，为市场提供创新驱动力。政策出台及支持力度也较为明显。2023年3月，银行间市场交易商协会对《非金融企业资产支持票据指引》进行了修订，并更名为《银行间债券市场企业资产证券化业务规则》（以下简称《业务规则》），并同时发布《银行间债券市场企业资产证券化业务信息披露指引》（以下简称《信息披露指引》）。《业务规则》将产品范围由"资产支持票据"扩大为"银行间债券市场企业资产证券"，并优化了ABN业务的注册发行流程，完善了信息披露要求，新增了存续期管理内容，健全了投资者保护机制等。《信息披露指引》作为配套文件，从发行环节及存续期信息披露方面，对信息披露文件、披露文件内容要求等均予以明确，对《业务规则》形成良好补充。上述业务规则的发布，进一步保障了ABN业务的持续健康发展。

2023年共有36家信托公司参与非金融企业资产支持票据服务信托业务，共参与发行339笔产品，发行规模3 216.12亿元（见表10-6）。其中最大发行方百瑞信托发行21笔，规模635.43亿元，虽同比下降19.65%，但继2022年后连续两年排名榜首。年内，信托公司ABN业务市场集中度仍较高，CR3市场份额合计达41.39%，连续三年提升。在2020年、2021年保持高速增长后，2022年、2023年信托公司参与发行规模和单数持续下降。在ABN发行规模增长承压、政策持续利好背景下，信托非金融企业资产支持票据服务信托业务将更多依赖于产品创新及服务实体经济发展质效。以支持民营和中小微企业融资所形成的应收账款、融资租赁债权、不动产、小微企业贷款等作为基础资产发行的资产支持票据、资产抵押商业票据有望成为信托非金融企业资产支持票据服务信托业务后续重点发力领域。

表10-6　　　　2023年信托公司开展资产支持票据业务情况
（按发行规模排序）

发起机构	发行总额（亿元）	发行项目总数（笔）	所占份额（%）
百瑞信托	635.43	21	19.76
华能信托	457.18	46	14.22
华润信托	238.20	26	7.41
中航信托	219.77	19	6.83
兴业信托	169.82	22	5.28
中建投信托	125.22	14	3.89
中铁信托	123.55	20	3.84
交银国际信托	116.90	13	3.63
国投泰康信托	111.90	21	3.48
金谷信托	107.43	2	3.34
上海信托	80.03	10	2.49
云南信托	76.84	18	2.39
外贸信托	67.88	6	2.11
华鑫信托	59.51	3	1.85
平安信托	56.45	8	1.76
中信信托	52.30	5	1.63
建信信托	47.90	7	1.49
重庆信托	46.93	8	1.46
粤财信托	42.88	3	1.33
中诚信托	39.50	5	1.23
华宝信托	39.13	5	1.22
西部信托	38.05	6	1.18
江苏信托	37.40	15	1.16
陕国投	36.35	5	1.13

续表

发起机构	发行总额（亿元）	发行项目总数（笔）	所占份额（%）
中粮信托	30.00	1	0.93
国联信托	29.97	7	0.93
财信信托	29.24	3	0.91
紫金信托	25.75	7	0.80
北方信托	20.39	3	0.63
厦门国际信托	15.86	2	0.49
北京信托	10.00	1	0.31
国元信托	9.37	3	0.29
山东信托	6.24	1	0.19
苏州信托	4.88	1	0.15
杭州工商信托	1.33	1	0.04
五矿信托	1.12	1	0.03
合计	3 216.12	339	100

资料来源：根据公开数据整理（数据均为四舍五入）

（四）信托公司参与公募REITs情况

2023年中央经济工作会议提出"2024年经济要坚持稳中求进、以进促稳、先立后破"。基础设施建设行业仍是现阶段我国经济企稳复苏的重要抓手，公募REITs业务的发展正为基建行业的转型发展注入新活力，并不断迎来新的发展机遇。根据Wind数据统计，截至2023年12月31日，全市场在2022年已成功发行25只公募REITs产品基础上，2023年又有5只产品成立并实现上市交易，推动公募REITs市场进一步发展。

目前，我国公募REITs采用"公募基金+ABS+项目公司"的三层结构，绝大多数信托公司无法以ABS管理人身份参与到公募REITs交易结构中，因此信托公司应该在公募REITs市场上找准自身的业务定位，挖掘出参与机会。一方面，信托公司可以主动利用信托在地产、基建等方面积累的丰富投资经验，提升发掘资产价值的能力，积极参与Pre-REITs业务，同时嫁接底层运营管理能力，获取运营管理收入。另一方面，提升公募REITs投资配置能力，积极参与公募REITs战略配售配置，抓住目前REITs产品估值处于低位、REITs价值有望回归的契机，研究设立REITs"打新"产品以及"REITs+"固收产品等，尽快取得公募REITs业务的突破。

三、业务实践与典型模式

（一）外贸信托——"南京鑫欣商业保理有限公司2023年度第一期建邺滨江担保知识产权资产支持票据（科创票据）"信托项目

2023年4月，由外贸信托受托的"南京鑫欣商业保理有限公司2023年度第一期建邺滨江担保知识产权资产支持票据（科创票据）"成功发行。该项目是江苏省首单知识产权资产支持票据，也是全国第二单支持民营企业的知识产权科创票据。该科创票据的成功发行，不仅在纾解中小微科创企业资金短缺的问题上能够发挥积极作用，对于落实国家知识产权强国战略亦有显著的示范效应。

"南京鑫欣商业保理有限公司2023年度第一期建邺滨江担保知识产权资产支持票据（科创票据）"发行规模为2 200万元，产品采用知识产权质押贷款模式，3家建邺区科创企业作为底层债务人以其拥有的15项专利等知识产权作为反担保物，由外贸信托向上述企业发放知识产权质押贷款，南京滨江融资担保有限公司为信托贷款提供连带责任保证担保，生成拟入池的基础资产（即信托受益权）作为底层资产在银行间市场发行科创票据。

具体交易结构如图10-2所示。

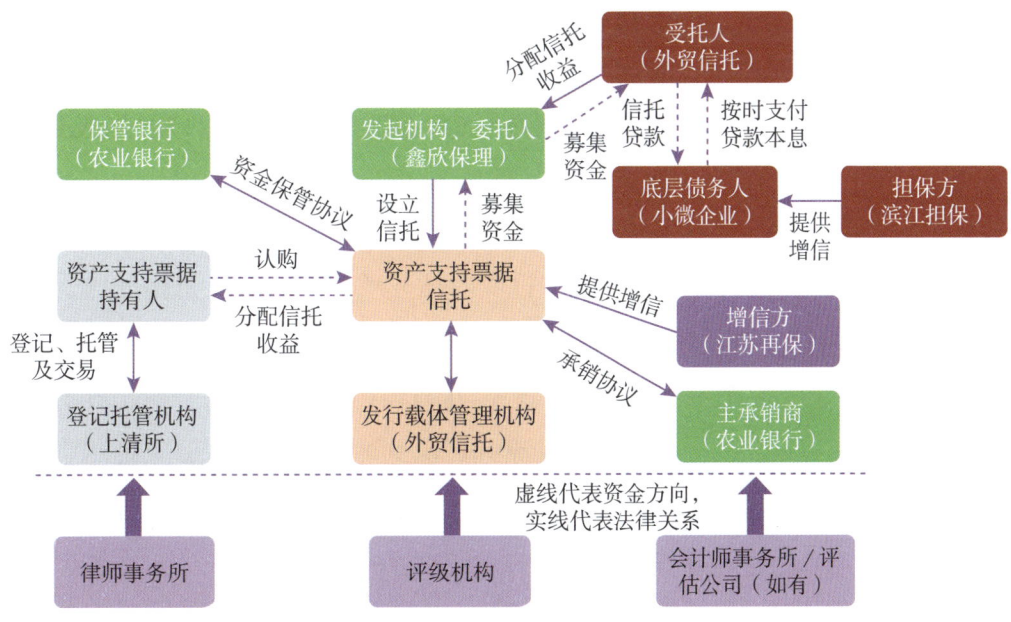

图10-2 建邺滨江ABN2023第一期交易结构图

(二)建信信托——"汇聚达2023年第一期绿色个人汽车抵押贷款资产支持证券"信托项目

2023年,国家多部门出台促进汽车消费措施,建信信托严格贯彻落实党中央指示精神,通过开展相关资产证券化服务信托业务为汽车消费提供金融支持。2023年,建信信托联合福特汽车、广汽集团发行汽车贷款资产证券化服务信托项目5单,规模150亿元。其中,与广汽发行了公司首单绿色资产证券化服务信托业务(交易结构见图10-3),项目所筹集资金将全部用于新能源汽车消费。

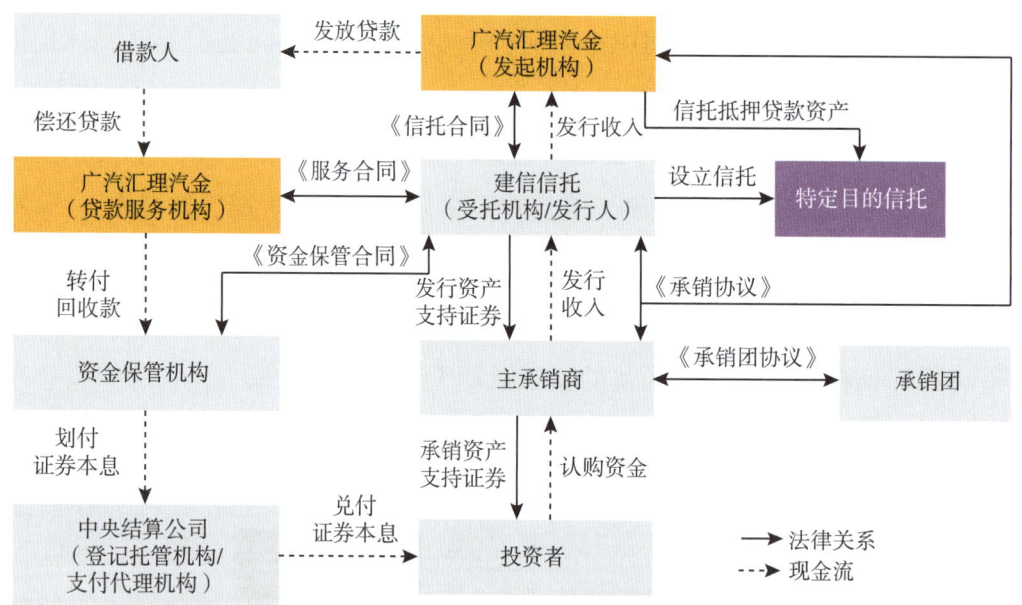

图10-3 "汇聚达2023年第一期绿色个人汽车抵押贷款资产支持证券"项目交易结构图

(三)中信信托——"工元至诚2023年系列不良资产证券化"信托项目

2023年,中信信托积极参与工商银行境内债务融资工具服务机构库内受托机构比选工作。经过与同业的激烈角逐,中信信托最终成为工商银行2023年不良信贷资产证券化(NPL)业务的唯一受托服务机构,并与各相关机构紧密合作,成功于2023年5月在中国人民银行完成"工元至诚"系列产品的注册申报工作,获批注册额度74亿元(见图10-4)。此后7个月内,中信信托作为受托人和发行人,累计完成"工元至诚"系列7个项目的受托发行工作,发行规模53.76亿元。

中信信托与工商银行此次合作的NPL业务,是资产证券化服务信托业务中法律关系和操作难度最为复杂的品种。在业务落地过程中，中信信托克服多种困难，实现对监管划定可证券化的不良资产全品类的覆盖，在信用卡不良、消费贷款不良、个人住房抵押贷款不良、小微企业贷款不良等品种资产池均有落地案例，展示了中信信托高效能、专业化处理复杂问题的能力。

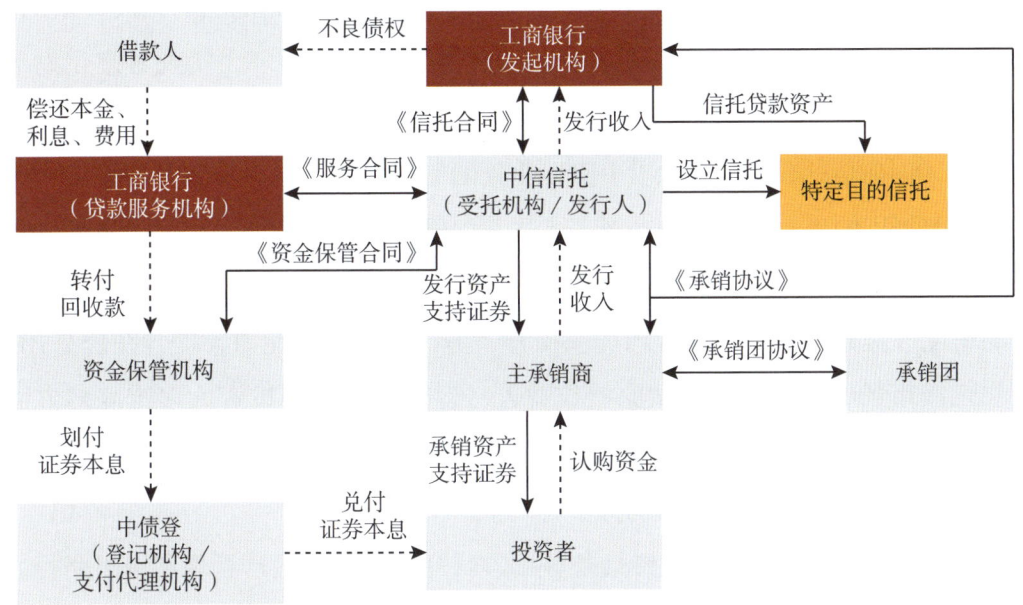

图10-4 "工元至诚2023年系列不良资产证券化"信托项目交易结构图

四、信托公司资产证券化服务信托业务展望

相较其他类型的资产服务信托业务，信托公司资产证券化服务信托业务开展较早，类型较为丰富，模式较为成熟，是信托业加快壮大资产服务信托业务的较好切入点。《信托业务分类通知》强调投资组合管理和受托服务功能，这对信托公司资产证券化服务信托业务的资产配置能力提出了更高要求。未来，信托公司需要在系统建设、团队配置、风控体系方面持续进行优化和调整，努力开拓更多业务领域，才能更好适应资产证券化服务信托业务全链条展业需要，更好面对业务日趋白热化的市场竞争。

（一）培育基础设施公募REITs领域"募投管退"与产品配置综合能力

我国公募REITs制度自2020年试点起步以来，加快完善发展进程，试点行业不断扩容。产品上市后表现良好,投资人参与热情高涨。

截至2023年12月末,我国已实现30只公募REITs挂牌上市,已发行规模超千亿元,项目类型包括园区基础设施、交通基础设施、保障性租赁住房、仓储物流等。REITs在降低企业杠杆率、引导资源优化配置、促进存量资产经营模式和投资结构优化等方面发挥了重要作用。预计2024年,随着公募REITs试点范围的拓展,REITs市场将继续高质量扩容;同时,伴随发行制度体系形成良性循环,实现常态化发展指日可待。

目前,国内信托公司参与公募REITs业务的制度研究、资金募集和管理能力方面都存在不同程度的挑战。信托公司既需要发展REITs相关专业能力,又要发展"募投管退"统筹综合能力。在《信托业务分类通知》背景下,信托公司客户与REITs市场投资的适配性提升,信托公司应当加快提升"募投管退"的能力,提升在公募REITs一级、二级市场的配置能力,从原始权益人、运营管理人到投资人多维度多方面挖掘REITs业务机会,为服务实体经济,盘活存量资产作出积极贡献。

1. 提升"募投管退"各阶段能力

信托公司参与公募REITs既要具备募资、研究、投资、运营管理和退出路径寻找等各阶段专业能力,也要具备统筹"募投管退"的综合能力。

一是提升信托与REITs的适配性。基础设施投资,从筛选资产、开发或改造到稳定运营再到具有稳定现金流和盈利水平,最后到公募REITs发行,时间至少需要5年以上。而多数金融机构提供的债性资金为2年期,而长期的投资资金又较少。《信托业务分类通知》背景下,信托公司必将要大力发展"家族信托"和"家庭服务信托"。而公募REITs的特征,可以满足信托委托人长期型投资和稳定型回报的需求。

二是发挥信托投融资经验优势,积极提升运营管理能力。在扩内需、提振消费信心背景下,基建扮演了逆周期调节"稳定器"的角色。根据有关数据显示,2022年末信托投向基础产业的信托资金余额为1.59万亿元,占比10.6%;投向房地产的信托资金余额为1.22万亿元,占比8.14%。信托公司具备参与REITs投资的先天基础。一方面,信托公司可以充分发挥已有基础优势,建立投研数据库对现有和新增项目进行跟踪研究,寻找成为原始权益人的投资机会;另一方面,我国公募REITs基金管理人不直接对基础资产进行管理,信托公司可以提升运营职能,培育专业REITs管理能力,成为公募REITs的实际运营管理人。

三是重点关注"新基建"。传统基建如高速公路公募REITs产品在上市后表现情况一般，新能源及污水处理产品表现中规中矩，但"新基建"业务发展态势良好。例如"鹏华深圳能源REITs"（此为天然气发电项目，属新基建行业），该REITs上市后至涨幅迅速飙升至35%，位列涨幅榜第二。结合美国公募REITs的发展情况，我国新基建也将呈现出发展迅速的态势。信托公司在发展传统基建业务的同时，应当着重关注新基建的业务机会。

2.提升公募REITs配置能力，多种方式积极参与

2023年，我国30只已上市公募REITs产品呈现上市初期综合收益表现良好、各类REITs收益表现分化、部分REITs溢价率高等特征。从已上市公募REITs产品上市认购倍数来看，截至2023年末，仅有6只公众认购倍数小于1，其余均大于1，其中最高的公众认购倍数高达100倍。已发行的公募REITs网下认购倍数均大于1倍，超过10只上市时认购倍数超过100。此外，首批上市9只公募REITs网上中签率在1.76%~12.3%之间。充分体现机构投资人和个人投资人对公募REITs资产的追捧和认可。

投资人的认可和追捧，为信托公司开展公募REITs投资提供了可靠的基础。此外，由于公募REITs资产的收益与其他资本市场资产相关性较低，可以成为资产分散配置的新途径，通过提升自主投研能力，建立投资模型，信托公司可以积极参与公募REITs的一级、二级市场投资，尝试创设公募REITs的战略配售和打新产品，还可以尝试将信托公司已开展的"固收+"业务与公募REITs投资结合，创设公募REITs"打新固收+"产品；通过参与公募REITs二级市场投资，信托计划可以配置不同的大类资产为投资人提供类型多元的组合投资产品。

（二）加快拓展不良资产证券化服务信托业务

不良资产证券化（NPL）业务属于企业ABS业务的一项细分品种。现阶段，国内经济复苏仍存压力，近年来地产等行业风险持续暴露，不良资产处置需求持续增加，不良资产处置证券化业务迎来更广阔发展空间。目前，不良资产证券化已成为我国银行处置不良资产的重要渠道，越来越多的发起机构进入不良ABS常态化发行阶段。2023年，国内不良资产支持证券发行单数与规模相较上年均出现大幅增长，全年共发行118单NPL产品，同比增加50单；发行规模476.51亿元，同比增长53.91%；消化不良贷款本息余额2 845.86亿元，同比增长49.67%。年末，国内银行间市场已累计发行400单不良资产证券化产品，累计发行规模1 956.71亿元，累计消化不良贷款本息余额10 467.26亿元。

2023年中央金融工作会议提出"支持房地产业风险化解，一视同仁满足不同所有制房地产企业合理融资需求"，信托公司开展企业不良资产证券化服务信托业务迎来机遇期。

一是强化与相关金融机构的战略合作伙伴关系。信托公司作为唯一的不良贷款证券化的受托机构，开展不良资产证券化业务必然需要与银行、资产管理机构构建深度合作关系。鉴于现阶段不良资产证券化的基础资产多为"个贷抵押"及"信用卡不良资产"，因此展业策略宜选择"大客户策略"，从而实现更多客户的引流。同时，目前第三批不良资产证券化试点已将部分城商行、农商行纳入试点范围，原因是农村商业银行不良贷款率远高于大型商业银行和股份制银行，亟须通过不良资产证券化等方式推动不良资产处置。信托公司未来可特别关注城商行、农商行市场相关的展业机会。

二是进一步探索拓展业务基础资产范围。房企分化与整合、国企混改、国企重组整合等热点事件与趋势为信托公司不良资产证券化服务信托业务发展提供了更广阔的发展空间。信托公司应进一步拓展证券发行与存续期受托管理职责，积极发挥信托资产和破产隔离、服务托管等功能，依托在不动产领域人才优势和专业经验，延展在房地产、基础设施等领域的资产识别、风险定价等优势，探索开展相关领域不良资产证券化服务信托业务。

三是强化不良资产证券化资金渠道的建设，做好投资客群发现与培育。企业的不良资产具有风险高、现金流不稳定等特征，其处置收益面临一定的不确定性，对投资人风险承受能力有较高要求，在不良资产证券化发行中，信托公司要强化资金配置管理，以专业"投顾"角色，做好投资客群发现与培育，引导各类资本参与不良资产证券化业务。

四是在不良资产证券化服务信托展业过程中持续提升专业能力。目前，国内市场上不良资产支持证券换手率达40.61%，相较其他类型资产证券化产品，其二级市场交易更活跃，开展此类业务，有利于信托公司打造资产证券化服务信托全链条业务，培育主动管理与投资能力。因此，信托公司需着重加强产品设计和机构客户承销推介，不断提升在不良资产证券化服务信托业务中的创设资产、承揽、承做、发行、承销等各个环节的专业水平，由单纯的通道角色，转变为发起人、计划管理人、承销商等多重角色，在不良资产证券化服务信托业务领域提供更加综合的金融服务。

（三）更好发挥资产证券化服务信托促进消费金融市场作用

2022年12月，中共中央、国务院印发的《扩大内需战略规划纲要（2022—2035年）》提出"十四五"时期实施扩大内需战略的主要目标之一是促进消费投资。2023年10月，中央金融工作会议提出金融要为经济社会发展提供高质量服务，并专门指出做好科技金融、绿色金融、普惠金融、养老金融、数字金融"五篇大文章"。

消费金融是普惠金融领域的重要组成部分。根据中国银行业协会发布的《中国消费金融公司发展报告（2023）》，2022年末，我国消费金融公司服务客户人数达到3.4亿人次，同比增长18.4%；从消费信贷渗透率方面来看，伴随着消费升级及借贷的活跃性，我国消费信贷渗透率已从2014年的16.2%增长到了2022年末的43.2%，7年时间增长27%。2023年，我国消费金融行业外部环境有所改善，全年共有8家消费金融公司累计发行18期ABS，发行规模超过251.41亿元，同比增速超过79%。2024年，消费金融渗透率预计还将进一步提升，证券化产品促进消费金融市场的作用或将持续凸显。

开展消费金融资产证券化服务是信托公司开展消费金融业务的重要抓手。对信托公司而言，未来消费金融资产证券化服务信托的展业策略在于以下几个方面内容。

一是持续加大和头部平台的开发与合作。随着行业逐步规范，未来消费金融行业的"马太效应"将更加显著，头部互联网金融平台的作用会越来越强。信托公司应持续加大与头部平台（如蚂蚁金服、京东金融、美团等）的开发与合作，获取更多基础资产与平台客户资源。二是拓展消金资产"非标转标"业务模式，形成全链条业务体系。近几年，消费金融领域成为ABS的重要资产来源之一，部分信托公司借机拓展业务链，形成前期参与信贷投放形成基础资产，再通过"非标转标"，在中间环节通过资产证券化实现资产流转与机构融资，在资产证券化服务信托业务中充当SPV，进而在后期投资、认购ABS优先及次级资产支持证券，打造消费金融业务领域资产证券化的全链条业务模式。随着消费信贷环境开始逐步改善，未来信托公司在拓展非标业务的同时，更应重点以非标撬动"转标"业务，顺应"非标转标"趋势，提升业务的可持续发展。三是挖掘消费基础设施公募REITs新机遇。我国消费基础设施存量充足，商业不动产规模巨大。2023年，国内消费基础设施公募REITs已有6单完成正式申报，预计总募资规模近180亿元，还有4单已获批正等待上市发行。其基础资产类型既包括购物中心，也包括奥特莱斯及社区商业；发行人既有国央企背景，也有民营企业；资产分布既有一线城市，也包括新一线和二线城市，整体发展势头呈现多元化趋势，为信托公司提供丰富、多样的产品选择。信托公司可以此为契机，在做好内部收益率测算基础上，严格遵守"原始权益人是不涉房的独立法人主体，消费基础设施公募REITs与商品住宅开发业务须实现相互隔离；净回收资金严禁流入商品住宅等领域"等合规要求，重点关注入池底层资产产权是否明晰，租户业态结构与租约期限配置是否合理，资产运营管理机构有否足够能力等，做好回收资金使用，拓展消费基础设施公募REITs业务，助推自身业务转型的同时，为国内内需提振与经济复苏做出信托贡献。

第十一章
风险处置服务信托

中央金融工作会议要求，有效防范化解金融风险，对风险早识别、早预警、早暴露、早处置，健全具有硬约束的金融风险早期纠正机制。中央经济工作会议要求持续有效防范化解重点领域风险。要统筹化解房地产、地方债务、中小金融机构等风险，严厉打击非法金融活动，坚决守住不发生系统性风险的底线。特殊资产[①]处置已经成为防范化解金融领域风险的重要措施，也是监管政策及行业关注的焦点。

2023年，面临防范化解风险的艰巨任务和风险资产处置的市场供需双增背景，风险处置服务信托迎来快速发展。根据《信托业务分类通知》，风险处置服务信托是由信托公司作为受托人，为企业风险处置提供受托服务，设立以向债权人偿债为目的的信托，旨在提高风险处置效率。以标的企业是否进入破产重整司法程序为分界线，风险处置服务信托可以细分为两种方式：企业破产服务信托和企业市场化重组服务信托。前者是信托公司作为受托人，为依照《中华人民共和国企业破产法》实施破产重整、和解或者清算的企业风险处置提供受托服务；后者是信托公司作为受托人，为面临债务危机、拟进行债务重组或股权重组的企业风险处置提供受托服务。

风险处置服务信托是信托公司创设和运用信托法律关系管理处置困境企业的特殊资产，既可包括金融机构的特殊资产，例如商业银行不良资产或非银机构的特殊资产；也可包括非金融机构的特殊资产，例如房地产企业的特殊资产或上市公司及其他实体企业的特殊资产。信托公司开展风险处置服务信托，可以运用信托制度优势，形成差异化的竞争优势。一是运用信托财产的破产隔离功能，确保风险处置目标资产被独立管理和处置；二是运用信托目的设计的灵活性，可以根据委托人不同

---

① 特殊资产，业界对其定义为由于特殊原因而被持有或需要处置变现的，过度的信用风险、市场风险、流动性风险导致其价值被明显低估、可能有巨大升值潜力的资产。特殊资产不仅包括狭义上的不良债权，也包括价值被低估、具有较大升值潜力、有变现需求的收益权、实物等资产。引自李扬、曾刚：《中国特殊资产行业发展报告（2022）》，社会科学文献出版社2022年版第9页。

需求，设计定制化的风险资产处置方案；三是运用保护信托受益人利益最大化原则，保障包括风险资产债权人在内的相关权利人合法利益最大化；四是运用受托人忠实尽责的信义义务机制，受托人可作为独立第三方直接参与重整企业的公司治理，平衡各利益相关方的应有权利，提升标的企业的管理效能和风险资产的处置价值。

风险处置服务信托具有重要的社会价值和市场价值，既是信托公司利用信托制度优势解决社会痛点，助力企业重生发展或有序退出市场，满足困境企业及其债权人、投资者、职工等利益相关方多元化诉求，实现社会值最大化的积极探索；也是信托公司深化业务转型，回归信托本源，大力拓展资产服务信托创新的重要业务领域。

一、风险处置服务信托的发展状况

（一）半数信托公司加速业务布局，受托服务规模显著提升

根据中国信托业协会2023年调研统计，共计34家信托公司落地风险处置服务信托业务，其中16家信托公司是2023年首次开展此类业务，风险处置服务信托新增项目89个，新增规模4 200.87亿元，其中企业破产服务信托新增31个，企业市场化重组服务信托新增58个，存续受托资产规模总计1.56万亿元，较上年增长10.7%（见图11-1）。

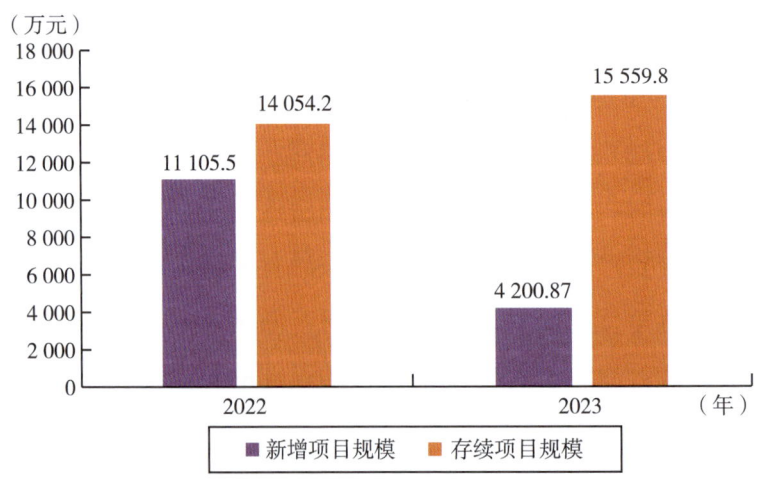

图11-1　信托公司开展风险处置服务信托的规模增长

资料来源：根据中国信托业协会34家信托公司调研数据整理

企业破产服务信托的快速发展不仅源自信托公司从服务供给侧的积极布局，更重要的原因是源自市场需求侧的主动选择。根据全国企业破产重整案件信息网的数据统计，2023年全年破产审查案件公告多达6.54万件，连续三年保持年均近1万件的高速增长，风险资产的管理和处置需求持续攀升。相比之下，信托公司通过风险处置服务信托参与破产重整的公示信息，2023年仅有11条，主要体现为"重整服务信托受托人招募公告"和"破产服务信托受益权拍卖公告"两种类型，风险处置服务信托的供给亟待加强，涉及实质合并重整主体数量众多的集团更倾向于根据重整计划主动公开招募信托公司作为破产服务专项服务信托的受托人，并对参选受托人的资格作出严格规定，信托公司的专业服务能力已经开始受到市场重点关注和逐步认可，需要进一步增加服务供给。

企业市场化重组服务信托的市场供给明显增加，2023年该类业务的新增数量超过企业破产服务信托近1倍，通过个性化定制重组服务信托方案，可以充分表达债务企业意愿，获取债权人支持，平衡利益相关方权益。自从转型服务供给侧，信托业大力发展资产服务信托的转型方向日益笃定，风险处置服务信托是监管机构明确规定的资产服务信托品类，政策和方向的确定性会继续推动风险处置服务信托业务进入发展快车道。2023年11月，华夏幸福委托建信信托设立总规模为255亿元的自益型债务重组服务信托即为企业市场化服务信托的典型体现，建立专业化服务的市场口碑和提升社会认知度是拓展企业市场化重组信托服务规模的关键。

（二）信托目的设计更加灵活，差异化服务特色显著

根据委托人的身份角色不同，2023年，风险处置服务信托的结构设计体现为更为个性化的信托目的，委托人具体可以区分为待重整企业、债权人、纾困方三种类型。待重整企业设立此类信托的主要目的在于风险资产隔离，为进一步资产处置与清算做前期准备；债权人设立此类信托的主要目的在于保护自身合法债权因信托财产独立性保障而免受其他不利因素影响；纾困方设立此类信托的主要目的在于以服务信托为载体设立自益信托，引导注入纾困资金并整合中介服务等专业纾困资源，借助信托公司的专业管理和服务，评估、运营并盘活标的资产，实现标的资产价值最大化的信托目的。

基于风险处置信托不同类型的信托目的，信托公司可提供差异化的信托服务。

具体可分为四种服务功能：一是提供破产隔离服务，确保核心标的资产不受其他问题资产的影响，这也是风险处置服务信托的基础性功能。二是便利标的资产变现功能，帮助债权人通过信托受益权份额转让方式加速资产流转变现清偿，发挥受托人专业的资产管理和资源整合能力，有效保护债权人利益，为债务人脱困减负。三是标的资产的保值增值服务功能。基于服务信托性质，风险处置服务信托虽然不能引入信托融资计划，但针对标的资产的信托存续期间管理，可以按照委托人意愿开展资产保值增值和流动性管理，例如对商业不动产的租金管理，或者对特殊资产持有期间通过提升整体议价能力而实现资产处置的超预期溢价。四是参与公司治理的受托管理职能。基于信托财产的长期管理属性，受托人对信托财产具有符合信托目的基础上的充分自由裁量权，主导或主要参与重整企业的公司治理，作为专业的独立第三方机构，平衡既有股东的利益冲突；或者代表债权人利益，积极参与债务重组企业的相关决策和管理流程，履行受托人主动管理职责，促进公司治理改善。

（三）资源整合能力加强，信托公司生态赋能优势明显

鉴于风险处置服务信托对从业人员专业性要求较高，围绕风险资产的管理及处置内容复杂多样，信托公司一般先通过内部设立专业团队或部门奠定展业基础，进而寻求外部专业力量协同合作展业。2023年，信托公司在整合外部资源，构建整合服务生态方面亮点突出，成效显著。

一是整合各类相关资源，稳步打造业务生态圈。我国现有五大国有资产管理公司，近60家地方资产管理公司、境内外投资机构和上百家交易平台，特殊资产处置愈加复杂，专业分工不断细化，单一资产处置机构很难覆盖所有环节，市场渠道整合需求逐步加大。信托公司正在逐步与资产管理公司、资产投资公司、律师事务所和会计师事务所等专业机构建立合作关系，共同打造业务生态圈，提高服务效率。如云南信托联合华融资产管理股份有限公司多家分公司以及云南省资产管理有限公司连续落地特殊资产服务信托项目。中信信托联合华融公司、中信银行及中信咨询共同设立上海董家渡服务信托项目，发挥信托财产股权隔离的制度优势，协同银行资金优势，以及咨询公司和资产管理公司的项目管理和资源整合优势，促使项目快速重整盘活。

二是积极参与上市公司破产重整，逐步赢得生态赋能市场认可。据市场公开信

息统计[①]，2023年，已有10余家上市公司在破产重整方案中引入信托计划，将信托受益权作为普通债权的清偿方式，有效维护债权人利益。根据相关数据统计，在15家经法院裁定批准重整计划的上市公司中，共有5家采用信托受益权方式调整债权，分别为*ST正邦、*ST明诚、*ST广田、*ST全筑、*ST新联，以信托受益权作为债权受偿方式的占比明显提升。

（四）风险处置资产类型更加多元，服务信托的特色优势逐步显现

根据市场调查报告数据统计[②]，2023年第三季度末，我国商业银行不良贷款余额为3.2万亿元，非银行机构不良资产规模约为1.59万亿元；参考全国规模以上企业应收账款以及社融委托贷款的规模测算，非金融企业领域的不良资产规模约为1.63万亿元，上述不良资产规模合计约为6.43万亿元，不良资产规模仍处于高位，资产处置市场需求巨大，必然要求专业服务主体的多元化和非同质化的模式创新。信托公司开展风险处置服务信托虽然才刚刚起步，但是服务信托的特色优势正在逐步显现。

风险处置底层资产类型不断拓展，非地产类的服务信托规模快速增长。中国信托业协会调研数据统计，2023年，20家信托公司披露开展风险处置服务信托的标的资产为房地产企业及项目的受托管理规模合计为1 807.54亿元，为"保交楼"和房企纾困提供信托特色方案，积极承担维护金融稳定的使命担当；17家信托公司披露风险处置服务信托的标的资产为非地产类底层资产的管理规模合计为11 864.16亿元，主动优化金融资源的市场化配置。在监管政策支持和市场需求双重驱动下，信托公司正在逐步深入特殊资产管理市场的纵深领域，发挥服务信托的制度优势，服务各类特殊资产的场景不断丰富，盘活存量资产的制度功能正在不断彰显。

信托公司处置风险资产的工具运用和服务方式不断迭代。信托公司通过持有标的企业股权、将普通债权转化为信托受益权、撮合纾困融资安排等多种服务方式，积极发挥风险处置服务信托的主动管理职责。面对类型复杂且当事人主体众多的业务类型，信托公司运用金融科技加强系统建设，提升服务效能正日益成为核心竞争力，尤其是对于维护人数众多且分散的中小债权人利益，系统服务能力是信托公司有效管理和处置风险资产的关键所在。

---

① 《中国上市公司破产重整2023年度报告》，https://www.allbrightlaw.com/CN/10475/8bc776292e2e7821.aspx。

② 王占峰主编：《中国金融不良资产市场调查报告2024》，中国金融出版社2024年版第4页。

2023年，在已开展风险处置服务信托业务的34家信托公司中，有5家信托公司新设风险处置服务信托的专项系统，合计投入1 093.4万元，建设投入费用从几十万元到几百万元不等。据统计披露，专项系统投入已超过百万元的信托公司包括光大信托、建信信托和国民信托。信托公司专门开发的风险处置服务信托专项信息系统或独立功能模块，整合受益权利益分配、表决权行使、信息披露、线上查询、资讯咨询等多种服务功能，为积累业务规模和提高服务质效提供了坚实保障，不仅可以提升公司内部管理效率，也可以成为整合对接外部资源的开放合作平台。

二、风险处置服务信托的业务模式与典型案例

根据中国信托业协会的调研问卷，2023年共有29家信托公司提供了风险处置服务信托案例。各家公司提供的典型案例各具特色，在信托目的设计、信托财产类型、特色服务模式、期间管理创新、项目品牌影响力方面特色显著，具有可复制、可推广的启发借鉴意义，可以总结归纳为如下五个特色。

（一）打造系列品牌，提升市场辨识度和行业影响力

外贸信托推出针对上市公司破产重整的"玄武系列"信托产品，联动破产重整投资和企业破产服务信托；建信信托针对不同风险资产类型开发的"彩虹系列"信托产品，深耕企业市场化服务信托品牌。

●▶ 案例11-1

外贸信托推出上市公司破产重整"玄武系列"信托产品

项目背景：2023年8月，新华联集团旗下新华联文化旅游发展股份有限公司（*ST新联）公告其预重整取得重大进展，即*ST新联、临时管理人分别与包括外贸信托在内的6家重整投资人签署重整投资协议，成为年内"地产重整破局第一股"。

业务模式：重整投资人以现金方式认购转增股票，计划向新华联文旅提供总额约19.28亿元的资金支持。其中，北京华软盈新资产管理有限公司共出资12.96亿元，每股受让单价1.08元，所受让公司12亿股股票，锁定期为36

个月。其余五家重整投资人出资合计6.32亿元，每股受让单价1.2元，所受让公司合计5.267亿股股票，锁定期为12个月。通过重整投资人强大的资金加持，为企业重整成功提供了核心保障，依托增量资金及上市公司资本公积转增股本优势，标的公司有望彻底解决债务问题。

业务特色：外贸信托聚焦特殊资产"投资+服务"展业路径，推出信托行业首单上市公司破产重整投资和企业破产服务信托联动的上市公司重整信托业务，充分发挥信托风险隔离、财产独立等制度优势，助力困境实体企业纾困减亏，实现资产盘活。

建信信托助力融创集团开展市场化重组服务信托是企业市场化选择的典型范例，对建信信托提升"彩虹系列"服务信托品牌影响力也起到了良好的沉淀和加强效果。

▶ 案例11-2

建信信托推出"彩虹7号"市场化重组服务信托

项目背景：2023年10月，建信信托"彩虹7号"信托计划，信托期限12年，存续期间受托规模超过40亿元。财产权信托的标的资产为"广州融创茂"项目坐落于广州市花都区，于2019年6月15日正式开业，是超大型城市综合体。2020年，中行与建行组成银团向"广州融创茂"项目业主方发放商业物业抵押贷款30亿元，以商业中心、雪世界及室内乐园三个板块的租金和运营收入为第一还款来源。受疫情影响，融创集团风险全面暴发，"广州融创茂"项目是集团内为数不多能产生现金流的项目，集团为保障自身正常运转，不断从该项目挪用资金，导致银团的贷款出现逾期。

业务模式：鉴于融创集团自身已经出险，首先，特别设立SPV公司作为物业承租方，与底层租户签署租赁协议并将租金及运营收入直接归集至银团监管账户，彻底解决租金被挪用的问题。其次，设立他益型信托计划，融创方委托人将SPV公司100%股权和万达文旅公司对SPV公司持有的租金收益权交付信托财产，以建行及中行为受益人，确保租金收益直接用于偿还经营性物业贷款，保障金融债权人还款来源安全。

业务特色：该项目是建信信托首次借助市场化重组服务信托帮助金融债权人化解经营性物业贷风险，且首次与建行集团外部的国有大行合作，项目整体化解建行、中行银团共计30亿元不良债权风险，取得良好的市场反馈。

（二）整合外部专业力量，创新设计双层信托架构提供纾困解决方案

中信信托采用母子信托双层结构和定向纾困模式，与特殊资产专业管理机构深度合作，为困境企业提供一站式的整合解决方案。

●▶ **案例11-3**

中信信托与资产管理公司携手，采用母子信托双层结构为企业纾困

项目背景：2023年10月，根据公开信息披露，中信信托与中国华融协同实施的苏宁易购纾困项目正式落地，本项目预计期限为10年，规模上限为50亿元。标的企业苏宁易购创办于1990年，由于近年业务扩张较为激进，公司整体陷入流动性困难。中信信托与华融公司携手，以向纾困企业提供资金支持为起点，后续通过债务重组、股权重组等手段，实现对纾困企业物流板块的重整盘活，为纾困企业持续发展注入新动力。

业务模式：该项目采用母子信托双层结构，母信托汇集各期纾困资金，首期资金用于对苏宁易购下属绍兴、杭州、南京及成都物流园项目进行纾困，实现对应项目的重整盘活，通过子信托投资于需要纾困的标的项目，并通过对子信托受益权份额进行分级设置，为纾困资金的退出提供保障。资产管理公司则发挥主业专长，投入资金的同时对标的项目公司进行后续管理，确保资产的有效盘活。

业务特色：该项目的特色在于其创新的双层信托结构和定向纾困模式。通过双层信托结构，项目实现了资金的灵活调配和有效管理，提高了资金的使用效率。同时，定向纾困模式能够确保资金精准地投入纾困企业下属各个标的项目，实现了对项目的快速盘活。中信信托利用信托制度的优势，实现了中国华融投入资金的定向使用及对标的项目公司的股权隔离，为纾困资金

的退出设置安全防火墙；中国华融则发挥主业专长，投入资金且对标的项目公司进行后续管理，确保资产的有效盘活；中信银行在整个项目进程中提供了积极高效的托管服务。

中信信托的上述典型案例以信托结构为链接点，充分发挥了信托公司、资产管理公司、托管银行三方的专业优势，实现了资金定向使用、股权隔离以及安全防火墙的设置，确保纾困资金的有效利用和项目的成功盘活，成为信托公司整合外部资源协同服务的良好示范。

（三）纾困上市公司顺利实现债务清偿，助力化解区域性金融风险

光大信托顺利落地深圳市首单上市公司破产服务信托，通过"以股抵债"信托受益权受偿方式，有效服务债权人利益，助力重整计划有效实施，为维护区域社会民生稳定提供专业信托服务。

▶ 案例11-4

光大信托设立深圳广田集团（*ST广田）企业破产服务信托

项目背景：2023年12月，光大信托与深圳广田集团合作，成立光信·光祺·鼎新1号服务信托。广田集团为建筑装饰行业龙头企业，其业务遍及国内大部分地区，上游材料、劳务等供应商众多。2022年爆发债务危机，无法及时支付数千家金融机构、供应商、劳务公司债务。如不及时处置，将可能暴发区域性金融风险，危害社会稳定。光大信托发挥信托制度优势，积极参与并服务广田集团破产重整案，效果显著。

业务模式：广田集团作为委托人，以其持有的经营平台公司深圳广资企业管理有限公司（以下简称"广资管理公司"）100%股权以及其对广资管理公司享有的全部债权作为信托财产设立信托，债权人根据重整计划通过获得信托受益权份额实现债权清偿。根据重整计划中，广田集团计划以总股本15.37亿股为基数，按照每10股转增14.40股的比例实施资本公积转增股本，转增22.14亿股股票，以股抵债总金额为94.29亿元，叠加重整投资人支付现

金对价14.14亿元，合计可支付债权108.43亿元。企业破产服务信托正式落地后，将妥善完成广田集团的风险化解工作，全体债权人将获得现金、股票、信托受益权等多种偿债方式。

业务特色：本项目为深圳市第一单引入风险处置服务信托的破产服务案，不仅避免了广田集团的破产清算，也保护了上游供应商及其他债权人的利益，保护了广田集团及上游供应商数万人就业，受到当地政府、法院、证监体系等各方高度重视，对于防范化解区域金融风险起到良好示范，有助于提升公司以及信托行业影响力。

（四）同业合作发挥优势互补合力，聚合专业化受托能力共同服务纾困企业

自2022年，中信信托与光大信托联合设立海航集团破产重整专项服务信托成功范例基础上，云南信托与昆仑信托合作，再度呈现了信托同业精诚合作，优势互补共同服务纾困企业的合作共赢案例。

●▶ 案例11-5

云南信托联合昆仑信托共同成立"祥光铜业系列重整服务信托"

项目背景：2023年9月，山东省阳谷县人民法院裁定批准了祥光铜业等19家公司重整计划，云南信托与昆仑信托组成的联合体通过定向邀请并公开评审的方式最终被确定成为祥光铜业合并重整案的信托受托人。云南信托联合昆仑信托共同成立"祥光铜业1号重整服务信托"。

业务模式：为执行重整计划安排，新凤祥集团100%股权被作为信托财产，登记在云南信托名下，设立"祥光铜业1号重整服务信托"；重整后新祥光铜业33%股权将被作为信托底层资产，设立"祥光铜业2号重整服务信托"，祥光铜业系列重整服务信托总规模680亿元，上述信托均由云南信托和昆仑信托共同承担受托责任。

业务特色：云南信托将企业破产服务信托作为公司战略性业务布局，专

门设立特殊资产业务部，业务经验较为丰富，已协助多家企业破产管理人完善破产决议文件，积极引入信托服务工具，切实保护债权人的利益，助力完成企业风险处置安排任务。昆仑信托依托央企股东背景，通过持续增资扩股不断夯实资本实力，积极开拓风险处置服务信托转型业务。

（五）夯实服务基础设施建设，多措并举培育风险处置服务信托能力

北方信托深耕区域服务特色，在地方国资委和政府相关部门指导下，通过服务信托架构，借助科技赋能平台，助力政府平台重整企业的债务清偿，有效服务债权人利益，保障重整计划顺利实施，服务区域实体经济，促进区域国有企业高质量发展。

●▶ 案例11-6

北方信托—城建1号破产重整服务信托

项目背景：2023年8月，北方信托受托管理"城建1号风险处置受托服务信托"正式成立，管理规模86.61亿元，助力落实天津城建集团重整计划有效实施。

业务模式：根据《天津城建集团有限公司及所属公司重整计划》以及信托合同的约定，资产运营平台承接城建集团中未纳入新城建平台的全部资产，并由委托人将其拟通过信托计划运营的资产作为信托财产设立信托计划，债权人通过获得信托受益权份额实现债权清偿。委托人拟根据管理人确定的城建集团资产运营平台债权人可获得清偿的信托受益权份额，将初始信托受益权转让给城建集团资产运营平台债权人用于清偿债权，委托人以1个信托单位清偿城建集团资产运营平台债权人1元债权。北方信托—城建1号风险处置受托服务信托计划共设立信托受益权份额312 291 253.43份，含优先级份额210 578 894.12份，占比3.61%，退出时间为10年。

业务特色：北方信托根据项目运行特点，主动开发专项服务信托小程序，提高服务效率，优化系统基础设施。鉴于资产运营平台涉及债权人数众多约

2 000家，为进一步提高签约效率，方便债权人后期管理信托份额，北方信托特聘请第三方服务商开发风险处置服务信托小程序——"北信e服务"，向债权人发送正式通知，债权人可通过线上渠道办理信托受益权转让登记，并在线查看所持有的信托受益权份额本项目的成立和运行，提高了债权人的行权体验，也彰显了信托专业服务的平台优势。

上述信托公司开展的各类风险处置重组服务信托彰显了信托制度优势，深耕特殊资产市场提供信托特色服务，在与生态合作方和同业协同合作的基础上，有效实现了风险处置服务信托在标的资产隔离、助力纾困企业改善公司治理、保护债权人利益等方面的实践效果，也充分符合信托监管机构对信托业务转型的规范要求。

三、风险处置服务信托的展业建议与发展前景

（一）信托财产登记试点待确认并加速推广

风险处置服务信托的核心价值在于特殊资产的风险隔离以及专业化的事务管理和权益分配机制，不仅有赖于信托公司自身的能力建设，还需要配套制度的完善和支持，尤其是非资金形式的信托财产登记问题亟待解决。2022年6月，根据《上海市浦东新区绿色金融发展若干规定》，浦东新区试点信托财产登记首次写入地方立法条文。2023年11月，国务院批复的《支持北京深化国家服务业扩大开放综合示范区建设工作方案》明确指出，在风险可控的前提下，探索建立不动产、股权等作为信托财产的信托财产登记机制。风险处置服务信托的受托资产一般较为复杂，股权及应收债权、实物资产都可能成为信托财产，只有经过规范登记的信托财产才能真正有效得到《中华人民共和国信托法》保护，而且此类业务的资产处置周期通常较长，期间不确定因素增多会产生新的次生风险。因此，规范的信托财产登记以及相应税收制度的配套完善既是信托公司提供专业化服务的业务起点，也是遵循信托财产同一性原则，保障特殊资产处置变现后可以顺利转化为信托受益权，最终实现信托利益的持续独立性保障。建议信托监管机构加强同相关权属登记部门沟通协商，尽快推进信托财产登记试点落地并推广，可以结合风险处置服务信托等具体业务类型加快推进，为信托公司开展该类业务拓展市场提供良好的制度支持配套政策。

（二）服务信托与资管信托的边界须厘清

风险处置服务信托是资产服务信托的创新业务形态，与资产管理信托有本质区别，但是在实际展业过程中，针对纾困企业提供融资安排是常态，有效区分服务信托与资管信托的业务形态不仅是信托公司防范合规风险的关键考量，也是避免维护债权人权益与救助纾困企业发生潜在利益冲突的市场选择。建议信托公司建立合理有效的防火墙制度，将业务重心放置于丰富"服务"供给侧发力，例如提供公益债融资咨询、协助标的资产盘整和应收账款催收等流动性管理方面，充分体现风险处置服务信托的持续专业管理特色，守住受托责任的合规性底线和信托本源。此外，就风险处置服务信托的监管细则方面，受托人事务管理的责任边界需要细化监管规则，鉴于重组债权债务关系主体向信托法律关系主体转化过程中，当事人权利义务基于困境资产形式及价值变化也将产生动态变化，并直接体现于受托人的义务履行和责任承担，因此受托人的主动管理事务内容及受托责任认定将是监管细则重点。

（三）提升专业化服务价值支持商业可持续

虽然许多信托公司已经开始积极布局开展相关业务实践，但尚未形成行业共识的服务内容和盈利模式，依托"专业服务"支撑合理取费的定价原则和标准尚未形成，信托公司因急于开拓市场压低报价而造成恶意竞争的现象已有发生，信托报酬年度几十万元甚至十几万元的报价与受托管理资产几十亿元的规模不相匹配，较难有说服力地体现专业服务的价值，行业外对此类服务信托创造价值增益的评价标准短期内也难以形成，鲜有经过时间验证的典型案例。从行业角度，该类业务的健康发展需要行业层面的鼓励和指导，建议信托业协会组织专门委员会研究制定该类业务的服务标准和收费指引，加强行业内外引导，助力培育此类业务在健康的展业环境中持续成熟；从公司角度，信托公司应努力提升专业化服务能力和水平，在专业人才队伍建设、科技服务系统优化、外部资源整合等多角度建立核心竞争力和形成差异化优势。

（四）业务准入标准和服务评价机制待完善

风险处置服务信托的可持续健康发展需要信托公司从公司转型的战略高度判断选择，结合自身资源禀赋和能力积累审慎推进，以免拖累自身正常经营而造成自身的新困境。风险处置服务信托对信托公司的资产管理能力、项目运营能力、风险控制能力、资源整合能力都有较高要求,专业团队建设、科技系统赋能、服务生态建立、持续客户资源供给等要素都是信托公司需要谋定后动的重要考量,需要信托公司加强研究,深入思考方能决策。因此,建议信托监管机构能够适当考虑针对此类业务设置业务准入标准,参考行业评价和监管评级结果,对此类业务的开展设置鼓励或约束机制,有效防范风险处置服务信托可能造成的潜在次生风险。另外,鉴于特殊资产服务市场生态丰富,供给服务方呈现多样化特征,可以考虑要求信托公司引入第三方评价机制,对困境资产的处置价值及处置效果、特殊资产的服务专业水平、受益人及利害相关方满意度评价等多维度进行综合评价,并与行业评级及监管评级相衔接,落实风险处置服务信托的激励约束机制,促进此类业务的健康可持续发展。

面对随着我国经济结构调整带来的持续承压,特殊资产的市场规模还将持续增长,困境企业的资产处置和管理难度也将更加复杂,区域性和系统性风险防范化解压力和任务仍然艰巨,信托公司应当深刻把握并坚定践行金融工作的政治性和人民性,充分发挥信托制度优势,多措并举丰富风险处置服务信托的服务供给,坚守信托本源履行受托责任,服务纾困企业的信托受益人最大利益,树立以义取利、守正创新的信托文化,为防范和化解重大风险贡献信托智慧和力量。

第十二章
资产服务信托特色品种

一、资产服务信托特色品种概述

2023年10月召开的中央金融工作会议提出，要做好科技金融、绿色金融、普惠金融、养老金融、数字金融"五篇大文章"，为金融高质量发展指明了方向。信托公司可以充分利用信托制度赋予信托财产风险隔离的安全性、交易框架的稳定性、制度安排的灵活性赋能"五篇大文章"。"五篇大文章"涉及的领域与信托公司以前的主要业务与房地产信托、基础产业信托等有较大的差异，信托公司在服务相关企业、开展相关业务的时候，积极创新业务模式，在守正的基础上勇于创新，满足相关企业的金融需求，创新性地做好"五篇大文章"。由此开展的一些较有特色的服务信托，将其提炼、总结，称之为资产服务信托特色品种。

根据目前实践的情况，本章主要介绍数据服务信托、知识产权服务信托和碳资产服务信托三种典型服务信托。根据行业调研和所收集的资料分析，目前该三类服务信托业务主要开展情况如表12-1所示。

表12-1　　信托公司开展新型资产服务信托情况

信托类型	成立时间	公司名称	项目名称
数据服务信托	2023年6月	中航信托	中航信托·电力数据服务信托
	2024年2月	杭州工商信托	杭工信·数金晟1号数据信托
知识产权服务信托	2022年10月	交银国际信托	交银国信·武汉枢密脑科学技术知识产权服务信托
	2023年9月	北方信托	北信日新天工开物知识产权服务信托
	2023年9月	陕国投	同泰2309005号知识产权收益权服务信托
碳资产服务信托	2021年12月	交银国际信托	交银国信·新加坡金鹰集团厦门电厂CCER碳资产服务信托
	2022年8月	中海信托	中海冀飞—乡村振兴近零碳社区建设服务信托

资料来源：根据公开资料整理

二、资产服务信托特色品种的业务实践及典型案例

（一）数据服务信托

1. 相关政策

党的二十大报告指出，要加快建设网络强国、数字中国。建设数字中国是新时代推进中国式现代化的重要引擎，是构筑国家竞争新优势的有力支撑。随着《关于加快建设全国统一大市场的意见》《关于构建数据基础制度更好发挥数据要素作用的意见》等一系列重要文件的发布，数据要素已经上升到国家顶层战略高度。然而，由于缺乏明确的会计规范指导和信息披露要求，很多企业，尤其是上市公司，在数据资源及其价值管理中面临诸多困难和挑战。

2023年8月1日，财政部出台的《企业数据资源相关会计处理暂行规定》，明确了企业的数据资源自2024年1月1日起可以确认为无形资产或存货，并在财务报表中反映其价值。这一里程碑事件标志着我国数据资产入表正式进入实际操作阶段。2024年初，数据资产入表在全国各地各行业争相涌现。例如，南京公共交通有限公司成功完成约700亿条公交数据资源资产化并表工作；苏州先导数字产业投资有限公司成功完成超30亿条智慧交通路侧感知数据资源资产化并表工作；济南能源集团完成热网监测数据资产评估，实现供热管网GIS系统数据入表。

在数据资产入表快速发展的背景下，信托公司可以凭借信托架构的灵活性、财产的独立性以及破产隔离等独特优势，通过数据服务信托积极投身于我国数据市场的建设。目前，数据服务信托在国内尚处于创新探索的初级阶段，实际应用过程中也面临着诸多挑战。例如，对于数据资产这一新兴形态，其登记制度和估值准则亟待完善。具体来说，一方面，由于数据资产登记实践缺乏明确的法律依据，导致难以满足数据资产的流转需求；另一方面，由于数据资产形态复杂多变，国家尚未出台统一的数据估值标准与规范，使得数据资产的价值高度依赖于具体应用场景，从而不利于数据资产的价值对比和市场顺畅流通。

2. 数据服务信托业务模式

数据服务信托设立后，受托人将按照信托合同约定对信托财产（即委托人交付的数据资产）进行产品化，并以数据产品的形式对外进行推广、销售；数据申请人

在向受托人支付一定费用后,即可享受到数据产品服务;就数据申请人所支付的费用,受托人将收取一定比例的管理费,剩余部分将由受托人按照信托合同约定向委托人进行分配。整个数据产品的运行过程全部受到独立第三方监察人的监管,并且对相关的证据进行第三方电子存储,确保数据产品应用的安全和合规。具体架构见图12-1所示。

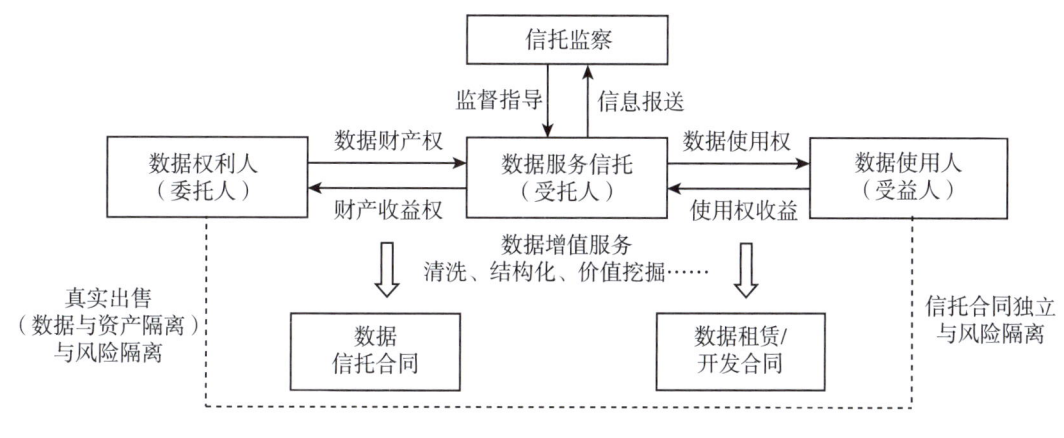

图12-1 数据服务信托基础结构

资料来源:根据公开资料整理

3. 数据服务信托相关案例

● ▶ **案例12-1**

杭工信·数金晟1号数据信托

杭州数据交易所(简称"杭数所")携手杭州工商信托,依托杭州"数字高地"的区域优势,创新推出了"数据信托"系列产品,其首单杭工信·数金晟1号数据信托(简称"数金晟1号")于2024年2月正式成立。数金晟1号以企业合法持有并经营的数据服务收益权作为信托财产,设立资产服务信托。作为受托人,杭州工商信托对于受托管理的数据服务收益权,以信托合同架构为载体,完成资产权属确权行为,并动态观察该数据服务交易模式、频次、服务对价等资产要素,从而在合理审慎原则下开展动态估值(见图12-2)。

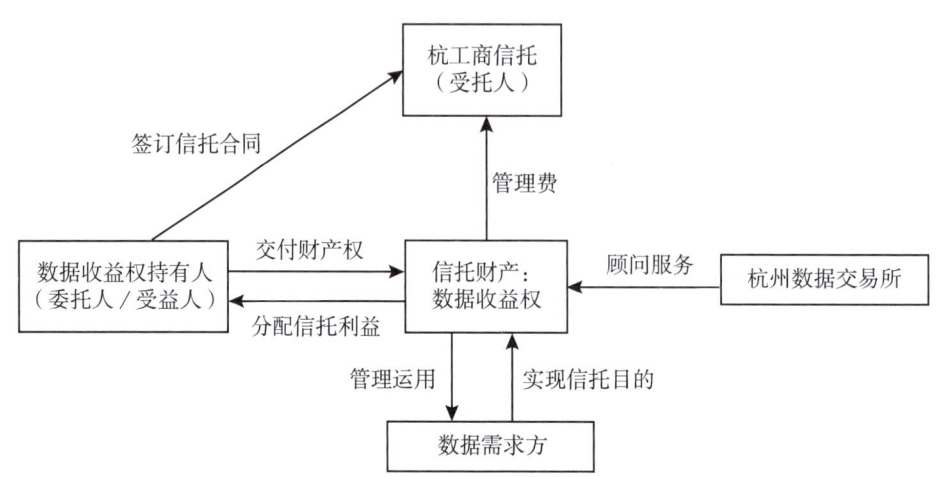

图12-2　杭工信·数金晟1号数据信托（自益信托）交易结构

资料来源：根据公开资料整理

此外，数金晟1号在产品架构中引入杭数所对数据交易行为提供专业顾问服务。作为目前浙江省唯一持有交易所资质的数据交易场所，杭数所通过持续改进和优化方案，逐步挖掘数据资源价值，释放数据要素生产力，为下一步数据交易场景应用奠定基础。

▶ 案例12-2

中航信托·电力数据服务信托

广西壮族自治区首批公共数据授权运营试点单位——广西电网公司，在由中国—东盟信息港股份有限公司建设并运营的北部湾大数据交易中心完成首笔电力数据产品登记及交易，并与中航信托、广西电网能源科技有限责任公司正式签署了数据服务信托协议，标志着全国首单电力数据服务信托产品、广西首单公共数据产品场内交易完成。

该服务信托产品主要采用基于层次分析法的用电户识别模型，依托公共服务平台和电网大数据进行数据匹配、筛选、分析和业务逻辑判断，通过企业的关键字段开展同类同规模企业的用电情况对比，自动识别企业用电区间的合理性，为辨别是否为"贴牌企业"提供精准数据（见图12-3）。该款产品创新应用于全国第五次经济普查，与传统普查方式相比，普查效率有效提升40%。

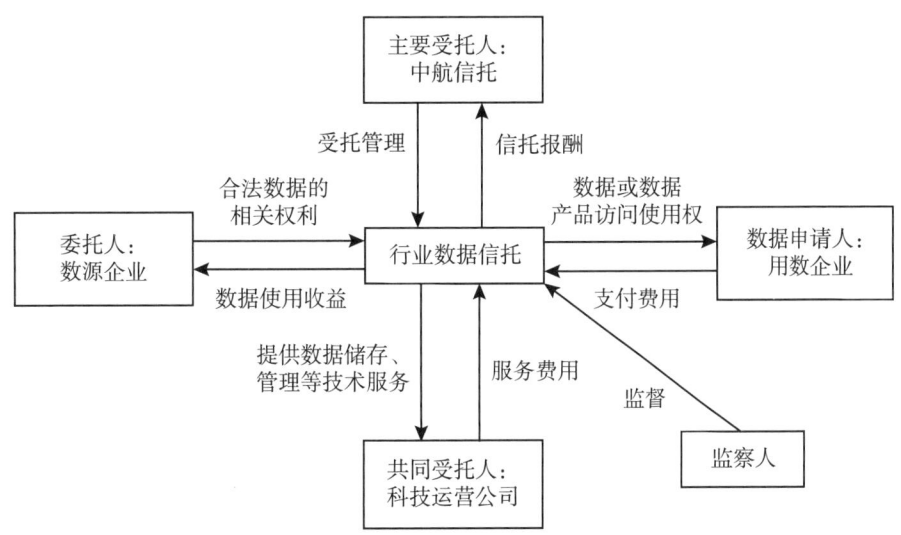

图12-3 中航信托·电力数据服务信托交易结构

资料来源：根据中国信托业协会调研数据整理

（二）知识产权服务信托

1. 相关政策

创新是引领发展的第一动力，知识产权作为国家发展战略性资源和国际竞争力核心要素的作用更加凸显。建设中国特色、世界水平的知识产权强国，是以习近平同志为核心的党中央作出的重大战略部署。2021年，党中央、国务院印发《知识产权强国建设纲要（2021—2035年）》，国务院印发《"十四五"国家知识产权保护和运用规划》，明确了知识产权强国建设的目标、任务、举措和实施蓝图。为了进一步推动我国知识产权发展，2022年国家知识产权局等17部门发布《关于加快推动知识产权服务业高质量发展的意见》，其中第三条"构建服务新体系，优化高质量服务供给"的第(十一)款"拓展知识产权运营服务"明确指出，"积极稳妥发展知识产权金融，拓展知识产权投融资、保险、证券化、信托、担保等增值服务，促进技术要素与资本要素有效融合"。

上述政策为知识产权服务信托的发展提供了坚实支持。知识产权服务信托是指知识产权的权利人或有权处置人将其知识产权委托给受托人，受托人按照委托人设立信托时的意愿或指示对知识产权进行管理或处置的行为，从而获取收益、实现知识产权价值或者实现其他的特定目的。2023年，我国（不含港澳台地区）发明专利拥有量达到401.5万件，同比增长22.4%，成为世界上首个国内有效发明专利数量突破400万件的国家。2023年全年专利商标质押融资登记金额8 539.9亿元，惠及企业3.7万家。随着知识产权专利规模的迅速增长，信托公司业务拓展将迎来广阔的市场空间。

2.知识产权服务信托主要功能

当前，我国知识产权水平已经处在世界前列，但是许多科技创新企业在成长期间，普遍面临知识产权成果转换难、知识产权收益管理不专业、管理成本高昂和风险过度集中等方面的难题。针对这些问题，信托公司可以充分运用制度优势和功能优势提供有效解决路径。具体到知识产权服务信托方面，其主要功能可以概括为以下几个方面：

第一，专业化管理有助于提升知识产权的交易效率。许多知识产权权利人不具备市场开拓和知识产权商业化的能力。一方面，信托公司作为受托人可以为其寻找在业务管理、市场拓展等方面更具专业水准的机构；另一方面，信托公司信息渠道相对广泛，可找到潜在的技术实施者、知识产权价值评估机构等，弥补权利人的前述不足。

第二，提高知识产权的安全性。信托框架下的知识产权具备信托财产的独立性，委托人、受托人和受益人的其他资产和债务都与信托财产相隔离，相应的破产风险也与信托知识产权的风险相隔离，知识产权作为信托财产不受信托当事人的信用和债务情况影响，可以更长期和有效地实现对知识产权的充分保护。

第三，账户赋能、资源集中管理功能。信托公司担任受托人角色，在服务信托设立后，原本属于委托人个人的财产转变为信托财产，实现了账户赋能；同时，受托人可以根据实现信托目的的需要，引入各类专业投资、服务机构，进行资源对接，共同集中管理信托财产。此外，信托公司还可以为知识产权发明人提供专利申请、诉讼维权、收益纳税等综合性、一站式服务。

3.知识产权服务信托案例

2022年，交银国际信托落地了我国首单知识产权服务信托；之后，北方信托、陕国投也分别落地了知识产权服务信托，丰富了信托公司支持科创企业的业务模式，为信托服务科技金融提供了更广的思路。

案例12-3

交银国信·武汉枢密脑科学技术知识产权服务信托

交银国际信托设立国内首单知识产权收益权服务信托——"交银国信·武汉枢密脑科学技术知识产权服务信托"。武汉枢密脑科学技术有限公司以其持有的发明专利收益权为基础资产,由交银国际信托以受托人身份按照信托合同约定及委托人指令对信托财产进行管理运作和收益分配,该服务信托为无固定期限。通过设立服务信托,有效解决委托人对其持有专利未来产生收益的集中管理及合理分配需求,降低委托人管理成本;同时,通过发挥风险隔离和财产权利分离的信托制度优势,有助于保护基础资产安全,助力企业技术研发激励动机制的设立。

从我国实践来看,我国知识产权服务信托的推动仍然存在一定障碍:一是由于相关法律法规等顶层设计的缺乏,知识产权服务信托财产的权利归属仍然存在不确定性,知识产权的权利转让与许可交易及流转受到影响;二是我国对知识产权服务信托的业务风险方面尚未形成成熟的立法规范和风险共担机制,知识产权服务信托业务的业务风险和运营成本相对较高,在一定程度上制约了知识产权服务信托的可持续发展。

案例12-4

北方信托·北信日新天工开物知识产权服务信托

2023年9月北方信托成立"北信日新天工开物知识产权服务信托",该服务信托围绕南开大学首批入驻"天开园"的李伟教授科研团队在专利成果转化过程中的收益管理服务需求,以科研团队持有的专利收益权作为信托财产设立知识产权服务信托,由北方信托作为受托人,为科研团队提供知识产权收益受托管理服务(见图12-4)。北方信托运用信托资产隔离、财产权利分离的特性,作为独立第三方对知识产权收益进行集中管理、统一分配,保障知识产权转化运用过程中收益的安全合理高效分配。

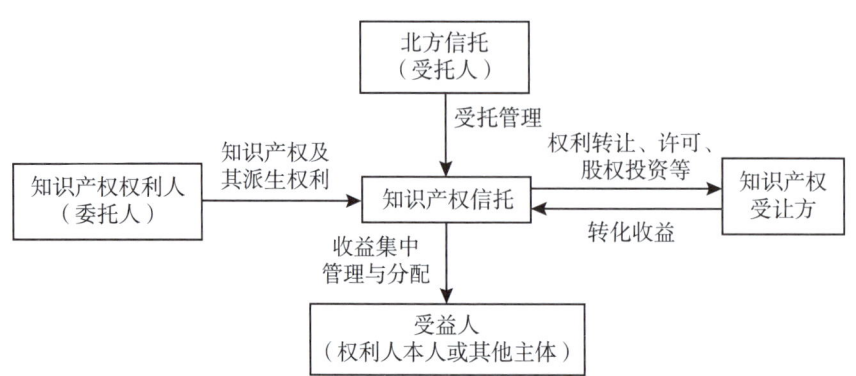

图12-4　北信日新天工开物知识产权服务信托交易结构

数据来源：根据公开资料整理

案例12-5

陕国投·同泰2309005号知识产权收益权服务信托

2023年，陕国投设立了1亿元"同泰2309005号知识产权收益权服务信托"，该信托以西北工业大学持有的科技成果收益权作为信托财产设立知识产权服务信托，聚焦核心技术攻坚和产业化应用布局，围绕科技成果从科技研发"实验室"到成熟产品"生产线"全流程服务，充分发挥信托制度优势，整合金融、产业、技术资源，通过构建系统评价体系、良性转化机制和金融科创平台，助力解决科技成果转化过程中存在的难点和痛点，打通科技成果转化的制度堵点与信息壁垒，推动科技成果的市场化应用。

（三）碳资产服务信托

1.相关政策

近年来，我国大力支持绿色金融和碳金融市场发展，相继出台了多项重要政策，为碳资产服务信托发展提供了有力的政策支撑和广阔的市场空间。2023年4月，国家发展改革委、中国人民银行等11个部门联合发布了《碳达峰碳中和标准体系建设指南》，该指南突出了标准顶层设计、强化了标准有效供给。2024年4月10日，中国人民银行等七部委发布《关于进一步强化金融支持绿色低碳发展的指导意见》，明确提出我国绿色金融未来10年的发展目标，为我国金融机构做好绿色金融大文章提供了系统性指导。

此外，碳市场日益活跃，碳交易量稳步攀升，表现出良好的发展态势。全国碳市场碳排放配额（CEA）交易在2023年量价齐升，市场活跃度较2022年大幅提高。价格方面，碳价屡屡创下新高，碳价发现机制的作用逐步显现，2023年最后一个交易日（12月29日）收盘价为79.42元/吨，较2022年最后一个交易日（12月30日）上涨了44.40%。成交量方面，截至2023年12月31日，CEA累计成交量为4.42亿吨，累计成交额为249.19亿元，较2022年增长了3倍。

政策层面的持续发力和市场层面的积极反馈为碳资产服务信托的发展提供了有力的保障和广阔的空间。碳资产服务信托是指委托人将其持有的碳资产作为信托财产，设立财产权信托，由信托公司主要行使资产管理、账户管理等服务性职责。目前，中海信托、交银国际信托等多家公司已经落地与碳资产相关的服务信托业务。未来，随着碳金融市场的不断发展和完善，碳资产服务信托有望成为推动绿色低碳发展的重要力量。

2.碳资产服务信托主要功能

目前，各金融机构已围绕碳相关企业创新开展了诸多有益实践。市场中"撮合+促融""撮合+交易""信托+碳管理"三类模式较为突出，相关实践集中于券商、财务顾问、信托等机构。对于信托公司而言，信托制度财产独立、风险隔离的特点，使得信托公司开展碳资产服务信托业务具有天然的制度优势。信托公司通过设立碳资产托管服务信托计划，对托管企业交付的碳资产代为持有。信托公司通过信托计划代表托管企业进行碳资产的集中管理和处置交易，并且与托管企业约定托管期限和到期收益清算。在约定托管期限到期后，按照信托计划约定返还碳资产，并与托管企业清算收益（见图12-5）。

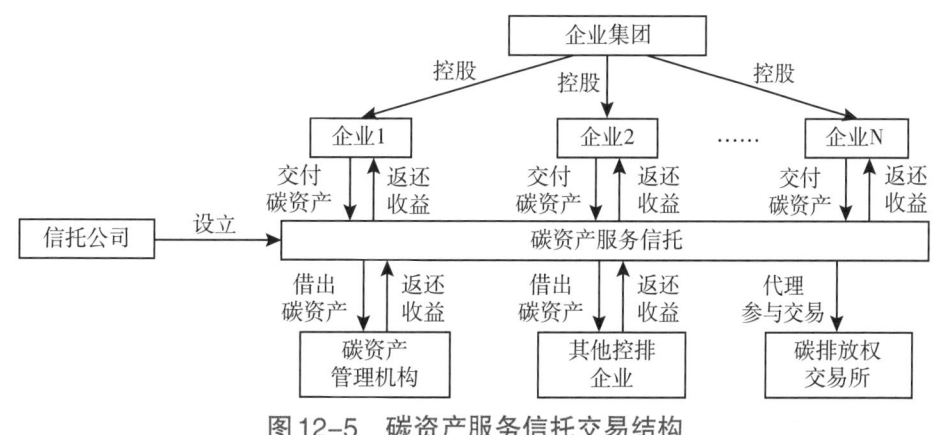

图12-5 碳资产服务信托交易结构

数据来源：根据公开资料整理

3.碳资产相关案例

●▶ 案例12-6

中海信托·"中海巽飞——乡村振兴近零碳社区建设服务信托"

零碳社区建设是探索城市及乡村低碳管理的重要方式，但是由于碳中和规划缺乏指导，推进零碳社区建设需要外部专业能力支持。中海信托发挥自身资源优势，扮演"碳中和顾问"的角色，推动零碳社区建设。2022年中海信托与富安村村民委员会合作设立了"中海巽飞——乡村振兴近零碳社区建设服务信托"（见图12-6）。2023年一季度，本项目通过委托专业机构，在完成对村委会区域的碳盘查后，以购买注销对应的减排量方式，在经上海环交所审核认证后，实现了村委会区域2022年度的碳中和目标。

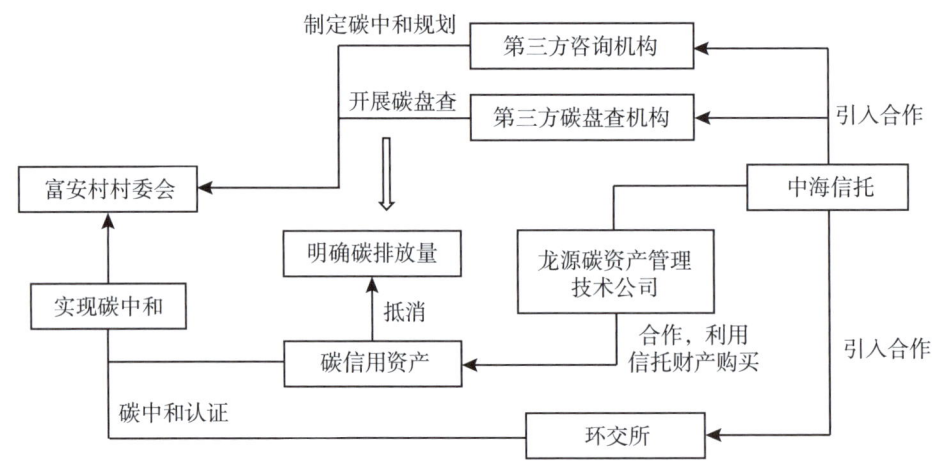

图12-6 中海巽飞—乡村振兴近零碳社区建设服务信托交易结构

数据来源：根据公开资料整理

三、资产服务信托特色品种发展展望

新时代下，信托行业的转型发展不仅要摆脱对传统融资类业务的路径依赖，同时也要充分运用信托制度赋予的灵活性，创新业务模式，积极服务实体经济，做好科技金融、绿色金融、普惠金融、养老金融、数字金融"五篇大文章"。未来，随着大数据、人工智能、区块链等新技术以及养老产业、绿色产业的快速发展，对金融的需求更加多样化，信托公司可以根据具体情况，创新底层资产，拓展应用场景，设立更加丰富的资产服务信托特色品种。

在科技金融领域，知识产权服务信托不仅可以为"专精特新"企业的知识产权提供风险隔离服务，还可以提供专利申请、管理、授权等一站式、综合性服务；在绿色金融领域，随着全国碳排放权交易市场的逐渐活跃，碳资产的集中管理和处置交易需求将会不断增加，碳资产服务信托也将迎来更多的发展机会；在养老金融领域，信托公司可以为老年人提供养老服务信托，通过金融机构参与解决养老问题；同时，还可以为老龄人口提供医疗数据集中管理、商业应用、收益分配等服务，通过精细化的数据管理，提升老年人口数据的商业价值，拓展养老数据的商业应用场景；在数字金融领域，数据服务信托将数据变为数据资产，在保障数据安全的前提下，各种数据得到更充分和有效的利用，为数字经济发展注入新动力。

资产服务信托特色品种在给信托公司提供更加广阔的展业空间的同时，也对信托公司自身能力建设提出了更高要求。一方面，信托公司要加快人才队伍的建设。与传统的信托业务相比，资产服务信托特色品种涉及的领域较为陌生，这就需要专业化的人才队伍来提升服务能力和业务敏感度；另一方面，信托公司需要加快数字化建设。由于资产服务信托特色品种涉及的业务类型繁多、底层资产专业性强、个性化需求多，信托公司传统的信息系统难以匹配，信托公司需要加大对信息系统研发力度，提高数字研发投入，加强数字化人才的培养。

第十三章
固定收益信托计划

在《信托业务分类通知》框架下，信托公司依托过往展业中的经验积累，在固定收益类信托业务领域上发力，加大人员投入和业务布局，立足固收类业务，在非标业务不断萎缩的压力下，转型创新标准化的债券投资业务，大力发展以债券投资为基础的固收和"固收+"业务。

一、固定收益类信托简介

根据《信托业务分类通知》中的定义，其固定收益类信托隶属于资产管理信托项下，投资于存款、债券等债权类资产的比例不低于80%的信托计划均划归于固定收益类信托。而在实际业务操作中，又可以根据其所资产投向是否标准化，将其进一步划分为标准化和非标准化的固定收益类信托。

（一）标准化的固定收益类信托

标准化的固定收益类信托是指将信托资金直接或间接投资于公开市场发行交易的固定收益类产品的信托业务，主要资产投向以存款、债券为主。目前，标准化的固定收益类信托资产投向以债券为主，衍生出现金管理类、纯债固收类、固收+类等多梯度产品类型。由于标准化的固定收益类信托产品符合资管新规的要求，且市场空间广阔、相较于股票等权益类资产波动较小、容易上规模等特征，成为各家信托公司转型创新的重要发力点。近年来，标准化的固定收益类信托规模迅速增长。中国信托业协会最新披露的数据显示，截至2023年末，资产投向债券类信托的规模合计达5.68万亿元，占全部信托规模的比重达32.67%，是所有资产投向中占比最高的（见图13-1）。

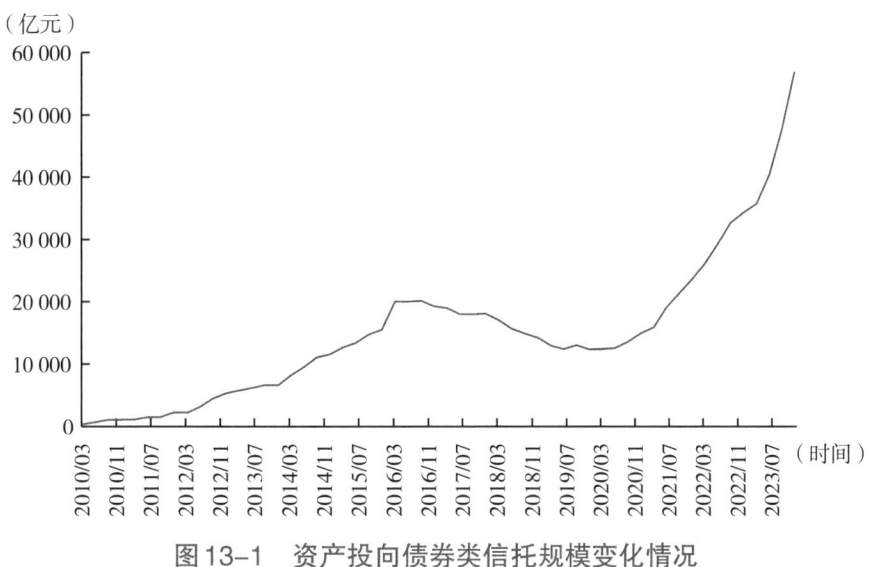

图13-1 资产投向债券类信托规模变化情况

资料来源：中国信托业协会

（二）非标准化的固定收益类信托

非标准化的固定收益类信托是指将信托资金直接或间接投资于非公开市场发行交易的固定收益类产品的信托业务，主要包括融资类信托业务。融资类信托业务作为非标准化固定收益类信托业务的主要模式，是信托公司最早开展的一类信托业务，一度成为信托行业主要的业务模式。自2018年《资管新规》出台以来，基于宏观调控、防控金融风险、规范资产管理市场等方面因素，融资类信托业务开始受到严格监管，监管部门一方面要求信托公司压降融资信托规模，另一方面引导信托公司开展规范的资产管理业务和本源的服务信托业务，推动信托行业转型发展。同时，随着房地产市场的调整以及地方政府债务风险防控下的城投平台融资的规范化治理，非标准化的固定收益类信托的需求也不断萎缩。在此背景下，近年来融资类信托业务大幅下降，目前已不再是信托业的主导业务类型。中国信托业协会最新披露的数据显示，截至2023年末，融资类信托余额为3.48万亿元，仅占所有信托业务规模的14.53%，较融资类信托巅峰规模6.45万亿元，下降了46%（见图13-2）。

图13-2 融资类信托规模变化情况

资料来源：中国信托业协会

二、固定收益类信托发展现状

（一）规模爆发式增长，内部结构有所分化

在信托行业转型创新的大浪潮下，各家信托公司纷纷发力固定收益类信托业务，行业管理固定收益类信托规模呈现爆发式增长态势。一方面，从历史上看，信托公司的业务属性较为贴近固定收益类业务，并且在相关的风控方面也有着深厚的积累。另一方面，固定收益类业务有着波动较小、规模上涨较快等特点，叠加信托在估值上的优势，非常契合信托行业转型的需要。根据中国信托业协会调研数据，合计53家信托公司有效数据显示，截至2023年末，行业固定收益类信托业务规模合计达44 044.02亿元，同比增长89.47%（见图13-3）。

在规模快速增长的同时，固定收益类信托在发展过程中也出现了明显的内部结构变化。一方面，以现金管理、债券投资等为主的标准化固定收益类信托业务由于其符合《资管新规》和《信托业务分类通知》要求，叠加其波动较小、上量较快的特点，成为各家信托公司转型升级过程中纷纷发力布局的重要方向。根据中国信托业协会调研数据，合计53家信托公司有效数据显示，截至2023年末，行业标准化固定收益类信托业务规模合计达18 097.17亿元，同比增长76.46%。另一方面，非标业务由于不符合信托行业转型升级的需要，叠加近年来资产荒的展业压力，非标准化固定收益类信托规模不断收缩。根据中国信托业协会调研数据，合计24家信托公司有效数据显示，截至2023年末，行业非标准化固定收益类信托业务规模合计达8 258.34亿元，同比下滑11.97%（见图13-4）。

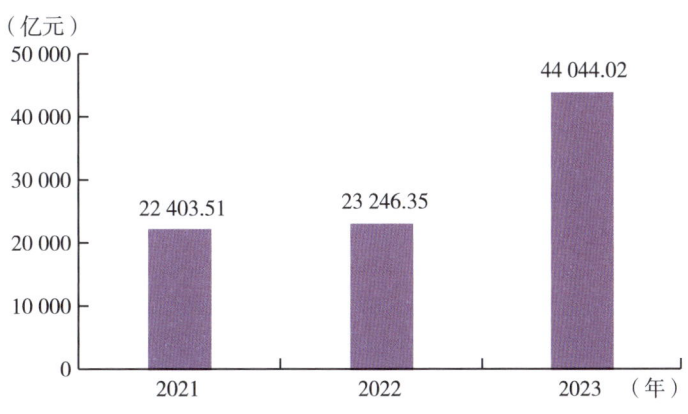

图13-3　行业固定收益类信托规模

资料来源：根据中国信托业协会调研数据整理

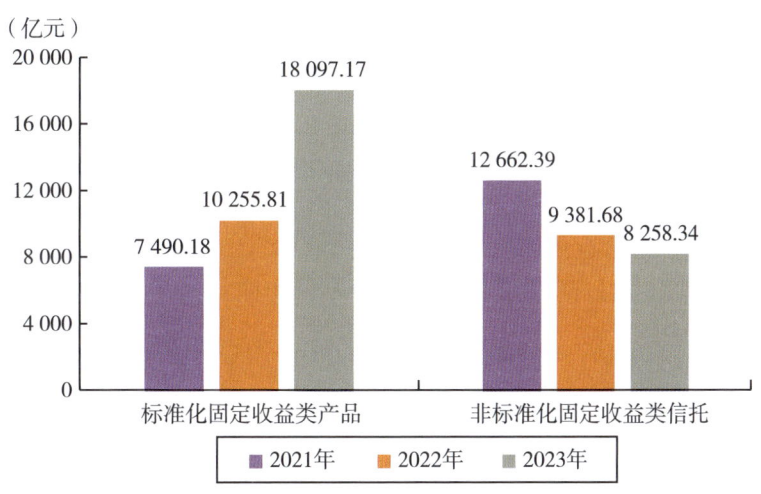

图13-4　行业固定收益类信托规模——内部结构

资料来源：根据中国信托业协会调研数据整理

（二）强化团队配置，主动管理能力不断提升

规模的快速发展，离不开公司战略布局以及在团队人员上的支撑。根据中国信托业协会调研数据，合计30家信托公司有效数据显示，每家信托公司都设立了专门的标准化的固定收益类信托业务部门，合计配置人数达778人。同时，根据49家信

托公司有效数据,有29家信托公司设立了专门的信评部门,以支持固定收益类信托业务的风险控制和业务开展(见图13-5)。

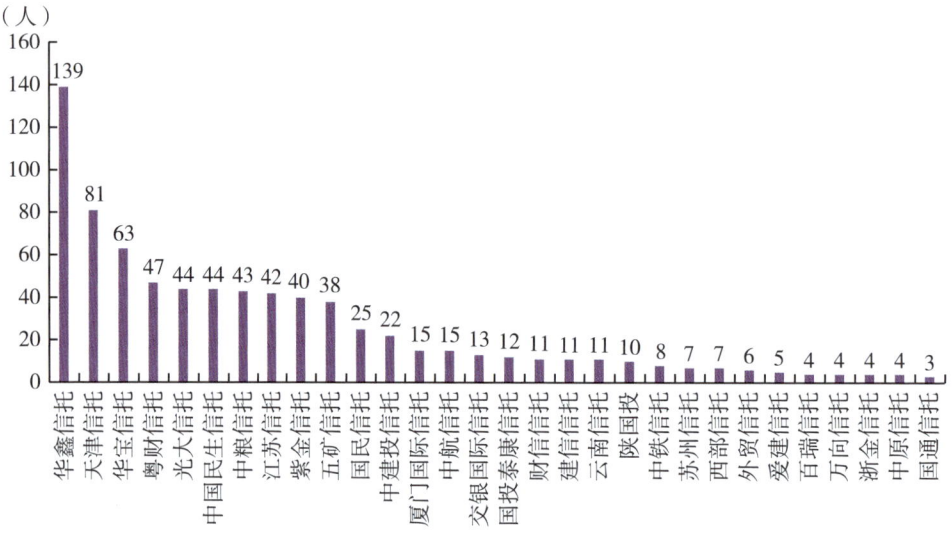

图13-5 各家信托公司固定收益类信托配置人员情况

资料来源:根据中国信托业协会调研数据整理

战略上的重视、人员的配置以及信评团队的支撑,使行业在固定收益类信托业务发展过程中,主动管理能力不断增长,业务的发展更具有延续性。根据中国信托业协会调研数据,合计53家信托公司有效数据显示,截至2023年末,主动管理的固定收益类信托规模达41 655.03亿元,同比增长99.04%;委托投顾管理的固定收益类信托规模达2 388.99亿元,同比增长3.04%,几乎和往年持平(见图13-6)。

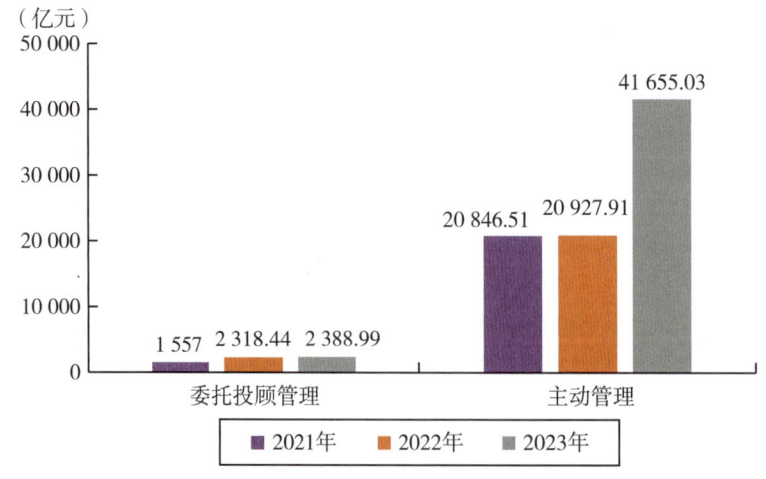

图13-6 主动管理类固定收益类信托情况

资料来源:根据中国信托业协会调研数据整理

(三)策略不断丰富,纯债固收类仍占主导

规模的快速增长以及主动管理能力的不断增强,带来了信托公司固定收益类信托展业策略的不断丰富,现金管理类、纯债固收类、"固收+"等策略产品不断浮现,多层次地满足了不同风险偏好投资者的需求。根据中国信托业协会调研数据,合计53家信托公司有效数据显示,截至2023年末,现金管理类、纯债固收类、"固收+"产品规模分别达3 921亿元、13 631亿元、545亿元,分别同比增长18.13%、110.34%、19.47%(见图13-7)。其中,纯债固收类为目前标准化固定收益类信托的主要展业策略,规模占比达75.32%。

图13-7 不同策略固定收益类信托情况

资料来源:根据中国信托业协会调研数据整理

● 案例13-1

中铁信托交子系列引领稳健理财新风向

中铁信托紧贴证券市场风向和信托行业转型升级需要,积极培育标品信托主动管理及投研能力,以标准化固收业务为切入点,打造出多债券品种类别、收益稳健的标品固收产品——交子系列现金管理类信托计划。

中铁信托交子系列标品固收产品作为旨在满足高净值个人、企业及机构客户的稳健理财需求,打造的一款多期限、净值化的债券类固收信托计划,

所投资产均为高流动性债券资产，可根据经济、金融市场情况动态调整投资策略和标的组合，投资风险较低，同时具有期限灵活、组合动态调整、资产稳健及充分分散等多方面特点。

中铁信托产品投资团队核心成员均为深耕固收领域多年的专业人员，结合公司存量业务优势和债券自身特点，打造出具有中铁特色的信用风险评价体系和流动性管理体系，为进一步增强产品的高质量和稳健性保驾护航。

截至目前，中铁信托交子系列固收产品总规模已接近100亿元，累计发行100余只信托计划，过往各期产品到期退出均达到了业绩比较基准并实现了超额收益，在公司客户间形成了良好口碑，并陆续得到上市公司、券商、银行等机构客户投资和认可。

● ▶ **案例13-2**

中航信托固定收益类信托发展思路和典型案例

中航信托固定收益类资产管理信托注重在大资管统一竞争格局下的差异化发展，重点打造2%~5%这一收益区间的产品，可以具体分为灵活型和稳健型两类产品。其中，灵活型产品包括日开、周开、双周开和月开等四类期限产品，规模合计达800亿元，对客收益率大部分集中在2.8%~3.5%这个区间，高出金融同业同期限的货币基金和银行理财产品。未来，该类产品将进一步丰富短期开放式产品的产品线，成立最短持有期产品等有差异化的产品。稳健型产品则在严控信用风险的前提下，多元配置银行存款、银行存单、回购、货币基金、中高等级信用债等标准化资产，在满足产品的流动性基础上提供稳定的收益。稳健型产品期限为3个月到1年不等，业绩比较基准在3.6%~4.2%区间，产品规模约120亿元。在投资运作上，稳健型纯债产品以中高等级城投债配置为主，资金用途基本以地方基础设施建设和乡村振兴为主，既满足投资风险要求，又可以支持实体经济发展。

中航信托睿金7号作为中航信托面向客户的重要固定收益类产品，采用"固收+"策略，以"城投债+小盘成长股"为主要配置。在大类资产配置层面，通过主观研究与量化研究相结合，注重股债轮动。当市场缺乏权益投资机会时，尽可能以大仓位配置城投债，缓步建仓小盘成长股。市场出现权益投资机会时，迅速将权益仓位加至产品设计的高位。在权益配置层面，拓宽研究覆盖面，在人工智能、数字经济、人形机器人、高端制造等新兴成长行业的轮动中配置有效仓位，将股债两类资产在择时和结构上做到优化，取得了较好的产品业绩。

三、固定收益类信托发展面临的挑战和机遇

（一）利率下行趋势下，资产荒的困局或长期存在

无论是对于非标准化还是标准化的固定收益类信托而言，城投平台和房地产企业一直都是主要的资产来源和配置领域。一方面，房地产行业的调整仍在持续，行业出清过程中风险不断暴露；另一方面，在一揽子化债方案出台后，城投债收益率快速下滑，信用利差不断收缩至历史低位（见图13-8）。在无风险收益率下行趋势下，信用利差又不断压缩，资产荒的压力不断加剧，过往信托公司不断信用下沉、拉长久期来博取收益的策略趋向于失效。

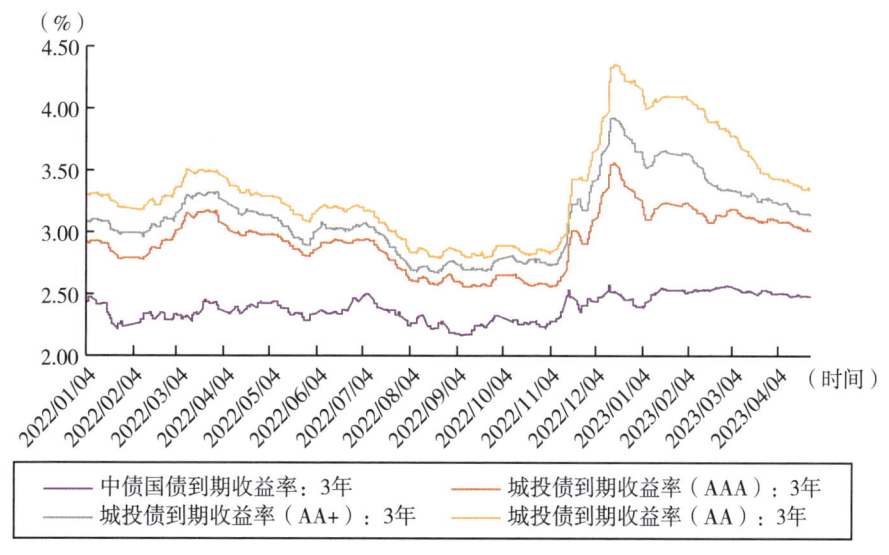

图13-8　三年期国债收益率和不同等级城投债收益率情况

资料来源：Wind

（二）产品收益率维持压力较大，竞争力面临较大考验

在资产荒的大背景下，固定收益市场哄抢资产已成常态，城投债发行收益率不断打开下限、超额多倍申购的情况比比皆是。在此情况下，信托公司拉长久期、信用下沉的策略已经不能带来明显的超额收益，无论是对于新发产品还是存续产品而言，再投资压力较大，预期收益率不断下调。过往，信托公司相较于银行理财、基金等金融机构，相对较高的预期收益率水平是吸引客户的重要手段。但目前来看，信托公司在固定收益领域的收益率优势已所剩无几，叠加信托私募定位的劣势，固定收益类信托在大资管领域的竞争力面临较大的考验，无论是对于存续客户的留存还是新发产品的上量，都造成了不利的影响。

（三）投研能力相对不足，产品策略有待丰富

信托公司虽然一直根植于固定收益领域，但过往刚兑的业务模式对信托公司在净值化的业务领域形成了一定的能力阻碍。一方面，信托从业人员大多以非标业务为主，标准化的固定收益类业务涉猎较少。另一方面，净值化转型对从业人员在投研能力、风险控制能力等方面提出了更高的要求。此外，目前信托公司在标准化固收类业务领域展业和布局都较为类似，产品策略雷同度高，且较为单一，在市场上缺乏一定的竞争力。

四、信托公司固定收益类信托的未来发展方向

（一）非标加速收缩，标准化的固收类业务将是主要的发展方向

无论是从监管的意志导向，还是从经济发展的实际出发，随着房地产发展新格局的不断推进，以及无风险利率的循序下行，可以创造高收益的资产将成为抢手资源，有着高收益的非标类固定收益信托将加速收缩。而符合监管导向、符合时代发展需求的标准化固收类信托将成为各家信托公司转型创新的发力点，不断在团队、人员上加大配置，在科技、数字化上加大投入，在策略上不断丰富，逐步提供现金管理类、纯债固收类、"固收+"、高收益债等多梯度、全维度的固收类产品。

（二）加强与银行、理财子等资管同业合作将是大势所趋

由于信托的私募属性，相较于银行、理财子、基金等大资管同业，在渠道铺设、客户群体上有较大的差距。因此，信托公司在提升自身投研能力、丰富自身产品策略、产品类型的同时，需要在渠道端加强与银行、券商、基金等大资管同业合作，利用其在渠道和客户端的优势，将信托在产品创设上的优势更加显性化，不断提升产品的客群和知名度。

另外，理财子公司承载了原本银行的资管功能，但在人员配置上、激励机制、制度上（特别是其不能在银行间市场开户）存在很多痛点。在此情况下，信托公司可以充分发挥自身制度优势和架构优势，在固定收益类领域与理财子充分合作，不断提升自身交易能力，壮大业务规模和业务布局。

（三）加强科技投入，不断提升数字化水平将是重要支撑

在《信托业务分类通知》指引下，信托业务应与其他金融业务数字化同频转型，金融科技将成为业务转型的重要支撑乃至核心驱动力。近年来，信托公司日益重视数字化转型，在数字化顶层设计、金融科技应用、数据治理等方面取得较大进展，为履行受托人职责、管理20多万亿元信托财产提供了科技支撑。《信托业务分类通知》指引信托业务向标品资管、投资信托、财富信托、创新资产服务信托等方向加速转型；同时，信托业务转型对信托公司金融科技应用、客户服务、数字化展业平台等提出更高要求。一方面，固定收益类信托具有客户广泛、数据海量、交互高频、服务期长、服务多样等特点，线上化、自动化、数字化、智能化的科技系统是信托业务规模化发展必不可少的；另一方面，基于资产管理与财富管理价值链的视角，《信托业务分类通知》的三类信托业务之间是有机结合、相互支撑的，信托公司要打破过往单一业务科技部署的方式，也要从价值链视角打通系统竖井与"数据孤岛"。

（四）不断提升投研能力、丰富产品策略将是破局之路

资产荒、房地产领域风险的不断出清，都对固定收益类信托的存续和发展造成了较大的挑战。只有不断提升信托公司的投研能力，加强信评体系的建设，提升风险控制能力和收益挖掘能力才能在大资管统一竞争的格局下，打造出自身的护城河。

一方面，信托公司需要加大在投研能力上的投入，增强资产的挖掘能力，在"固收+"的加号上下功夫，探索REITs、可转债、可交债等资产的配置，丰富产品策略和收益来源的多样性；另一方面，信托公司需要加强信评体系的建设，加强对信用主体的挖掘和风险把控能力，在深挖收益的同时，保证资产的安全性和可靠性。

第十四章
权益类信托计划

中央金融工作会议提出：优化融资结构，更好发挥资本市场枢纽功能，发展多元化股权融资，培育一流投资银行和投资机构。国务院在《关于加强监管防范风险推动资本市场高质量发展的若干意见》（以下简称"国九条"）中提出，鼓励银行理财和信托资金积极参与资本市场，提升权益投资规模。信托公司发展权益类信托计划有利于促进资本市场发展，优化融资结构，支持实体经济高质量发展。

根据《信托业务分类通知》，资产管理信托是信托公司依据信托法律关系，销售信托产品，并为信托产品投资者提供投资和管理金融服务的自益信托，属于私募资产管理业务。资产管理信托依据《资产新规》，分为固定收益类信托计划、权益类信托计划、商品及金融衍生品类信托计划和混合类信托计划共4个业务品种。权益类信托计划，指投资于股票、未上市企业股权等权益类资产的比例不低于80%的信托计划。资产管理类信托是未来信托行业重点转型方向之一，权益类投资信托是信托公司资产管理业务的一个重要方向。信托公司的权益类投资信托主要包括股票投资信托计划和股权投资信托计划，前者投资于上市公司股票，后者投资于非上市公司股权。

一、权益类信托计划发展现状

根据中国信托业协会调研统计，2023年底，权益类资产管理规模7 658亿元，其中自主管理规模5 775亿元，投顾管理规模1 883亿元（见图14-1）。自主管理包含股票、FOF和股权投资，其中股票1 231亿元，FOF 425亿元，股权投资3 642亿元，其他权益类信托478亿元（见图14-2）。投顾管理规模中以私募基金FOF为主，底层资产主要为股票。

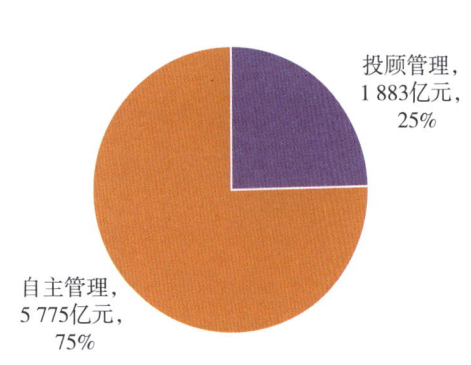
图14-1 权益类信托计划规模

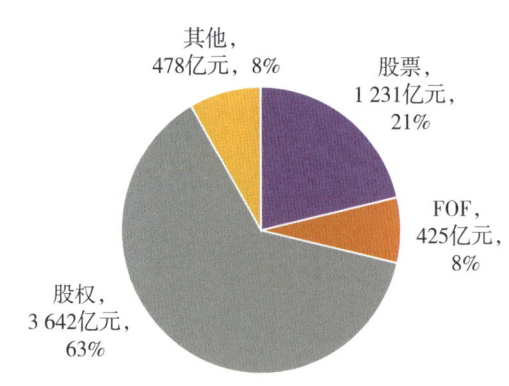
图14-2 权益类信托计划分布（除投顾管理）

二、权益类信托计划业务模式和典型案例

（一）股票投资类信托计划

股票投资类信托计划往往受到股票行情涨跌的影响，在牛市行情中，股票投资更容易被客户接受，起步的投研团队更容易迈过规模门槛要求。自2022年初以来，股票市场基本上处于下行通道之中，2024年2月以来略有反弹，从2022年到2024年第一季度，上证指数、沪深300、创业板指数累计跌幅分别为15.97%、28.12%、35.99%。

表14-1　　　　　　　　　　代表性股票指数涨跌　　　　　　　　（单位：%）

指数	2022年	2023年	2024年第一季度	合计
上证指数	-14.64	-3.70	2.23	-15.97
沪深300	-21.33	-11.38	3.10	-28.12
创业板指数	-26.61	-5.41	-7.79	-35.99

从具体的业务模式来看，股票投资类信托计划有两类，一是直接的股票投资，二是通过FOF投资于股票类公募/私募基金。

1. 直接股票投资

股票投资对投研能力要求较高，和公募基金等已建立了成熟的投研体系的资管机构相比，信托公司投研能力建设相对滞后。除华能信托股票投资规模遥遥领先外，其他信托公司普遍管理规模较小。从股票投资策略来看，主要有以下几类：

一是依托产业研究能力，深度挖掘股票价值，根据企业客户所处不同发展阶段的需求，提供包括企业融资、财富管理等在内的一系列综合性金融服务。比如华能信托，围绕医药、科技、材料、新能源、半导体、智能装备等9个行业赛道，引入产业博士提供投研支撑，按照"好赛道、好赛手、好生意"的三好原则、与实际控制人合作的展业思路，遴选行业龙头或有龙头潜力的企业，坚定投向赛道清晰、有硬核资产、实控人和管理团队具备企业家精神的龙头企业。

二是参与定增，在深度研究公司的基础上，通过价格折扣获得安全垫。定增作为再融资市场的核心品种，在再融资市场的比重超过七成，近几年平均每年市场规模超7 000亿元（见图14-3）。在价格折扣的基础上，通过选择当期估值合理、具有坡长雪厚的赛道以及优秀的基本面、业绩支撑的上市公司，具有显著的配置价值，受到了越来越多公募、外资、产业资本等机构投资者的追捧。信托公司除自己搭建团队投资外，还可以与私募股权机构进行联合投资，比如2023年，重庆信托与私募股权投资基金合作，设立定增集合资金信托计划，投资上市公司定向增发的股票，通过基金管理人参与跟投信托计划，保证产品竞争力。

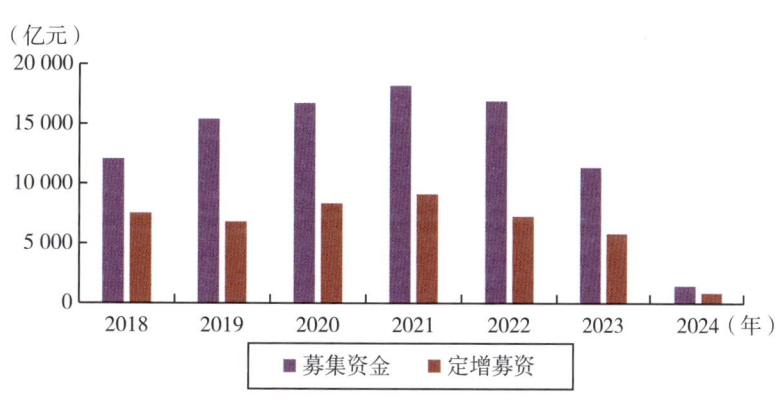

图14-3 我国股票市场募集资金规模分布

三是聚焦策略，运用量化模型选股等辅助手段，进行主题投资。在有限的投研配置下，通过聚焦特定策略并运用量化模型选股等辅助手段，是信托公司逐步培养股票投资能力、建立业绩纪录的路径之一。比如中航信托，其混合类产品的股票投资部分，通过主观研究与量化研究相结合，根据行业景气度和市场风格进行股票筛选，挑选出优质赛道、强势风格的股票，比如人工智能、数字经济、人形机器人、高端制造等新兴成长行业，然后采用因子选股和研究员主动推荐的方式构建备选股票池，在基本面重审和估值考虑的基础上选择10家左右持仓。又如浙金信托，其浙金·汇泉7号红利精选主题证券投资集合资金信托计划，成立于2022年7月，主要投资于中证红利指数、上证红利指数、深证红利指数的成分股及备选成分股，重点选择盈利能力优秀、分红水平突出且分红政策稳定的上市公司，在波动较大的股票市场中，重点把握高股息率为特征的股票投资机会。

四是全市场投资。全市场投资分为两种类型，一种是自上而下，一种是自下而上。自上而下的投资组合策略，是从宏观政策、行业趋势和公司基本面三个层面出发，进行投资决策的方法。在宏观政策上，关注如货币政策、财政政策、产业政策等国家政策对投资市场的影响；在行业趋势上，分析各行业的周期性、市场规模、竞争格局和发展趋势，以选择具有增长潜力的行业进行投资；在公司基本面方面，研究公司的财务状况、治理结构、竞争优势和未来发展潜力，挑选具有持续盈利能力的优质企业。自下而上的投资组合策略，通过公司的基本面分析确定目标公司，常见的维度包括公司核心竞争力、行业景气度、ROE、估值等，从优秀的单个公司中寻找机会，通过长期持有穿越经济牛熊。

●▶ 案例14-1

建信信托·凤鸣优质成长1号集合资金信托计划

建信信托自2012年起开始布局证券市场业务，近年来不断做大做强，已成为公司的战略性重点业务。截至2020年底，公司证券业务主动管理规模已突破800亿元，合作金融机构超过200家。产品种类在传统固收类的基础上，已覆盖现金管理、"固收+"、权益、混合及多策略产品、MOM、FOF、QDII等多种类型，产品体系不断完善，为投资人提供了更为丰富的投资品种选择。

凤鸣优质成长1号集合资金信托计划为权益类信托计划，产品成立于2021年7月，2021年12月开始正式运作，采用主观多头策略，分份额，按月或季度开放。产品从个股估值安全边际和预期回报率的角度出发，自下而上研究驱动选股，组合呈现一定低估值及逆向投资的特性。

投资范围：具有良好流动性的金融工具，包括国内依法发行上市的股票（含主板、中小板、创业板及其他经中国证监会核准上市的股票、存托凭证等)、股指期货、债券、货币市场工具、中期票据、现金以及法律法规或监管机构允许信托投资的其他金融工具。信托计划的投资组合比例为：股票（含存托凭证）等权益类资产投资比例为信托财产的80%~100%。如法律法规或监管机构以后允许信托投资其他品种，受托人在履行适当程序后，可以将其纳入投资范围。

投资策略：以价值投资为理念，注重绝对收益，通过深度研究及自下而上选股体系，寻找股票价格低于其内在合理"价值"的标的，通过宏观和估值把握整体择时。

2.通过FOF投资于股票类公募/私募基金

基金中的基金（FOF）是一种专门投资于其他证券投资基金的基金。FOF的主动管理业务依赖的投资能力与股票投资有所不同，后者依靠对宏观、市场和行业公司的分析和判断，而前者更多依赖对基金的评价能力。FOF的主动管理并不需要建立齐备的行业研究能力，而是需要一个组合构建策略和基金评价方法，对信托公司来说，是一个比直接投资股票更可行的选择。信托公司的FOF业务主要有三种模式。

（1）服务驱动。服务驱动是指信托公司以证券受托服务类信托的优势为基础，依托与私募基金管理人的业务合作基础，逐步扩充专业投研团队建设，建立起科学的资产配置框架与基金绩效分析评价体系，搭建集投资研究、运营管理、风险监控、绩效分析等为一体的FOF投研管理平台，拓展主动管理的资产配置业务。

▶ 案例14-2

外贸信托 FOF 发展策略及代表性产品

外贸信托自2013年开始开展主动管理FOF业务，是行业最早进行主动管理能力培育的信托公司之一，始终以稳健为基础构建满足客户不同风险偏好的FOF产品，经过十余年的发展，逐步确立策略类型完备、风险收益特征明确的FOF产品线，目前产品覆盖稳健型、平衡型、进取型三种产品类型，产品策略涵盖"固收+"、量化混合、宏观配置、权益等。公司FOF管理规模于2021年突破200亿元，其代表性产品有"乾元TOT"和"慧选FOF"。

乾元TOT。乾元系列投资目标是通过大类资产配置和子基金轮动的"双重主动管理"，适应多变的市场环境，为客户获取长期稳健的投资收益。2015年2月，外贸信托首只自主投资的量化混合策略FOF产品"乾元TOT"成立。自产品成立以来公司自有资金始终坚定投资，连续8年实盘培育业务发展，经历了完整的经济周期，业绩长期稳定。

慧选FOF。慧选FOF产品是由外贸信托主动管理的宏观配置策略FOF产品。通过自上而下的宏观研究，结合各类资产的周期波动特征，以及对于宏观变量与中观行业数据的定性研判，从国内外优秀投资机构中优选不同策略和资产的管理人，构建FOF产品投资组合，并通过资产配置和策略轮动，动态调整股票、量化对冲、CTA等各类资产所占比例。面对复杂的市场环境，一方面严格控制单一资产的方向性暴露，另一方面在策略侧面进行多元化，减少单一类别资产波动影响，获取长期稳健收益。

（2）财富管理驱动。财富管理驱动模式是指信托公司通过精准的客群定位及差异化营销，吸引并挖掘客户的资产配置需求，通过全权委托、家族信托等业务形态，获得客户资金的资产配置权限。另外，在资产端致力于打造开放式产品货架，全市场产品采购、以专业的资产配置能力和投顾服务吸引客户。此模式适合财富销售端有强大客户基础的信托公司，信托行业依托财富部门，借助资金驱动发展FOF业务，典型案例如中信信托的睿信稳健配置TOF信托计划。

案例14-3

中信信托·睿信稳健配置TOF信托计划

2018年6月，中信信托成立中信信托·睿信稳健配置TOF金融投资集合资金信托计划（以下简称"睿信TOF"）。经过5年多的发展，目前中信信托证券投资团队自主决策型TOF管理规模已接近百亿元，尤以"睿系列TOF"的规模占比最高。发行最早的睿信稳健TOF，以风险平价模型为理论基础，以私募、公募基金为主要投资标的，在股票、商品、债券和市场中性四类策略基金间进行均衡配置，力图降低产品净值波动，实现净值稳健增长。截至2024年4月30日，单位净值为1.4302，累计收益率为43.02%，成立以来年化收益为6.33%，累计收益超过同期股票基金、债券基金和混合基金指数。

睿信TOF的投资目标是追求相对稳健的长期超额收益，在不同的大类资产间分散风险，降低单一资产风险对整体组合的影响，控制组合的回撤幅度。投资流程是：大类资产配置阶段（包括战略配置和战术配置）→子基金评价及入库阶段→构建投资组合阶段→组合动态再平衡阶段。其中，大类资产配置分为战略资产配置与战术资产配置相结合，运用风险预算模型，形成战略资产配置方案。在此基础上，综合考量团队背景、策略逻辑、策略容量、产品业绩、产品费率、流动性及与已配置标的的相关性等方面确定基金管理人名单、构建投资组合以及实现组合动态再平衡（见图14-4）。

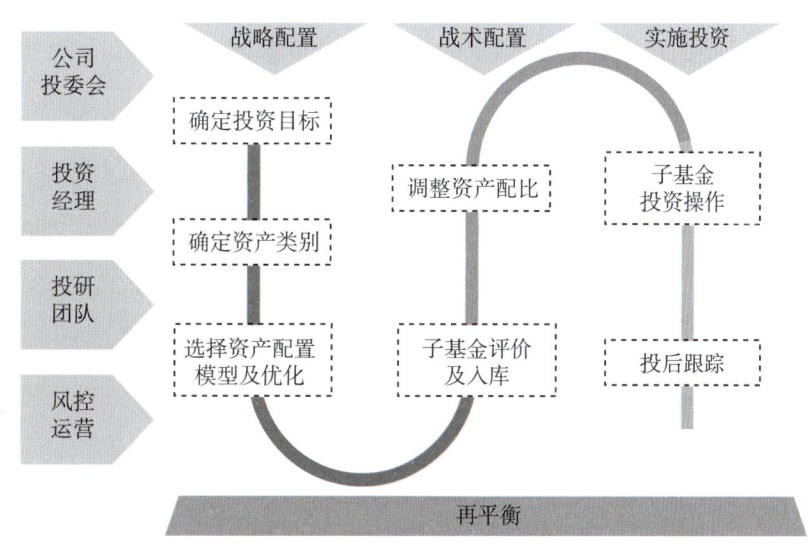

图14-4　睿信TOF投资流程

（3）人才驱动。对于信托公司而言，如果没有证券服务信托的先发优势为基础，最直接的途径就是依托人才驱动业务发展。人才驱动是指通过从市场化引入专业投研人才，组建资产配置专业团队，把握市场机会推出满足客户资产配置需求的产品，依托专业能力建立良好业绩口碑，持续做大资产配置业务规模。由于长期以非标业务作为主业，信托公司普遍缺乏证券投研人才，引入专业团队成功打造专业FOF投资管理能力的快捷手段。比如光大信托依靠从券商、基金等机构直接引入权益投资领域的专业投研团队，目前已初步形成覆盖多策略与单策略的TOF产品线，截至2023年末，光大信托TOF产品规模约80亿元，底层投资标的覆盖股票策略、债券策略、管理期货策略、套利策略、多策略等。

（二）股权投资类信托计划

近年来，在行业监管的坚强领导下，信托公司有序压降融资类信托业务规模，积极探索股权投资等转型业务模式和方向，积极服务实体经济，推动创新企业发展，努力实现更大的价值创造。信托公司参与股权投资的展业模式一般有三种：一是信托计划直接投资；二是"信托计划+有限合伙型基金"模式，即信托计划作为有限合伙人（Limited Partner，简称"LP"），与普通合伙人（General Partner，简称"GP"）共同设立有限合伙型基金，通过有限合伙型基金进行股权投资；三是信托公司通过私募股权投资子公司（简称"PE子公司"）开展股权投资业务。此外，信托公司还可通过投贷联动、结构化股权等多种形式开展股权投资业务。

股权投资信托计划与股权投资市场发展紧密相关。2023年，受美联储加息影响，股权投资市场信心受挫，全球私募投资遭遇继2008年金融危机以来的最大跌幅，我国股权投资市场募集规模继续延续下降趋势，大额基金募集有所收缩，投资案例数及金额同步下降，虽降幅较2022年有所收窄，但市场热度继续回落（见图14-5和图14-6）。

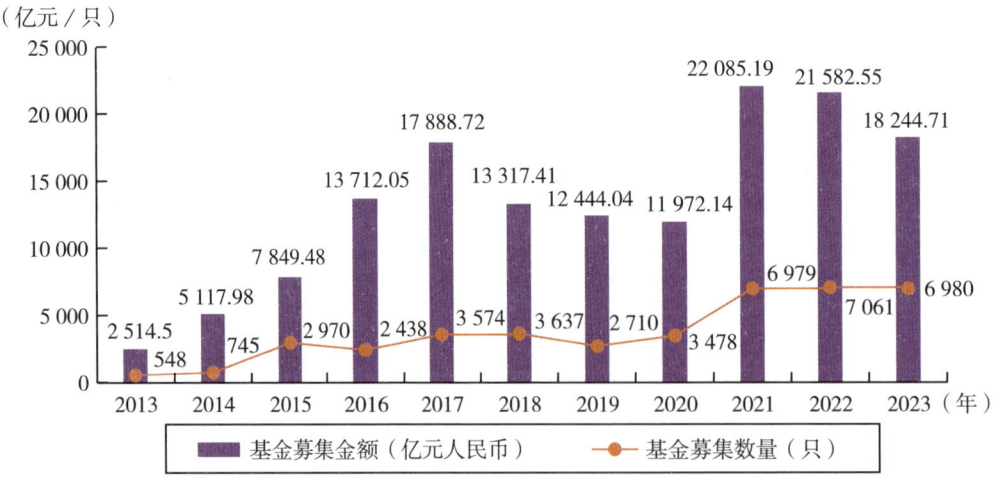

图14-5　2013—2023年中国股权投资募资市场变动情况

资料来源：清科研究中心

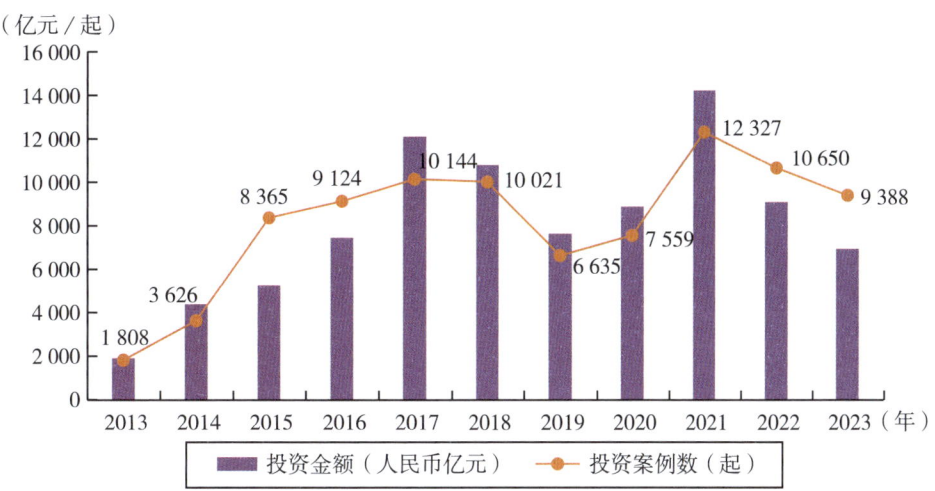

图14-6　2013—2023年中国股权投资市场变动情况

资料来源：清科研究中心

清科研究中心数据统计显示，2023年国内股权投资市场首次公开募股（Initial Public Offering，简称"IPO"）退出方式下滑幅度加大，回购、股转及并购交易案例数量均实现同比增长。市场参与主体多元化趋势仍然显著[①]，政策型LP可统计出资规模超万亿元，出资占比为57%，突破了50%（见图14-7）。金融机构2023年总计出资金额超过2 000亿元，占比约为11%，出资占比较为稳定。从行业分布来看，半导体及电子设备、生物技术/医疗健康、IT仍是三大热门行业，智能化、高端化与绿色化方向的市场关注度持续提升（见图14-8）。

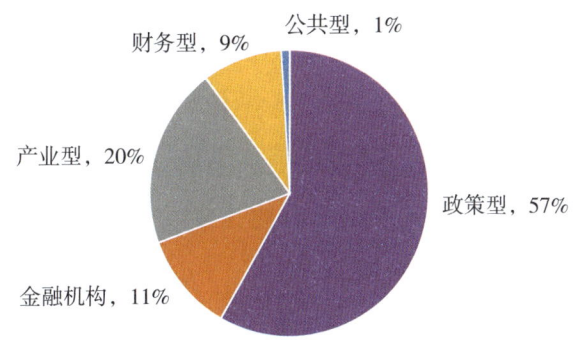

图14-7　2023年中国股权投资市场LP分布结构

资料来源：母基金周刊（FOFWEEKLY）

---

① 母基金周刊（FOFWEEKLY）发布的《2023年度LP全景报告》将LP按照资金特性、监管要求、投资诉求等可分为政策型LP、金融机构、产业型LP、财务型LP以及公共型LP五类。

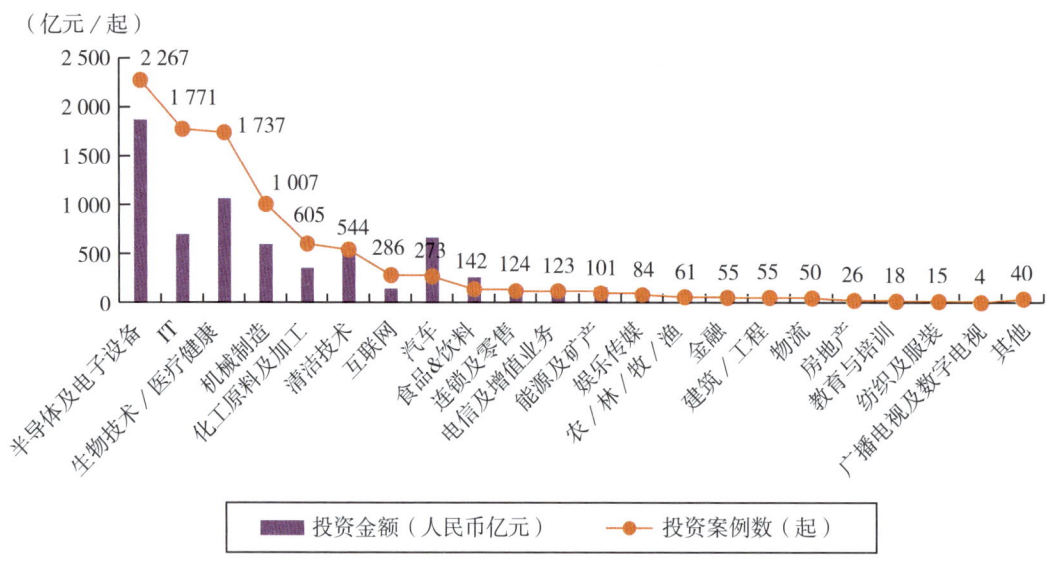

图14-8　2023年中国股权投资市场投资行业分布

资料来源：清科研究中心

2023年也是我国股权投资市场监管管理体系极具里程碑意义的一年。2023年7月，国务院正式发布私募基金行业第一部行政法规《私募投资基金监督管理条例》，填补了行政法规监管空白，也开启了我国私募基金监管的新纪元。2023年12月8日，中国证监会就《私募投资基金监督管理办法（征求意见稿）》进行修订并公开征求意见。至此，我国私募基金行业监管体系及监管力度进一步升级，行业迈向规范化、差异化发展之路。在此大背景下，2023年，信托公司股权投资类信托计划发展呈现以下特征。

1. 业务规模、占比均大幅度下降

根据《信托公司私人股权投资信托业务操作指引》（银监发〔2008〕45号），私人股权投资信托主要指信托公司将信托计划项下资金投资于未上市企业股权、上市公司限售流通股或中国银监会批准可以投资的其他股权的信托业务。股权投资信托计划可通过股权上市、协议转让、被投资企业回购、股权分配等方式，实现投资退出。

根据中国信托业协会披露的数据，截至2023年底，信托资金用于长期股权投资的余额降至0.15万亿元，同比下降81.93%；占信托资金余额的比重为0.87%，较2022年同期下降了4.68个百分点，下降幅度较大（见图14-9）。分析来看，数据下降或由于部分信托公司根据监管报表信托资产列报口径变化将长期股权投资调整至交易性金融资产；或由于股权投资市场行情导致的业务发展战略性收缩。

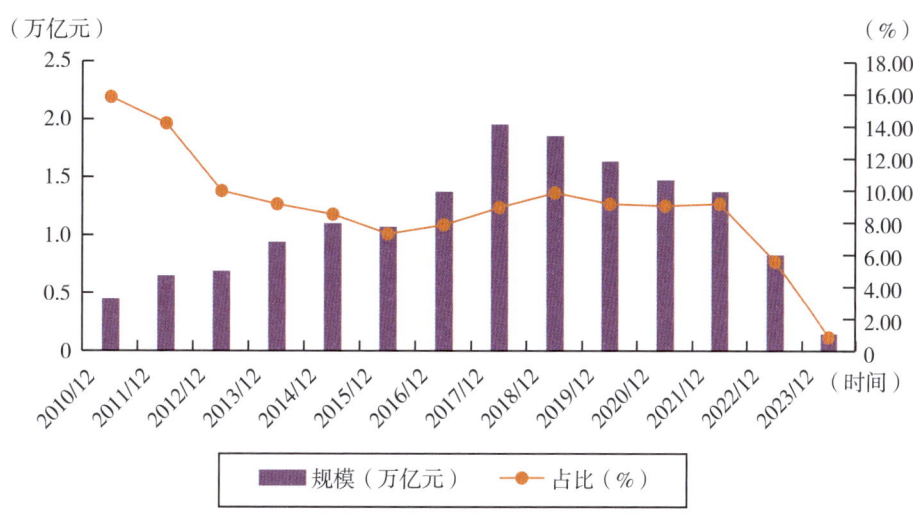

图14-9　2010—2023年信托资金用于长期股权投资余额及占比

资料来源：中国信托业协会

2. 以LP躬身入局，为市场引资助力

当前股权投资行业依然处在募资艰难的阶段，2023年多家信托公司作为LP大举入场，为股权投资行业带来了难得的发展活水。根据清科研究中心数据统计，2023年有41家信托公司作为LP出资了146只基金，出资金额超过516亿元。其中，23家信托公司投资基金数量在2只以上，光大信托、建信信托、中信信托、渤海信托、陕国投、平安信托、厦门国际信托的出资金额在10亿元以上，其中光大信托和建信信托出资金额均超过了百亿元。从被投GP来看，国资背景和产业背景的机构往往更受信托公司青睐。

▶ 案例14-4

财信信托以LP形式支持湖南省专精特新企业发展

财信信托推出财信湘财资2023-8号集合资金信托，项目募集资金10 000万元，期限为5年。项目采用"信托计划+有限合伙"的形式，通过认购湖南财信专新一号私募创业投资基金合伙企业（有限合伙）LP份额，专项支持湖南省专精特新企业发展，涉及的领域包括新材料、现代服务、高端装备智能制造等。

● ▶ **案例14-5**

中原信托以LP形式参与天宏瑞科A轮融资

中原信托联合云杉资本投资陕西有色天宏瑞科硅材料有限责任公司A轮融资，用于进一步加大粒状多晶硅、超纯多晶硅及高纯硅烷气业务的研发投入和产能扩充。

3. 积极入局"S"基金市场交易、布局母基金

除直接充当LP外，不少信托公司也开始通过"S"基金①模式参与私募股权二级市场。"S"基金具有底层资产相对清晰、投资周期相对较短、资产流动性较高、能够降低盲池风险等特点，通过"S"基金模式切入私募股权投资有利于健全信托公司的权益投资体系，满足部分存在私募股权市场投资倾向但风险收益偏好相对保守的投资者的需求，更适合初涉私募股权投资领域的信托公司。同时"S"基金作为私募股权基金二级市场的重要参与者，为当前面临的"退出积压"严重问题提供了新的解题思路，为私募股权基金的退出提供新的动力，有助于降低底层资产方面信息不对称风险，缩短投资回报周期。

公开信息显示，自2021年以来已有重庆信托、云南信托等数十家信托公司入局"S"基金市场交易，且参与方式多以自有资金购买"S"基金份额为主。"S"基金交易目的基本可以通过标的规模进行判断，较大规模如数十亿份额的资产，对手方多为金融机构或同一集团内机构，目的偏重流动性和集团资产组合管理；而标的规模偏小的"S"基金交易的目的则多为财务诉求或对手方流动性需求，对于交易对手的选择偏好性则较弱。

● ▶ **案例14-6**

重庆信托设立多单投向"S"基金的信托计划

2021年，重庆信托发行公开渠道可查询的第一单"S"基金产品——"惠渝6号集合资金信托计划"。信托计划受让晨融新旧动能转换基金的LP份额，

---

① "S"基金是Secondary Fund的简称，是以受让二手私募基金份额或私募基金所投标的为投资策略，主要从投资者手中收购基金份额，投资组合或出资承诺的一类私募基金产品。

投资于上市公司重要控股子公司的少数股东权益，未来计划择机参与上市公司换股并购，从而投资于上市公司股票，属于典型的并购型"S"基金。2022年，重庆信托设立了"重信·洞明22005·星辰扬帆1号集合资金信托计划"，受让了一国家级产业引导基金持有的创业投资基金的LP份额，底层资产包括5个半导体、新材料行业的优质龙头企业，其中一家已经完成创业板IPO。

●▶ 案例14-7

交银国际信托领投毅达国家中小一期基金S份额转让

2023年，交银国际信托以自有资金参与投资江苏毅达股权投资基金管理有限公司，江苏毅达管理的江苏中小企业发展基金（有限合伙）中5 000万元有限合伙份额（"S"基金）转让完成交割工商登记手续。本次交易中，交银国际信托作为领投方参与了原有限合伙人的退出转让谈判及尽职调查，交割完成后公司已收到首笔退出分配款。据悉交银国际信托自2021年以来，先后投资了多只基金的S份额转让及扩募交易，总投资金额约4亿元，其他合作伙伴包括元禾重元、中电中金等。

●▶ 案例14-8

外贸信托发行首个自行开发的"S"基金买断式回购项目

2023年，外贸信托成功发行五行信源一期集合资金信托计划，是首个自行开发的"S"基金买断式回购项目。该项目精选投资赛道，布局汽车、科技、新能源领域。

●▶ 案例14-9

建信信托旗下建信北京完成首笔"S"基金交易

2023年，建信信托旗下建信（北京）投资基金管理有限责任公司与南京邦盛投资管理有限公司顺利完成公司首笔"S"基金交易，本次交易涉及的底层项目聚焦于半导体、智能制造、新材料领域。

2024年，上海市人民政府办公厅印发《关于进一步促进上海股权投资行业高质量发展的若干措施》，指出要"大力推动二级市场基金（"S"基金）发展。支持各类主体在沪发起设立'S'基金。推动银行理财、保险资金、信托资金、国资母基金等加大对'S'基金的投资布局"。预计未来随着政策支持、市场发展及需求推动，在私募股权基金退出的窗口期，信托行业通过"S"基金参与私募股权二级市场的参与度将越发提升，相关业务模式也有望逐步完善。

此外，2023年以来，部分信托公司也开始尝试布局母基金。2023年6月，国泰君安、海通证券先后发布公告，宣布各自于浦东新区发起设立首期规模约40亿元的产业引导母基金。两只母基金背后的出资人中均包含信托公司。

案例14-10

建信信托设立多笔母基金

2022年3月，建信信托联手江苏建邺区政府拟设立20亿元母基金，重点支持数字经济、人工智能、智慧城市、大健康、智能制造、碳中和等优质子基金和项目。2024年2月，建信信托与重发资产公司、华润渝康、中国信达等签订"央地合作资产盘活"战略合作协议，拟组建资产盘活母基金或项目公司，并通过母基金引导设立子基金和实施资产盘活项目等方式，以市场化、法治化运作手段，投资收购价值可评估、可量化、可交易的存量资产。

案例14-11

陆家嘴信托设立张家港市产业创新集群发展母基金

2023年陆家嘴信托参与出资设立张家港市产业创新集群发展母基金（有限合伙），母基金将围绕张家港"4+4"特色产业链开展投资，重点对特色半导体、生物医药及高端医疗器械、新能源、数字经济4个新兴经济产业方向进行布局。据悉，该基金将采取"P+S"投资策略。

4. PE子公司发展仍陷掣肘

截至2023年末，包括中信、建信、交银、平安、兴业、中融、苏州、中诚、北京、上海、华润、华能信托等十余家信托公司设有全资控股PE子公司。但当前信托公司PE子公司的业务发展依旧存在PE子公司新获批难度大且面临清理，PE子公司自身募集资金难、主动管理能力不足等内外部痛点，作为信托公司股权投资业务的发展载体，除个别信托公司外，整体发展仍然不及预期。

● ▶ **案例14-12**

建信信托 PE 子公司展业情况

建信信托通过子公司建信北京累计投资超过260家科创企业，投资阶段覆盖科创企业的全生命周期，涉及众多细分行业科技龙头和"隐形冠军"。截至2023年底，管理资产规模超千亿元，已投项目300余个，其中科创企业超260家，已投企业实现IPO近50家，20多家正在上市进程中。

● ▶ **案例14-13**

中信信托 PE 子公司展业情况

中信信托旗下子公司中信聚信基于自身对行业、技术、管理、资本市场的深刻认知和理解，根据所投企业自身禀赋和实际需要，量身提供一系列系统性的投后增值服务，包括但不限于：协助市场拓展，提供政策咨询，对接地方政府，提升企业管理，推动上市进程，助力后续融资，引导发展规划，强化团队能力等。

5. 持续助推战略新兴产业发展、科技赋能股权投资业务加速转型

2023年，信托公司在科技金融领域持续深耕，重点聚焦高速成长的新兴产业和符合国家政策导向的成熟产业，帮助优质科技企业解决融资难题。另外，科技领域的成果反哺运用于信托业务中，亦可实现"1+1>2"的效果。

案例14-14

国投泰康信托股权投资半导体级硅片供应商

2023年，国投泰康信托成立单一项目股权投资信托，标的公司是我国产能和出货量最大的300mm（12英寸）半导体级硅片供应商。项目开创了信托财产不通过私募基金投资单一"Pre-IPO"项目的行业先例，并借鉴房地产信托共管保险柜的模式，监管下层投资载体的章、证、照等重要物品。

从投资领域来看，除不动产与基础产业传统领域外，近年来信托公司在战略性新兴产业领域持续深耕，多家信托重点围绕半导体及电子设备、智能制造、生物医药/医疗健康等符合国家政策导向的战略性新兴产业展开布局，帮助优质企业解决融资难题（见图14-10）。例如，华能信托，以高端引领型产业金融服务业务为抓手，将新能源汽车、清洁能源、现代农业、消费电子、医药医疗、数据通信、基础材料、智能装备、半导体九大产业赛道作为重点布局的方向，建立"产业地图"。

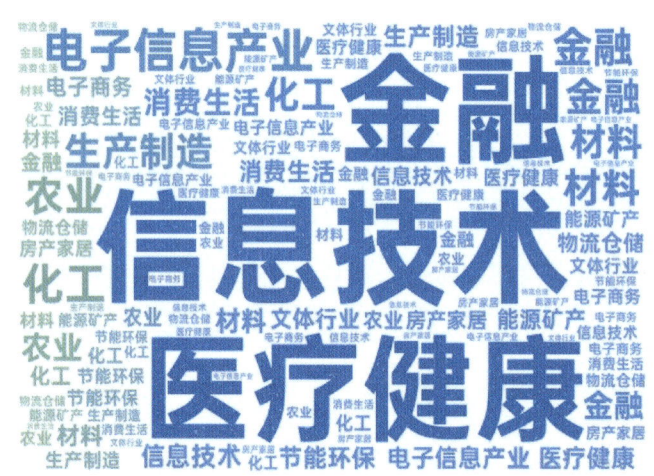

图14-10 当前信托公司私人股权投资业务投资领域示意图

资料来源：根据清科研究中心信息绘制

外贸信托重点关注新能源、新材料、半导体、医疗健康等高速成长的新兴行业，同时围绕中国中化主业生态链布局投资。

在为新兴企业做好金融"造血"服务的同时，信托公司也紧抓数字化转型发展新机遇，将金融科技领域新成果运用于信托业务中，实现业务发展与管理的升级迭代,让金融科技与业务发展深度融合。

●▶ 案例14-15

建信信托科技赋能股权投资业务

建信信托应用人工智能、云计算、移动互联等科技利器,升级打造数字化、自动化、智能化股权投资管理工作平台,涵盖完整的募投管退全生命周期线上化管理,具备投资流程标准化、投资管理精细化、投资数据结构化、日常工作自动化、风险管理规范化等特点。在项目管理方面,匹配公司内部管理制度与系统设置,实现项目投资全流程在线管理;在基金管理方面,满足基金运营日常事务的自动化、智能化需求,提升工作效率50%以上,降低人工操作差错;在风险管理方面,建立风险预警及跟踪机制,实现以基金、项目为维度的风险管理体系;在投研洞察方面,建立被投企业评价模型体系,挖掘项目潜能,提高过会项目质量。

三、权益类信托计划发展展望

(一)股票投资类信托

股票投资类信托发展有赖于资本市场的长期成长趋势的形成。国务院发布的《关于进一步促进资本市场健康发展的若干意见》(以下简称"新国九条")的出台,充分体现了资本市场的政治性、人民性、全局性,从资产端严把发行上市准入关,严格上市公司持续监管,加大退市监管力度,从资金端大力推动中长期资金入市,从交易端加强证券基金机构和交易监管,有利于促进上市公司高质量发展,增强投资者信心,持续壮大长期投资力量,为中国资本市场逐渐迈向繁荣发展轨道奠定基础。

股票投资类信托需要资产端的投资能力和资金端的募集能力,二者相辅相成又互相制约。投资能力方面,目前仅有部分信托公司建立了相应的投研团队,但是人员配置较少,投研能力还亟待提升。资金募集能力方面,信托公司积累的财富端客户风险偏好程度较低，对权益类产品接受度较低，而借助银行等其他机构通过代销募集资金则需要较长时间的历史业绩积累。

信托公司开展资产管理业务，普遍从固收产品、类货币基金产品入手，基于对传统非标资产领域的经验、资源，实现对特定交易对手的信息获取和风险把控，并依托自身财富直销或银行代销做大规模。目前仅有部分信托公司开展股票投资类信托业务，行业股票投研能力整体偏弱，销售能力不足。股票投资能力建设周期长、投入大、见效慢，需要时间沉淀投研团队、营销团队、风控体系，积累投资业绩，培育客户群体。信托公司开展股票投资信托业务，一是需要战略共识和方向聚焦，选择自身适合的投资领域，聚焦资源，搭建专业投研投资人才团队，力争在较短时间内形成突破性优势。二是要建立投资业务支持体系，建设科学、灵活且适配的投决机制、风控机制、运营机制等，培育投资文化，助力业务健康可持续发展。三是在资金端加强净值型客群培养，积极拓展代销渠道，实现产品规模提升。四是积极关注金融科技进展，探索智能投研、智能风控、智能投顾等功能，将为投资业务带来质的飞跃。

（二）股权投资类信托计划

股权投资型信托业务契合国家战略要求和行业监管导向。2023年中央金融工作会议强调要加快建设金融强国，优化融资结构和资金供给结构，发展多元化股权融资，把更多金融资源用于促进科技创新、先进制造、绿色发展和中小微企业。《信托业务分类通知》也对信托公司的发展提出了"规范开展符合信托本源特征、丰富直接融资方式的资产管理信托业务，提高竞争力和社会声誉，在有效防控风险的基础上实现高质量发展"的监管要求。信托公司发展私人股权投资信托业务，引导资金通过股权投资方式支持符合国家战略发展方向的行业，符合国家"健全资本市场功能，提高直接融资比重"的政策导向和金融服务实体经济"五篇大文章"的战略部署和发展要求。

私人股权投资信托业务已成为重要转型方向，发展前景广阔。股权投资信托业务具有管理费率相对较高且期限较长的特点。不仅可为信托公司带来较为稳定的信托报酬，降低传统城投、地产方面规模压降带来的收入下滑风险，还可为实体企业提供权益性资金，与实体经济压降负债规模、稳定杠杆率的需求相吻合，受到信托公司普遍重视，已逐渐成为信托公司重要的业务转型方向。信托公司具有差异化制度优势，可更好满足高净值客户长期、多元化资产配置需求。相较其他类金融机构，信托公司在开展私人股权投资信托业务时可通过股债结合、一二级市场联动、夹层投资等多种业务模式为企业融资，更好地满足优质高新技术企业及科创企业在不同生命周期的融资需求。私人股权投资信托跨越经济周期的高收益性与高净值客户长投资期限和财富增值的需求相契合，与财富管理信托业务的协同性同高净值客户的差异化需求相吻合，可成为高净值客户资产配置中不可或缺的资产类型之一，具有广阔的发展空间。

目前，信托公司内部自身发展能力存在着一些困境，一是信托公司股权投资类业务经验积累不足。信托公司多年来深耕房地产、政信等领域，以融资类产品管理见长，股权投资类业务产品管理经验不足，资源获取存在一定难度。二是专业团队能力有待提升。根据中国信托业协会调研，当前多数小型信托公司仍不具备组建专业团队的能力，投前调查、投中审查、投后检查等环节相关的制度建设、流程把控、专业人才支撑等仍有很大提升空间。三是资金募集面临困难。信托计划投资者习惯于债权债务关系清晰、收益较为确定、期限相对短的固收类信托产品，股权投资信托产品在销售方面存在困难。同时，部分投资者选择股权投资类产品时更看重机构的历史业绩、品牌形象及特定方向专业的投资水平和眼光，缺乏股权投资经验的信托公司难以在短时间内得到投资者认可。

对此，信托公司应持续提升自身能力建设，打造合规专业特色的股权投资信托业务。一是加强业务研判，主动提高站位，服务高质量发展大局。信托公司需强化使命担当、立足自身资源优势，不断提升服务实体经济能力，一方面可依托股东背景，实现内部项目资源协同；另一方面可加强与优秀股权投资机构合作，进入领先私募股权投资管理机构、券商直投公司"朋友圈"，探索优势互补的合作空间，获取更多优质项目投资机会。二是加强项目价值判断和风险管控能力，借鉴专业股权投资机构经验，提升项目筛选、尽调、分析、估值和定价能力。三是持续培养专业化股权投资团队，培养和引进具有"募投管退"专业能力、相关产业背景、风险研究管理能力的人才，积极探索建立与业务特点相匹配的市场化考核与激励机制，打造专业、稳定、具有竞争力的股权投资团队。四是加强投资者培育，提高产品认可度。信托公司需要进一步拓宽客户群体，寻找与相应产品风险和收益特征相匹配的投资者，打造股权投资特色化、系列化产品，形成股权投资品牌，提高产品知名度与客户认可度。五是强化专业机构合作，打造差异化竞争优势。目前信托公司与市场上专业的私募股权投资管理机构、券商直投公司等仍存在较大的差距。信托公司需打造区别于其他股权投资机构的差异化竞争优势，如可在开展股权投资信托业务时为企业提供股债结合、一二级市场联动、夹层投资等多模式的融资，满足企业不同阶段融资需求等。

第十五章
其他资产管理信托

根据《信托业务分类通知》中的定义，资产管理信托可以细分为固定收益类信托计划、权益类信托计划、商品及金融衍生品类信托计划和混合类信托计划。而本章的其他资产管理类信托主要包括商品及金融衍生品类信托计划、混合类信托计划这两类信托业务。其中，商品及金融衍生品类信托计划是指投资于商品及金融衍生品的比例不低于80%的信托计划。商品及金融衍生品主要包括期货、期权、远期、互换等，其价值依赖于原生资产的价值变动，本质上是一种买方和卖方之间签订的金融合约。这类资产通常运作复杂且操作难度较大，一般具有高杠杆、高风险和高收益的特点，适合有一定投资经验且风险承受能力等级较高的投资者。混合类信托计划是指投资于债权类资产、权益类资产、商品及金融衍生品类资产且任一资产的投资比例未达到前三类产品标准的信托计划。混合类信托计划不只投资于某一类资产，而是通过多元化的资产配置和投资策略，合理配置多种资产，既能分散风险，又能力争收益，适合风险承受能力较为适中的投资者。

目前信托公司在其他资产管理信托方面实践较少，主要的业务模式以基金中的基金（FOF）为主，因此，本章以目前信托公司具备成熟业务模式的FOF信托业务进行介绍。

一、信托公司FOF信托业务简介

随着我国资产管理行业逐渐打破刚兑、金融领域持续去杠杆，业内都在积极寻找降低组合投资风险、获取长期稳健收益的解决方案。在此背景下，FOF以平滑风险、资金容量大的特点受到资管机构的广泛关注。而信托行业基于信托跨市场投资的制度优势、充分的市场专业化分工、前期的业务经验积累及当前的行业发展实际，提出基于大类资产配置模式的主动管理类投资基金信托业务，以FOF为载体，实现从事务管理向主动管理的跨越。信托公司早在2009年5月26日，就发行了国内第一只私募证券FOF——东海盛世一号，以阳光私募管理产品的形式出现。但其后该类型私募基金发展缓慢，每年新发基金数量较为平稳，直至2015年私募组合基金产品发行迎来爆发，当年新发产品数量达101只，其后均保持每年100只左右的发行数量。目前，信托公司通过FOF模式开展资本市场业务已经较为常见，中航信托、上海信托、华润信托、外贸信托和四川信托等均有业务开展。

二、信托公司FOF模式投资管理流程

信托公司运用FOF模式开展资本市场业务时，信托公司作为受托人，成立集合信托计划，并将集合信托资金投向基金产品，这些基金产品最终投向标准化的证券。在FOF投资运作过程中，信托公司负责对宏观经济和大类资产走势进行研判，专注于母基金的管理和运作，搭建投资管理体系，包括大类资产配置方案、基金分析评价体系、下层资产风险监控体系、组合调整策略等，而具体最终投资标的交由子基金管理团队负责（见图15-1）。

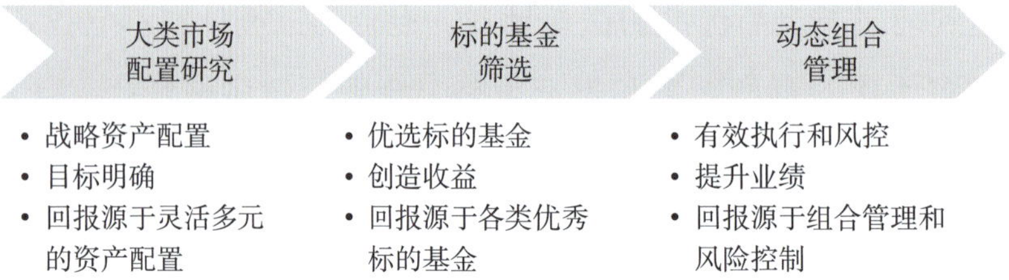

图15-1　FOF类投资基金信托的投资管理步骤

三、建立大类资产配置投研体系

信托公司的研究、投资和运营实力是做好基于大类资产配置的投资基金信托业务的必备能力。然而，股票、债券、外汇、房地产、大宗商品和金融衍生品等各大类资产市场都存在独特的运行逻辑，一个团队受制于规模限制，难以穷尽对所有资产类别的深入理解和精准投资，更难以对某个具体底层标的深入研究。同时，已有的学术研究表明，资产配置贡献了投资组合90%以上的收益水平，是投资组合中最

重要的部分，远超于择时和择券的重要性。

信托公司作为FOF的管理人，其管理团队需要负责信托财产的资产配置、资产组合久期管理及收益管理；负责信托财产的头寸管理、资金管理、交易管理；对各类证券资产的投资研究、资产配置方面应有深入理解和实操经验。信托公司通过多年来跨市场的展业经验，可以完美发挥其在大类资产领域的经验和实践优势，先从大类资产层面进行研究和投资决策，建立基于大类资产配置的投研体系，通过专业化分工把择时和择券的工作交给更加专业的第三方机构去完成，由此在增加投资收益的同时有效降低投资风险。

四、搭建基金投研评级体系

在大类资产研究的基础上，FOF投资管理人要通过配置不同种类的投资基金，使资产组合的非系统性风险进一步降低，获取超额回报。在这个过程中关键能力是遴选投资顾问和证券投资基金产品的能力，信托公司需要搭建基金产品评价体系（见图15-2）和备选基金库，高效筛选投资标的。在筛选投资标的的过程中，通过尽调及独立研究，从股票、债券、大宗商品、房地产和金融衍生品等大类资产中，筛选各领域优秀证券投资基金，逐步建立基金产品库，定期跟踪，更新产品运行及策略调整情况。

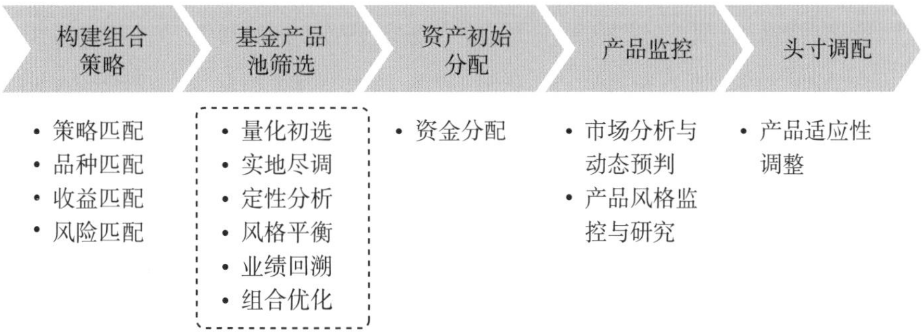

构建组合策略	基金产品池筛选	资产初始分配	产品监控	头寸调配
• 策略匹配 • 品种匹配 • 收益匹配 • 风险匹配	• 量化初选 • 实地尽调 • 定性分析 • 风格平衡 • 业绩回溯 • 组合优化	• 资金分配	• 市场分析与动态预判 • 产品风格监控与研究	• 产品适应性调整

图15-2 FOF类投资基金信托管理中基金产品评价体系及筛选

对所管理的基金产品及其实际管理人进行综合评价的"基金评价体系"，是FOF业务的核心部分之一。该体系以实际管理人为中心，对产品的业绩和持仓进行定量研究，对管理人的投资风格，管理水平进行定性研究。挖掘未来业绩表现出色的产品，并理解它们未来业绩的分布特征，为FOF管理人组合管理提供依据。

投资标的选取原则是：受托人考察、研究、跟踪全市场的投资标的；通过产品收益率、风险（包括系统风险即 Beta 值、标准差、最大回撤等）、风险调整收益（詹森阿尔法指数、信息比率、夏普比率等）对其业绩进行综合评价；考虑产品的流动性和规模；初步形成备选投资名单库。同时，对产品的投资管理人进行定性研究，关注研究管理人的股东构成、组织结构、内部控制评价和投研能力等，评估产品未来业绩的可持续性，对筛选的产品进一步精选。从定性和定量两方面研究选取最合适的投资标的，在控制风险的情况下进行组合投资以获取超额回报。

五、组合投资和动态管理

（一）组合内部配置原则

构建多元化、分散化的投资风格，要求组合内各产品的相关性较弱，且收益来源多样化，由此分散投资组合的非系统风险；对产品的业绩进行归因分析，深入了解产品投资流程和分析管理人投资技巧（择时和选股能力）；对产品的投资风格进行分析，通过交易、持仓等信息分析产品业绩波动的原因，了解产品业绩变化的背后因素。

（二）投资组合调整原则

初始组合构建完成后，受托人会根据市场状况发生的变化，以及各个投资标的自身发生的变化，进行组合的调整以实现组合优化。组合调整包括组合配比调整和更换投资标的，调整需要经过大量分析研究后审慎决定，并建立基于集体智慧的投研决策体系。

第十六章
公益慈善信托

　　守望相助、扶危济困是中华民族的传统美德。在新时代新征程上，走好具有中国特色的社会主义慈善发展之路，是实现人民对美好生活向往的必然要求。2023年，慈善事业坚持党的领导，践行党的宗旨，响应党的号召，当好党的助手，全面贯彻党的二十大精神，充分发挥慈善事业在第三次分配中的作用，助力共同富裕目标扎实推进，推动全体人民共享改革发展成果，推进新时代新征程下我国慈善事业高质量发展。这一年，慈善信托呈稳健发展态势，紧跟国家重大战略、持续发挥自身独特优势，慈善信托在乡村振兴、应急救援、科教文卫、生态保护等方面发挥了积极作用，为全面建设社会主义现代化国家作出了重要贡献，更好地满足了社会公众开展慈善活动的个性化需求。2023年新增备案慈善信托463单，备案规模12.77亿元，我国慈善信托累计备案数量达1 675单，累计备案规模为65.2亿元。根据《信托业务分类通知》，公益慈善信托是委托人基于公共利益目的，依法将其财产委托给信托公司，由信托公司按照委托人意愿以信托公司名义进行管理和处分，开展公益慈善活动的信托业务。公益慈善信托的信托财产及其收益，不得用于非公益目的。信托公司开展公益慈善信托业务，除慈善信托以外，理论上还存在其他公益信托。由于其他公益信托数量极少，因此本章不做分析。

一、公益慈善信托的发展状况

（一）年度备案数量平稳增长

　　自2016年《中华人民共和国慈善法》颁布以来，信托公司作为受托人主动参与慈善信托的设立和运行，吸引社会资源参与到共同富裕这一中国特色社会主义的本质要求的践行中。近年来，慈善事业进入蓬勃发展阶段，社会各界参与慈善公益事业热情高涨，公益慈善事业进入规范、快速的发展阶段。特别是党的二十大报告提出"中国式现代化是全体人民共同富裕的现代化"，"引导、支持有意愿有能力的企业、社会组织和个人积极参与公益慈善事业"，慈善信托以契约的方式持续进行社会财富的第三次分配已经成为实现共同富裕的重要抓手，2023年慈善信托呈稳健发展态势。根据"慈善中国"网站数据统计，2023年全国累计备案慈善信托数量突破1 500单，截至2023年末达1 675单。其中，2023年备案数量继续呈快速增长态势，达463单，比2022年增加52单，创年度备案数量的历史新高（见图16-1）。另外，由慈善组织担任单一受托人的单数为10单，2022年为7单。

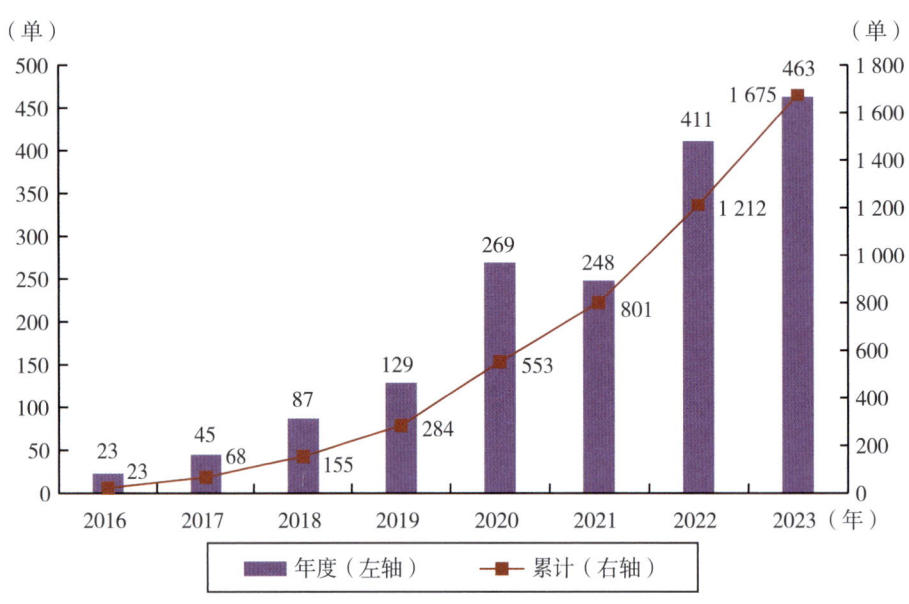

图16-1　历年年度和累计备案慈善信托数量

资料来源：根据"慈善中国"信息平台公开数据整理统计

（二）年度备案财产规模小幅下降

根据"慈善中国"网站数据统计，新增慈善信托数量快速增长带动慈善信托规模不断增长，2023年慈善信托累计备案规模突破60亿元，截至2023年末达68.59亿元（见图16-2）。2023年备案规模为12.43亿元，其中，由慈善组织担任单一受托人的规模为576.8万元。2023年全年来看，备案规模最大的是华润信托的"华润信托·西湖教育慈善信托"，初始备案规模为1亿元，信托目的是支持西湖大学符合条件的科研项目和人员的引进和发展，支持开展科普支教、建立科学角等；国投泰康信托的"国投泰康信托国投公益乡村振兴慈善信托（2023）"，初始备案规模为9 750万元，信托目的是开展定点帮扶、对口支援、援疆援藏等乡村振兴相关公益活动等。同时，存续慈善信托追加财产促进信托规模稳健增长，中航信托的"九坤暖阳慈善信托"，2022年初始交付4 000万元，2023年共追加了两次信托财产合计5 955万元，信托财产规模增加到9 955万元；中信信托的"中信信托·公牛集团慈善信托"2022年初始交付5 000万元，2023年追加交付1亿元，信托财产规模增加至1.5亿元。

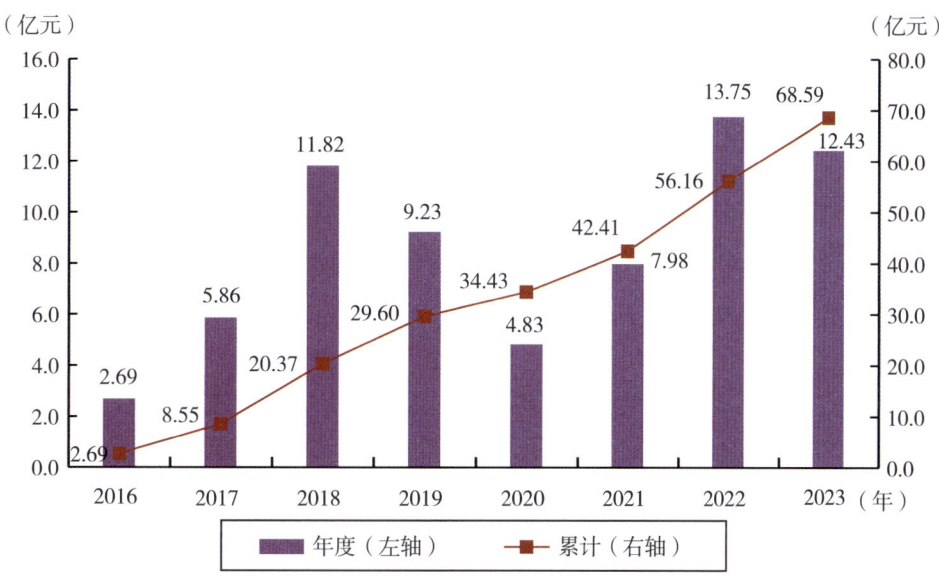

图16-2 历年年度和累计备案慈善信托规模

资料来源：根据"慈善中国"信息平台公开数据整理统计

2023年慈善信托的备案规模分布涵盖多个区间，满足不同财产规模委托人设立慈善信托的需求。从信托规模分布来看，2023年备案的慈善信托规模在亿元级的有1单，占比0.2%；[1 000万元，1亿元）级的有20单，占比为4.3%；[100万元，1 000万元）级的有162单，占比为35.0%；100万元以下的有280单，占比60.5%（见表16-1）。整体来看，100万元以下和[100万，1 000万）级以下的慈善信托数量占比居多，且数量增长迅速；但千万元以上或者亿元以上级别的慈善信托落地较少，可能与非货币财产慈善信托目前在税收和登记方面仍面临一定的障碍、相关的市场潜在需求受到抑制有一定关系。

表16-1　　不同受托方式下慈善信托备案数量及规模

年份	1亿元及以上		[1 000万元，1亿元）		[100万元，1 000万元）		100万元以下	
	数量（单）	规模（万元）	数量（单）	规模（万元）	数量（单）	规模（万元）	数量（单）	规模（万元）
2016	1	10 000.00	5	14 140.90	12	2 577.38	5	169.34
2017	1	49 200.00	3	3 800.00	21	4 848.85	20	777.32
2018	2	86 600.00	10	20 985.00	30	9 193.31	45	1 402.68
2019	1	50 000.00	7	28 900.00	46	11 473.62	75	1 923.91
2020	0	–	16	30 245.29	60	13 737.98	193	4 299.02
2021	2	34 493.00	14	26 013.67	64	15 348.39	168	3 936.67
2022	5	74 535.50	21	45 381.40	119	28 324.39	266	5 776.09
2023	1	10 000.00	20	51 106.84	162	40 048.17	280	6 617.77
合计	13	314 828.50	96	220 573.10	514	125 552.51	1 052	24 902.80

资料来源：根据"慈善中国"信息平台公开数据整理统计

（三）更多主体积极参与，社会影响持续扩大

1. 慈善信托不断满足不同委托人的慈善需求

慈善信托的委托人涵盖社会组织、企业、自然人、其他非营利性机构、政府机构等主体。2023年新增的慈善信托中，委托人为社会组织的有235单，占比为50.76%；为企业的有94单，占比为20.30%；为自然人的有39单，占比为8.42%；包含两种及以上类型的混合委托人的有35单，占比为7.56%（见图16-3）。其中，社会组织作为委托人的慈善信托数量最多，企业和自然人作为委托人的慈善信托在数量上保持稳定。此外，委托人信息未披露的有56单，占比为12.10%，体现了对委托人保护个人隐私意愿的尊重。

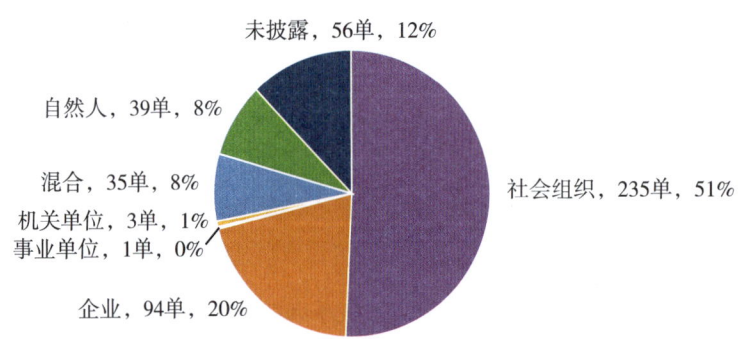

图16-3　2023年新增慈善信托委托人类型分布

资料来源：根据"慈善中国"信息平台公开数据整理统计

2.慈善信托受托人数量不断扩大并实现差异化发展

2023年慈善信托的受托人数量继续保持快速增长。从数量上看，截至2023年末，共有155家机构作为受托人设立慈善信托，其中有55家机构在2023年首次担任慈善信托受托人，包括两家信托公司（分别为建元信托和华宸信托）以及安吉县慈善总会等53家慈善组织。

从受托方式看，2023年，慈善信托受托方式仍以单一信托公司担任受托人为主，2023年新增的慈善信托中达280单；双委托人模式逐渐得到市场广泛认可，备案数量快速增长，信托公司和慈善组织共同作为委托人的双受托人模式的慈善信托备案数量不断扩大，达173单（见图16-4）。

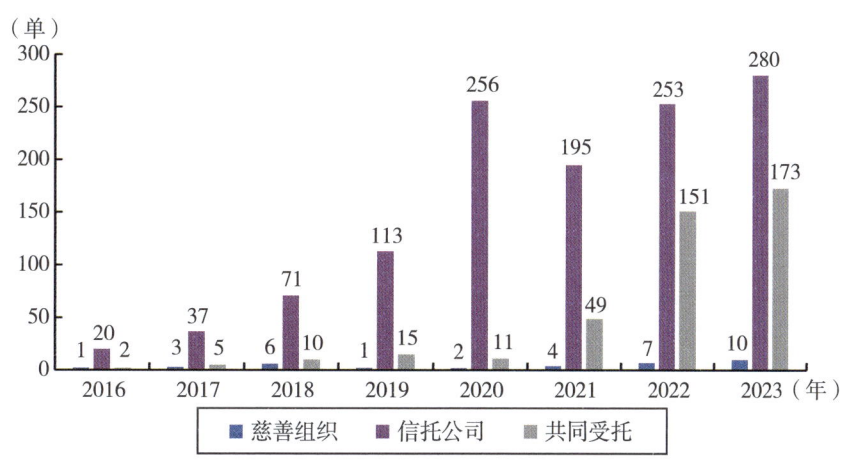

图16-4　不同受托方式下慈善信托备案数量

资料来源：根据"慈善中国"信息平台公开数据整理统计

部分受托人的备案数量和备案规模领先优势明显，慈善信托发展速度在受托机构间进一步分化，业务向少数头部机构聚集。从数量来看，万向信托、光大信托累计备案数量最多，累计备案数量分别为285单和180单；2023年万向信托、昆仑信托、杭州工商信托新增备案数量领先，备案数量分别为68单、42单和27单，前十名最低数量为13单，共有三个机构，分别为中诚信托、中铁信托和交银国际信托（见表16-2）。从规模来看，万向信托、中信信托、光大信托累计备案规模领先，累计备案规模分别为14.90亿元、10.53亿元和8.59亿元，其中万向信托和中信信托是仅有的2家累计备案规模突破10亿元的受托人；2023年国投泰康信托、万向信托和华润信托新增备案规模最大，分别为1.83亿元、1.19亿元和1.14亿元（见表16-3）。

表16-2　累计备案数量及2023年备案数量TOP10

排名	受托机构	累计（单）	排名	受托机构	2023新增（单）
1	万向信托股份公司	285	1	万向信托股份公司	68
2	光大兴陇信托有限责任公司	180	2	昆仑信托有限责任公司	42
3	昆仑信托有限责任公司	49	3	杭州工商信托股份有限公司	27
4	五矿国际信托有限公司	76	4	五矿国际信托有限公司	26
5	杭州工商信托股份有限公司	72	5	中建投信托股份有限公司	26
6	中建投信托股份有限公司	71	6	浙商金汇信托股份有限公司	25
7	长安国际信托股份有限公司	64	7	杭州工商信托股份有限公司	22
8	中国对外经济贸易信托有限公司	53	8	山东省国际信托股份有限公司	20
9	陕西省国际信托股份有限公司	49	9	上海国际信托有限公司	14
10	浙商金汇信托股份有限公司	43	10	中诚信托有限责任公司	13
			10	中铁信托有限责任公司	13
			10	交银国际信托有限公司	13

资料来源：根据"慈善中国"信息平台公开数据整理统计

表16-3　累计备案规模及2023年备案规模TOP10

排名	受托机构	累计（万元）	排名	受托机构	2023新增（万元）
1	万向信托股份公司	149 008.89	1	国投泰康信托有限公司	18 310.00
2	中信信托有限责任公司	105 325.51	2	万向信托股份公司	11 875.05
3	光大兴陇信托有限责任公司	85 944.60	3	华润深国投信托有限公司	11 401.00
4	昆山市慈善基金会	50 000.00	4	中信信托有限责任公司	11 223.63
5	广东省何享健慈善基金会	49 200.00	5	中铁信托有限责任公司	8 496.70
6	中航信托股份有限公司	25 298.01	6	五矿国际信托有限公司	7 731.85
7	国投泰康信托有限公司	23 860.00	7	昆仑信托有限责任公司	7 492.76
8	华鑫国际信托有限公司	20 000.00	8	光大兴陇信托有限责任公司	7 068.10
9	慈溪市慈善总会	20 000.00	9	浙商金汇信托股份有限公司	3 293.60
10	华润深国投信托有限公司	19 500.18	10	中建投信托股份有限公司	2 792.27

资料来源：根据"慈善中国"信息平台公开数据整理统计

（四）慈善信托的期限更加灵活

从期限分布来看，信托公司不断满足委托人开展慈善事业的个性化需求，慈善信托的期限设计更加灵活。2023年慈善信托延续此前趋势，慈善信托备案期限以

5年及以下和无固定期限为主，2023年备案的无固定期限慈善信托206单，占比达44.59%；备案的5年及以下慈善信托161单，占比达34.85%（见图16-5）。

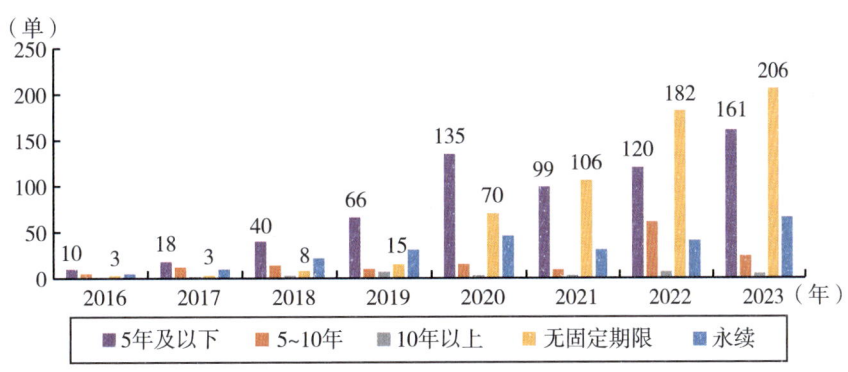

图16-5　各年度备案慈善信托期限分布

资料来源：根据"慈善中国"信息平台公开数据整理统计

（五）更有效地引领慈善事业的创新发展

2023年，信托公司、慈善组织联合相关机构积极开展慈善信托业务创新探索，有效地引领了我国慈善事业创新发展。

一是持续探索非货币型慈善信托财产。2023年，非货币财产设立慈善信托取得突破性进展。2023年6月，万向信托受托管理的"桐庐县不动产慈善信托"正式成立，这是全国首单全流程规范化不动产慈善信托，委托人将位于桐庐境内的房产转移给慈善信托，并进行信托财产登记，通过在不动产权利证书上标注慈善信托，对慈善信托财产与受托人自有财产、不同慈善信托之间的信托财产进行有效区分。慈善信托不动产登记形式是全国首创的实践，具有引领示范意义。此前，杭州在不动产慈善信托方面已有初步探索。2023年4月，杭州工商信托受理的"余善一号"不动产慈善信托项目正式成立，是浙江省首例不动产财产权益类慈善信托（即委托人将房屋收益捐赠至慈善信托），采用双受托人模式，由杭州工商信托和余杭区慈善总会共同担任受托人。昆仑信托成立的"昆仑信托·翰墨丹青1号慈善信托"，为宁波市首单以实物（艺术品）作为捐赠资产的慈善信托，打通了"实物捐赠（艺术品）+慈善信托"的业务模式，实现了以非现金类财产设立慈善信托的历史性突破。光大信托于2022年成立"光信善·楮案木信托制度进步慈善信托"，受托人为光大信托，委托人为高传捷先生。2023年7月，举办《中国慈善信托实物参考》新书发布和著作权收益权捐赠仪式，即委托人、出版社签署出版合同补充协议，约定出版社将该书产生的各项收入全部划至慈善信托的信托专户，是我国首个将著作权收益权装入慈善信托的创新实践。《中国慈善信托实务参考》一书由原中国银监会非银司司长、特华博士后科研工作站学术总指导高传捷与26名慈善信托实务专家共同完成，是《中华人民共和国慈善法》颁布后国内第一个慈善信托"使用手册"，对于向社会公众普及慈善信托知识、规范慈善信托事业发展具有重要历史意义。

二是持续拓展慈善信托财产来源渠道。华能信托2023年成立的"华能信托·信善笃行·证爱贵州慈善信托"，是贵州省证监局指导，贵州证券协会发起，同时由全国证券业、上市公司等资本市场主体共同出资成立的教育类慈善信托，进一步拓展了慈善信托的财产来源，通过联合贵州省红十字会、贵州省教育发展基金会等机构、单位，在贵州全省共9个地州市，尤其是在"革命区""少数民族区""贫困区"，为符合公益帮扶条件的优秀学子提供关怀与资助，鼓励其树立远大理想、自强不息，对未来生活保持美好期待与追求，并用自身行动回馈家乡、回馈社会。截至2023年末，该信托已向优秀学子实际捐赠共计178.87万元。"交银国信·瑞善点亮梦想慈善信托"和"交银国信·瑞禾天祝乡村振兴教育慈善信托"创新性地采取了"资产管理信托+公益慈善信托"模式。在捐赠资金来源渠道上，以高净值客户购买交银国际信托蓝色宝鼎产品的方式，将部分收益资金作为设立慈善信托的善款设立慈善信托。该项目拓宽了慈善信托的财产来源，为公益慈善的资金来源引入更多"活水"，并增加更多爱心人士的参与。在慈善项目渠道上，交银国际信托和中国残疾人福利基金会、上海市真爱梦想基金等有影响力的慈善组织积极开展合作，倾力帮扶需要被关爱的群体。

三是大力推进慈善信托模式创新。不断开拓创新业务模式，包括但不限于"金融产品收益/管理费+慈善信托"模式、"多委托人或双受托人慈善信托"模式、"DAF慈善信托"模式、"家族信托+慈善信托"模式、社区慈善信托模式等，"慈善信托+"模式不断突破。2023年8月，中信信托成立"2023信行远捐赠者建议慈善信托"，采用类捐赠人建议基金（DAF）模式，创新性地在DAF基础上引入慈善信托架构，让捐赠和支出的时间分离，给予更多时间、更多选择，以灵活简便的安排提供一站式的金融公益服务。该模式创新金融慈善新路径，重塑公益事业价值链和协作网络，对慈善资金的高效使用、有策略的自主捐赠模式、提高捐赠人的可持续捐赠等方面具有重要意义。五矿信托成立"家族+慈善信托",将慈善信托明确列为家族信托受益人的慈善信托项目。五矿信托某家族信托客户同步设立慈善信托,并将慈善信托列为家族信托受益人,在触发相应条件后,每年从家族信托收益中拨付确定比例及金额收益至慈善信托,确保慈善信托资金的长期、稳定,填补了慈善信托作为家族信托受益人模式的空白,让慈善信托真正成为高净值客户家族信托标配。

二、慈善信托的业务实践和典型案例

(一)顶层设计加快建设,制度环境有所改善

一是信托业务分类将慈善信托作为信托业务三大类之一。2023年3月,《信托业务分类通知》发布,信托行业的战略定位和发展方向得到了明确。《信托业务分类通知》将信托业务分为资产服务信托、资产管理信托和公益慈善信托三大类,并在每一大类业务下细分信托业务子项。公益慈善信托作为信托公司开展的差异化竞争业务,不仅匹配国家重大战略,还体现了信托公司服务实体经济和社会的政治定位,在推动共同富裕、乡村振兴等领域发挥重要作用。

二是《中华人民共和国慈善法》重新修订,促进中国特色社会主义慈善事业法治化发展。2023年12月29日,十四届全国人大常委会第七次会议表决通过关于修改《中华人民共和国慈善法》的决定,完善促进措施,规范慈善活动,强化领导监督,增设应急慈善专章,规范个人求助。新修订的《中华人民共和国慈善法》自2024年9月5日起施行。《中华人民共和国慈善法》的修订坚持问题导向,积极回应社会关切,对涉及慈善信托的相关内容,就慈善信托的纯公益性、年度支出和管理费用标准、税收优惠、信息公开、监督管理等方面作了补充规定,这将为慈善信托健康规范发展提供更加有力的法治保障。《中华人民共和国慈善法》的重新修订对慈善信托具有重要影响:更好地适应我国慈善事业的发展,激发社会各界慈善正能量,通过慈善信托助力共同富裕;持续细化相关管理规则,促进慈善信托的进一步规范发展,进一步推动其在社会公益事业进步、缩小贫富差距、促进社会和谐稳定等方面发挥更加积极的作用;明确税收优惠政策。尽管尚未出台具体细则,但有助于推动慈善信托长效发展。

（二）聚焦国家战略，凸显时代特色

在国家社会焦点问题方面，一是积极投身乡村振兴和促进共同富裕；二是紧跟国家社会发展，恤病助残优抚、扶贫济困、教育和扶老救孤是最受关注的慈善目的类型。慈善信托持续聚焦共同富裕、乡村振兴主题，2023年，新备案63单乡村振兴主题慈善信托，新备案17单共同富裕主题慈善信托，持续推进定点帮扶和乡村振兴，助力巩固拓展脱贫攻坚成果。2023年备案的慈善信托中，有336单恤病助残优抚，244单扶老救孤，238单扶贫济困，229单教育，占比分别为18.72%、13.59%、13.26%和12.76%（见图16-6）。

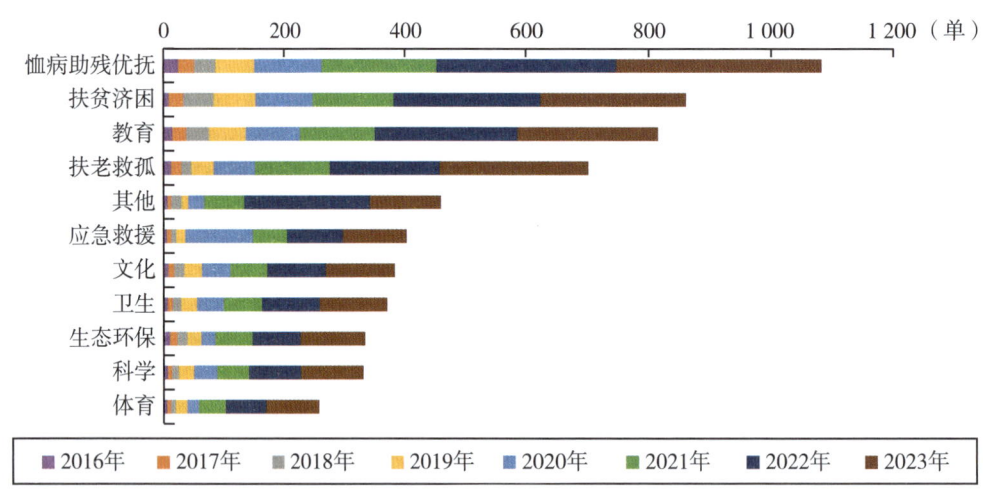

图16-6　慈善信托信托目的分布

资料来源：根据"慈善中国"信息平台公开数据整理统计

在聚焦时代特色方面，慈善信托目的更趋多元化。2023年，慈善信托关注的慈善领域进一步拓展，首次覆盖了一些特定的细分领域和群体，比如现代社区建设和发展领域、孤独症患者、单亲妈妈群体、"一老一小"群体、骑手群体，还关注了防范非法金融风险领域等。中信建投、杭州市西湖区慈善联合总会共同成立的"中建投信托·善泉36号（首善西湖北善三墩）慈善信托"，截至2023年末共设立14单，服务西湖区的12个街镇，围绕慈善助力亚运、现代社区服务、未成年人关怀和困难人群救助等议题，探索"慈善+金融"的深度实践，在社会工作、志愿服务和慈善活动开展等方面进行了深入合作。五矿信托2023年10月成立的"五矿信托——三江源一块拼图慈善信托"，是五矿信托首单服务心智障碍群体的慈善信托。该项目信托财产将全部用于心智障碍者的济困、助残，促进心智障碍者及其家庭的福祉改善，社会融入，监督行业倡导发展等。"一块拼图"慈善信托不仅是五矿信托拓展慈善信托服务边界上的有益尝试，更是与特殊需要服务信托的有机连接；该项目已资助了一场特殊需要服务信托的公益研讨活动，为特殊需要群体、专家学者、信托从业人员及特殊需要公益组织等提供了充分沟通交流的平台。基于对单亲妈妈群体心理健康问题的关注，2023年5月中航信托备案的"中航信托·大爱悦心慈善信托"成为市场上首单聚焦单亲妈妈群体的慈善信托。该慈善信托用于支持单亲妈妈心理健康教育及关爱、提升心理咨询师专业素养并支持相关课程、帮助其他有心理咨询需求的人群及其他符合《中华人民共和国慈善法》规定的公益活动。厦门国际信托成立"快先森骑手爱心互助慈善信托"，信托财产用于捐助全国范围内的骑手以及相关人群（指受雇佣于美团、饿了么、顺丰、邮政等企业，长期专业从事配送工作的人员），对意外、疾病身故以及重大伤残、重大疾病的骑手进行资助，奖励骑手见义勇为行为，切实关爱骑手群体。2023年6月，紫金信托设立"紫金信托·南京银行助力南京市鼓楼区护航金融安全慈善信托"，成为全国首单护航金融安全的慈善信托，旨在护航金融安全，鼓励举报非法集资线索，救助因参与非法集资同时遭遇重大疾病而返贫的群体。

（三）与绿色发展理念及ESG深度结合

信托公司长期坚持贯彻落实国家"碳达峰碳中和"战略部署，积极推进ESG实践，不断推动慈善信托和绿色发展理念的不断融合。一方面，"双碳"目标下，绿色发展是经济社会转型的必然方向，信托公司多维度绿色发展，不断捕捉发展的新增长点；另一方面，ESG推崇多重价值取向，强调经济、环境、社会协调发展，推动企业从单一追求自身利益最大化到追求社会价值最大化，在ESG理念的引导下，公益慈善事业必将凝聚更多企业力量，慈善信托将成为企业践行ESG理念的重要途径之一。2023年10月，华能信托成立"华能信托·信善笃行·生态富民慈善信托"，是将绿色发展理念与金融创新相融合的重要举措，是其在公益慈善领域持续深耕、不断创新推动的重要成果；该慈善信托由中国绿色碳汇基金会作为联合发起人及公益/慈善项目管理人，通过与中国绿色碳汇基金会携手设立该信托，为社会力量参与增汇减排、生物多样性保护等低碳循环发展事业搭建了专业化慈善信托公益平台。2023

年12月，中海信托成立"中海信托—尼玛县乡村振兴可持续发展公益信托"，以ESG绿色发展理念为指导，专注西藏自治区尼玛县乡村振兴与可持续发展，在当地开展文化教育、医疗救助、绿色金融、新农村建设、环境生态保护等领域的慈善活动。2023年10月14日，平安信托成立"平安生物多样性及环境保护慈善信托"，由平安信托作为受托人，深圳市红树林湿地保护基金会作为慈善信托的慈善项目管理人，致力于保护生物多样性、促进生态保护和可持续发展、事故灾难和公共卫生事件等突发事件造成的损害救助，是国内首只重点关注红树林生态保护的慈善信托。

（四）慈善信托制度和品牌建设逐渐完善

制度建设方面，主要是信托公司对于慈善信托考核的加强。中国信托业协会调研数据显示，截至2023年末，共有约30家信托公司具有单独的考核办法，近几年信托公司逐步加大对慈善信托的考核力度，特别是一大部分公司2023年才开始进行考核，可能是由于新的业务分类将公益慈善信托作为信托业务三分类之一，是监管鼓励发展的重点业务方向。同时，慈善信托是信托公司回归本源业务之一，信托公司加速布局慈善信托，以考核促提升，进行长效管理。从考核方式看，一般以慈善信托成立单数进行考核或者单数+规模进行考核，极少数公司对慈善信托只进行规模考核，可能对多数情况下慈善信托单笔规模较小有一定考量。

品牌建设情况方面，慈善信托受托机构不断加强品牌建设。截至2023年末，共有28家信托公司拥有独立的慈善信托品牌，品牌数量呈现逐年递增的趋势，2023年慈善信托的品牌数量呈加速增长趋势，体现出信托公司规范化、差异化发展模式逐步形成，如光大信托"光信善"、国投泰康信托"心奕慈善"、五矿信托"三江源"等品牌都具有较高的知名度（见表16-4）。

表16-4　信托公司慈善信托品牌建设情况（按首字母顺序排序）

排名	受托机构	慈善信托品牌	排名	受托机构	慈善信托品牌
1	光大信托	光信善	5	渤海信托	月明
2	爱建信托	承玺-琼玉	6	国通信托	国信善
3	百瑞信托	百瑞仁爱	7	国投泰康信托	心奕慈善
4	北方信托	恒星计划	8	华能信托	信善笃行
9	建元信托	建元启岚	19	西藏信托	格桑花

续表

排名	受托机构	慈善信托品牌	排名	受托机构	慈善信托品牌
10	江苏信托	苏信弘善	20	云南信托	大爱星火
11	金谷信托	信达大爱	21	长安信托	长安慈
12	陆家嘴信托	陆信弘远	22	浙金信托	善行渐金
13	陕国投	泽世	23	中诚信托	诚善
14	上海信托	上信上善、上善公益	24	中建投信托	善泉
15	苏州信托	慈心善举	25	中粮信托	丰济系列
16	天津信托	天信世嘉·信德	26	中铁信托	明德、弘文、明道、致远、大同
17	外贸信托	星火、信诺/暖/善	27	中原信托	中原大爱
18	五矿信托	三江源	28	紫金信托	紫金·厚德

资料来源：根据中国信托业协会调研数据整理统计

（五）慈善信托仍面临一定的问题与挑战

1.社会认知有待提升

近年来，全社会慈善捐赠意识及社会公众对公益慈善的认知有所提升，但由于慈善信托在各类媒体中的曝光相对较低，且国内慈善文化教育领域发展较慢，公众对慈善信托这一工具仍然比较陌生，极大增加了慈善信托项目落地的沟通与协调成本，制约了慈善信托的社会资源动员能力。

持续发展理念亟须转变。慈善信托的展业逻辑主要是内部驱动，与委托人自发形成的市场需求为主导的展业逻辑预期存在偏差。目前慈善信托的主要推动力量是受托人（主要是信托公司），受托人出于监管要求、品牌塑造、社会责任等原因发起推进，而市场化的逻辑则应是委托人出于对慈善信托机制本身的认可，为了满足自身对于慈善事业安全、透明、持续性等需要发起设立。以受托人为主要推动机构的市场格局限制了慈善信托规模增长的空间。

2.政策支持有待细化

尽管政策环境进一步改善，但可落地、可操作的细则仍处于缺位或模糊状态，比如税收优惠、公募资质等。

优化税收优惠等促进政策，但税收优惠政策尚不明确。新修订的《中华人民共和国慈善法》在第十章"促进措施"中，新增第八十五条明确规定"国家鼓励、引导、支持有意愿有能力的自然人、法人和非法人组织积极参与慈善事业""国家对慈善事业实施税收优惠政策，具体办法由国务院财政、税务部门会同民政部门依照税收法律、行政法规的规定制定"等法规细节等待落地。其他条明确了自然人、法人和其他社会组织、慈善捐赠者、慈善组织及其取得的收入、受益人接受慈善捐赠依法享受税收优惠，但是对于慈善信托的委托人、受托人及受益人的税收优惠，《中华人民共和国慈善法》仅在第四十五条中表示，未按规定将慈善信托设立相关文件报民政部门备案的，不享受税收优惠。据此条反推，如果不备案，则慈善信托无法享受税收优惠。但是慈善信托可以享受哪些税收优惠，在哪些环节享受税收优惠，除备案以外享受税收优惠还需满足哪些条件，以及具体业务中应当如何操作，财税部门尚未出台具体的政策。在实际操作中，目前只有在民政部门登记的慈善组织能开具税前抵扣票据，而信托公司却无此权限，使委托人面临无法获取税收优惠甚至入账困难的问题，这极大限制了有抵税需求的捐赠方资金来源，也使信托公司在实际操作中，往往采取"借道"慈善组织的方式来曲线解决此问题。其缺陷也显而易见：一是加长业务链条，增多环节，使时效性、可控性降低；二是参与方增加，管理运作成本上升；三是令参与方多感不便，消减热情，动摇了委托人/捐赠者的信心，极大压制了慈善信托的运用空间。

私募属性存在募集难度。信托公司在开展慈善活动时，由于不具备公募资格，因而资金来源渠道狭窄，募集效率较低，较难承载周期长、投入大的公益慈善项目，这与慈善信托本身蕴含的优势形成内在的对立与紧张。社会经济发展到一定阶段，财富累积，观念进步，对于慈善事业的发展提出了更高的要求，从以往"粗放型"到精细化管理，从一锤子买卖的捐赠，到更加注重慈善财产的保值增值与高效运用，这是时代的要求。而慈善信托恰恰回应了这种需求，并提供了相应的法理依据、运作机制与实际操作工具。信托可以长期配置资产，且具有高度的灵活性与适应性，本可以解决慈善事业的久期、规模、透明度问题，但由于信托公司目前不具备公募资格，因此这一优势无法发挥。目前国内成立的慈善信托，多以期限短、规模小、特定投向为主，便是信托没有充分展现其禀赋的表现。

3.受托人自身的能力建设亟待加强

作为慈善信托的重要受托人，信托公司自身在营销、创设、运营等能力上存在短板。

慈善信托营销能力亟待提升。慈善信托社会普及程度较低，公众对于慈善信托较为陌生，社会认知度严重不足。信托公司对于超高净值客户、上市公司股东等大资金目标客户群体的慈善需求挖掘不够，慈善信托的圈层文化引领不足，慈善信托产品设计能力、以慈善体验为核心的服务能力及资源整合能力等也需要进一步提升。

慈善信托展业模式有待优化，缺少对客户的分层管理及慈善信托产品模式的打磨。目前慈善信托展业主要依托外部渠道及内部推介，虽有业务量但较为零散，且委托人在方案设计、拟定合同、签约备案及中后期管理等项目需求方面如有定制化需求，将占用信托公司大量精力及时间，但产出的品牌效应、收入贡献、内部联动等业务价值并不突出。

慈善信托专业管理能力有待提升。一是受托管理定位不明、规范不足，业务准入、管理规范等制度建设仍需要完善。二是慈善资源亟须扩张、整合，优质慈善组织及慈善项目储备体系建设有待完善，对于慈善组织及慈善项目的准入、评估及筛选未成体系。同时，慈善项目及慈善组织的筛选与评估经验较少，不利于掌握营销主导权。三是慈善信托人才队伍建设薄弱，不同类型信托财产的交付及管理、慈善捐赠及慈善信托税务筹划与管理等方面的研究及实践有待积累。

三、公益慈善信托发展展望

（一）《中华人民共和国慈善法》修订对于慈善信托的影响

首先，《中华人民共和国慈善法》的修订为公益慈善信托提供了有效的制度供给，而制度供给塑造"道德自觉"。这里所说的制度供给，不仅涵盖诸如税制设计、税率安排、税费减免、社会组织培育等，也包括深入"人心""人性"，发掘人类的本能情感需求，将制度供给建立在"顺性随心"的基础之上。比如，此次修订增加第八十五条"国家鼓励、引导、支持有意愿有能力的自然人、法人和其他组织积极参与慈善事业"，"国家对慈善事业实施税收优惠政策，具体办法由国务院民政、财政、税务等有关部门制定"；增加第一百零一条"国家将慈善捐赠、志愿服务记录等信息纳入相关主体信用记录，健全信用激励制度"。这都在法律层面上为慈善事业的发展提供了制度支撑。

其次，《中华人民共和国慈善法》修订进一步规范了慈善活动与行为，夯实制度基础的同时，进一步增强慈善事业的公信力。此次修订对于慈善活动的具体展开明确了更多的落实细节，严格了行为规范。比如第二十六条增加第二款："慈善组织应当对合作方进行评估,并在募捐方案中载明合作方的相关信息";将第七十三条改为第七十九条"具有公开募捐资格的慈善组织应当定期向社会公开其募捐情况和慈善项目实施情况","公开募捐周期超过六个月的,至少每三个月公开一次募捐情况,公开募捐活动结束后三个月内应当全面、详细公开募捐情况","慈善项目实施周期超过六个月的,至少每三个月公开一次";将第九十五条改为第一百零六条"县级以上人民政府民政部门应当建立慈善组织及其负责人、慈善信托的受托人信用记录制度,并向社会公布"。诸如此类条款,在信息公开性、时效性、公众易获得性等方面作了细致规定,对于规范慈善行为、动员政府力量、增强公信力等方面,定当有所助力。

最后,对于各界反映的问题,此次修订作了及时而明确的回应,解决了一些慈善事业发展的关键问题。比如慈善信托开展中的税收优惠问题,历来是业界的呼吁焦点。此次修订增加第八十八条:"自然人、法人和其他组织设立慈善信托开展慈善活动的,依法享受税收优惠"。这一条款的落实,使慈善信托受托人在制度法律层面与传统慈善组织享有同等的税收政策,这必将释放慈善信托的制度潜力,动员更多的社会资源通过慈善信托这一途径投入到慈善事业中来。

(二)在中国特色金融体系中找寻慈善信托新的定位

中央金融工作会议在2023年10月底召开,习近平总书记发表重要讲话。这次会议精神与党的二十大精神一脉相承,党中央把马克思主义金融理论同当代中国具体实际相结合、同中华优秀传统文化相结合,努力把握新时代金融发展规律,持续推进我国金融事业实践创新、理论创新、制度创新,奋力开拓中国特色金融发展之路。会议强调要深刻把握金融工作的政治性、人民性,坚定不移走中国特色金融发展之路,加快建设中国特色现代金融体系,不断满足经济社会发展和人民群众日益增长的金融需求。

在中国特色社会主义进入了新时代的历史背景下,建设中国特色现代金融体系显然有其特殊意义,公益慈善信托则在其中获得了新的价值定位。

首先,公益慈善信托是建设中国特色金融体系、提升社会现代化治理水平的可行路径与有效机制。相较于由西方资本主义传统所塑造的资本逐利理念,中国特色金融凸显政治性、人民性、普惠性,对于金融功能性的高度关注是对既往盈利性的对冲与消解,而慈善信托在这一体系中将扮演将金融服务与社会治理无缝嫁接的重要角色。

其次，公益慈善信托作为价值载体，将传统美德、现代法制、公平正义理念植入人心，极大丰富了中国特色金融文化的思想资源。中国特色金融理论根植于中华优秀传统文化，推动金融系统大力弘扬中华优秀传统文化，坚持诚实守信、以义取利、稳健审慎、守正创新、依法合规。中国的慈善之举、社会保障古已有之，具有鲜明的伦理特色，其思想基础来源繁杂，既有儒家"老吾老，以及人之老；幼吾幼，以及人之幼"的"仁而有序"，又有"行善积德，福有攸归"的民间朴素认知，甚或有善恶因果之类的迷信妄念。而从传统中走来的中国，其现代慈善事业的发展，在承袭历史的同时，也必然要加大革新，以适应现代社会的需求。公益慈善信托作为现代社会的理念、法治、工具的综合体，既积极吸收中国传统慈善中的积极方面，也持开放心态，借鉴一切人类文化的优秀成果，为我所鉴，为我所用，为我所化，熔铸为中国特色金融体系中的慈善信托，与传统接血脉，与世界通有无。

（三）在多维互动中构建慈善信托生态圈，树立"大慈善观"

2021年8月，中央财经委第十次会议指出："共同富裕是全体人民的富裕，是人民群众物质生活和精神生活都富裕，不是少数人的富裕，也不是整齐划一的平均主义，要分阶段促进共同富裕。"显然，这里的"富裕"涵盖且超越了有形物质意义上的财富，更指向更为深刻的价值观念与精神层面。因此，作为实现"共同富裕"的重要路径和平台机制，公益慈善信托应当在政策制定、多方参与、社会动员、大众意识等多维互动中，形成广覆盖、多层次、可延展、可持续的"生态圈"，超越狭隘视野中的"公益慈善"。

就以公益慈善信托的财富形态与价值主题来说，应当广拓深耕，开出新境界，创造新气象。在财富形态上，既要着眼于货币、股权、物资、用品、不动产等有形资产，也要关注教育、文化、健康、价值取向等无形财富；在价值主题上，既要看到作为主体的"人"自身的生存、发展、获得感与幸福度，也要提升到生态环境目标、伦理价值建设、民众和谐共进等社会自然目标的深广视野。

（四）在行业转型中如何构建慈善信托的长效机制

公益慈善信托现在所处的行业背景其实颇为艰巨。一方面是《信托业务分类通知》体现的政策重视与地位提升，另一方面则是行业转型中的旧力将尽，新力未生，盈利能力持续走低，腾挪空间急剧收窄，能为慈善信托提供的资源能力受限。要实现拓展慈善资源增量，专业化/专门化是必由之路，但牵扯到专业能力的建设，背后其实是成本分摊、利益分享的逻辑。要提升客户体验、体现专业度、获取合理报酬、实现良性可持续，根本上还是要通过市场各参与方的高频博弈，包括各方内部的博弈，最终达成平衡，而这个显然是艰难而长期的博弈过程。

就作为受托人的信托公司而言，公益慈善信托兼具投资与公益职能，是信托回归本源的可为领域，应当在立足长远发展、植根市场需求、充分内部挖潜的原则下，强化宣传平台建设、构建慈善信托体系、联合资源争取政策支持，加强组织保障、制度保障、技术保障及资源投入，进一步打造慈善信托行业品牌与影响力，实现规模、影响力与效益的多维目标。

05 | 第五部分
专题篇

专题一
努力做好"五篇大文章"促进信托业高质量发展

中央金融工作会议强调,要做好科技金融、绿色金融、普惠金融、养老金融、数字金融"五篇大文章"。2024年5月,金融监管总局发布《关于银行业保险业做好金融"五篇大文章"的指导意见》,要求在中央金融委的统筹指导下,各金融机构围绕发展新质生产力,切实把"五篇大文章"落地落细,提高金融服务实体经济的质量和水平。鼓励信托公司培育发展养老信托、绿色信托、知识产权信托等业务,发挥专业优势,聚焦主业、规范发展。

随着《信托业务分类通知》正式实施,信托业全面步入发展模式重塑、业务结构调整、增长动能转换的关键期。立足信托制度本源,信托业深刻把握金融工作的政治性、人民性,以服务社会民生、服务实体经济、服务国家战略为着力点,以"五篇大文章"为"战略之矛",以信托业务三分类的25类业务规范为"展业之盾",努力构建具有信托特色的"五篇大文章"服务体系,促进加快发展新质生产力。

积极布局科技金融,服务高水平科技自立自强。针对科技型企业全生命周期的金融服务需求,信托公司可以灵活配置信托资金,综合运用股权、债权、投贷联动、股权投资基金等方式开展资产管理信托,持续优化科技金融风险分担和收益分配机制;信托公司还可以通过知识产权信托、数据信托等资产服务信托业务形式,充分发挥信托制度特色优势,加速促进知识成果转化,努力融入"科技——产业——金融"良性循环。

大力发展绿色信托,促进绿色低碳转型升级。信托公司持续开展绿色信托服务创新,做深做精服务绿色低碳产业,覆盖新能源、储能、环境保护、节能减排、生态农业等多个产业行业细分领域,逐步形成以绿色信贷与绿色资产证券化为核心,绿色股权、绿色债券及绿色基金为支撑的多元化绿色信托产品体系，在绿色资管信托、绿色服务信托、绿色慈善信托等新型服务模式上实现质效提升。2023年，绿色信托规模实现稳步增长，绿色信托项目新增321个，同比增长10.31%，新增绿色信托规模1 737.88亿元，存续规模为2 649.83亿元。

全面开拓普惠金融，助力共同富裕稳步推进。信托公司积极融入促进普惠金融高质量发展的体系建设中，使信托服务逐步深入人民群众生活。信托公司聚焦为民营企业和中小微企业提供融资便利、多措并举服务乡村振兴、强化金融消费者教育、维护客户权益、提升金融科技驱动的数字普惠金融风控水平，初步建立具有信托特色的普惠金融体系。2023年，普惠金融信托资产规模累计已超过3万亿元，较2022年增长14%。

纵深发力养老金融，满足养老多元场景需求。信托公司以财富管理业务为基础，深入养老领域的银发经济和康养场景，开展横向机构合作建立养老金融生态，与银行、保险及医养机构合作，开展养老金信托、企业年金信托并提供养老增值服务；纵向业务整合建立家庭服务信托、家族信托、特殊需要信托与养老需求的有机业务组合，探索"以房养老"新型养老服务信托模式，构建具有信托特色的养老金融体系。2023年，共有16家信托公司开展了养老信托业务，合计规模达765.96亿元。

加速推进数字金融，提升数字化智能化水平。信托公司坚持数字化转型战略引领，建立"一把手"牵头推进数字化转型工作机制，加大金融科技投入，通过数字化转型赋能信托业务拓展、数据安全治理和风险管控能力提升等重要经营环节。信托公司创新开展数据信托研究与实践，促进数据要素市场化流通，为数据资产化和资产数字化提供信托赋能。

一、积极布局科技金融

科学技术是第一生产力。党的二十大报告指出，建成科技强国是全面建设社会主义现代化国家的重要目标之一。科技创新是发展新质生产力的关键驱动因素，在促进经济高质量发展、实现中国特色社会主义现代化建设中居核心地位。科技创新和科技产业的培育发展离不开金融的大力支持。科技金融是指金融服务科技创新和科技企业发展的一系列金融活动，是科技创新与金融创新深度融合的产物，做好科技金融这篇大文章，大力支持科技创新是金融服务实体经济高质量发展的关键。

（一）信托公司开展科技金融的特色

信托公司在科技金融领域的服务参与度逐步提升，在提供科技金融服务方面，信托公司具有以下三个方面的优势。

一是信托公司资金运用方式灵活，业务领域横跨实体、货币及资本市场，可以综合运用股权、债权、投贷联动、股权投资基金、资产证券化等多种投融资工具服务于科创企业的各类融资需求。

二是信托公司不仅可以通过信托计划、基金等方式募集资金开展股权投资业务，还可以利用固有资金开展股权投资业务，信托业务和固有业务可以联动为科创企业的不同发展阶段提供综合融资支持。

三是信托公司可依托股东资源优势，协同支持科创企业发展。信托公司股东多为金融控股集团、中央企业或地方政府及地方国资企业，信托公司可依托股东资源优势，与股东在支持科技金融发展方面进行业务联动。以银行系信托建信信托为例，公司依托建行集团的资源禀赋，协同分行开展联合营销，以股权投资视角切入，与集团搭建了"股—贷—债—保"全方位联动的金融服务支撑体系，向科创客户提供一站式、全生命周期的专业化服务。地方政府背景的信托公司则可参与科创型政府引导基金的发起、设立和管理运作，也可以和政府引导基金以投贷联动的方式进行合作。

（二）信托公司开展科技金融的业务实践

1.积极为科创企业提供股权融资支持

信托公司积极发挥固有及信托业务均可以开展股权投资的灵活优势，持续探索在一级、一级半、二级市场通过股权投资、产业基金、定向增发等模式服务科创企业的融资需求。

建信信托通过子公司建信（北京）投资基金管理有限责任公司累计投资超过260家科创企业，投资阶段覆盖科创企业的全生命周期，涉及众多细分行业科技龙头和

"隐形冠军"，累计投资规模超300亿元，并带动大型央企、地方国企等各类国有资金投资于科创领域。截至2023年底，建信北京管理资产规模超千亿元，已投项目300余个，已投企业实现IPO近50家，20多家正在上市进程中。

华能信托以高端引领型产业金融服务业务为抓手，建立聚焦战略性新兴产业和布局未来产业的"产业地图"，利用资本市场金融工具，为委托人创设"安全可靠、代表趋势、创新性强"的信托产品，将金融资源配置到实体经济先进产业中，与产业价值增长深度融合，在支持锂电池高新技术企业、助力仿制药企业产品创新研发、支持半导体专精特新"小巨人"方面均有成熟业务实践。

国投泰康信托将股权投资作为业务转型的重要战略方向，通过组建专业股权投资团队，专门设立股权投资业务决策委员会，与国投集团其他开展股权投资业务的单位协同，以固有资金、信托资金积极探索股权投资业务，深度布局高端制造、新一代信息技术、航天航空等战略性新兴产业领域，为大量处于初创期、成长期的科技创新企业提供了投融资支持。公司也逐步实现了股权投资产品的体系化、矩阵化、品牌化，并建立与股权投资业务实际相契合的制度及业务流程管理体系。

2.积极探索服务科技创新的资产服务信托

根据《信托业务分类通知》规范要求，信托公司积极运用信托制度优势，为科创企业发展提供知识产权证券化、知识产权服务信托、数据信托等资产服务信托业务创新，回归受托服务本源、加快业务转型。

华润信托高度重视并大力发展知识产权信托，参与发行的知识产权资产证券化产品品种丰富，包括助力创投企业ABN、数据知识产权ABN、大湾区专精特新"小巨人"企业ABN、天津市民营科创企业知识产权ABN等创新产品。截至2023年末，华润信托参与发行的知识产权资产证券化产品规模合计22.61亿元，在银行间债券市场同类项目发行规模中份额占比超过50%。华润信托通过整合渠道营销、产品创设、专业服务、品牌价值等能力优势，将自身禀赋富集于促进科技创新，将知识产权证券化业务模式陆续在天津、杭州、成都等地复制推广，共同服务粤港澳大湾区、京津冀、长三角和成渝地区等核心经济圈的科技创新企业，积极探索为推动国家重要经济增长极的高质量发展注入新动能。

紫金信托积极为"专精特新"科技型企业设立特定信托架构支持的知识产权证券化。2023年3月，紫金信托参与设立"国金鑫欣—南京鼓楼智汇鼓1期知识产权资产支持专项计划"在深圳证券交易所挂牌上市，为企业提供资金支持1亿元，是交易所特定信托架构支持下的知识产权ABS创新实践。

北方信托与天开发展集团签署《全面合作协议》，2023年9月，发布"北信日新天工开物知识产权服务信托"，专门设立知识产权信托服务办公室，为南开大学首批入驻天开园的科研团队量身定制了特色信托服务方案，为知识产权权利人和研发团队提供财产保管、执行监督、收益分配等基础服务，满足其专利成果转化收益管理服务需求，完善知识产权转化和创新人才激励机制，打通科研成果转化的"最后一公里"，打造金融助力天开园建设的"信托样板"。

（三）信托公司开展科技金融的展望及建议

信托行业应深刻理解科技金融的发展方向和重点，围绕科技金融领域的难点问题，充分利用信托制度优势创新产品和服务，主动融入多层次的科技金融体系中，全面提升服务效率和水平，更好促进金融资源向先进生产力转化，展现信托的特色价值。

一是要积极培育打造股权投资的专业优势。科技创新存在前期投入高、投资周期长、不确定性高的特点，且科创企业一般都不具备可以抵押资产，信托公司以债权融资早期难以介入，"投早投小"股权投资为主要形式。信托公司应发挥信托资金运用方式灵活和资源整合优势，探索"股贷"联动的综合支撑体系。信托公司必须摆脱过去单纯做融资业务的路径依赖，树立产业金融、产业投资思维，提升基于产业的专业投资投研能力及风控能力是关键。立足于自身能力和资源优势（比如股东背景、区位优势）进行产业聚焦，以产业领域的龙头企业或关键企业为核心，通过对产业发展、产业链各环节及企业经营进行深度研究和持续跟踪，建立对产业及企业投资价值的评估、判断和决策能力以及风险管理能力，以一二级联动、股权投资、股债结合等模式为产业链上的科技创新企业提供更能满足其个性化需求的方案，有效引导社会资本进入战略性新兴产业和未来产业领域。

二是进一步发挥信托制度优势，积极开展资产服务信托创新。根据信托制度在财产独立、风险隔离、所有权及收益权分离重构优势，信托公司可以为科技创新企业提供更丰富的受托服务，进一步提升信托在服务科创企业知识产权融资，实现科技成果产业化方面的广度和深度，助力科创企业的创新发展。信托公司还应积极研究并运用地方政府的相关支持政策，积极开拓服务创新。例如，《江苏省知识产权促进和保护条例》明确提出，支持金融机构为中小企业提供知识产权质押融资、保险、风险投资、证券化、信托等金融服务；《上海市知识产权强市建设纲要（2021—2035年）》提出鼓励推动知识产权资产证券化、融资租赁、信托等金融创新。

三是要扩大与同业机构合作，积极融入科技金融生态圈。科创企业在发展的不同阶段，对金融产品和服务有的需求各有不同，单独某一类金融机构很难满足科创企业全生命周期的金融服务需求，这就要求金融产品及服务的供给方，要针对科创企业金融服务领域中的短板弱项，发挥各自的优势进行分工合作和专业互补。信托公司要加强与银行、证券公司、创投基金管理人、政府引导基金管理人、地方融资担保公司等主体在科技创新项目信息共享、投贷联动模式共建、风险分担、并购退出安排等方面开展业务合作，共同为科技创新全链条、科创企业全生命周期提供综合融资服务。

二、大力发展绿色金融

习近平总书记在中共中央政治局第十一次集体学习时强调，绿色发展是高质量发展的底色，新质生产力本身就是绿色生产力。贯彻落实中央金融工作会议精神，提高绿色信托支持绿色低碳产业的发展质效，培育形成新质生产力，是信托公司持续深化转型、实现高质量发展的重要方向。2023年，信托业深入贯彻落实绿色发展理念，坚定不移走绿色低碳发展路径，积极谋划深耕绿色信托发展的战略部署，精心做好"绿色信托大文章"。

（一）信托公司开展绿色信托的特点

信托公司持续创新发展绿色信托，体现了加强能力建设、整合股东资源、注重服务创新、促进行业共识、树立责任口碑的五大显著特色。

一是加强能力建设。信托公司从战略高度谋划绿色信托顶层设计，近半数信托公司制定发布落实"双碳"目标规范文件及绿色信托业务指引，规范指导绿色信托业务发展与实践创新。信托公司主动加强绿色信托投研引领，深入开展绿色产业研究，十余家信托公司持续刊发绿色信托主题文章，形成系列研究成果，为信托业推进绿色信托高质量发展提供智力支持。信托公司协同开展绿色信托组织能力和人才队伍建设，引进绿色产业背景人才，通过设立绿色信托事业部和专业小组形式夯实绿色信托服务能力基础和水平。

二是整合股东资源。信托公司充分结合股东资源禀赋和自身特色，在资产端和资金端双向发力，引入促进绿色信托发展的生态资源，形成绿色信托的差异化优势。具有能源及产业背景股东的央国企信托公司，例如外贸信托、英大信托、华能信托立足服务集团主责主业的使命担当，积极提供绿色产业链供应链信托服务，助力强链补链。具有金控股东背景的信托公司，例如中信信托、上海信托、平安信托积极发挥绿色金融工具整合优势，开展绿色债券、绿色基金、绿色租赁与绿色信托的协同创新，为绿色低碳产业提供综合金融受托服务。

三是注重服务创新。结合《信托业务分类通知》，信托公司在资产管理信托、资产服务信托、公益慈善信托业务领域主动开展绿色信托服务创新。绿色信托贷款和绿色标品信托是绿色资管信托的主要表现形式；绿色资产证券化、碳资产服务信托是绿色资产服务信托的创新体现；绿色信托还能够与生态环保和可持续发展为主题的公益慈善信托有机结合，在公益慈善领域拓展丰富受托服务内容。

四是促进行业共识。中国信托业协会在信托监管部门指导下，自2019年开始通过发布《绿色信托指引》，主动引导信托公司融入国家绿色发展战略，促进形成行业共识，深化推进信托业绿色转型。2023年，中国信托业协会通过组织开展绿色信托主题沙龙、专题培训、ESG及绿色信托标准制定研究等多种形式汇集行业智慧合力，促进绿色信托稳健发展。

五是树立责任口碑。信托公司积极开展绿色信托及ESG主题投资者教育活动，培育绿色投资偏好，助力投资者树立长期主义的责任投资理念，2023年信托公司运用多种形式和多元媒介举办绿色信托主题和ESG投资者教育活动合计近40场，参会人员1.4万余人次，赢得了良好的社会口碑和市场认可。信托公司注重推动自身绿色运营，通过主动开展节能减排、碳核查等环境效益监测、促进公司经营活动实现碳中和，为经济社会绿色转型贡献信托力量。

（二）信托公司开展绿色金融的业务实践

1.绿色信托服务模式日益成熟，充分融入绿色金融体系建设

绿色信托作为推动和实施国家绿色发展战略的重要金融工具，在绿色金融中持续发挥有效作用，是做好绿色金融大文章的重要助力。中国信托业协会61家信托公司调研结果显示，2023年，绿色信托规模实现稳步增长，绿色信托项目新增321个，同比增长10.31%，新增绿色信托规模1 737.88亿元，存续规模为2 649.83亿元（见图1-1）。

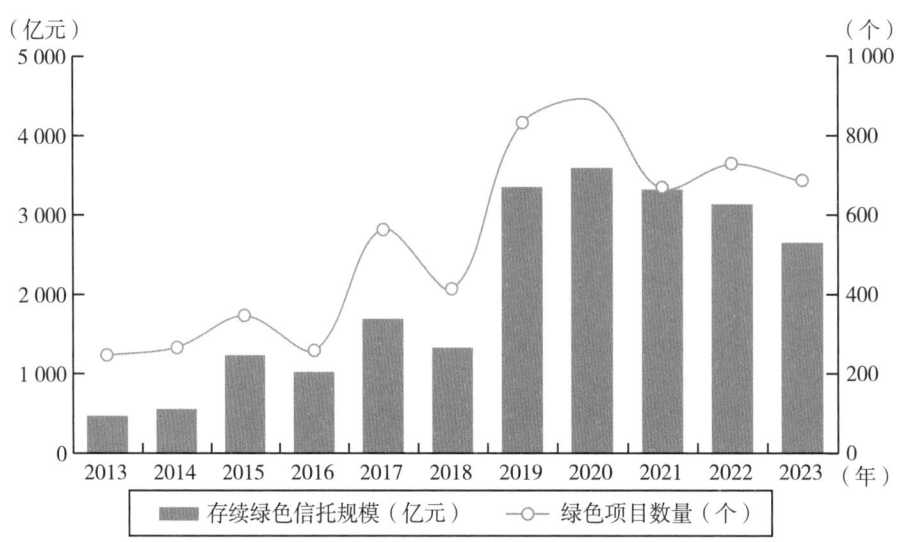

图1-1　2023年绿色信托存续发展规模和项目数量

资料来源：中国信托业协会

2023年信托公司综合运用绿色资产管理信托和绿色资产服务信托以及绿色公益慈善信托多种业务模式，拓展绿色信托服务的深度和广度，形成稳定发展的存续规模基础。

中国信托业协会61家信托公司调研结果显示，绿色资管信托存续规模占据最大比例，其中绿色信贷规模为607.17亿元，占比为36.09%；绿色股权投资规模为91.29亿元，占比为5.43%；绿色产业基金规模为124.07亿元，占比为7.37%；绿色供应链金融规模为1.3亿元，占比为0.08%，市场空间有待进一步拓展。绿色标品信托发展迅速，绿色债券投资规模为72.00亿元，占比为4.28%。绿色资产服务信托以绿色资产证券化为最重要服务方式，存续规模为550.46亿元，占比为32.72%；绿色公益慈善信托为7.70亿元，占比为0.46%，旨在实现绿色生态保护的公益慈善目的；碳信托规模为0.3亿元，占比为0.02%，积极探索助力国家碳金融市场建设的信托模式（见图1-2）。

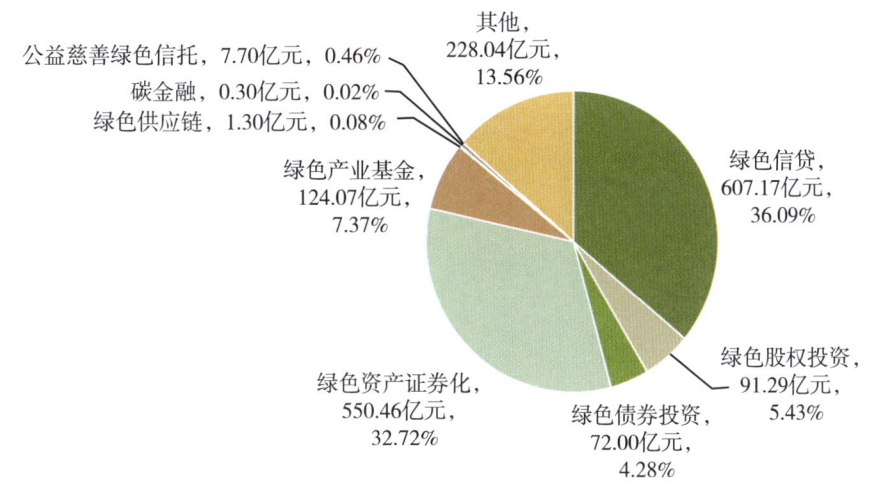

图1-2 2023年绿色信托各类业务存续规模及比例

资料来源：中国信托业协会

2. 深入服务绿色低碳产业转型升级，切实提升"双碳"质效

2023年，信托公司积极响应国家绿色产业政策，敏锐发掘并捕捉绿色金融市场机会，不断拓展服务绿色低碳产业的细分市场，覆盖新能源、储能、环境保护、节能减排、生态农业等多个产业行业领域，持续丰富满足绿色资产端需求的金融服务供给，形成多元化的绿色产业布局，为打造差异化的信托服务优势奠定良好基础。

根据国家发展改革委、住房城乡建设部等10部门印发《绿色低碳转型产业指导目录（2024年版）》统计显示，结合中国信托业协会61家信托公司调研数据，2023年，绿色信托投向绿色低碳产业的存续规模中，投向能源绿色低碳转型489.74亿元，占比30.81%，规模成效最为显著；其次是投向节能降碳产业422.13亿元，占比26.55%；投向基础设施绿色升级326.88亿元，占比20.56%；投向环境保护产业118.62亿元，占比7.46%；投向生态保护修复和利用114.26亿元，占比7.19%；投向绿色服务21.55亿元，占比1.39%；投向资源循环利用产业19.45亿元，占比1.22%（见图1-3）。

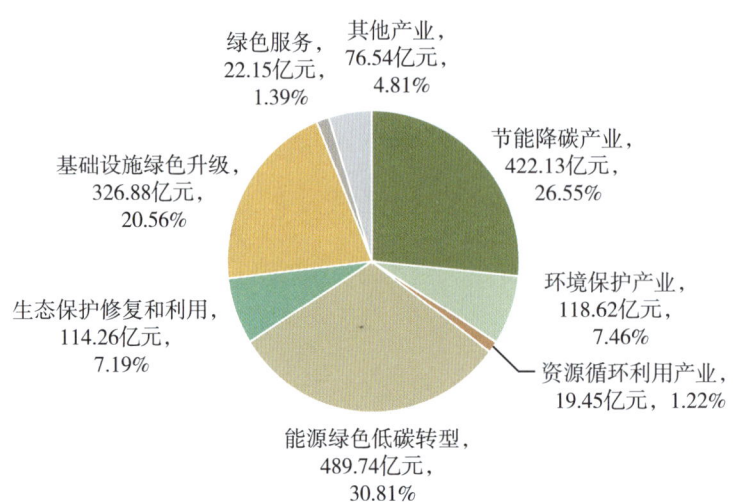

图1-3　2023年绿色信托服务绿色低碳产业的存续规模及比例

资料来源：中国信托业协会

3.促进转型金融纵深发展，助力企业绿色化、智能化升级

转型金融是运用多样化金融工具对传统碳密集型经济活动或市场主体向低碳和零碳排放转型提供金融支持的行为，是绿色金融的延伸和扩展。2024年5月，国务院印发《2024—2025年节能降碳行动方案》，要求完善能源消耗总量和强度调控，重点控制化石能源消费，强化碳排放强度管理，从"能耗双控"逐步转向"碳排放双控"。针对传统企业的绿色低碳转型升级和高质量发展，信托公司也在积极帮助传统碳密集型的市场主体向低碳和零碳排放转型，通过提供转型金融服务拓展绿色信托的内涵和功能。实践中，中信信托、陕国投、华能信托、五矿信托、华润信托等信托公司通过帮助传统发电企业节能减排、帮助重金属冶炼企业开展技术革新、盘活企业存量资产，成功实现企业绿色化、智能化转型升级。

2023年5月，中信信托通过江苏冀恒集合资金信托计划，募集资金23.3亿元，向江苏冀恒供应链有限公司发放信托贷款，用于融资人支付唐山集团有限责任公司南区资产转让价款。该笔交易是落实地方政府关于钢铁产业转型升级的决策部署，推动钢铁主业退城搬迁和沿海项目建设，有效推进传统企业转型升级和高质量发展。

2023年3月，华能信托发行发电企业新能源碳中和债及绿色资产证券化产品，累计发行规模58.51亿元。这些金融产品的底层入池资产项目均为华能集团、大唐集团旗下的风力发电、光伏发电项目，通过可再生资源发电，所发电量替代以化石燃料为主导的电网电量，减少火力发电过程中温室气体及污染物的排放，符合国家"双碳"目标，在节能减排方面能够产生较好的环境效益。

2023年5月，五矿信托发起设立五矿信托—绿色投资1号集合资金信托计划，支持镍冶炼厂镍电解三车间高盐废水零排放综合治理技术改造项目。信托公司与租赁公司协同合作，将设备部分资金通过租赁融资方式替代利用信托资金，发挥租赁公司低成本资金优势的同时，优化项目收益水平。

4.绿色慈善信托规模增势显著，发挥制度优势助力生态环保

在落实"双碳"目标和助力共同富裕目标的双重驱动下，绿色信托的环境保护效益与慈善信托的社会公益功能具有天然契合性，可以达到功能增强的整合效果。信托公司大力开展绿色慈善信托业务和服务创新，涵盖支持乡村振兴、生态文明建设、生物多样化以及生态环境改善等多样化信托目的。2023年，光大信托、华能信托、天津信托、中粮信托、华润信托、平安信托等公司落地多个绿色慈善信托项目，受托信托资产总规模达7.70亿元。

2023年4月，光大信托作为受托人，西藏自治区慈善总会作为委托人，成立绿色慈善信托计划，初始规模5 500万元。这是西藏自治区慈善总会设立的首单慈善信托，信托旨在实施拉萨南北山绿化工程，推进国土绿化行动，促进西藏生态文明建设，为山川披绿，为大地添色，为西藏的绿水青山圆梦。

2023年9月，天津信托设立天信世嘉·信德乡村振兴2号慈善信托，信托资金专项用于支持天津市河西区对口帮扶甘肃省平凉市庄浪县、崆峒区和甘南州卓尼县的发展建设，大力帮扶西部贫困地区改善村民居住环境和生产生活条件，助力建设产业发展美、生态环境美、人文社会美和生活富裕美的和美乡村，为推进西部大开发和构建社会主义和谐社会添砖加瓦。

2023年10月，平安信托成立平安生物多样性及环境保护慈善信托，深圳市平安公益基金会作为委托人，初始信托规模为1 000万元，深圳市红树林湿地保护基金会作为慈善信托的慈善项目管理人，致力于保护生物多样性、促进生态保护和可持续发展、事故灾难和公共卫生事件等突发事件造成的损害救助，在红树林生态保护方面先行先试，推动国际交流与经验输出，共同打造金融行业助力国际红树林中心建设的标杆性项目。

5.持续培育ESG责任投资理念，秉持长期主义弘扬信托文化

2023年，信托公司步入转型升级关键阶段，追求可持续增长和高质量发展成为行业共识。ESG（环境、社会和治理）理念与信托行业长期投资的资金属性以及负责任投资的本质要求相契合，为信托公司提供了转型升级的新路径，逐渐成为行业发展的主流趋势。2023年，信托公司加速将ESG评价体系融入战略规划和管理的相关环节，构建以可持续发展和履行社会责任为核心的新业务模式，加强责任投资主题的信托投资者教育，在促进业务结构转型的同时，实现环境保护和社会责任的协同发展。

信托公司积极践行ESG发展理念，将环境、社会和治理要求纳入业务管理的流程和风险管控的体系，平安信托、五矿信托和中诚信托相继出台ESG业务指引，搭建公司ESG投资体系、风险管理体系和制度流程。信托公司持续探索ESG主题投资策略，通过构建负面/排他性筛选机制、影响力投资等策略，研发创新信托产品，兴业信托、中航信托等多家公司发行ESG主题标品信托产品，优选基本面和ESG表现出色的上市公司进行投资。在夯实ESG基础研究和ESG信息披露方面，光大信托、国元信托、杭州工商信托等十家信托公司公开发表20余篇ESG相关研究；爱建信托、国投泰康信托、江苏信托、平安信托等13家信托公司披露了ESG年度报告。

（三）信托公司开展绿色金融的展望与建议

2024年4月，中国人民银行等七部委联合印发《关于进一步强化金融支持绿色低碳发展的指导意见》，要求落实优化绿色金融标准体系，强化以信息披露为基础的约束机制，促进绿色金融产品和市场发展，加强政策协调和制度保障，强化气候变化相关审慎管理和风险防范、加强国际合作等重点工作。该指导意见明确了我国绿色金融未来10年的发展目标，是进一步强化金融支持绿色低碳发展的顶层设计，坚持市场化原则推动绿色金融发展，系统性提升金融体系管理防范气候风险能力的里程碑式文件，是央行绿色金融系列政策的延续，对绿色信托高质量发展形成方向性指导和实操性指引。2024年5月，金融监管总局发布《关于银行业保险业做好金融"五篇大文章"的指导意见》，要求在中央金融委的统筹指导下，各金融机构围绕发展新质生产力，切实把"五篇大文章"落地落细，提高金融服务实体经济的质量和水平。鼓励信托公司培育发展养老信托、绿色信托、知识产权信托等业务，发挥专业优势，聚焦主业、规范发展。

中国人民银行和金融监管总局相继发布的两个指导意见为信托业发展绿色信托

明确了未来5~10年的中长期发展规划和组织管理体系建设的提升保障要求。信托公司应严格遵循指导意见要求，围绕绿色金融未来发展的重点工作，构建绿色信托稳健发展的新体系，努力成为支撑信托业可持续、高质量发展的新动能。

一是创新绿色信托业务模式，促进绿色资产管理信托与绿色资产服务信托业务创新双提升。信托公司应全面升级绿色信托产业布局，拓宽绿色产业覆盖范围，以李强总理2024年3月5日在第十四届全国人民代表大会第二次会议上作的《政府工作报告》明确的"大力发展绿色低碳经济，推进产业结构、能源结构、交通运输结构、城乡建设发展绿色转型"为产业经线，以《绿色低碳转型产业指导目录（2024年版）》中"节能降碳产业、资源循环利用产业、能源绿色低碳转型、基础设施绿色升级、绿色服务"五个一级目录为项目纬线，深入研究绿色低碳转型重点产业的细分类别和具体内涵，加快战略性、前沿性、颠覆性绿色科技创新和先进绿色技术推广应用的信托服务布局，围绕绿色制造业、绿色服务业和绿色能源产业，做大做强绿色信托产品和服务创新，提升绿色资产证券化等资产服务信托规模占比，实现轻资本、重服务的绿色信托业务结构优化，不断提升公司业务的"含绿量"，促进信托业整体绿色信托质效。

二是充分运用科技赋能，促进绿色信托碳核算体系建设升级。指导意见要求推动金融机构和融资主体开展环境信息披露，不断提高环境信息披露和评估质量，完善金融机构环境信息披露指南，加快建设碳核算体系。信托公司环境信息披露及碳核算体系目前还处于早期阶段，实践中，部分信托公司通过ESG专项报告，针对范围一、范围二排放进行了核算和披露，少数信托公司已开始范围三排放的监测与核算工作。

从信托公司开展绿色信托的碳信息披露整体角度，信托公司应以体系化思维建立碳核算管理和实施体系，从管理制度、系统搭建、流程贯通等多个层面入手提升自身核算、管理碳数据和碳资产的能力，帮助合作企业开展碳核算工作，提高范围三排放的数据收集质效，为从"能耗双控"向"碳排放双控"转型以及数智化执行碳金融监管规范提供基础数据支撑。

指导意见鼓励金融机构开发与碳排放权及其指数挂钩的绿色结构性存款、绿色理财和绿色信贷等产品，推动碳排放权等碳资产成为合格抵/质押品。基于此，信托公司应同步加强绿色信托专业人才梯队建设，积极引进补充碳金融领域创新人才，发掘创新碳信托业务场景，丰富碳资产信托服务供给。

三是健全ESG信息披露制度，促进绿色信托品牌影响力。指导意见从ESG层面进一步统一和提高金融机构环境信息披露要求，披露范围拓展至可持续发展信息、高碳资产敞口、气候风险压力测试结果等，披露对象拓宽至20家系统性重要银行以外的银行和其他金融机构。信托公司应不断健全可持续信息披露能力，并积极将ESG融入发展战略和运营管理，实现环境、社会、治理三方面的能力提升。引导市场关注绿色低碳与可持续发展，帮助合作企业向低碳、零碳转型，加强自身ESG披露制度建设基础上，向信托投资者传递ESG责任投资理念，持续夯实绿色信托品牌影响力。

四是完善绿色信托标准建设，融入绿色金融统一标准体系。中国信托业协会自2019年即制定发布了《绿色信托指引》，指导信托公司科学、规范开展绿色信托业务，在绿色金融标准构建体系中建立良好的行业发展基础。随着绿色金融政策的不断迭代，绿色信托的相关标准也需要进一步细化，尤其是结合绿色低碳转型产业的新指导目录，未来应在绿色信托信息披露、绿色信托评估认证、碳核算标准等方面重点加强项目支持目录白名单制度、夯实绿色信托量化标准建设、完善绿色信托组织能力和激励机制等核心内容，不断提升绿色信托标准体系建设水平，有力保障绿色信托迈向规范、健康发展的新阶段。

三、全面开拓普惠金融

党的十八大以来，党中央、国务院高度重视普惠金融。自2013年十八届三中全会正式提出"发展普惠金融"，到2023年9月国务院印发《关于推进普惠金融高质量发展的实施意见》，普惠金融始终坚持践行以人民为中心的发展理念，在中国已经历了十年稳健发展。大力发展普惠金融，促进金融高质量发展是走中国特色金融发展之路的内在要求，也是推进中国式现代化的重要抓手。在全面推进中华民族伟大复兴的道路上，做好普惠金融大文章，有利于促进金融业可持续均衡发展，推动经济发展方式转型升级，增进社会公平和社会和谐，引导更多金融资源配置到经济社会发展的重点领域和薄弱环节。

从信托服务领域看，公益慈善信托、家庭信托、保险金信托以及特殊需要信托等，这些能够深入服务人民群众生活消费场景的服务信托都属于广义的普惠信托范畴，普惠信托内容更加多元化。狭义的普惠信托，主要是践行普惠金融理念，以资产管理信托和资产证券化业务为核心，将信托资金投向符合普惠金融要求的领域和项目，满足民营经济、中小微企业、"三农"、个人消费者等特定群体金融需求的普惠金融信托业务。

（一）信托公司开展普惠金融的特色

信托公司依托信托制度灵活性在普惠金融领域积累了一定程度的制度优势和市场共识。一是信托公司联通资本市场、资金市场和实业的功能特征，使其在普惠金融领域具有更为灵活多样的服务模式，有助于更好实现产业、消费和投资等的结合。二是信托制度独特的财产独立、风险隔离的优势，可为普惠金融业务后端的资产证券化提供保障，通过资产证券化盘活存量资产，可增强资产流动性、提高资金使用效率。三是信托公司可通过单一、集合、财产权信托等多种渠道实现资金募集，配合灵活的交易结构设计，可为各类型客户提供个性化的金融服务，扩大了普惠金融的覆盖范围。四是信托公司积累了数量多、稳定性高的机构客户和高净值个人客户，可为普惠金融提供长期稳定的资金。五是信托结构化的分层设计以及信托公司积累的项目经验和风险管理能力，有助于其更好地评估和管理普惠金融业务的风险。

伴随着国内普惠金融市场发展和国家相关政策引导，近年来多家信托公司在普惠金融领域取得较好的发展。根据中国信托业协会的调研统计情况，截至2023年末，65家信托公司中有37家信托公司开展了普惠金融相关信托业务。2023年信托业累计普惠金融信托资产规模已超过3万亿元，同比增长14%，累计规模超过1 000亿元的有7家，分别是五矿信托、外贸信托、华润信托、国民信托、云南信托、粤财信托、渤海信托，其中五矿信托的累计规模已超1万亿元，存续普惠金融信托资产规模超过500亿元的信托公司有4家，分别是外贸信托、重庆信托、天津信托、粤财信托。

（二）信托公司开展普惠金融的业务实践

信托公司围绕民营经济、中小微企业、"三农"、消费金融等领域开展普惠金融业务及服务，持续探索转型、回归本源的业务发展方向。

1. 普惠信托服务质效显著提升

2023年，信托公司普惠金融业务主要围绕中小微企业和消费金融开展相关信托业务，24家信托公司开展中小微企业业务，存续业务规模为2 429.06亿元；23家信托公司开展消费金融业务，2023年存续业务规模为4 536.67亿元；开展"三农"业务和其他类型普惠金融信托业务的信托公司相对较少、业务规模也相对较小（见表1-1）。

表1-1　　　　　　　　　普惠金融信托业务服务领域情况

服务领域	信托公司数量（家）	占比（%）	2023年存续规模（亿元）	占比（%）
民营企业	9	13.04	987.13	11.72
中小微企业	24	34.78	2 429.06	28.83
"三农"	6	8.70	164.84	1.96
消费金融	23	33.33	4 536.67	53.84
其他	7	10.14	307.96	3.66

资料来源：中国信托业协会

普惠信托在支持小微经营主体可持续发展、助力乡村振兴战略有效实施、提升民生领域金融服务质量等领域发挥着重要作用。截至2023年末，信托公司普惠金融业务服务的个人客户累计达62.7亿人次；服务机构客户累计达633万家，机构客户累计规模达5 400亿元。信托公司做好"普惠金融"大文章，一方面要提升普惠金融信托业务的深度和广度，提供优质产品或服务并扩大普惠金融信托的服务半径；另一方面将持续提升普惠金融信托业务的服务质量。

2.普惠信托管理架构日益完善

普惠信托在信托公司的战略定位不断提升，资源支撑以及规划路径各具特色。组织架构方面，25家信托公司设置专业化的事业部或一级部门发展普惠金融，其中9家公司采用事业部制，16家公司采用专业化部门制，其他公司则通过信托业务部门开展业务。人才队伍建设方面，普惠金融信托业务的展业人员也从2022年的503人增长至533人，涨幅达6%，信托公司对普惠信托业务的重视和支持不断强化。

3.普惠信托科技赋能持续加强

普惠信托业务具有数量大、额度小且分散等业务特点，对科技系统具有较强依赖性。截至2023年末，普惠信托累计规模超1 000亿元的7家信托公司中，外贸信托和五矿信托近2年科技投入均超过1 000万元，对普惠信托业务形成了有效的科技系统支撑。2023年开展普惠信托业务的信托公司中，年度科技投入占比超过10%的有12家。信托公司持续加强普惠金融信托业务的科技基础设施建设，为普惠信托业务的稳步发展夯实基础。

（三）信托公司开展普惠金融的展望及建议

信托公司应充分发挥信托制度及服务优势，构建金融同业合作共赢，优势互补的桥梁，拓宽"普"的途径，丰富"惠"的种类，通过产品结构设计及金融创新最大化发挥信托行业优势，做好"普惠金融"大文章，助力中国式现代化建设。

一是严格遵循监管政策导向，强化普惠信托业务合规经营。随着普惠金融行业进入全面整顿和规范阶段，持牌经营将是发展方向。2023年3月，原银保监会向信托公司下发《关于进一步强化信托公司互联网合作贷款规范整改的通知》，要求各信托公司应落实"三个自主"底线要求，即指自主管理贷款合同、自主掌握信息数据、自主发起放款指令。这为信托公司开展普惠金融业务指明了规范化发展的方向，更好保障普惠金融信托业务长期健康发展。

2024年4月，金融监管总局下发《关于进一步规范股份制银行等三类银行互联网贷款业务的通知》，要求股份制银行、城商行、民营银行三类银行进一步规范互联网贷款业务，并对指标设定、自主管理能力、合作机构约束、消费者权益保护等提出新的要求，相关规则也将适用于信托公司的普惠信托业务。

二是提升服务广度和深度，更好满足人民群众的普惠金融需求。要始终坚持以人民为中心的发展思想，推进普惠金融高质量发展，健全具有高度适应性、竞争力、普惠性的现代金融体系。普惠金融服务是多元化的，包括账户、支付、储蓄、信贷、保险、基金、投资、理财等各类金融服务，普惠信托业务与传统信托对公业务有较大的差别，需要为其构建适合其特点的贷前、贷中和贷后全生命周期管理实施方案，不断加强风控能力、贷款中后期运营管理能力建设，通过多方位、全周期的风险管理体系有效控制普惠金融业务的逾期率和坏账率，为业务的稳健发展保驾护航。

2024年3月，国务院出台《消费者权益保护法实施条例》，进一步明确和细化了消费者的权利，营造安全放心的消费环境。提升普惠金融信托的服务广度和深度，信托公司需要更加注重消费者权益保护工作，通过科技赋能、产品创新、风险管理等手段，提升服务质量和效率，满足消费者多样化的金融需求的同时，加强信息披露、风险提示、投诉处理和教育宣传等消费者权益保护工作，将有助于提高消费者的满意度和忠诚度，促进普惠金融信托业务的可持续发展。

三是注重金融科技赋能，持续提升风控与运营能力。信托公司开展普惠金融主要通过与贷款服务机构合作来线上获客，采取数字化经营模式。信托公司应强化科技赋能，综合运用大数据、区块链、云计算和人工智能等新兴技术提供数字化、智能化服务，不断提升普惠金融产品创新与服务智能化水平。着重加强风控系统和数据仓库建设，满足多场景科技赋能，覆盖进件、审批、放款、贷中及贷后等全周期管理。信托公司应确保独立自主地对底层资产（贷款申请主体）进行风险评估，有效治理多维度的外部数据源，推进风控模型并不断迭代，提升防欺诈风险及识别信用风险的能力，不断提高普惠金融安全性和效率及可持续发展能力。

四是融合其他金融大文章，推动普惠金融信托业务可持续发展。在中国式现代化高质量发展的新征程中，普惠金融工作需在更宽广的领域、更深层次的合作、更大范围的共享中实现高质量发展。当前，普惠金融的服务主体和范围不断扩展，与科技金融、绿色金融、养老金融等领域的发展目标、发展诉求和服务对象相互交叉、相互影响，具备融合可行性。信托公司可积极发展数字普惠金融，运用互联网、大数据、云计算等金融科技手段，着力构建运行高效、互助共享、线上线下同步发展的普惠信托产品服务体系，实现目标客户的精准识别、精细管理、精确服务，延伸服务半径，扩大服务覆盖，降低服务门槛和服务成本，提升服务质量和服务效率，切实增强人民群众金融服务的可得性，不断提升普惠金融的广度和深度。

四、纵深发力养老金融

养老是关乎我国人民美好生活需要的重要议题，在社会老龄化程度日益加深的大背景下，发展养老金融市场和养老产业的紧迫性更为凸显。我国是世界上老龄人口最多的国家，第七次人口普查数据显示，2020年我国60岁及以上人口达2.6亿人，占总人口的18.7%。其中，65岁及以上人口1.9亿人，占总人口的13.5%。党的二十大报告提出要完善基本养老保险全国统筹制度，发展多层次、多支柱养老保险体系，实施积极应对人口老龄化国家战略，发展养老事业和养老产业；2023年中央金融工作会议提出要做好养老金融大文章，为促进养老体系健康发展提供有效的金融助力。党和政府已经充分认识到当前我国面临的人口老龄化问题的重要性和紧迫性，并对养老金融市场以及养老产业进行积极引导。

养老信托是信托公司做好养老金融大文章，服务国家养老事业高质量发展的重要抓手，是信托公司以信托基本法律架构为前提，面向养老金、养老服务与养老产业等领域所提供的信托产品和信托服务，是助力解决我国养老问题和完善养老保障服务体系的有效路径。根据中国信托业协会调研数据反馈，2023年，共有16家信托公司开展了养老信托业务，合计规模达765.96亿元，信托财产类型以现金和保单为主。

（一）信托公司开展养老金融的特色

鉴于信托制度具有独立性、灵活性和创新性，信托公司开展养老信托可以充分发挥制度优势，突出表现在以下几方面：

一是可以发挥信托制度的破产隔离功能，养老信托在资产安全性上更有制度保证。目前欧美成熟运用的公共养老金、雇主养老金和第三支柱IRA账户资金均采用信托型管理模式。

二是可以利用信托制度实现财富保值与传承。委托人通过设立信托，可以在生前与受托人约定好财富的传承方式，提前安排受益人的具体受益方式，充分满足老年人对财富保值与传承的诉求。

三是可以依托在养老领域专业能力，提供"一站式"金融服务。信托公司可以充分发挥专业优势，与保险、专业养老机构等建立合作共赢的业务模式，依靠其灵活的架构和较强的资源整合能力，实现养老金融与养老产业、养老服务的深度融合。由此，基于信托运用方式兼具明确性和多样性特征，养老信托可以为老年人提供养老服务、投资理财、财产分配等各类服务。

（二）信托公司开展养老金融的业务实践

按照信托设立目的、服务方式及资金运用方式的差异性，实践中，信托公司开展养老信托业务主要有三种模式。

1.以企业年金为主体的养老金信托

企业年金和职业年金信托是典型的以受托人管理为特点的服务信托，符合信托行业回归本源的发展方向，但当前信托公司在年金市场中的参与程度和竞争力相对较弱，市场份额比较有限。具有企业年金业务相关资格的信托公司目前仅有2家，分别为华宝信托和中信信托。

2023年5月，中信信托设立中信集团首只年金全牌照企业年金集合计划产品——

"中信信托盈盈长青企业年金集合计划",以全国中小企业为主要目标客户,兼具承接集团年金等单一计划保留账户用途,具有简化年金建立流程、汇聚资金、分散风险、集中运作、摊薄成本等优势。在产品设计方面,盈盈长青集合计划融合了市场上集合计划产品的优秀方案,精选投资管理人,设立不同风险收益特征的投资组合供客户选择,并在非标投资、风控、投研等方面充分发挥集团金融服务优势,为计划的稳健运作保驾护航。在业务拓展方面,中信信托通过与中信银行为代表的兄弟单位深化协同合作,充分挖掘业务机会,聚焦客户需求制定有针对性的服务方案,并协商建立了中信特色年金拓展激励和利润分配方案,构建具有中信特色的年金客户协同展业模式。

2.结合家族信托与家庭信托业务提供养老信托综合服务

根据中国信托业协会调研统计,截至2023年末,已开展养老信托业务的公司已有16家,多数信托公司将养老信托作为家族信托整体框架下的专项服务,也有信托公司将其纳入养老慈善事业。

上海信托推出"睿赢"家庭服务信托——养老服务系列,拓展了信托的普惠性,满足委托人对家庭关爱、养老规划、财富传承、风险隔离及资产配置等多元化的财富规划需求,为构建橄榄型社会贡献信托价值。上海信托为客户定制专属"睿赢财富信托账户",根据受益人(主要是家庭成员)的不同,提供财富传承、养老保障、子女教育资金分配等综合服务。家庭服务信托具备信托账户优势,不仅能实现家庭财富的规划、分配与传承,为养老提供资金保障,还可以利用支付功能对购买的养老服务进行定向支付,为客户实现一站式的养老解决方案(见图1-4)。

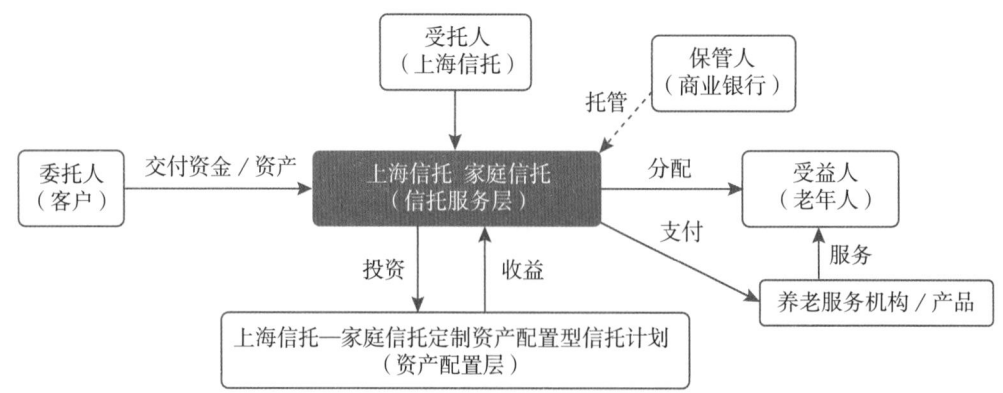

图1-4 上海信托家庭服务信托服务养老需求

资料来源:上海信托

3.创新探索"以房养老"信托模式

"以房养老"信托,是指老年人以自有完全产权房作为受托资产,信托公司委托资产服务方(房产中介)出租获得租金,为老年人支付养老院、养老社区或相关养老服务费用,受益人指定为子女,约定后续房产处置事宜,受托人可根据信托合同在老年人在世期间定期支付养老费用,不足部分委托人或子女补足,老人去世后,可约定房产中介代为售卖房产,房产剩余的处置收入可分配给受益人(子女),按照信托合同分配方案给受益人做分配,委托人和受益人也可终止租住或售卖,提前终止信托。

上海信托目前在牵头积极研究"以房养老"信托的展业模式(见图1-5)。信托提供的"存房+养老"模式相比传统的抵押房产养老模式,可以使老年人养老费用得到稳定性保障,在客户享受养老社区规模化服务的同时不放弃原住房的潜在投资收益。信托合同也可依据《中华人民共和国民法典》新增用益物权规定,设置居住权,将房产的财产性权益和使用性权益作为剥离,有效保证老年人的居住权益。

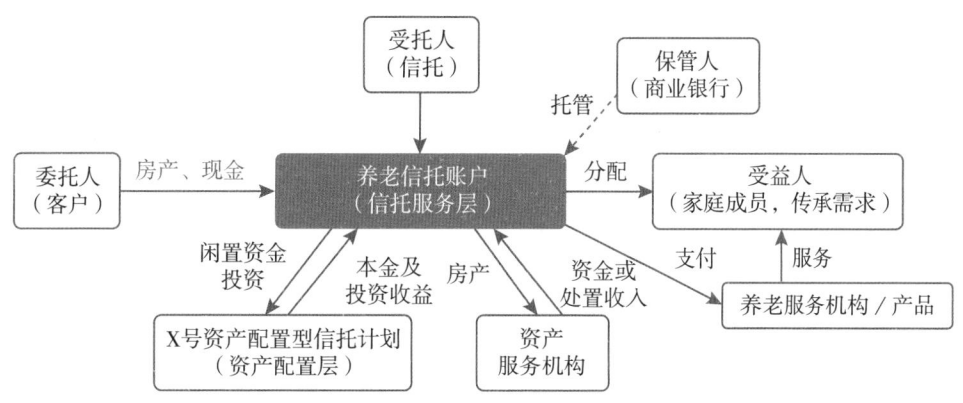

图1-5 "以房养老"信托服务模式设想

资料来源:上海信托

(三)信托公司开展养老金融的展望与建议

在我国老龄化进程不断加速背景下,养老信托业务有着广阔的发展前景,信托公司展业养老信托须加强自身专业化能力建设,努力开拓市场机遇,培育差异化竞争力。

一是加强投资者教育,让养老信托加速走进千家万户。现阶段居家养老仍是我国主流的养老形式，老年人对养老服务了解不够深入，支付意愿不强，加之优质养老服务的供给稀缺，无法匹配现有老年群体的养老需求，养老服务资源整合及运营管理难度较大、维护成本较高。信托公司应主动加强投资者教育，提高老年人专业养老意识，推动和引导老年人养老需求层次的升级迭代。此外，信托公司要从传统的产品营销模式向为客户解决问题、满足养老委托人需求的服务模式转变，提升养老服务专业度和客户体验。在营销渠道上，应全面加强银行私人银行、保险公司、券商、家族办公室等渠道拓展，解决信托公司渠道约束和自身获客能力不足等问题。

二是完善配套制度，持续优化养老信托展业环境。鉴于养老信托在《信托业务分类通知》中的界定尚未明确，信托公司在养老信托展业中尚处于自下而上探索阶段，需要监管部门进一步规范指导。养老信托展业过程中面临的税收筹划、不动产登记等诸多配套制度也有待完善。以"以房养老"信托为例，尽管《上海市浦东新区绿色金融发展若干规定》第十九条已经指出，"以不动产设立信托的，可以向不动产登记机构申请记载为信托财产"，实际操作中，如何将不动产登记为信托财产以及房屋出租与交易过程中的税收问题仍有待解决。

三是加强能力建设，定制化满足多层次客户的养老需求。信托公司开展养老服务信托业务需要较强的资源整合能力、资产配置能力、专业服务能力、风险控制能力以及产品设计能力，应内外同时发力。信托公司应加快建立与保险公司、养老机构、健康服务等相关机构合作的生态圈，建立互利共赢的合作机制，有效整合多方资源，借助多方禀赋，提升养老服务体验。信托公司在内部应加强培养专业化养老服务团队，设计满足不同养老模式（居家养老、社区养老、机构养老）的特色化、定制化养老方案，构建多层次养老产品体系。此外，基于互联网智能养老、智慧医疗、社区街道养护一体化等创新模式，信托公司应着力提升金融科技能力，提升服务质效，培育智能化的产品运营管理能力。

五、加速推进数字金融

根据金融监管总局《关于银行业保险业做好金融"五篇大文章"的指导意见》要求，银行保险业未来5年数字金融的发展目标是"数字化转型成效明显，数字化经营管理体系基本建成，数字化服务广泛普及，为数字经济发展提供有效助力。数字化监管架构流程基本建成，监管数字化智能化水平大幅提升"。对此，信托行业要紧紧围绕做好数字金融大文章的任务要求，加快推进数字化转型，以数字金融创新巩固拓展数字经济优势，为推动我国经济社会高质量发展、推进数字产业化和产业数字化进程做出贡献。

（一）信托公司开展数字金融的路径

数字化转型是实现数字金融的基本路径。2024年1月25日，金融监管总局代表在金融服务经济社会高质量发展新闻发布会上表示：将持续加强监管引领，多措并举做好数字金融这篇大文章，引导金融机构提升服务质效，全面加强风险管理。同时，金融监管总局将持续推动银行业保险业的数字化转型，开展数字化转型评估工作并纳入银行保险机构信息科技监管评级。

近年来，信托行业积极适应时代变革，通过一系列模式创新加速数字化转型。信托行业数字化转型的目标在于适应不断变化的监管和市场环境，通过不断创新和价值增长实现企业的持续发展。与传统信息化不同，数字化更强调利用技术实现客户需求、业务场景与服务产品之间的相互作用和融合。分析数据、挖掘潜在机会并加以尝试，是数字化转型的核心目的。这就要求信托公司应积极利用数据和技术来发掘数据间的潜在联系和趋势，以促进企业业务流程、组织结构等方面的变革与创新。

数字金融和数字化转型的重点和落脚点在"转型"。数字金融建设是对经营方式、商业模式的变革重塑，是一项战略性、系统性工程。信托业务新分类政策指引信托业务向资产管理、财富管理、其他新型资产服务信托等方向加速转型，对信托公司金融科技应用、客户服务、数字化展业平台等提出更高要求。一方面，资产管理与资产服务信托具有客户广泛、数据海量、交互高频、服务期长、服务多样等特点，线上化、自动化、数字化、智能化的科技系统是信托业务规模化发展必不可少的；另一方面，基于资产管理与财富管理价值链的视角，信托公司要打破过往单一业务科技部署的方式，从价值链视角打通系统竖井与"数据孤岛"。数字化技术的应用不仅对产品设计、市场推广等前端活动至关重要，对合规管理、风险控制、运营管理等中后台活动也不可或缺。信托公司需通过应用各类技术手段，收集并分析各种数据，构建全面的运营和市场趋势视图，提高运营效率，并探索新的业务模式。

数据要素资源是数字金融的基础。数据成为第五大生产要素，持续赋能金融服务的变革。当前全国各地纷纷加快数据要素市场建设，数据交易规模逐渐扩大，公共数据授权运营试点逐渐增多，可以合规交易和流通的数据逐步增多。信托公司应充分发挥数据的基础要素作用，打造数据生产力，将金融产品和服务广泛融入数字经济，助力数字经济与实体经济的融合。信托公司一直强调以客户为中心、深入挖掘客户的需求与价值，数据要素资源正是金融服务做到"千人千面"服务客户的基础。有效的数据治理是实现数据价值最大化的关键，只有对数据进行全面规范管理和治理，才能将数据资源转化为有价值的数据资产。强大的数据治理能力是开启信托业未来发展之门、实现持续成长的必经之路。

相较于银行、券商等金融同业对数字化场景的积极探索，信托业在推进数字化转型、参与数字金融方面的进展仍略显滞后，呈现出如下几方面特点。

一是数字化转型意识逐渐增强，投入规模不断增加。为尽快实现数字化手段赋能业务条线和场景创新，优化客户服务体验与质效，许多信托公司逐步将数字化转型战略纳入公司的发展规划，数字化意识明显提高。根据中国信托业协会调研，绝大多数信托公司有数字化转型意愿，过半数信托公司将数字化转型确定为公司战略或重点规划，例如中航信托、光大信托、爱建信托、五矿信托、外贸信托、中建投信托等制定了明确的数字化转型目标及路线。信托公司数字化方面的投入力度也不断增加，根据中国信托业协会调研，2022年整个信托业的金融科技投入总规模已达24.02亿元。

二是数字化转型业务方向初步形成行业共识。从信托业务的数字化转型类型分享，信托公司开展财富管理服务信托业务，已普遍完成移动APP、PC端及微信渠道的数字化建设，在账户开立、合同签署、在线咨询、资产配置建议、产品购买等主要流程提供全面的数字化应用支持，积极尝试以智能机器人为代表的数字化售后服务。家族信托业务的数字化交付能力较强，不仅数字化建设的行业渗透率较高，而且在功能应用方面也较为全面，分配方案制定、事务管理、资产配置功能等应用是数字化交付能力中最普及的能力点。保险金信托业务也具备一定的数字化交付能力，且保单/资金追加、计划制定是该类业务目前最主要的数字化能力建设点。除此以外，资产管理信托业务中投资交易的数字化交付能力也相对较强，大部分信托公司已建立投资交易系统，部分信托公司还建立了企业级的多资产交易系统。相比而言，公益慈善信托业务数字化交付能力建设落后于资产服务信托和资产管理信托，目前仍处于探索阶段。

三是数字化风险管控能力建设仍处于起步阶段。半数以上信托公司风险管理、信用风险、操作风险的数字化建设相对较好，信用风险方面信托公司多在舆情监控、项目评级和尽职调查方面建立数字化应用支持，操作风险方面多在交易指令发起与复核等重点操作环节建立数字化的应用支持，相比较而言，市场风险和流动性风险的数字化支撑则相对较弱，未来还有较大的提升空间。在合规管理的数字化管控方面，信托产品销售服务全生命周期中涉及的客户身份识别、反洗钱、交易留痕、投资者适当性管理等数字化实现渗透率较高，基本能够实现对监管报送数据的自动采集和质检。

四是常规性信息安全防护体系基本建立。随着数字化、网络化趋势加速发展，信托公司展业也更加依赖信息系统和网络技术，多数公司已设立了信息安全专岗，建立覆盖防火墙、入侵检测、终端防病毒、堡垒机、漏洞扫描等功能的常规性网络安全防护体系，但整体应对突发性、针对性的网络安全防护能力相对有限，信创国产化任务比较艰巨。在云服务方面，私有云仍是主要方式，对于核心业务系统上云，行业整体仍较为谨慎。

五是数据治理能力和水平还有待加强。通过制定统一的数据标准和规范，信托公司可以更好地整合、管理和利用公司内部和外部的数据资源，提高数据治理的质量，为公司提供全面、准确的数据支持。目前多数信托公司以监管数据信息报送为牵引，开展了数据标准建设，覆盖客户、产品、资产、财务、监管报送等多个领域，数据治理也有明显提升。信托公司将建立数据中台作为金融科技的重点发力方向，旨在进一步提升数据治理能力和数据价值挖掘能力，为业务创新和风险控制提供有力支持，但场景运用还不够丰富。

（二）信托公司发展数字金融的实践

1.强化数字化战略引领和顶层设计

信托公司需要制定清晰的数字化战略，明确数字化转型的目标、路径和时间表，在全方位系统评估现有技术基础设施、系统、工具和技能等基础上，与公司整体业务战略相匹配，明确数字化转型目标，要注重以客户为中心，提升客户体验和服务效率、优化业务流程、降低运营成本、加强风险管理和合规性等重点领域，设定具体目标、关键活动、时间表和预算，并根据业务影响和实施难度，对项目和活动进行优先级排序，确保资源得到有效利用。

例如，华润信托根据"十四五"数字化转型目标制定了数字化转型"4414"战略框架，以实现"服务智能化、运营高效化、管理数字化、决策科学化"为目标，利用人工智能、大数据、云计算、RPA等先进技术在服务、运营、风控、管理四个应用场景迅速做强做深，解决业务的痛点需求，助力业务快速发展。数字化转型工作是公司级体系性的变革，涉及组织架构、体制机制、资金人力投入、经营方式、数据治理等全方位的调整，要建立"一把手"牵头推进数字化转型工作机制，成立科技专委会等发挥类似职能的委员会，统筹指导战略规划落地实施。

2.以客户为中心提升数字金融服务能力

信托公司在数字金融建设过程中，需要始终坚持以客户为中心，注重客户体验和产品创新。以财富管理业务为例，通过智能投顾可以提升业务的效率，通过对客户数据的深度应用，对客户进行精准画像，通过问卷等形式收集客户数据，精准刻画其风险偏好、收益预期、投资风格等要素后，才能针对性地设计出适合该客户的投资方案；借助数字化技术简化客户服务流程，提高服务效率。通过线上平台实现业务申请、合同签署、资金划转等功能的自动化处理，减少客户等待时间和办理成本；通过金融市场数据的深度应用，建立优秀的量化投资能力，对各类资产标的的价格走势进行预测，进一步进行自动调仓，以契合客户的需求；积极探索新的客户服务模式，如智能客服、个性化投资顾问等，利用人工智能、大数据等技术，为客户提供更加便捷、个性化的服务体验；采用敏捷开发方法，快速迭代产品开发过程，及时调整和优化产品功能，更好地满足市场和客户的需求。以厦门国际信托数字化转型为例，其在客户服务领域致力于提升用户体验，通过AI双录，无须客户经理参与委托人即可完成视频双录业务办理，不但提升了合同签约效率，还显著提升了委托人的服务体验。

3.构建"业务+数据+技术"的综合金融服务模式

发展数字金融必须与产业与大众服务融合，更好地赋能实体经济。信托公司可以利用"业务+数据+技术"，在提供金融服务和产业赋能服务基础上，规划数字金融产品，提供更加综合化的金融服务。信托公司要帮助客户如何识别和管控自身风险，利用大模型生成宏观行业或产业链条的风险分析，开展互联网大数据调查、智能征信报告解读，进行智能授信调查报告评价、智能贷后数据核查，监控大型基础设施等重大项目的风险，以及进行信贷大数据审计等，通过良好的客户风险排序和精准分层能力，以及在此基础上构建的差异化信贷和投资策略，并在客户分层转变过程中针对性地提供金融和非金融服务，站在社会的角度与客户共同成长，最终实现真正意义上的全面赋能实体经济。

4. 强化数字化风控和合规管理

信托公司要加快构建数字化风险管理体系，利用大数据、人工智能等先进技术，建立数字化的风险评估模型，实现对各类风险的实时监测、预警和分析。建立数字化的风险报告系统，实现风险信息的实时汇集、整理和报告，以便为决策层提供及时、准确的风险信息支持。建立数字化的合规审查系统，对新产品、新业务、新流程等进行自动化的合规审查；同时，建立合规管理信息平台，实现合规政策的在线发布、合规培训的在线学习、合规风险的在线监测等功能。建立完善的数据安全管理制度，明确数据的采集、存储、处理、传输和销毁等环节的安全要求，同时采用加密技术、访问控制等手段来保护敏感信息，防止数据泄露；建立数字化的信息报送和共享机制，实现监管数据的实时报送和共享。

5. 持续推进金融科技的创新运用

2021年12月29日，中国人民银行印发《金融科技发展规划（2022—2025年）》指出："大数据、云计算、人工智能、区块链等技术金融应用成效显著。金融服务覆盖面逐步扩大，优质金融产品供给不断丰富，金融惠民利企水平持续提升。"信托公司在提升金融服务的效率、安全性和客户体验方面也开始深度运用金融科技，例如应用大数据技术分析客户行为、优化风险管理和市场趋势预测，在智能投研平台应用人工智能技术，提供投资策略建议，以及在客户服务中提供个性化推荐，也包括应用区块链技术，通过其透明记录和智能合约的自动执行，增强交易的安全性和效率等。

例如，华能信托开发的资产雷达系统每天可以自动获取上市公司发布的非公开发行股票、可转债、可交债相关信息，并发送给业务相关人员，从而挖掘上市公司定向增发等业务机会。当前生成式人工智能正成为未来金融业数字化经营水平持续提高的重要技术前沿领域。金融业拥有海量数据，是非常适合生成式大模型的应用领域。虽然包括信托公司在内的国内金融机构目前在探索生成式人工智能的应用处于雏形阶段，还受制于采购成本、私有化部署训练难度、数据治理能力、技术实力等因素限制，但未来仍有着广阔前景。

6.建立科学高效的数据治理架构

信托公司应建立专门的数据治理组织架构，例如数据治理委员会或类似机构，负责制定数据治理政策、标准和流程，并监督其实施情况；制定数据标准和规范，包括数据命名规则、数据字典、数据质量评估标准等，确保不同系统和平台之间的数据能够互相理解和交换；加强对各类业务数据的采集和整合能力，包括结构化数据和非结构化数据，建立数据采集机制，确保数据的及时性和完整性，同时利用数据整合工具和技术，将不同来源的数据进行清洗、转换和加载，形成统一的数据视图；强化数据分析能力，引入先进的数据分析和报告工具，如BI工具、数据湖、机器学习和人工智能平台，以支持复杂的数据分析和洞察挖掘，为业务决策提供支持。

7.注重数字化组织变革和人才培养

信托公司数字金融建设既需要建立适应数字化转型的组织结构，也需要拥有一支具备数字化技能和思维的团队。根据数字化转型的需求，调整组织架构，使其更加扁平化、灵活和高效，以更快速地响应市场变化和客户需求；加强部门间的沟通和协作，打破信息壁垒，实现信息共享和资源优化配置，共同推进数字化项目的实施和优化；确保公司高层具备数字化思维，能够为数字化转型提供明确的方向和支持，并通过定期的内部沟通，确保所有员工都明白数字化转型的目标、进展和预期成果；提供持续的培训和学习机会，帮助员工掌握数字技术、数据分析、人工智能等新兴技能，在招聘时注重多元化，吸引具有数字化技能的人才，增强公司的数字化能力。信托公司要注重加强与金融科技公司的交流与合作，借助金融科技公司的技术和经验优势，快速提升自身的数字化能力。

（三）信托公司发展数字金融的展望与建议

一是信托公司将在信托业务新分类指引下加速数字化转型。近年来，信托公司日益重视数字化转型，在数字化顶层设计、金融科技应用、数据治理等方面取得较大进展，为履行受托人职责、管理20多万亿元的信托财产提供了科技支撑。《信托业务分类通知》指引信托业务向标品资管、财富管理服务信托、创新资产服务信托等方向加速转型，也对信托公司金融科技应用、客户服务、数字化展业平台等提出了更高要求，将推动信托公司数字化转型加速。

二是信托公司数字化转型将渐进式加大自研力度和自主可控程度。当前，信托公司数字化转型普遍面临科技力量较弱、规模效应较小、投产成本较高等共性问题，信托公司尚处于重外包、轻自研的阶段，这在短期成本和功能效用方面具有明显优势，但从长期来看，信托公司将从数据安全、系统互通等角度，寻求自研和外包之间的平衡，渐进式增加自研力度和自主可控程度。

三是信托公司数字金融建设将在数字赋能和数据信托领域双管齐下。从数字赋能来看，信托公司将通过推动数字化转型，加速实现从产品导向向客户导向的转变，深刻改变财富管理行业格局，同时基于财富管理与资产管理的有机结合和相互支撑，赋能信托公司的财富管理和资产管理业务的协同发展。从数据信托来看，信托公司可以利用信托的制度优势，系统化、全过程参与数据要素产品化、权益化和资产化的价值转化过程，未来信托公司在公共数据"信托制"管理、盘活数据资产的商业价值等方面将大有可为。

"五篇大文章"为信托公司优化信托产品和服务指明了努力方向，也擘画了协同共建、一体推进的科学方法，以数字金融为基础，普惠信托和养老信托侧重资金端发力，科技金融和绿色信托侧重资产端发力，形成有机整合的执行五力。具体而言，信托公司应以加强数字金融智能化发展夯实基础设施建设，加强数字金融专业化能力。信托公司应深入开展普惠金融和养老信托，着重服务民生需求，促进共同富裕，实现财富可持续增长和分配传承；信托公司应积极开展科技金融和绿色信托，着重服务新质生产力和提升服务实体经济质效，为建设中国式现代化贡献信托力量。

| 专题二 |
信托公司消费者权益保护工作

落实金融消费者权益保护工作不仅是政治性、人民性的体现，也是中国特色金融文化的必然要求。始终围绕保护广大金融消费者的长远和根本利益，不断完善金融消费者权益保护工作的制度建设，是金融机构工作以人民为中心的价值取向的具体体现。作为推动我国金融高质量发展的重要一环，信托公司的高质量发展需要消费者保护工作持续推进的保驾护航。加强消费者保护工作不仅有利于信托公司树立良好的企业形象、增强客户信任、促进业务规范与产品创新，还有助于优化客户服务体验及提高风险管理水平。这些方面的改进共同推动了信托公司受托服务与资产管理能力的提升，助力了信托公司的高质量发展。

一、信托公司消费者权益保护的制度建设

《中华人民共和国消费者权益保护法》（以下简称《消法》）及相关法律法规为金融消费者权益保护提供了法律基础。我国于1993年颁布了《消法》，规定了消费者的基本权利和经营者的义务，为消费者提供了基本的法律保障。在2014年全国人大通过的修订中，《消法》通过对"提供证券、保险、银行等金融服务的经营者"加以规定，明确了《消法》对金融消费者权益保护的适用性。此后，2015年11月《国务院办公厅关于加强金融消费者权益保护工作的指导意见》和2016年11月《中国人民银行金融消费者权益保护实施办法》（已被2020年新规取代）均对金融消费者保护提出了明确要求。2024年3月15日，国务院公布了《中华人民共和国消费者权益保护法实施条例》（以下简称《消保条例》）。《消保条例》对当前消费领域的热点难点问题作了细化规定，为正确处理保护消费者合法权益和支持经营者依法经营的关系，奠定了坚实的法律基础。

信托相关法律法规确立了对信托业消费者权益保护的原则性规定。《中华人民共和国信托法》规定了信托的基本原则、设立、变更和终止等事项，明确了受托人的义务和责任，包括忠实义务和谨慎管理信托财产的义务，确保受托人以受益人的利益最大化为最根本的履职尽责准则，保护了信托消费者的权益。《信托公司管理办法》对信托公司的经营范围、风险管理、内部控制等方面进行了规范，其中对信托产品销售和信息披露的要求，有助于保护消费者的知情权，确保消费者在购买信托产品时能够充分了解产品的风险和收益。

二、信托公司消费者权益保护的工作体系建设

（一）组织架构安排

根据中国信托业协会调研，在完成消保工作问卷调查的62家信托公司中，战略规划及公司治理方面，有61家将消保工作纳入了公司战略规划，且均在董事会项下建立了专门负责消保的专业委员会。部门设置方面，有32家公司建立了独立的消费者权益保护部门，其中27家公司的消保部门为公司一级部门。人员安排方面，62家信托公司专门从事消保工作的员工共计216名。从62家信托公司消保工作运转实践来看，2023年各公司董事会下设消保专业委员会共计专门组织召开相关会议140余次，各公司的消保工作部门与其他部门均建立了工作联系机制，确保了消保工作在公司各部门之间的及时联动。

（二）评价机制建设

1. 监管评价机制建设

2021年7月，原银保监会发布了《关于印发银行保险机构消费者权益保护监管评价办法》，建立了银行保险机构消费者权益保护监管评价体系，并将最终评价结果纳入考核范围。该办法适用于我国境内依法设立的向消费者提供金融产品或服务的银行保险机构，主要包括商业银行、理财公司、信托公司、汽车金融公司、消费金融公司、保险公司等。消保监管评价周期为1年，评价期间为评价年度1月1日至当年12月31日。

消保监管评价要素包括"体制建设""机制与运行""操作与服务""教育宣

传""纠纷化解"5项基本要素和"监督检查"1项调减要素。前5项基本要素总权重为100%,"监督检查"为减分项目(见表2-1)。

表2-1　　　　　　　　　　　消保监管具体评价内容

评价要素	得分权重	评价内容
体制建设	10%	主要评价银行保险机构消费者权益保护工作相关公司治理和组织架构建设等情况
机制与运行	25%	主要评价银行保险机构消费者权益保护工作机制建设和运行情况,包括消费者权益保护审查、信息披露、个人信息保护、内部培训、内部考核、内部审计等
操作与服务	30%	主要评价银行保险机构日常经营和服务中对消费者权益保护有关要求的落实情况,包括但不限于营销宣传、适当性管理、销售行为管控、合作机构管理、服务质量与收费等
教育宣传	10%	主要评价银行保险机构消费者教育宣传总体安排、集中教育宣传活动、常态化消费者教育工作开展情况等
纠纷化解	25%	主要评价银行保险机构投诉管理、投诉数量以及纠纷多元化解机制落实情况
监督检查	调减幅度不超过总权重的25%	根据银行保险机构消费者权益保护现场检查、举报调查、投诉督查、复议诉讼情况以及日常舆情、重大负面事件和机构相关整改落实情况进行调减

资料来源:国家金融监督管理总局

根据原中国银保监会《关于印发银行保险机构消费者权益保护监管评价办法的通知》的规定,消保监管评价总分值为100分,最小计分单位为0.1分。机构根据最终得分将被分为四个等级,其中二级和三级分别被分为A、B、C三个细分等级(见表2-2)。

表2-2　　　　　　　　　　消保监管评价具体评分结果

总分	评价结果	评价结果运用
90分(含)以上	一级	评价结果为一级,表明机构消费者权益保护工作在行业内处于领先水平,对消费者权益保护工作的重要性有充分认识,消费者权益保护工作组织架构健全,各项工作机制运行顺畅,能够保障在经营管理和业务环节中落实消费者保护理念和要求
85分(含)至90分	二级A	评价结果为二级,表明机构消费者权益保护工作在行业内处于中等水平,消费者权益保护工作组织架构比较合理,各项工作机制基本能够保障在大部分经营管理和业务环节中落实消费者保护理念和要求,但工作存在一定不足,需予以改进
80分(含)至85分	二级B	
75分(含)至80分	二级C	
70分(含)至75分	三级A	评价结果为三级,表明机构消费者权益保护工作在行业内处于偏下水平,消费者权益保护工作组织架构建设和各项工作机制运行存在较大问题,经营管理和业务环节中消费者权益保护理念和要求落实不到位,需要及时采取措施提高体制机制执行力,弥补工作缺陷
65分(含)至70分	三级B	
60分(含)至65分	三级C	

续表

总分	评价结果	评价结果运用
60分以下	四级	评价结果为四级，表明机构消费者权益保护工作在行业内处于落后水平，消费者权益保护工作组织架构建设和各项工作机制运行存在严重问题，难以保障在经营管理和业务环节中落实消费者权益保护要求，侵害消费者合法权益事件屡次发生，必须立即全面检视问题，采取有效措施进行整改

资料来源：国家金融监督管理总局

根据中国信托业协会调研，在反馈有效问卷的47家信托公司中，2022年有33家信托公司的消保工作被评为二级，交银国际信托、陕国投、外贸信托、紫金信托等信托公司获此评级；13家信托公司的消保工作被评为三级；1家信托公司的消保工作被评为四级；未有信托公司的消保工作被评为一级。

2.公司内部评价机制建设

根据中国信托业协会调研，已反馈问卷的62家信托公司均已在公司内部建立了消保工作考核机制，其中5家公司的消费者权益保护工作考核对象主要为财富部门，2家公司为业务部门，其余55家公司的考核对象为财富部门和业务部门均包含在内。信托公司对内部部门消保工作情况在部门考核中的比重设置在1.5%~40%不等，其中有近1/2的公司将消保考核的比重设定为5%~10%（见图2-1）。

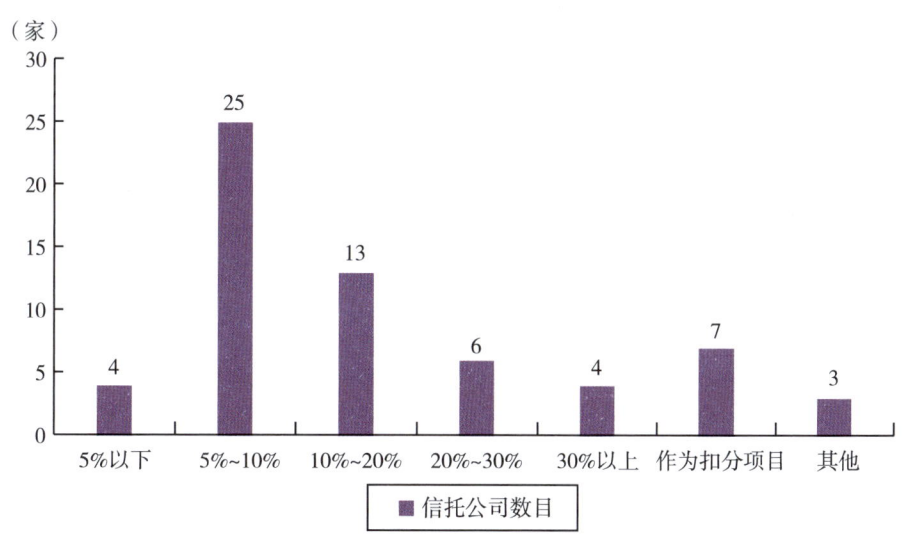

图2-1　消保工作在信托公司业务部门（包括财富、业务）的考核比重分布情况

资料来源：根据中国信托业协会调研整理

三、信托公司消费者权益保护工作的主要进展

加强消费者保护工作是信托公司重视信托消费者消费权益的重要体现，对于提升客户满意度及信托公司声誉和品牌形象具有重要作用。因此，信托公司均高度重视消费者权益保护工作，采取有效措施提升客户服务水平，为信托公司的高质量发展奠定基础。

（一）教育宣传活动丰富多样

信托公司开展了多样化的消费者权益保护工作。根据中国信托业协会调研，有效反馈问卷的58家信托公司均制作了专门的消保文字宣传材料用于消保教育宣传，其中41家公司制作了消保宣传视频，53家公司在公司办公场所设置了消保专区，52家公司在微信公众号、APP等平台设置了消保工作专区，2023年共发布消保相关文章4 500余篇，线上线下共开展近4 000次消费者权益保护专题活动，消保活动触达的员工和消费者达600万余人次。有39家信托公司同时采取了制作专门的消保宣传视频、制作专门的消保文字宣传材料、在公司设置消保专区等三种不同的消保宣传形式，以便客户了解相关消保知识。

外贸信托原创《福小宝课堂》系列《警惕高息诱惑 守住家庭财富》《金融助力 美好生活》动画短片，结合信托业务特点，以新市民来到城市创业为主题，通过简单活泼的形式、生动典型的案例普及金融知识，揭示金融风险。中航信托打造立体化消保投教服务矩阵，深耕"航家说"直播公开课、"鲲鹏大师课"主题投教活动、"鲲鹏小伽秀"线上投教视频、"鲲鹏行万里"线下投教主题沙龙，组织"消保第一课"消保知识进校园活动、"鲲鹏会客厅"投后跟踪服务，多元打造专业财富管理机构投资者教育服务体系。中原信托2023年开通微信视频号功能，制作发布了包括投资策略知识、服务信托、金融消保知识等内容的"原星讲""走进家族/家庭信托""中原'豫'您说消保"系列短视频28期，总观看量超25万人次。重庆信托通过微信视频号投放宣教内容，开通"投教小课堂"和"消保经验书"两个专题系列，并首次采用AI人物"投教课代表-阿重博士""消保普及官-小信姐姐"为公司投教和消保代言人。华润信托编撰制作了《金融明白人金融教育宣传系列读本》一套3本作为深圳市银行业公共教育宣传读物，面向深圳市辖内银行业机构使用。读本分为

基础篇、进阶篇、高级篇，聚焦金融消费者关切，系统介绍了金融消费者基本权利、个人信息保护、理财投资、理性维权、征信及反洗钱等多方面内容。

●▶ 案例1

华能信托联合美团金融开展消保宣传

2023年，华能信托创新宣传形式，联合业务合作方美团金融，积极开展"五进入"城市消保宣传接力活动，充分运用美团外卖骑手、线下业务优势，进农村、进社区、进校园、进企业、进商圈，通过美团外卖骑手随餐派送宣传页、外卖贴纸等方式，进一步推动金融知识的传播和精准触达，重点针对学生、老年人等易受骗人群，提示防范信贷诈骗、保险诈骗等金融诈骗情况，揭露电信网络诈骗违法犯罪典型案例、作案手法和社会危害性，通过短句、短语宣传，警示公众。同时结合美团APP、大众点评APP开屏页、支付成功弹窗页、美团消保频道、公众号和网站等线上优势，区域推广普及金融消保知识，多维度地覆盖各类金融消费群体，将金融知识送进千家万户。

（二）消保投诉处理及时有效

2019年12月26日，经中国信托业协会第四届会员大会第三次会议审议通过了《信托消费者权益保护自律公约》（以下简称《公约》）。《公约》规定：信托产品发生纠纷，信托消费者可以通过多个渠道进行合法申诉，包括向信托公司、信托业协会、银保监会及其派出机构、法院或仲裁机构等渠道申诉，来维护自己的合法权益。当信托消费者向信托公司投诉时，信托公司应当受理，并于受理之日起15个工作日内作出答复；当信托消费者向信托业协会投诉时，可以采取电话投诉、信件投诉、到访投诉等方式，同时应当向协会提交书面材料，协会应于5个工作日内就是否受理向投诉人作出答复。协会决定受理的，会通过电话、书面材料、实地走访等方式调查，并于受理之日起15个工作日内进行答复（见图2-2）。投诉的内容应当包含信托消费者姓名、被投诉信托公司名称、所购买信托产品或者接受信托服务的具体情况及受侵害事实等。投诉内容不全的，协会可以要求补正；拒绝补正的，不予受理。另外，信托公司和协会因特殊情况不能在15个工作日内作出答复时，可适当延期，但最长不得超过30个工作日，并应当向信托消费者说明情况。

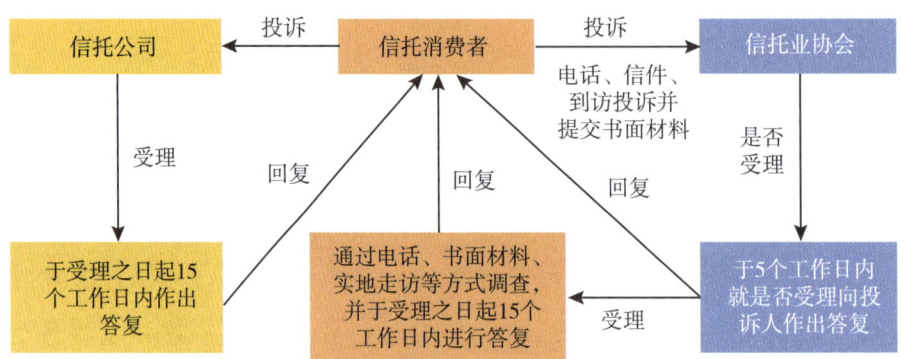

图2-2 信托消费者投诉受理流程

资料来源：根据中国信托业协会官网资料整理

据协会统计，完成消保工作问卷调查的62家信托均设置了消费者投诉机制，主要投诉渠道有公司400热线电话投诉、电子邮箱投诉、公司网站投诉、营业网点投诉、APP投诉等，投诉渠道多样。有60家信托公司安排专人负责收集并回应消费者投诉。信托公司面临最多的投诉类型为风险项目类投诉，该类型投诉是61%的信托公司主要接到的投诉类型，其次是金融消费类投诉，占比达45.76%（见图2-3、图2-4）。

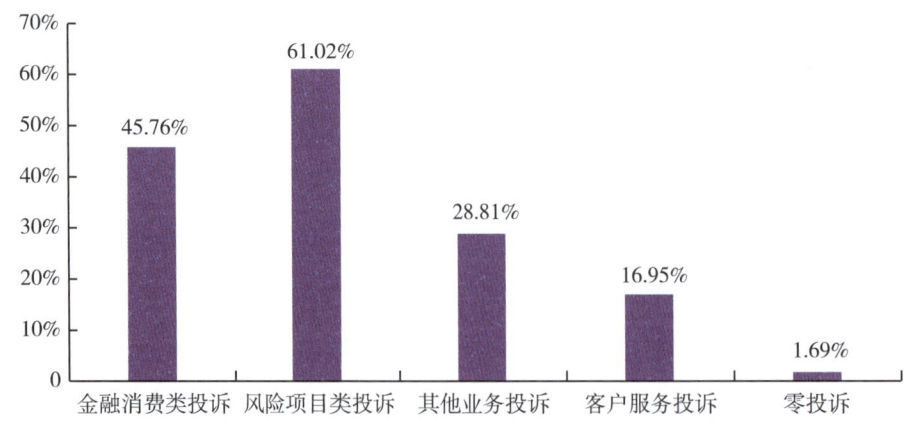

图2-3 各主要投诉类型在所有信托公司中占比

资料来源：根据中国信托业协会调研整理

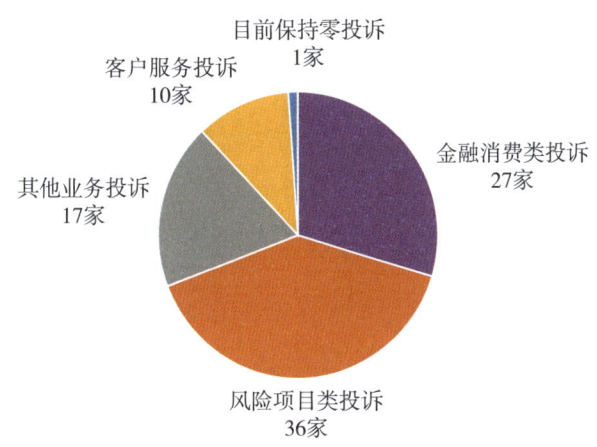

图2-4 各信托公司收到的主要投诉类型分布

资料来源：根据中国信托业协会调研整理

根据中国信托业协会调研，有效反馈问卷的61家信托公司，均安排了专人负责收集并回应消费者投诉，且多在接到投诉后1~3个工作日内与客户取得联系进行投诉接待，15个工作日内完成一般投诉事项处理结果的回复。如涉及风险处理项目等情况复杂的投诉，则将适当延长处理期限，并告知客户延长处理期限的理由。根据各信托公司的规定不同，最长处理期限不得超过30日、60日或90日。

（三）特殊群体服务深入细致

根据中国信托业协会调研，信托公司均对老年人、残障人士等特殊群体提供了便利措施。如在公司营业场所增加爱心座椅，配备老花镜、急救箱等助老便民设施，方便老年人办理业务。再如在网点配备常备急救药箱，包括感冒药、肠胃药、创可贴、藿香正气水、速效救心丸等常见病症应急药，确保为突发疾病客户提供及时服务。在线上金融服务方面，多家信托公司不断改善应用场景，在推进客户服务智能化的同时保留APP人工服务、APP人工双录、热线电话人工服务等功能，配合线上机器人7×24小时咨询解答服务，满足老年人客户的各类需求，尽可能实现场景全覆盖。

▶案例2

万向信托线上适老化金融服务改造

为满足老年人便利使用线上服务的需求、改善老年客户便捷性体验，万向信托2022年推进了线上适老化金融服务改造（适老版小程序+网站改造+APP）。

2022年初，万向信托在微信小程序中上线老年人专属APP——"大盈私享银龄版"。通过大字号、提炼老年人常用功能、专属信托财富经理一键呼叫等暖心功能，实现操作简便、关键功能易找、关键信息易懂。2022年7月，万向信托在官网嵌入适老化无障碍辅助工具，主要为老年人、视力障碍人群（不含盲人）提供辅助浏览的功能模块，包括光标、纯文本、字体、缩放、修改配色、调整页面比例、语音、指读等，实现语义化的辅助提示语音功能、无障碍网站浏览辅助功能，全网站页面可用键盘操作（不限于鼠标）。在客户端APP上，支持65~70周岁投资者开展线上交易，交易发生时，系统会定向强化风险提示。

（四）金融科技支撑更加有力

为强化消费者权益保护，信托公司持续强化科技运用，通过打造移动金融客户端APP便利委托人等相关信托消费者，如在APP主界面提供人工热线服务及快捷服务菜单，设立投诉反馈模块完善畅通投诉渠道，并在APP开设消保专栏进行消保教育宣传。同时，还有信托公司借助人工智能、数字加密等金融科技手段不断强化金融消费者的"保护盾"，将AI等前沿技术运用于智能双录、语音识别、实时音视频等服务，不断提升客户服务效率和智能化水平。

▶ 案例3

厦门国际信托"APP客户服务智能化"项目建设

在APP客户服务智能化项目开发中，厦门国际信托APP充分运用了金融科技手段，对传统客户交易方式进行了多项创新。主要创新实现了以下功能：

一是实现客户线上智能双录：基于RTC实时音视频技术+AI人工智能+RPA流程自动化三大前沿技术，上线AI人机自助双录。以"人机为主、人人为辅"的服务模式，可以实现24小时、跨时空、跨地域的业务办理，同时保证服务便捷与交易安全的双重目标。在双录进行过程中，对每个流程节点进行实时质检、实时纠偏，确保视频全程为客户本人、真人、中途未离场、风险揭露均已传达给客户，确保服务过程严谨合规，避免二次重录。

二是实现客户智能适老化：针对老年人客户，推出"敬老版"操作界面配有大字体、大图标、高对比度的文字；关键页面增加了友好提示、错误预防、失败指引、风险预警提示等功能，避免操作失误；还配有智能语音功能、一键呼叫人工服务功能等功能。

三是实现港澳台实名认证功能：为进一步响应深化两岸融合发展的号召，方便港澳台客户快捷地线上购买信托产品，引入身份识别、活体检测、人脸识别、OCR识别等技术，对港澳台客户打造了线上开户到签约的线上化移动化服务。港澳台客户持相关通行证，在APP上即可自助快速完成注册、双录、预约等操作，实现线上化、便捷化办理。

四、信托公司消费者权益保护工作展望

信托公司在各项消费者权益保护方面已建立了较为完备的工作体系，但从现阶段工作进展来看，信托公司消费者权益保护工作还有很大的提升空间。未来，信托公司还将在加强信托业务全流程管理、尝试打造和完善消保平台、强化监管督导和行业自律等方面进一步加强消费者权益保护工作，更好地维护消费者的合法权益，推动信托行业的高质量发展。

（一）加强消保纳入信托业务全流程管理

为全面提升消费者权益保护工作质效，信托公司将持续加强全流程管理。在产品设计阶段，信托公司将确保产品的合规性和透明度。在销售推介阶段，信托公司将进一步加强对推介人员的培训，确保向消费者提供准确、全面的信息，同时加强投资者适当性管理，确保产品实际风险情况与投资者实际风险承受能力相匹配。在交易执行阶段，信托公司将进一步保障交易的公平性和安全性，防止发生欺诈行为。在后续服务中，信托公司将不断提高客户服务的专业性，提高反馈和解决消费者问题的效率。

（二）打造和完善信托消保平台

信托公司或全行业可通过打造专门的金融消费者权益保护服务平台，搭建信托公司与消费者之间沟通的桥梁，推动消保工作的革新与升级。同时，可根据信托消费者的具体情况，完善信托消费者权益保护服务平台的设计，如可加强产品平台的适老化、无障碍设计，为老年金融消费者提供便捷高效的金融服务等。

（三）强化监管督导与行业自律

监管部门将加强对信托公司消费者权益保护的监管力度，包括加强对信托公司的合规经营审查、对信托产品和信托资金的审查和监管，要求信托公司进一步做好关键业务指标、风险状况及重大事项的定期信息披露工作，提高市场透明度。此外，当前人工智能等新技术正深刻改变经济金融运行模式与服务方式，监管部门也将运用科技手段如大数据分析、人工智能等技术升级对信托公司消费者权益保护工作的监督和预警，进一步加强对信托公司的消费者权益保护工作的监管和督导。与此同时，中国信托业协会也将信托发挥行业自律功能，持续完善信托公司消费者权益保护评价指标和工作流程，引导信托公司按照行业自律公约的约定做好消费者权益保护工作。

后　记

《中国信托业发展报告》（以下简称《报告》）是中国信托业协会组织行业内外专家倾心撰写的行业研究报告，翔实、深入展示行业发展全貌，承载对信托业未来的展望。2024年，协会连续第十一年组织撰写《报告》。《报告》由上海金融与发展实验室牵头，各会员单位积极参与，《报告》的整体撰写工作得以顺利完成。

今年的《报告》由导论、环境篇、机构篇、信托业务篇及两个专题组成，主体部分共十六章。各篇章的写作分工如下：导论由上海金融与发展实验室曾刚，百瑞信托陈进、郑腾豪撰写；第一章由中诚信托和晋予撰写；第二章由中诚信托王玉国撰写，第三章由信托保障基金吴祖鸿、张军令，信托登记公司彭黛，信托业协会倪慧琪撰写；第四章由英大信托刘博研、张艺凡撰写；第五章由外贸信托陶斐斐、秦振扬撰写；第六章由厦门国际信托郑馨撰写；第七章由云南信托王和俊、杨巧伶撰写；第八章由国投泰康信托方玉红、王莹撰写；第九章由中粮信托邓婷撰写；第十章由粤财信托杨显峰、徐因撰写；第十一章由华鑫信托袁田撰写；第十二章由中铁信托管百海、贾攀撰写；第十三章由上海信托简永军、蒋进撰写；第十四章由华润信托尹小兵，北京信托高雅、王思默撰写；第十五章由上海信托简永军、蒋进撰写；第十六章由五矿信托张毅、陈静撰写。专题一由中粮信托邓婷，华鑫信托袁田，百瑞信托陈进、郑腾豪，上海信托简永军、蒋进，中诚信托王玉国撰写；专题二由中诚信托和晋予撰写。

《报告》由上海金融与发展实验室曾刚负责整体审阅，编写组通过开展集中研讨、书面调研、交叉审阅等工作，对报告进行反复修改完善，保证了《报告》按期、保质、保量地完成。在此特向编写组全体成员表示衷心的感谢！

《报告》编写过程中，得到了各方大力支持。金融监管总局资管司高度重视和关心《报告》的撰写工作。协会行业发展研究专业委员会对《报告》提出了宝贵意见和建议。协会通过问卷调查的方式对各会员单位开展信托业务的具体情况进行了调研，各会员单位积极反馈并配合调研工作，为《报告》的编写提供了大量一手资料。在此一并表示衷心的感谢！

受数据基础、时间精力、研究写作水平所限，疏漏之处在所难免，敬请社会各界专家和读者不吝赐教，批评匡正。

《中国信托业发展报告（2023—2024）》写作组

2024年7月